비상계엄-탄핵 사태와 2025년 대통령 선거

비상계엄–탄핵 사태와 2025년 대통령 선거

역사적 사건에 따른 유권자 태도 분석

강원택
구세진
길정아
김수인
성예진
유성진
유재성
이한수
장한일
정연경
한정훈

푸른길

머리말

2024년 12월 3일 윤석열 전 대통령이 시도한 비상계엄은 민주화 이후 한국 민주주의에 대한 가장 심각하고 직접적 위협이었다. 이는 경제적 근대화와 정치적 민주화를 이뤄냈다는 우리 사회의 자긍심에 깊은 상처를 남긴 사건이기도 했다. 다행히 국회의 신속한 해제 결의로 계엄사태는 조기 진정되었지만, 뒤이어 전개된 탄핵 정국은 우리 사회가 정파적 적대감과 대립 속에 심각하게 분열되어 있다는 사실을 적나라하게 드러냈다. 이와 같은 격렬한 갈등 속에 치러진 2025년 6월 대통령 선거는 정치적 대립의 해소보다 우리 사회의 갈등과 분열을 재확인시켰고, 한국 민주주의가 해결해야 할 과제가 만만치 않음을 보여주었다.

이 책은 비상계엄과 대통령 탄핵이라는 역사적 사건과 그에 대한 유권자의 태도와 반응을 학술적으로 기록하고 분석하기 위해 여러 연구자들이 힘을 모아 구성한 연구의 성과이다. 2025년 대통령 선거에 참여한 유권자들에 대한 분석을 토대로, 정치적 양극화의 심화, 민주주의 규범 인식의 분열, 제도 신뢰의 변화, 그리고 투표 결정요인의 특성을 규명하고자 했다. 또한, 이를 통해 비상계엄·탄핵 사태가 한국 민주주의에 남긴 의미와 영향을 다각도로 해석하고자 했다.

이 책은 크게 두 개의 주제로 구성되어 있다. 전반부에서는 한국 사회에 장기간 누적되어 온 정파적·정서적 양극화가 계엄 논란과 탄핵 인식에 어떻게 투영되었는지를 다층적으로 살펴본다. 이념적 분화, 다수결주의에 대한 태도, 민주주의 규범에 대한 시민 인식, 정치 신뢰의 구조적 변화 등이 각 장의 관심사이다. 이러한 논의는 위기 상황에서 민주주의 규범과 제도적 원리가 어떻게 정파적 해석의 대상이 되는지 보여준다. 후반부는 2025년 대통령 선거에서 나타난 지지의 재편과 투표 선택의 요인을 실증적으로 분석한다. 이러한 분석 결과는 현재의 정파적 정렬에 대한 이해를 높일 뿐만 아니라 향후 한국 정치의 변화와 유권자 지지의 재편을 예상해 보게 한다는 점에서 의미가 크다.

　계엄·탄핵 사태를 통해 드러난 한국 정치의 모습은 충격적이고 실망스러운 것이었지만, 그것을 정치적으로 무지한 리더의 일탈적 행동이나 우발적인 사건으로만 보기는 어렵다. 우리 정치의 위기는 장기적으로 진행되어 온 정파적 양극화, 제도 정치의 갈등 조정능력과 대표성의 약화, 주요 기관에 대한 신뢰의 하락 등 복합적 요인이 누적된 결과이다. 이 책에서의 논의는 일차적으로 2025년 대통령 선거에서 나타난 유권자의 태도와 인식에 주목하고 있지만, 이를 토대로 한국 민주주의의 심화, 정치적 책임성의 강화, 그리고 민주주의 규범의 내재화를 위한 정치 개혁에 관한 심도 있는 논의로 이어지는 계기가 되기를 기대한다.

2026년 1월
저자들을 대표하여
강원택

차례

I. 정파적 양극화와 민주주의

제1장

한국 정치의 양극화와 이념적 분화: 우파 권위주의와 좌파 포퓰리즘

강원택(서울대학교 정치외교학부)

1. 서론

　2024년 12월 3일 윤석열 대통령의 비상계엄선포는 많은 국민에게 커다란 충격을 주었다. 군의 강제력을 동원해서 야당과 정치적 반대자를 제압하겠다는 시대착오적 행동은 국회의 신속한 계엄 해제 결의와 동원된 군의 소극적 태도, 그리고 시민의 저항으로 저지되었다. 하지만 그 이후 대통령 탄핵을 두고 이념 집단 간 격렬한 갈등을 빚었고, 그러한 대립은 대통령 선거 때까지 이어졌다.

　사실 대통령과 의회 간 충돌로 빚어진 정치적 위기의 기저에 깔려 있는 것은 한국 정치의 양극화라고 할 수 있다. 당파적 정체성에 따라 적지 않은 수의 유권자들이 양극화되었고 구체적인 정책에 대한 태도보다는 정서적인 측면에서 상대 정파에 대한 거부와 적대의 감정이 강해진 것이다(김성연 2023; 김기동, 이재묵 2021; 장승진, 장한일 2020; 길정아, 하상응 2019). 양극화는 특정 정당에 대한 당파성과 이념, 그리고 쟁점에 대한 태도가 동질화되고 일관성을 갖는 당파적 배열(partisan sorting)이 발생하고 그것은 다시 당파적 편향이나 상대방에 대한 적대감이나 분노 등 양극화된 행동으로 이어진 결과라고 할 수 있다(Mason 2015).

그런데 양극화되었다는 것을 이념 스펙트럼상의 분포로 생각해 보면, 두 가지 형태로 구분해 볼 수 있다. 하나는 이념 중앙의 좌우 편에 각각의 최빈값(mode)을 갖는 쌍봉형 분포이고, 또 다른 하나는 대체로 좌우대칭적이고 중앙에 최빈값을 갖는 단봉형 분포이다. 그런데 한국 정치의 양극화가 이념적으로 쌍봉형 분포로 갈라진 탓이라면 이는 정치적 타협과 합의 도출이 어려운 대단히 심각한 상황으로 볼 수 있다. 하지만 실제 조사 결과를 보면, 한국 유권자의 이념 분표는 대체로 좌우대칭적이고 단봉형이다. 분포가 단봉형이라는 것은 중도적인 입장을 갖는 유권자가 전체의 다수를 차지한다는 것을 의미한다. 이 장에서의 연구 질문은 중도적 입장을 갖는 이들이 다수인 상황에서 왜 정치적 양극화는 심화되고 갈등과 대립이 격화되었을까 하는 점이다. 그것은 유권자 전체가 양극화되었다기보다는 각 정파적 집단 내 강한 편향성을 가지며 적극적으로 활동하는 강성 하위 집단의 영향 때문이 아닐까 추정해 볼 수 있다.

이 글에서는 이런 점에 주목하여 보수, 진보로 구분되는 이념 집단 내 하위 집단의 이념적 특성에 대해 살펴보고자 한다. 특히 이 글에서는 강성 이념층의 속성을 중심으로 분석하고자 한다. 한국 정치의 양극화는 이들 강성 이념층과 깊이 관련되어 있다는 것이 이 글의 전제이다. 그동안 이념의 속성과 관련된 보수와 진보의 두 집단 간 특성을 비교하여 그 차이를 보여 주는 연구가 많았다(강원택 2005; 이현출 2005; 윤성이 2014; 한정훈 2016; 강원택, 성예진 2018). 이와 달리 이 글에서는 이념 집단이 보수나 진보로 구분된다고

   비상계엄-탄핵 사태와 2025년 대통령 선거

해도, 각 이념 집단 내부적으로 차이를 보인다는 점을 밝히고자 한다. 이 글에서는 보수와 진보를 강경파와 온건파로 구분하여 동일한 이념군 내 하위 집단 간 인식과 태도의 차이를 분석해 보일 것이다.

여기서 사용하는 데이터는 서울대학교 국가미래전략원에서 한국리서치에 의뢰하여 2025년 6월 3일 대통령 선거일 다음 날인 6월 4일~7일 4일간 만 18세 이상의 남녀 1,500명을 지역별, 성별, 연령별 기준에 의해 비례 할당하여 웹조사로 수집한 것이다.

2. 기존 문헌 검토

그동안 한국 정치에서 이념에 대한 논의는 시장 자율 대 국가 개입으로 대표되는 경제 영역에서의 좌와 우, 질서와 권위를 강조하는 권위주의(authoritarian) 대 자율과 선택을 강조하는 자유지상주의(libertarian)의 사회 영역, 그리고 반공 이념이나 대북 정책과 관련된 안보 영역 등 크게 세 영역으로 구분하여 논의되었다. 이 가운데 이 가운데 경제 영역이나 사회 영역에 대한 논의는 서구 국가와 비교 가능한 범주로 볼 수 있지만(Evans, Heath and Lalljee 1996; Flanagan and Lee 2003), 한국 정치에서 보수와 진보의 입장의 차이는 오히려 대북 정책이나 대미 관계 등 안보 영역에서 두드러졌다 (강원택 2005). 2002년 노무현과 386 세대의 등장과 함께 권위주의 시대에 반공 이데올로기와 관련된 영역에서 이념적 갈등이 부상했다.

이후 이념적 특성을 분석하는 다양한 연구가 행해졌는데, 박경미, 한정택, 이지호(2012)는 북한지원, 한미동맹의 이슈와 함께, 인터넷 자유, 소수자 여론 반영 등 사회 영역이라고 할 수 있는 이슈에서 이념 집단 간 차이가 나타났다고 분석했다. 또한, 통일의 필요성에 대한 인식을 중심으로 이념 특성을 살펴본 한정훈(2016)은 정치와 사회 영역의 정책에 대한 선호를 중심으로 형성된 이념 성향은 유의미한 영향력을 보이는 데 비해, 경제 영역의 정책에 대한 선호를 중심으로 형성된 이념 성향은 유의미한 영향력을 지니지 않았다. 그러나 최근 들어서는 젊은 세대를 중심으로 복지, 증세 등 경제 사안을 둘러싼 이념적 차이도 확인되고 있다(강원택, 성예진 2018).

한편, 가치 정향과 관련하여 이념적 특성을 분석한 연구도 행해졌다. 장승진(2020)은 권위주의 가치 정향이 강한 유권자들은 상대적으로 보수의 정체성을, 평등주의 가치 정향이 강한 유권자들은 진보로서의 상징적 이념을 보일 가능성이 높다고 분석했다. 하상응과 이보미(2017)는 우파 권위주의 성향 혹은 사회지배 성향이 높아질수록 보수 정당 및 보수 정당 소속 정치인에 대한 호감도가 올라가고, 반대로 우파 권위주의 성향 혹은 사회지배 성향이 낮아질수록 진보 정당 및 진보 정당 소속 정치인에 대한 호감도가 올라가는 경향성을 보인다고 분석했다.

그런데 계엄-탄핵 정국에서 나타난 일부 보수층의 '권위주의적' 태도는 법과 질서, 전통, 강한 리더에 대한 선호라는 수준을 넘어서 민주적 절차와 가치를 부정하는 특성을 보였다. 그런 점에서 이 글에서 주목하는 '권위주의적 태도'는 장승진(2020), 하상응, 이보미(2017)의 연구가 전제로 했던 가치 정향으로서의 권위주의 성향이라기보다, 민주주의의 반대 개념으로 권위주의 체제, 권위주의 정치 질서에 대한 선호의 의미를 지닌다.

레비츠키와 지블라트(Levitsky and Ziblatt 2018: 61-67)는 트럼프 대통령이 집권 1기 중 보인 '권위주의적 태도(authoritarian behavior)'의 특성을 네 가지로 설명했다. 첫째, 민주적 경쟁 규칙의 거부(혹은 낮은 수준의 인정), 둘째, 정치적 경쟁자의 정당성에 대한 부정, 셋째, 폭력의 묵인 혹은 조장, 넷째, 언론을 포함한 비판자, 반대자의 시민적 권리를 제약하려는 시도 등이다. 이 가운데 첫 번째와 두 번째 지표는 계엄-탄핵 정국에서 한국에서도 분명하게 나타났다. 군대를 동원해서 야당과 반대자를 억압하겠다는 것은, 레비츠키와 지블라트가 지적한 대로, 정치적 경쟁자의 정당성에 대한 부정이지만, 보수 세력 중 적지 않은 이들이 이를 지지했다. 또한, 부정 선거의 주장, 심지어 중국의 선거 개입 주장은 민주적 경쟁 규칙을 인정하지 않는 것이다.

양웅석, 황선영, 강성식, 강원택(2018)은 박근혜 대통령 탄핵을 둘러싸고 발생한 보수 이념 집단의 분화에 주목하면서 '태극기 집회' 참가자들의 이념 성향에 대해 분석했다. 박정희에 대한 평가를 기준으로 보수성향 집단을 '박정희 보수'와 '비박 보수'로 나누고, 두 보수 집단의 정치적 태도와 가치관의 차이를 국가주의 — 권위주의, 성장주의, 반공 이데올로기라는 세 차원에서 비교한 결과, '박정희 보수' 집단에서 국가주의 — 권위주의적 특성이 상대적으로 강하게 나타난다고 분석했다. 이 연구는 이런 특성의 보수주의가 냉전 시대의 정치적 권위주의와 깊이 연계되었다고 결론지었다.

한편, 최근 들어 한국 정치에서 포퓰리즘에 대한 관심도 높아졌다(하상응 2018; 채진원 2019; 강원택 2021; 도묘연 2021; 차태서 2021; 박선경 2022; 이연호, 임유진 2022; 장승진, 장한일 2022; 허석재 2022; 송승호, 김남규 2023; 정동준 2023b). 포퓰리즘은 기본적으로 '우리'와 '그들', '선한 인민'과 '타락한 엘리트'와 같은 이분법적 구별과 배제라는 속성을 지닌다는 점에서(Mudde 2004; Mudde and Kaltwasser 2017), 정치적으로 양극화된 한국 사회를 설명하는 데 유용한 관점을 제공해 주고 있다. 이들 연구는 다양한 관점에서 한국 정치에서의 포퓰리즘을 설명하고 있다. 포퓰리즘 성향을 기성 정치에 대한 불만족(송승호, 김남규 2023)이나 경제적 불평등이나 어려움(박선경 2022)으로 설명하기도 하고, 포퓰리즘 성향이 높은 정치 관심이나 참여를 보이거나(하상응 2018), 정서적 양극화나 관용이 낮아진다고 분석했다(장승진과 장한일 2022). 허석재(2022)는 포퓰리즘 성향이 높을수록 국민투표와 같은 직접민주주의에 대해 지지가 높다고 분석했다.

한편, 도묘연(2021)은 이념 성향과 관련하여 극보수와 보수 정당 지지는 반엘리트주의와 반다원주의에, 그리고 극진보 이념과 진보 정당 지지는 인민 중심주의와 반다원주의의 포퓰리즘 특성을 보인다고 분석했다. 정동준(2023b)도 한국에서 좌파 포퓰리즘과 우파 포퓰리즘을 비교해서 분석했다.

그런데 한국에서 포퓰리즘 정치는 문재인 정부 때 본격적으로 부상했다(차태서 2021; 강원택 2021; 이연호, 임유진 2022). 특히 문재인 정부 시절에 행해진 '적폐청산'은 '적폐'인 기득권 세력과 '피해자, 소외자로서의 대중'의 이분법이 동원된 전형적인 포퓰리즘 정치였다. 그런 점에서 이 연구에서는 진보 집단에 주목하여 포퓰리즘을 살펴볼 것이다. 정동준(2023b: 42) 역시 한국에서 좌파 포퓰리즘 성향이 상대적으로 강하고 두드러지게 나타난다고 보았고, 채진원(2019)은 '이재명 현상'을 포퓰리즘의 관점에서 설명했다. 이런 점을 종합할 때, 우파 포퓰리즘의 가능성이 없다고 할 수는 없지만, 포퓰리즘의 경향은 진보 진영에서 상대적으로 두드러질 것으로 생각했다.

포퓰리즘에 대한 기존 연구는 대체로 애커먼 등(Akkerman et al. 2014)이 개발한 설문 설계를 활용하고 있다(하상응 2018; 도묘연 2021; 박선경 2022; 허석재 2022; 송승호·김남규 2023; 정동준 2023b). 그러나 포퓰리즘 측정과 관련하여 그 설문 설계 자체의 한계도 분명하고, 또 이를 한국 정치에 적용하는 데 대한 적실성의 문제도 존재한다. 여기서는 포퓰리즘이 갖는 여러 특성 중에서 엘리트에 대한 불신, 정치제도에 대한 불신과 대중 의사의 직접적 표출에 대한 선호(Tagaart 2017: 150–152; 서병훈 2008: 117)라는 측면에서 포퓰리즘 태도를 측정할 것이다.

3. 주요 정책에 대한 태도

이 글에서 사용되는 이념 집단의 구분은 응답자가 스스로 생각하는 자기 이념 위치(self-placement)이다. 이 방법은 '이념'이라는 개념에 대한 응답자 개개인의 이해도에 따라 동일한 이념적 위치를 규정하는 경우라도 서로 다른 의미를 내포할 가능성이 존재(한정훈 2016: 108)한다는 문제점을 지니지만, 최근 한국 정치에서 보수-진보 정파 간 잦은 정권 교체와 이념 양극화로 자신을 보수, 진보의 이념 스펙트럼 상에서 규정하는 일이 낯설지 않게 되었고, 또 주변 사람들과의 비교 속에서 자신의 상대적 이념적 위치를 가늠할 수 있다는 점에서 자기 이념 위치를 활용한 분석의 유용함이 있다.

여기서는 이념 집단을 이념 위치에 따라 5개의 집단으로 구분한다. 설문 항에는 0을 가장 진보적 위치로, 5는 중간, 그리고 10은 가장 보수적 위치로 제시되어 있다. 이 가운데 0, 1, 2로 자신의 이념 위치를 규정한 이들은 강경진보, 3, 4는 온건진보, 5는 중도, 6, 7은 온건보수, 8. 9, 10은 강경보수로 분류했다. 이렇게 구분한 다섯 이념 집단의 빈도는 〈표 1〉과 같다.

이 글에서의 관심은 이념 집단의 속성을 분석하는 것이지만, 우선은 2025년 대통령 선거에서 각 이념 집단의 후보 선택에 대해 살펴보았다. 여

〈표 1〉 5개 이념 집단의 빈도

이념 구분	강경진보	온건진보	중도	온건보수	강경보수	N
자기 이념 위치	0, 1, 2 212	3, 4 277	5 441	6, 7 371	8, 9, 10 200	1,500

〈표 2〉 이념 집단별 후보 선택

후보	강경진보	온건진보	중도	온건보수	강경보수	카이제곱
이재명	89.7	81.9	52.9	27.7	8.9	
김문수	3.0	9.1	26.1	57.2	85.3	580.84
이준석	2.5	5.3	10.6	10.3	4.2	p<.00
기타	4.9	3.8	10.4	4.7	1.6	
합계(n)	100.0(203)	100.0(265)	100.0(395)	100.0(339)	100.0(190)	

기서 관심은 같은 보수나 진보 집단 내에서 하위 집단 간 어떤 선택의 차이가 있는지 알아보려는 것이다.

〈표 2〉에는 이념 집단별 후보 지지의 비율이 정리되어 있다. 진보층 내에서도 약간의 차이가 보이지만, 보수층 내부의 차이가 크게 나타났다. 강경보수 중에는 85.3%가 김문수를 찍었다고 답했지만, 온건보수에서 그 비율은 57.2%에 그쳤다. 온건보수의 27.7%는 이재명을 선택했다고 답했지만 강경보수에서 그 비율은 8.9%였다. 〈표 2〉는 스스로 보수라고 생각하더라도 그 이념의 강도에 따른 정치적 선택에 차이가 있었음을 보여 주고 있다.

이번에는 이념 측정의 또 다른 방안인 구체적 정책과 관련된 이념 집단 간 태도의 차이에 대해 살펴보기로 한다. 구체적인 정책에 대한 선호는 정책이 시행되거나 관심의 대상이 되는 일정 시점에 국한될 가능성이 있다는 한계가 있지만(한정훈 2016: 108), 여기서 논의되는 정책은 그동안 다양한 연구에서 이념을 측정하는 정책적 지표로 활용이 되어 온 것이다. 설문에는 세 가지 범주에 각각 두 개 문항씩 모두 여섯 가지 정책이 제시되었다. 첫 번째 범주는 안보, 반공으로, 한미동맹 강화와 남북화해 협력에 대한 두 가지 질문을 포함했다. 두 번째는 경제 범주로, 고소득자 중과세와 비정규직 기업 자율에 대한 두 가지 질문이 제시되었다. 세 번째는 사회 범주로 과도하더라도 표현의 자유를 보장해야 한다는 것과 사형제 존속 여부에 대한 태도를 물었다. 각 질문은 항목은 선호의 방향을 명확히 구분하기 위해 중간위치를 부여하지 않은 4점 리커트 척도로 주어졌고, 숫자가 작을수록 진보적 태도로 코딩했다. 예컨대, 표현의 자유라면 1점이 매우 찬성하는 값이고 4가 매우 반대하는 값이다. 그림 〈1-1〉부터 〈1-6〉은 이들 6개 문항에 대한 다섯 이념 집단의 평균과 95% 유의수준의 신뢰구간을 보여 주는 오차 막대(error bar) 그래프이다.

〈그림 1-1〉을 보면, 한미동맹 강화에 대한 보수와 진보 간 이념의 차이가 크다는 것을 알 수 있다. 하지만 보수 집단 내에서도 온건보수와 강경보수 간 태도의 차이가 뚜렷하게 구분된다. 보수 집단 내에서도 한미동맹에 대한 태도의 차이가 나타났다. 강경보수를 제외하면 대체로 의견의 차이가 크지 않은 것으로 나타났고, 모든 평균값이 3 이상으로 나타나서 동맹 강화의 필요성에 대한 공감대가 형성되어 있음을 알 수 있다. 대미정책에 대한 태도를 보수 대 진보의 이분법적 구도로 설명하기 어렵게 되었다.

〈그림 1-1〉 한미동맹 강화에 대한 이념 집단별 오차 막대 그래프

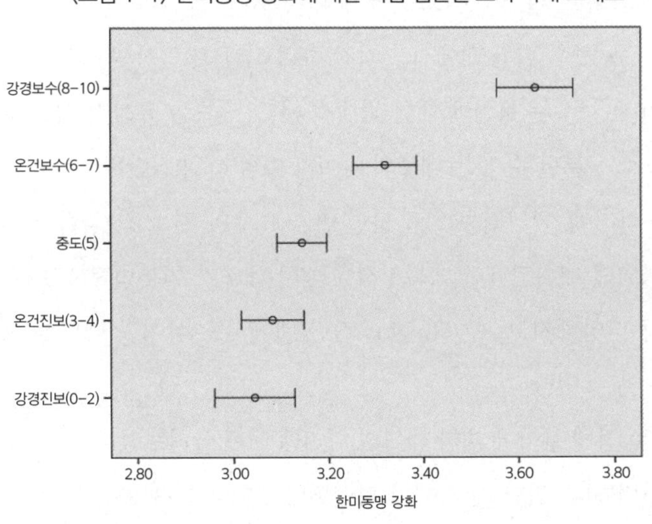

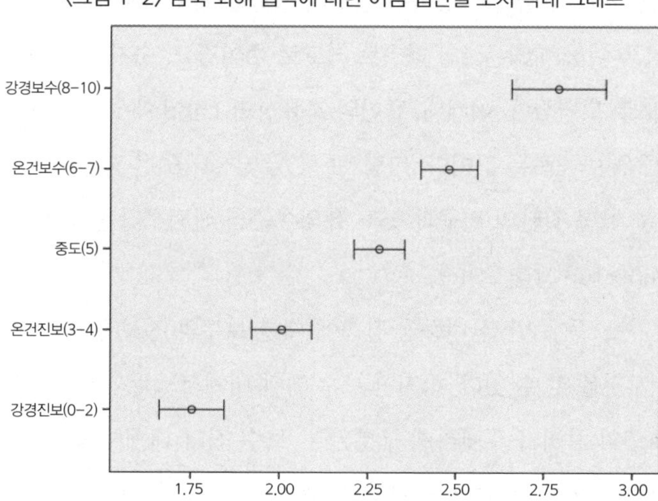

<그림 1-2> 남북 화해 협력에 대한 이념 집단별 오차 막대 그래프

그러나 대북정책은 보수와 진보 간 입장의 차이가 크고 분명하게 나타났다. 〈표 1-2〉에서 볼 수 있듯이, 강경진보-온건진보-중도-온건보수-강경보수의 순으로 뚜렷한 차이가 확인된다. 평균의 범위도 1.75(강경진보)부터 2.79(강경보수)까지 상대적으로 넓게 퍼져 있다. 그런데 여기서 주목해야 할 점은 진보, 보수 집단 내에서도 각각 하위 집단 간 입장의 차이가 분명하다는 점이다. 보수는 북한에 대한 적대적 태도, 진보는 유화적 태도라는 단순한 구도로 구분할 수 없는 태도의 차이가 이념 하위 집단별로 나타났다.

이처럼 과거에 '남남갈등'으로 불릴 만큼 보수와 진보 간 격렬한 이념적 대립을 보였던 대미관계나 대북정책에 대한 태도가 이분법적으로 나눌 수 없을 만큼 다양해지고 보수와 진보 집단 내에서도 상이한 태도를 보이게 되었음을 알 수 있다.

이번에는 경제 분야에 대한 태도의 차이에 대해 살펴보았다. 경제 분야에서도 이념별 하위 집단 간 차이가 확인된다. 〈그림 1-3〉은 "고소득자들이

    비상계엄-탄핵 사태와 2025년 대통령 선거

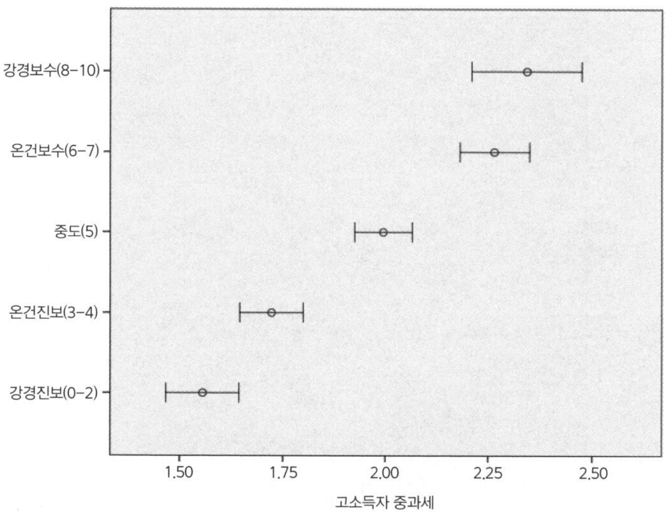

〈그림 1-3〉 고소득자 중과세에 대한 이념 집단별 오차 막대 그래프

현재보다 세금을 더 많이 내도록 해야 한다"는 주장에 대한 응답을 정리한 것이다. 일단 과세 이슈에 대한 진보와 보수 이념 간 시각의 차이가 확인된다. 또 〈그림 1-4〉에서 보듯이, "비정규직 노동자 문제는 기업 자율에 맡겨야 한다"는 주장에 대한 응답에서도 진보와 보수 간 태도의 차이가 나타났다. 대북, 대미정책뿐만 아니라 경제 이슈에 대해서도 보수-진보 간 시각의 차이가 확인되었다.

그런데 이에 대한 응답 역시 각 이념군 내 하위 집단별로 차이를 보였다. 〈그림 1-3〉에서 알 수 있듯이, 과세 이슈에 대해 진보 집단 내 강성진보와 온건진보 간 태도 차이가 확인되었다.[1] 또한, 기업 자율 이슈에 대해서는 보수 집단 내에서 온건보수와 강성보수 간 입장의 차이가 분명했다. 이처럼 경제 영역에서 보수-진보의 차이뿐만 아니라, 각 이념 집단 내의 차이

---

1 이에 대한 t-test 결과는 다음과 같다. 평균 강경진보 1.56, 온건진보 1.72 t=−2.81 (p<.01)

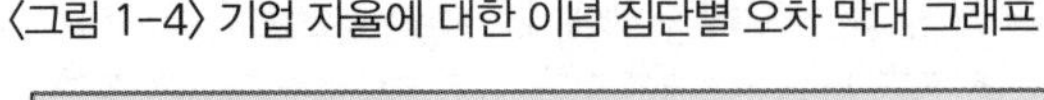

〈그림 1-4〉 기업 자율에 대한 이념 집단별 오차 막대 그래프

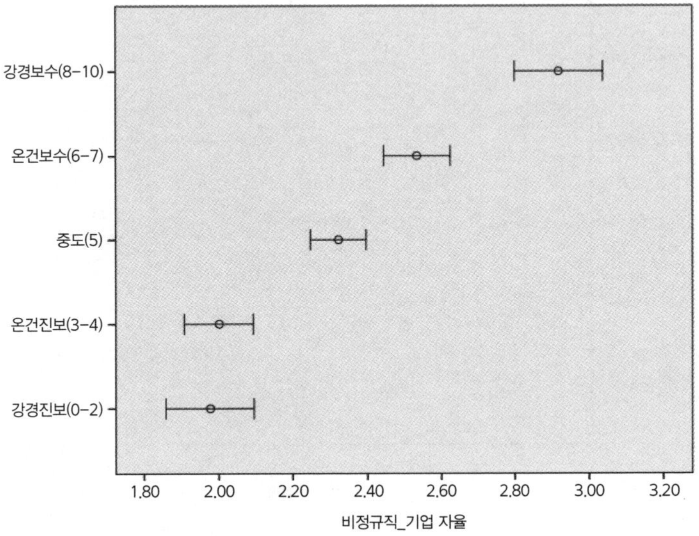

도 확인되었다.

그러나 사회 영역에 대한 응답에서는 이념 집단별 차이가 나타나지 않았다. 〈그림 1-5〉는 "거짓 주장이나 과도한 비방이라고 하더라도 표현의 자유는 보장 받아야 한다"는 주장에 대한 평균과 신뢰구간을 나타낸 것이고, 〈그림 1-6〉은 "강력 범죄를 줄이기 위해 사형제는 존속되어야 한다"는 주장에 대한 응답을 정리한 것이다. 두 경우, 대체적인 경향성은 보이지만, 뚜렷하고 일관된 패턴이 나타나지 않았다. 각 집단의 날개 길이도 길어서 집단 내에서의 의견의 분산도 큰 것으로 나타났다.

이처럼 대미, 대북 정책과 경제 정책에 대해 보수와 진보 이념 간 차이가 확인되었다. 그러나 이와 함께 보수 집단 내부, 진보 집단 내부에도 각 정책에 대한 태도에 차이가 나타났다. 그런 점에서 구체적 정책에 대한 태도를 두고 보수와 진보라는 이분법적인 형태로 구분하는 것은 적절치 않아 보인

　비상계엄-탄핵 사태와 2025년 대통령 선거

<그림 1-5> 표현의 자유에 대한 이념 집단별 오차 막대 그래프

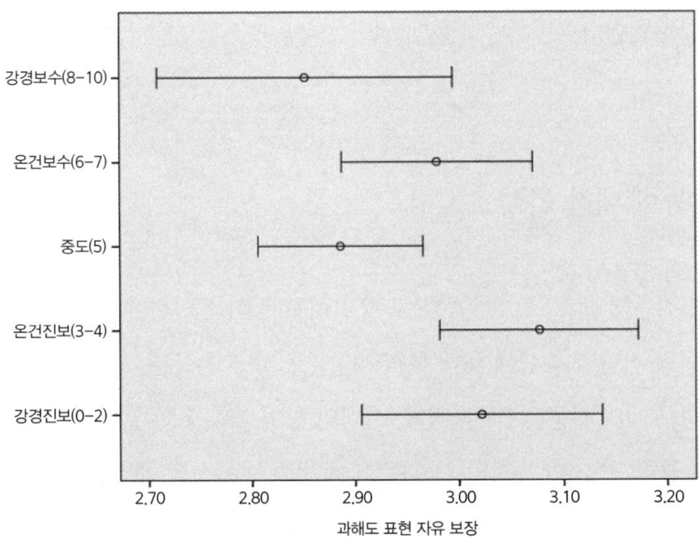

<그림 1-6> 사형제 존속에 대한 이념 집단별 오차 막대 그래프

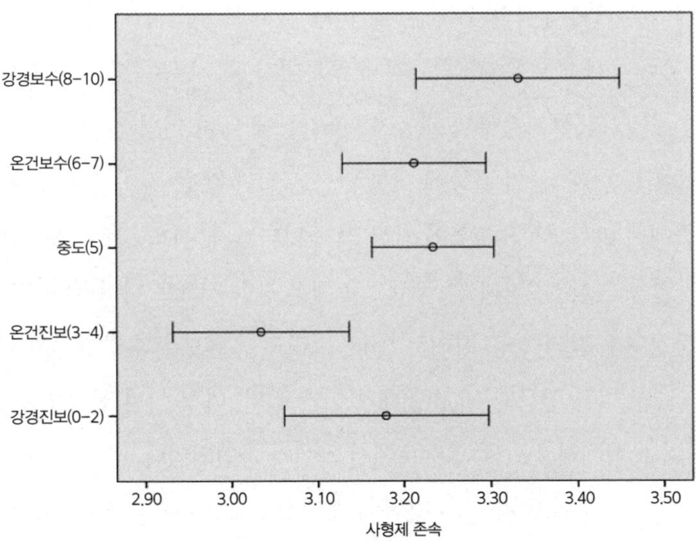

다. 한국에서의 이념은 단순한 보수 대 진보라는 형태보다 더 다원적인 형
태로 분화되었다.

4. 갈등에 대한 인식

이념 집단별 태도의 차이에 대해 더 알아보기 위해 이번에는 사회 갈등에
대한 이념 집단별 특성에 대해 분석했다. 〈표 3〉에 분산분석 결과가 정리되
어 있다. 9개의 질문은 정치, 경제, 사회의 영역으로 구분하여 정리했다. 이
가운데 '서울과 지방'은 다양한 관점에서 이슈의 특성을 해석할 수 있지만,
여기서는 '격차'의 관점에서 경제 영역에 포함했다. 세 개 영역 중 정치 영역
의 네 항목에서 갈등을 느끼는 정도가 상대적으로 높게 나타났다. 여야 간
극한 대립과 계엄–탄핵 정국을 겪었음을 생각할 때 이와 같은 갈등에 대한
높은 인식은 쉽게 예상할 수 있는 것이다.

〈표 3〉에서 흥미로운 결과는 경제 부분이다. 특히 주목할 점은 '부자와
가난한 자' 그리고 '고용주와 노동자' 간 갈등에 대한 이념 집단 간 차이다.
'부자와 가난한 자' 간의 갈등에 대한 인식은 집단 간 큰 차이를 보였다. 9개
항목 중에서 분산분석의 F값이 가장 크게 나타났다. 특히 강경진보 집단이
느끼는 갈등 인식은 2보다 낮은 값으로 매우 강한 것으로 나타났다. 강경진
보와 강경보수 간의 평균 차이는 0.44, 그리고 온건보수와 강경진보 간 차
이는 0.52로 다른 항목과 비교할 때 차이가 컸다. 다섯 이념 집단별 평균은
LSD 사후분석에서 95% 유의수준에서 차이가 확인되었다.

또한, 고용주와 노동자 간의 갈등에 대해서도, 보수, 진보 집단 간 인식의
차이가 크게 나타났다. F값이 9개 중 세 번째로 크게 나타났다. 진보 집단에

　　　　비상계엄–탄핵 사태와 2025년 대통령 선거

<표 3> 각 집단 간 갈등의 정도에 대한 이념 집단별 인식

구분	갈등 집단	강경진보	온건진보	중도	온건보수	강경보수	분산분석(F)
정치	여당과 야당	1.38	1.46	1.59	1.54	1.31	6.33*
	보수와 진보	1.46	1.60	1.71	1.64	1.36	8.41*
	영남과 호남	1.78	1.89	2.03	1.97	1.69	6.60*
	국회와 행정부	2.12	2.28	2.21	2.11	1.79	11.50*
경제	부자와 가난한 자	1.94	2.11	2.28	2.46	2.38	14.42*
	고용주와 노동자	1.93	1.98	2.21	2.28	2.12	9.44*
	서울과 지방	2.09	2.19	2.31	2.31	2.31	3.25***
사회	남성과 여성	2.11	2.28	2.36	2.45	2.33	4.91**
	젊은 세대와 기성세대	1.94	2.10	2.28	2.26	2.13	7.92*

* $p<0.00$, **$p<0.01$, ***$p<0.05$
1-갈등이 매우 심하다, 3-보통이다, 5-갈등이 전혀 심하지 않다.

서는 강경, 온건 무관하게 평균값이 2보다 작았고, 중도와 보수 집단에서는 2보다 큰 값이 나타났다. 진보 집단에서 이 갈등을 더 심각하게 인식하고 있음을 알 수 있다. 반면 서울과 지방 간 갈등은 심각성도 상대적으로 낮고, 이념 집단 간 평균의 차이도 크지 않았다.

이처럼 이제 보수-진보 이념에는 빈부 격차나 노동 문제에 대한 상이한 인식이 나타나기 시작했다. 앞서 경제 영역에서 이념적 차이가 확인된 것과 같은 맥락에서 이해할 수 있다. 이제 한국 사회에서의 이념 갈등은 대미, 대북정책보다 오히려 경제 영역에서의 차이가 더 두드러질 것으로 보인다.

<표 4>는 <표 3>에서 본 9개 질문에 대한 응답을 모두 합한 것의 집단별 평균값이다. 흥미롭게도 진보, 보수의 구분 없이 강경한 입장을 갖는 이들일수록 사회 집단 간 갈등을 더욱 심각한 것으로 인식하고 있다. 강경진보 집단의 평균은 1.86, 그리고 강경보수 집단의 평균은 1.93으로 다른 집단에 비해 갈등을 더 심각하다고 인식했다.

〈표 4〉 사회 갈등에 대한 이념 집단별 인식

이념집단	강경진보	온건진보	중도	온건보수	강경보수	전체평균
평균	1.86	1.99	2.11	2.12	1.93	2.03
분산분석	F=10.53 p<0.00					

강경층에서 갈등을 더 심각하게 인식한다는 특성에 주목하여 이번에는 대통령 선거에 출마했던 이재명, 김문수 두 후보와 더불어민주당, 국민의 힘의 이념적 위치를 각 이념 집단이 어떻게 인식하는지 살펴봤다. 여기서 의 관심은 보수든 진보든 강성 이념을 갖는 이들이 상대방을 더 급진적으 로 인식하는지 알아보고자 하는 것이다.

〈그림 2-1〉은 이재명 후보의 이념 위치에 대한 각 이념 집단별 인식을 나타내는 박스 플롯(box-and-whisker plot)이다. 여기서 주목할 부분은 강 경보수의 인식이다. 강경보수 집단 응답의 중간값은 진보의 극단값인 0으 로 나타났고, 전체 응답의 75%가 0-2 사이에 놓여 있다. 강경보수는 이재 명의 이념 위치를 매우 극단적으로 인식하고 있고 그 집단 내부의 시각 차 이도 크지 않다. 이러한 점은 온건보수의 인식과 뚜렷이 구분되는데, 온건 보수의 중간값은 2이고 50%의 응답이 1-5 사이에 놓여 있다. 또 다른 흥미 로운 점은 강경진보의 응답이다. 이들의 중간값은 2였고 50%의 응답이 1 에서 3 사이에 놓여 있다. 강경보수보다는 덜 하기는 하지만, 강경진보 역 시 이재명의 이념 위치를 상당히 강한 진보로 인식하고 있다. 또한 〈그림 2-2〉에서 보듯이, 더불어민주당에 대한 이념 위치 역시 이재명 후보만큼 은 아니더라도 이와 매우 유사한 패턴이라는 것을 알 수 있다.

흥미로운 사실은 김문수 후보나 국민의힘 이념 위치에 대한 인식의 패턴 은 앞에서 본 두 경우와 정반대로 나타났다는 점이다. 〈그림 2-3〉은 김문 수 후보의 이념 위치에 대한 각 이념 집단별 인식이다. 여기서 주목할 집단

　비상계엄-탄핵 사태와 2025년 대통령 선거

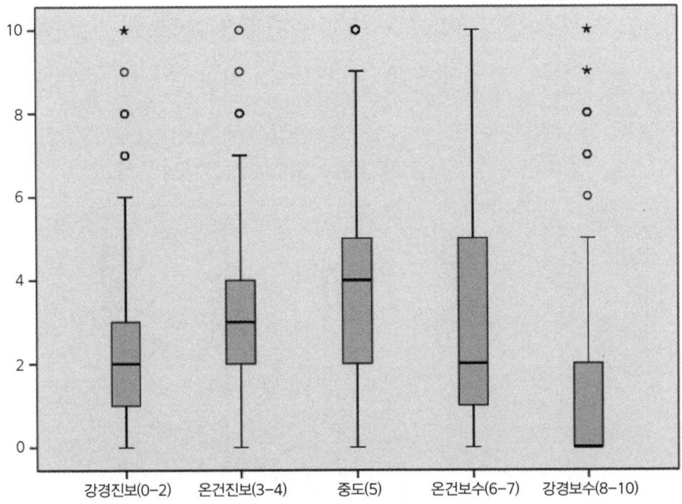

〈그림 2-1〉 박스 플롯: 이재명 후보에 대한 이념 인식

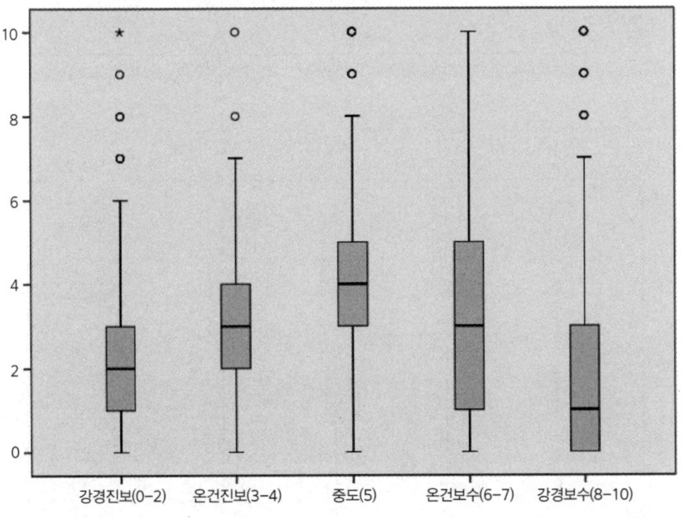

〈그림 2-2〉 박스 플롯: 더불어민주당에 대한 이념 인식

은 강성진보이다. 이들의 인식은 〈그림 2-1〉에서 본 강성보수의 이재명 인식과 사실상 동일하다는 것을 알 수 있다. 중간값은 보수의 극단값인 10으

로 나타났고, 75%가 8-10 사이에 위치해 있다. 여기서 주목할 만한 또 다른 특성은 강성보수의 인식이다. 이들의 중간값은 9이고 8-10 사이에 75%의 응답이 몰려 있다. 강경보수 역시 김문수의 이념 위치를 매우 강경한 보

<그림 2-3> 박스 플롯: 김문수 후보에 대한 이념 인식

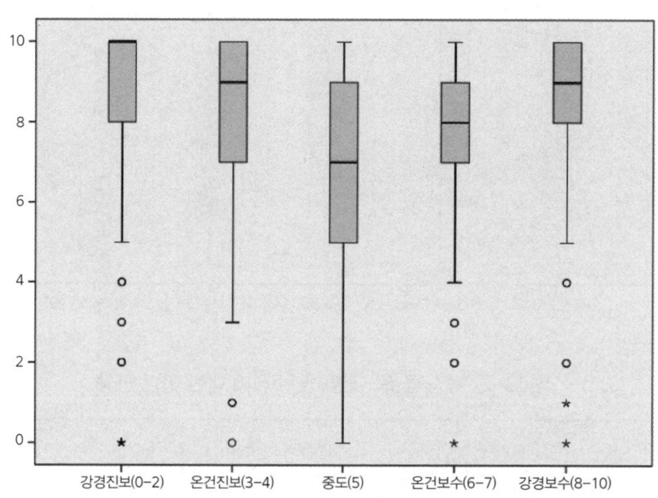

<그림 2-4> 박스 플롯: 국민의힘에 대한 이념 인식

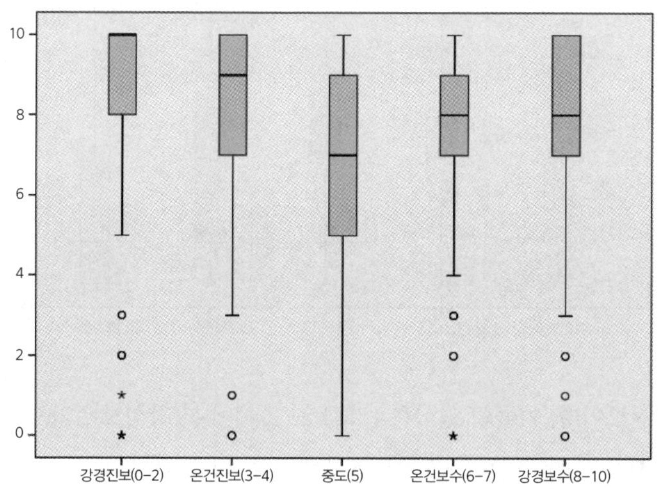

비상계엄-탄핵 사태와 2025년 대통령 선거

수로 인식하고 있다. 또한, 〈그림 2-4〉에서 볼 수 있듯이, 국민의힘의 이념 위치에 대한 인식의 패턴 역시 〈그림 2-3〉과 매우 유사하다.

보수든 진보든 강성 이념을 갖는 정치적 경쟁자 간의 이념 거리를 매우 멀게 인식하고 있다. 자신들이 지지하는 후보나 정당은 그들만큼이나 강경한 이념적 태도를 갖고 있다고 생각하고, 반대편 정당이나 후보는 매우 극단적인 이념을 갖는 것으로 본다. 이렇게 정치적 경쟁자 간의 이념적 거리를 양 극단으로 바라보면 타협이나 양보의 정치는 용납할 수 없게 된다. 또한, 이렇게 정치를 양 극단의 경쟁으로 바라보는 이들이 각 정당의 노선이나 결정을 주도한다면 정치는 갈등과 대립의 격화로 이어질 수밖에 없다.

5. 권위주의와 포퓰리즘

유럽에서 극우 정당 등 극단주의 정치세력은 민족주의, 인종주의, 권위주의, 포퓰리즘 등 여러 속성을 담고 있다(Lubbers, Gijsberts and Scheepers 2002; Golder 2003; Mudde 2007, 2013). 하지만 한국에서의 극단주의는 한편에서는 윤석열 전 대통령의 비상계엄선포와 같은 군부 권위주의 시대의 유산과 관련이 있다. 앞서 언급한 대로, 양웅석 등(2018)의 연구에서도 그런 특성이 확인되었다. 보수층, 특히 강성보수층에서 이런 특성이 나타날지가 여기서의 관심이다.

또 다른 관심사는 포퓰리즘이다. 한국 정치에서 나타나는 포퓰리즘 역시 권위주의 시대의 유산에 대한 일종의 반작용으로 볼 수 있다. 군부 권위주의 체제에 대한 거부와 민주주의에 대한 강조가, 정치제도나 통치 엘리트에 대한 불신과 함께, '국민의 뜻'에 대한 과도한 의미 부여로 이어지는 현상이 나타나고 있기 때문이다. 그런 점에서 여기서 주목하는 포퓰리즘은 정치 엘리트나 제도의 불신과 '인민의 뜻'에 대한 강조의 의미를 중시한다.[2]

우선 권위주의적 요소를 측정하기 위해 민주주의와 권위주의에 대한 선호에 대한 태도에 대해 알아보았다. 〈표 5〉에 이념 집단별 응답이 정리되어 있다. 설문항 중 "민주주의는 언제나 다른 어떤 형태의 정부보다 낫다" → "나 같은 사람에게는, 민주주의 정부든 권위주의 정부이든 상관이 없다" → "어떤 상황에서는, 권위주의 정부가 민주주의 정부보다 낫다"의 순으로 권위주의에 대한 용인의 정도가 높아지는 것으로 간주했다. 〈표 5〉에서 보듯이, 강경진보로부터 강경보수까지 순차적으로 그 비율이 변화하는 것을 알 수 있다. 여기서의 관심인 강경보수의 경우에는 '언제나 민주주의가 낫다'는 응답 비율이 54.5%로 절반을 조금 넘었다. '때로는 권위주의가 더 낫다'는 응답도 25%로 나타났다. 강성보수 중 4명 중 1명이 권위주의가 더 나을 수 있다고 응답한 것이다. 이에 대한 온건보수의 응답률도 21%로 결코 낮다고 볼 수는 없지만, 이 집단에서 민주주의가 언제나 낫다는 응답은 65%로 강성보수와는 상당한 차이를 보였다.

이번에는 선거 공정성, 선거 부정에 대한 응답을 살펴보았다. 앞서 언급한 대로, 레비츠키와 지블라트는 '권위주의적 태도'의 특성 중 하나로 '민주적 경쟁 규칙의 거부(혹은 낮은 수준의 인정)'를 제시했다. 선거 부정을 주장하는 것은 선거 경쟁의 공정성뿐만 아니라, 자신들의 뜻과 다른 선거 결과에 대한 부정이나 거부를 의미한다는 점에서 반민주적 태도로 볼 수 있다.

---

2 포퓰리즘에 대한 정의는 다양하다. '우리'와 '그들'을 나누고 내부의 문제를 외부의 책임으로 전가하는 것도 포퓰리즘의 한 특성이다. 유럽 정치에서 나타나는 반이민, 인종주의가 그런 특성을 갖는다. 우리나라에서도 중국의 선거 개입을 주장하는 극단주의 보수 세력의 태도 역시 반공주의와 결합된 포퓰리즘으로 볼 수 있다. 그러나 여기서는 대의제를 포함한 정치제도에 대한 신뢰보다 인민의 뜻을 중시한다는 의미로 포퓰리즘으로 정의한다.

 비상계엄–탄핵 사태와 2025년 대통령 선거

<표 5> 민주주의와 권위주의에 대한 선호

	언제나 민주주의가 낫다	민주주의든 권위주의든 상관없다	어떤 상황에서는 권위주의가 낫다
강경진보	93.4	0.5	6.1
온건진보	81.5	9.4	9.1
중도	70.3	15.0	14.7
온건보수	65.0	14.0	21.0
강경보수	54.5	20.0	25.5
평균	72.2	12.3	15.5
Pearson 카이제곱 106.90 p<0.00			

<표 6> 선거 공정성에 대한 인식

	강경진보	온건진보	중도	온건보수	강경보수	분산분석
21대 대통령 선거 공정하게 실시?[a]	8.33	7.68	6.21	5.47	3.93	F=107.21 p<0.00
최근 선거에서 조직적 선거 부정[b]	3.40	3.32	2.82	2.52	1.93	F=14.36 p<0.00

a: 0-매우 불공정, 5-보통, 10-매우 공정
b: 1-매우 공감, 2-대체로 공감, 3-별로 공감 않음, 5-전혀 공감 않음

<표 6>에는 선거 공정성에 대한 두 가지 질문에 대한 이념 집단별 응답이 정리되어 있다. 강경진보에서 강경보수로 갈수록 선거 공정성에 대한 믿음이 약해지는 것을 알 수 있다. 특히 강경보수 집단은 선거 공정성에 대한 신뢰가 매우 약한 것으로 나타났다. <표 5>와 <표 6>의 결과를 보면, 강경보수 집단은 권위주의에 대한 친화성이 높았고, 민주적 경쟁 규칙에 대한 신뢰도 낮았다. 강경보수 집단이 매우 강한 권위주의적 태도를 갖고 있음을 알 수 있다.

이번에는 포퓰리즘 태도를 측정하기 위해 다음의 세 질문에 대한 이념 집단별 응답을 분석했다.

– 입법, 사법, 행정 삼권 간 견제와 균형보다 국민 다수의 뜻을 따르는 것이
  더 중요하다.
– 법원이 독립적으로 판결하는 것보다 국민의 의견이 법원 판결에 더 많이
  반영되어야 한다.
– 대다수 국민이 동의하지 않는, 법원이나 헌재의 결정은 따르지 않아도
  된다.

이 세 가지 주장은 모두 정치제도나 (사법) 엘리트에 대한 불신을 드러내고 있으며, 그 대신 '국민 다수' '국민의 의견' '대다수 국민'의 뜻을 중시하고 있다. 제도의 불신, 전문가나 엘리트에 대한 불신, '인민의 의지'의 강조는 포퓰리즘의 중요한 특성이다(서병훈 2008:117; 주정립 2006:47; Mudde 2004; Mudde and Kaltwasser 2017).

포퓰리스트들은 시급하고 중대한 문제들이 사실은 대다수 국민들이 본능적으로 알고 있는 '상식'에 기반해 해결할 수 있다고 주장한다. 복잡하기만 하고 자신들에게만 이득이 되는 '나쁜' 해법을 제시하는 기성 특권층-정치 엘리트, 관료, 재벌, 지식전문가 등-과 달리 자신들은 진짜 국민의 총의에 의거해 매우 간단한 해결책을 제시할 수 있다고 주장하는데, 대개 이는 문제의 책임을 물어 비난하고 처벌할 수 있는 '적'을 찾는 행위로 귀결된다(차태서 2021: 143-144).

이 세 주장에 대한 이념 집단별 응답을 오차 막대 그래프로 정리했다. 세 주장에 대한 응답은 모두 "1-매우 동의한다, 2-대체로 동의한다, 3-보통이다, 4-별로 동의하지 않는다, 5-전혀 동의하지 않는다"의 5단계 리커트

척도로 제시되었다.

〈그림 3-1〉은 입법, 사법, 행정 간 견제와 균형보다 국민 다수의 뜻이 중요하다는 데 대한 응답을 정리한 오차 막대 그래프이다. 보수와 진보 이념 집단 간 태도의 차이가 분명하게 구별된다. 진보 이념 집단에서 '국민 다수의 뜻'에 대한 강조가 강하게 나타났다. 하지만 진보 집단 내에서도 강경진보와 온건진보 집단 간 뚜렷한 태도의 차이가 나타났다. 이 주장에 대한 강경진보의 평균값은 2.47로 중도나 보수는 물론이고 온건진보와도 상당한 차이를 보였다. 〈그림 3-2〉는 법원이 독립적으로 판결하는 것보다 국민의 뜻을 반영하라는 데 대한 응답을 정리한 것이다. 법원의 독립성이나 판사의 자율성을 인정하기보다 '다수의 뜻'을 강조하고 있다. 이에 대한 응답도 강경진보에서 강경보수까지 순차적인 태도의 차이를 보인다. 하지만 여기서도 강경진보 집단과 온건진보 집단의 평균은, 일부 신뢰구간이 겹쳤지만, 통계적인 차이가 확인되었다.[3]

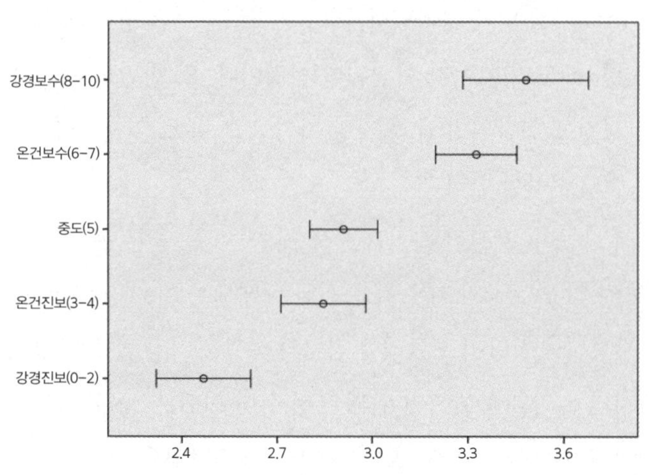

〈그림 3-1〉 견제와 균형보다 국민 다수의 뜻이 중요

---

3 이에 대한 t-test 결과는 다음과 같다. 평균 강경진보 2.42, 온건진보 2.64 t=−2.48 (p<.05)

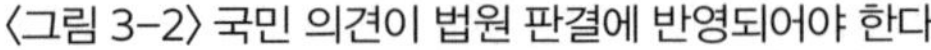

〈그림 3-2〉 국민 의견이 법원 판결에 반영되어야 한다

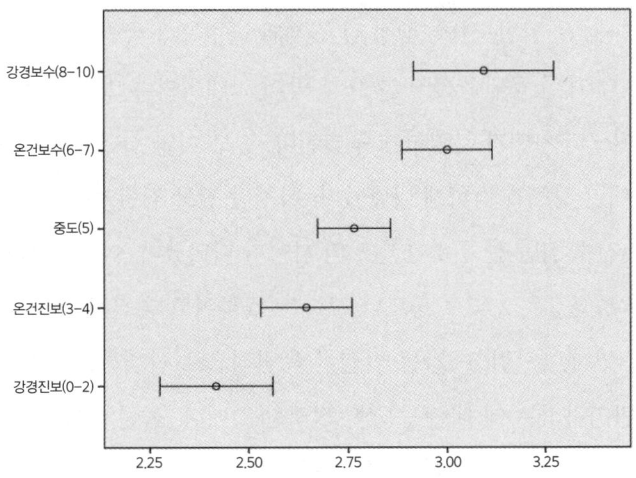

　〈그림 3-3〉의 '대다수 국민이 동의하지 않는 법원이나 헌법재판소의 판결은 따르지 않아도 된다'는 진술은, 법령의 최종 해석에 대한 사법부 권한과 권위를 인정하지 않는 매우 극단적인 주장이라고 할 수 있다. 이에 대한 응답은 이념적으로 일정한 패턴이 나타나지 않았다. 하지만 평균값은 강경진보가 3.14로 가장 낮게 나타났다. 더욱 흥미로운 점은 강경진보와 온건진보 간 분명한 태도의 차이가 확인된다는 것이다. 또 한편으로는 강경보수 집단이 강경진보 집단의 평균과 가장 가깝고 또 분포 역시 비슷한 모습을 보인다는 점도 주목할 만하다.

　이상에서 보듯이, 강경진보 집단은 보수나 중도는 물론 온건진보 집단에 비해서, '다수의 뜻', '국민 다수'를 중시하는 태도가 매우 강하다는 것을 알 수 있다. 강경진보 집단이 포퓰리즘 정치의 속성을 가장 잘 드러내고 있다.

　지금까지의 논의를 종합하기 위해 우선 선형 회귀분석을 실시했다. 종속변수는 0(가장 진보)에서 10(가장 보수)까지의 주관적 이념 성향이다. 모델 1은 사회경제 변수, 정치적 세련도(political sophistication), 그리고 빈부 갈등, 노

　　　　　비상계엄–탄핵 사태와 2025년 대통령 선거

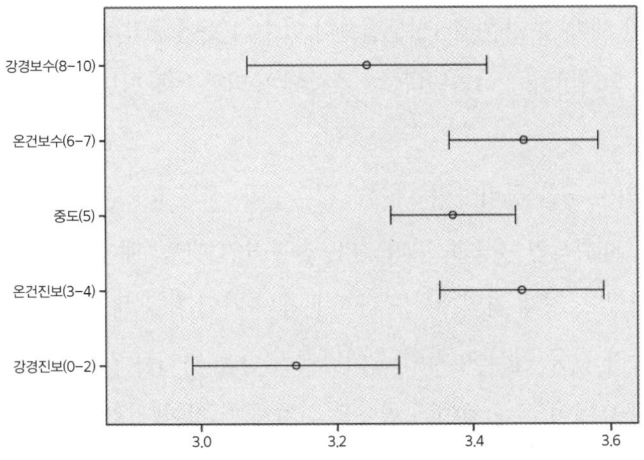

〈그림 3-3〉 대다수가 동의 않는 사법 판결은 따르지 않아도 된다

사 갈등을 포함한 정책 태도를 포함하고 있다. 나이가 많을수록, 학력이 높을수록, 그리고 정치효능감이 낮을수록 보수적으로 나타났다. 정책적인 면에서는, 기존 연구에서 확인된 대로, 한미동맹에 찬성할수록, 남북 화해협력에 반대할수록 보수적으로 나타났다. 그런데 이뿐만 아니라 고소득자 중과세나 비정규직 기업 자율, 그리고 고용주와 노동자 갈등이라는 경제 이슈에 대한 태도의 차이가 이념에 영향을 미치는 것으로 나타났다. 사회 영역의 변수는 모두 유의미한 통계적인 차이가 나타나지 않았다.

모델 2는 모델 1에 민주주의-권위주의 인식을 포함했다. 민주주의-권위주의 인식에 대한 세 가지 변수는 모두 통계적으로 유의미한 것으로 나타났다. 권위주의를 용인할수록, 선거 부정을 믿을수록 보수적인 것으로 나타났다. 모델 1에서 통계적으로 유의미하게 나타난 변수는 대부분 모델 2에서도 마찬가지로 유의미한 것으로 나타났다. 다만 경제 영역에서는 과세 문제와 노사 갈등만 통계적으로 유의미하게 나타났다. 모델 3은 모델 2에 포퓰리즘 관련 변수 세 개를 추가한 것이다. 모델 2와 비교하면 학력 변수의 유의미성이 사라졌을 뿐 나머지 변수들의 통계적 유의미성은 그대로였다. 추가한 세 변수 가운데 3권분립보다 다수의 뜻이 중요하다는 변수는 통계적으로 유의미하게 나타났다. 이 주장에 동의할수록 진보적인 것으로 나타났다.

〈표 7〉의 내용을 정리하면, 나이가 많을수록, 정치 효능감이 낮을수록 이념적으로 보수적인 것으로 나타났다. 전통적인 대북, 대미정책은 이념에 영향을 미쳤고, 경제 영역에서도 과세 문제나 기업 자율 문제, 그리고 '고용주와 노동자 갈등 인식'의 차이도 이념에 영향을 미치는 것으로 나타났다. 즉 경제적 요인이 이념 결정에 영향을 미치게 된 것이다. 이와 함께 권위주의에 대한 용인 정도나 선거 부정 인식과 같은 민주주의 태도가 이념에 영향을 미쳤고, '다수의 뜻'을 강조하는 포퓰리즘 태도 역시 이념적 태도에 영향을 미치는 것으로 나타났다.

〈표 7〉이 전반적인 이념 성향의 특성을 분석한 것이라면, 〈표 8〉은 보수와 진보의 각 내부 집단 간 태도의 차이에 대해 살펴보고자 한 것이다. 즉, 보수는 강경보수와 온건보수 간, 진보는 강경진보와 온건진보 간 각 변수에 대한 태도에 차이가 있는지 분석했다.

보수 이념 집단을 보면, 강경보수는 온건보수보다 정치 관심이 크고, 정치 효능감이 떨어지는 것으로 나타났다. 그동안 보수 대 진보의 관점에서만 시각의 차이에 주목해 온 대미 관계에서 보수 집단 내 시각의 차이가 확인되었다. 기업 자율, 노사 갈등 등 경제 영역에서도 보수 집단 내부의 태도의 차이가 나타났다. 한편, 이 글에서 주목하고 있는 권위주의 관련 변수에서는 권위주의에 대한 용인, 비상계엄선포에 대한 태도에서 보수 내부의 시각 차이가 드러났다. 전체적으로 볼 때, 강경보수의 권위주의적 태도가 확인되었다. 그러나 보수 집단 분석에서는 포퓰리즘과 관련된 변수들은 모

〈표 7〉 선형 회귀분석

		모델 1	모델 2	모델 3
	(표준화 계수)	β	β	β
사회경제 변수	연령	.073*	.065*	.068*
	학력	.040***	.038***	.034
	가구 소득	.012	.027	.026
	자산	.027	.032	.028
정치적 세련도	정치 관심도	−.006	−.011	−.008
	정치 효능감	−.265*	−.178*	−.174*
	정치 지식	−.033	.014	.003
정책 태도	한미동맹 강화	.142*	.114*	.108*
	남북 화해 협력 강화	.226*	.132*	.127*
	고소득자 중과세	.121*	.078*	.073*
	비정규직 기업 자율	.074*	.023	.026
	과도해도 표현의 자유 보장	−.024	−.004	−.009
	사형제 존속	−.021	−.013	−.012
갈등 인식	부자와 가난한 자	.031	.024	.022
	고용주와 노동자	.051**	.043***	.043***
민주주의 인식	민주주의 vs 권위주의		.077*	.074*
	비상계엄선포		.160*	.164*
	21대 대선 공정성		−.164*	−.161*
제도 vs 대중	3권분립보다 다수 뜻 중요			.044***
	법원 판결에 국민 의견 반영			−.020
	국민 동의 않는 판결 불수용			.035
		R^2 =.334	R^2=.385	R^2=.388

*p<0.01, **p<0.05, ***p<0.1

종속변수: 자기 측정 이념(self-placement) 0-가장 진보, 5-중도, 10-가장 보수

성별: 1-남자, 2-여자

정치관심도: 1-매우 관심이 있다⋯5-전혀 관심이 없다.

정치효능감: 내적 효능감 2항목, 외적 효능감 2항목의 합. 1- 낮다⋯5-높다

한미동맹강화: 1-매우 반대⋯4-매우 찬성

남북화해협력 강화: 1-매우 찬성⋯4-매우 반대

고소득자 중과세: 1-매우 찬성⋯4-매우 반대

과도해도 표현의 자유 보장: 1-매우 찬성⋯4-매우 반대

사형제 존속: 1-매우 반대⋯4-매우 찬성

갈등 인식: 1-매우 심하다…5-전혀 심하지 않다
민주주의 vs 권위주의: 1-민주주의는 언제나 다른 형태의 정부보다 낫다, 2-나같은 사람에게는 민
　주주의 정부이든 권위주의 정부이든 상관없다, 3-어떤 상황에서는 권위주의 정부가 더 낫다
비상계엄선포: 0-매우 부정적…0-매우 긍정적
21대 대선 공정성: 0-매우 불공정…10-매우 공정
3권분립보다 다수의 뜻 중요: 1-매우 동의…5-전혀 동의하지 않는다
법원 관결에 국민 의견 반영, 국민 동의 않는 판결 불수용: 1-매우 동의…5- 전혀 동의하지 않음

두 통계적으로 유의미한 값이 나타나지 않았다.

　한편, 진보 이념 집단을 보면, 강경진보는 온건진보에 비해 정치적 관심도는 높지만 학력은 상대적으로 낮은 것으로 나타났다. 여기서도 그동안 보수-진보 간의 차이로만 보았던 대북 정책에 대한 진보 집단 내의 태도의 차이가 확인되었다. 흥미롭게도 사형제 이슈에 대해서도 차이가 나타났는데 강경진보가 사형제 존속에 더 찬성하는 것으로 나타났다. 권위주의에 대한 용인에 대해서는 강경진보 집단의 상대적으로 강한 반대의 태도가 확인되었다. 이 글에서 주목하는 포퓰리즘 관련 변수에서는 '3권분립보다 다수의 뜻' 항목과 '대다수 국민이 동의하지 않는 사법 판결 불수용' 항목에서 강경진보의 차별화된 태도가 확인되었다. 이처럼 〈표 8〉에서는 강경보수의 권위주의적 경향, 강경진보의 포퓰리즘적 경향이 확인되었다.

6. 결론

　이 글의 문제의식은 양극화된 정치 상황에서 극단적 태도를 보이는 이들의 이념적 특성에 대해 살펴보자는 것이었다. 일반적으로 이념 갈등을 보수-진보의 이분법적으로 구분해 왔지만, 그보다 더 분화되었다는 것이 이 글의 전제였다. 보수와 진보 이념 집단을 각각 온건과 강경으로 구분해서

　　　　　　　　　　비상계엄-탄핵 사태와 2025년 대통령 선거

〈표 8〉 이항 로지스틱 분석: 온건보수(0) vs 강경보수(1)

		보수	진보
		B	B
사회경제 변수	연령	.001	−.011
	학력	−.134	−.230**
	가구 소득	−.031	.014
	자산	.023	−.015
정치적 세련도	정치 관심도	.210***	.593*
	정치 효능감	−.345***	−.067
	정치 지식	−.137	−.083
정책 태도	한미동맹 강화	.648*	−.291
	남북 화해 협력 강화	.136	−.391**
	고소득자 중과세	−.075	−.119
	비정규직 기업 자율	.234***	.085
	과도해도 표현의 자유 보장	−.102	−.115
	사형제 존속	−.147	.263**
갈등 인식	부자와 가난한 자	−.132	−.137
	고용주와 노동자	−.222***	.066
민주주의 인식	민주주의 vs 권위주의	.230***	−.360***
	비상계엄선포	.157*	.020
	21대 대선 공정성	−.022	.050
제도 vs 대중	3권분립보다 다수 뜻 중요	−.032	−.173***
	법원 판결에 국민 의견 반영	.64	.055
	국민 동의 않는 판결 불수용	−.087	−.267**
상수항		−1.850	1.942
		Nigelkerke R^2 =.266	Nigelkerke R^2 =.189

*p<0.01, **p<0.05, ***p<0.1
온건 0, 강경 1

이념의 특성을 분석한 결과, 크게 세 가지 특성이 발견되었다.

첫째, 그동안 보수 대 진보라는 이분법적 구도로 이념 집단을 구분해 왔지만, 각 이념 집단을 동질적인 것으로 볼 수 없는 집단 내부의 차이가 확인되었다. 보수라고 통칭했던 집단 내에서, 예컨대 한미동맹, 대북 정책, 기업 자율 등에 대한 입장의 차이가 확인되었다. 또한, 진보 집단 내에서도 대북 정책, 고소득자 중과세 등에 대한 내부의 시각 차이가 나타났다. 이처럼 이념 집단이 분화되는 특성을 보였다.

둘째, 그동안 이념 대립을 의미하던 '남남갈등'은 주로 대북 정책, 대미 관계, 국가보안법 등 과거 권위주의 시대의 반공주의와 관련된 것이었다(강원택 2005:197). 관련 이슈의 속성도 정치적이었다. 그러나 앞서 살펴본 대로, 이제 이념 집단 간 태도의 차이가 경제 영역으로 확대되었다. 과세 이슈, 국가와 시장, 빈부 갈등, 노사 문제 등에 대해 보수-진보 이념 집단별 태도의 차이가 확인되었다. 오히려 이념과 무관하게 한미동맹에 대한 공감대가 높아졌고, 대북 정책에 대한 태도의 차이는 예전에 비해 약해졌지만, 경제 영역에서의 이념 집단 간 태도의 차이는 보다 분명해졌다.

셋째, 정치적으로 극단적인 태도가 확인되었다. 강경보수의 경우, 권위주의를 용인하는 태도가 나타났고, 강경진보는 포퓰리즘에 수용적인 경향이 나타났다. 한국 정치의 이념적 양극화는 단순히 보수-진보의 이분법이 아니라, 강경 보수의 권위주의적 성향과 강경 진보의 포퓰리즘적 성향이 맞부딪히는 형태로 전개되고 있다. 더욱이 이들 이념적 강경파는 사회 갈등을 더 심각하게 인식하고, 정치적 경쟁세력과의 이념적 차이를 매우 크게 느끼고 있다.

이런 점에 비추어 볼 때, 한국 사회에서 정치적 양극화가 심각해진 것은, 사회 구성원 대다수가 이념적으로 극화되었다기보다 이념적, 정파적 강경파들이 갈등과 대립을 주도하고 있기 때문으로 생각된다. 따라서 한국 민주주의의 안정을 위해서는 이념적으로 다원화된 특성이 정치 제도적으로 반영되는 구조로의 정치 개혁이 필요하다. 다양한 영역에서 차별성을 보이

 비상계엄-탄핵 사태와 2025년 대통령 선거

는 강경과 온건 집단의 상이한 관점과 태도가 정치적으로 대표될 수 있는 다당제로의 전환이 강경파의 주도에 의한 극단적 대립을 피하고 타협과 합의의 정치로 이끄는 효과적인 방안이 될 것으로 보인다.

참고문헌

강원택. 2025. "계엄 정국과 정치 이념: '조용한 중도'는 무엇을 원하나." 강원택, 손열 편. 『정치 양극화와 한국 민주주의의 위기』. 동아시아연구원, 11–40.

강원택. 2021. "포퓰리즘 정치와 한국 민주주의의 개혁 방안." 이정복 외. 『대전환기의 한국 민주 정치』. 중앙books, 259–293.

강원택. 2005. "한국의 이념 갈등과 진보·보수의 경계." 『한국정당학회보』 4(2), 193–217.

강원택, 성예진. 2018. "2017년 대통령 선거에서 이념과 세대: 보수 성향 유권자를 중심으로." 『한국정치연구』 27(1), 205–240.

길정아·하상응. 2019. "당파적 편향에 따른 책임 귀속: 여야간 갈등 인식과 정당 호감도를 중심으로." 『의정연구』 56권, 46–78.

김기동·이재묵. 2021. "한국 유권자의 당파적 정체성과 정서적 양극화." 『한국정치학회보』 55(2), 57–87.

김성연. 2023. "한국 유권자들의 이념적 정렬과 정서적 양극화: 18대, 19대, 20대 대통령 선거 분석 결과." 『한국과 국제사회』 7(6), 1003–1024.

도묘연. 2021. "한국 대중의 이념 정향이 포퓰리즘 성향에 미치는 영향." 『의정연구』 27(1), 118–155.

박경미, 한정택, 이지호. 2012. "한국 사회 이념 갈등의 구성적 특성." 『한국정당학회보』, 11(3), 127–154.

박선경. 2022. "경제적 불평등이 불러온 한국의 포퓰리즘? 경제적 불평등 인식과 경제적 취약계층의 포퓰리즘 성향 분석." 『21세기정치학회보』 32(1), 1–24.

서병훈. 2008. 『포퓰리즘: 현대 민주주의의 위기와 선택』. 책세상.

송승호, 김남규. 2023. "한국인의 정치적·경제적 불만과 포퓰리즘 태도." 『한국정치학회보』, 57(1), 59–84.

양웅석, 황선영, 강성식, 강원택. 2018. "'태극기 집회', 박정희와 한국 보수주의." 『한국과 국제정치』, 34(3), 1–31.

윤성이. 2014. "한국 사회 이념 갈등의 세대 간 특성 비교: 주관적 이념 결정요인과 이념 표상의 차이를 중심으로." 『21세기정치학회보』 24(3), 271-293.

이연호, 임유진. 2022. "문재인 정부의 민주주의와 포퓰리즘(populism)." 『문화와 정치』 9(3), 5-34.

이현출. 2005. "한국 국민의 이념 성향: 특성과 변화." 『한국정치학회보』, 39(2), 321-343.

장승진. 2020. "보수적이지 않은 보수주의자와 진보적이지 않은 진보주의자: 이념 성향, 정책 선호, 그리고 가치 정향." 『한국정당학회보』, 19(1), 129-156.

장승진·장한일. 2020. "당파적 양극화의 비정치적 효과." 『한국정치학회보』 54(5), 153-175.

장승진, 장한일. 2022. "당파적 양극화와 포퓰리즘, 그리고 당내 민주주의 : 정당 지지자의 당내 이견에 대한 관용성 연구." 『한국정치학회보』, 56(5),87-109.

정동준. 2023a. "한국 시민의 좌파 권위주의 성향과 우파 권위주의 성향 비교: 얼마나 강하고 어떻게 다른가?." 『한국정당학회보』, 22(1), 33-67.

정동준. 2023b. "한국 시민의 좌파 포퓰리즘 성향과 우파 포퓰리즘 성향 비교 : 쟁점 입장과 민주주의에 대한 태도를 중심으로." 『현대정치연구』, 16(2), 7-50.

주정립. 2006. "포퓰리즘에 대한 이론적 검토." 『시민사회와 NGO』 4:1, 43-79.

차태서. 2021. "자유주의와 민주주의의 불화: 한국에서 포퓰리즘적 계기의 출현." 『정치정보연구』 24(3), 139-170.

채진원. 2019. "포퓰리즘의 이해와 이재명 현상에 대한 시론적 논의." 『사회과학논집』 50(1), 53-76.

하상응. 2018. "한국 유권자의 포퓰리즘 성향이 정치행태에 미치는 영향." 『의정연구』 53(1), 135-170.

하상응, 이보미. 2017. "정당과 정치인에 대한 호감도의 심리적 결정 요인들." 『한국정당학회보』, 16(1), 5-37.

한정훈. 2016. "한국 유권자의 이념 성향: 통일의 필요성 인식에 미치는 효과에 관한 사례 분석." 『한국정치학회보』, 50(4), 105-126.

허석재. 2022. "적과의 동침?: 포퓰리즘 성향과 정치과정 선호." 『현대정치연구』 15(2), 73-104.

Akkerman, Agnes, Cas Mudde, and Andrej Zaslove. 2014. "How Populist Are the People? Measuring Populist Attitudes in Voters." *Comparative Political Studies* 47(9): 1324-1353.

Evans, G., Heath, A., and Lalljee, M. 1996. "Measuring left-right and libertarianauthoritarian values in the British electorate." *British Journal of Sociology*, 47(1), 93-112.

Inglehart, R. and Norris, P., 2017. "Trump and the xenophobic populist parties: The silent revolution in reverse." *Perspectives on Politics*, 15(2), 443-454.

Flanagan, Scott and Aie-Rie Lee. 2003. "The New Politics, Culture Wars, and the Authoritarian-Libertarian Value Change in Advanced Industrial Democracies." *Comparative Political Studies* 36(3), 235-270.

Golder, M. 2003. "Explaining Variation In The Success Of Extreme Right Parties In Western Europe." *Comparative Political Studies*, 36(4), 432-466.

Levitsky, Steven and Ziblatt, Daniel. 2018. *How Democracies Die*. New York: Crown.

Lubbers, Marcel, Mérove Gijsberts and Peer Scheepers. 2002. "Extreme right-wing voting in Western Europe." *European Journal of Political Research* 41(3), 345-378.

Mason, Lilliana. 2015. ""I Disrespectfully Agree": The Differential Effects of Partisan Sorting on Social and Issue Polarization." *American Journal of Political Science* 59:1, 128-145.

Mudde, Cass. 2013. "Three decades of populist radical right parties in Western Europe: So what?" *European Journal of Political Research* 52(1), 1-19.

Mudde, Cas. 2007. *Populist Radical Right Parties in Europe*. Cambridge: Cambridge University Press.

Mudde, Cas and Cristóbal R. Kaltwasser. 2013. "Exclusionary vs. Inclusionary Populism: Comparing Contemporary Europe and Latin America." *Government and Opposition*. 48(2), 147-174.

Taggart, Paul. 2000. *Populism*. 백영민 옮김. 2017.『포퓰리즘: 기원과 사례, 그리고 대의 민주주의와의 관계』. 한울.

제2장

누가 계엄을 옹호하나?: 민주주의 선호, 다수결주의와 정서적 양극화[1]

정연경(서울대학교 국가미래전략원)

1. 서론

최근 전 세계적으로 민주주의 퇴행(deomocratic backsliding) 현상이 공고화된 민주주의를 위협하는 가운데, 대한민국은 보다 심각한 민주주의 붕괴(democratic breakdown)의 위기를 겪었다. 윤석열 전 대통령의 비상계엄령 선포로 촉발된 한국 민주주의의 위기는 그의 탄핵과 새로운 대통령 선거를 통해 빠르게 극복되었지만, 여전히 계엄 사태를 긍정적으로 평가하는 유권자 또한 존재한다. 그렇다면 누가, 왜 선출된 정치인의 민주주의 위반 행위, 그것도 극단적인 형태의 계엄을 지지하는가? 나아가, 누가 민주주의의 위기를 촉발한 정치인을 처벌하고 데에 반대하는가? 본 연구는 이러한 질문에 대한 답을 구하기 위한 것이다.

---

1 이 글은 『한국정당학회보』 제24권 제3호에 게재된 논문을 재구성한 것임.

흔히, 정치인의 민주주의 규범 위반 행위를 지지하고 용인하는 것은 그 정치인에 대한 지지에서 비롯된 것이라고 생각되는 경향이 있다. 예를 들어, 한국의 유권자가 윤석열 전 대통령의 비상계엄령 선포를 옹호하는 것은 그가 윤석열 대통령 지지자이기 때문일 것이라고 예측하는 것이다. 그러나 전 세계 민주주의 퇴행에 관한 다양한 연구는 이러한 유권자의 행태가 단순히 정치인 개인에 대한 지지만으로는 설명되지 않는다고 주장한다. 기존 연구에 따르면, 정치인 개인에 대한 호감뿐 아니라 시민들의 민주주의에 대한 이해와 인식, 정치 신뢰도, 당파성, 정서적 양극화, 포퓰리즘과 같은 요인이 정치 지도자의 민주주의 위반 행위를 옹호하는 데 영향을 미칠 수 있다.

본 연구는 이러한 다양한 요인 중 정치 문화가 정치인의 민주주의 규범 위반 평가에 미치는 영향에 초점을 맞춘다. 전통적으로 정치 문화란 한 공동체의 구성원들이 정치적 대상에 대해 보이는 지향성으로 정의된다(Almond and Verba 1963). 다시 말해, 정치 문화란 한 사회의 구성원들이 정치 공동체와 제도, 구성원 등에 대하여 가지고 있는 믿음에 관한 것이다. 그리고 이러한 정치 문화는 공동체의 민주주의의 질에 영향을 미칠 수 있다. 예를 들어, 잉글하트는 세계 가치 조사(World Value Survey) 분석을 통해, 시민 문화 점수가 높은 국가가 더 민주적인 제도를 가지고 있을 가능성이 높다는 점을 보였고(Inglehart 1988), 퍼트남 역시 시민적 전통과 사회적 자본이 많은 공동체일수록 시민들이 서로 신뢰하고 협력하며 민주주의의 질이 높아진다고 주장했다(Putnam 1994).

최근 민주주의의 퇴행에 관한 다양한 연구는 정치 문화가 민주주의의 퇴행 또한 불러올 수 있다는 점을 강조한다. 예를 들어, 시민들이 자유 민주주의에 회의를 느끼고 권위주의를 선호하는 경향이 있다면 민주주의 체제를 지키려는 노력이 줄어들어 민주주의가 퇴행할 가능성이 높아진다. 반대로 자유 민주주의가 시민들이 지켜야 할 우선 가치라는 데에 합의하는 정치 문화가 존재한다면, 그리고 사회적 자본의 수준이 높아 사회 내 갈등 수준이 낮다면 민주주의가 퇴행할 가능성은 낮아진다(Foa and Mounck 2016, Wunsch et al. 2025).

본 연구는 이러한 정치 문화 이론을 한국의 비상계엄 사태 사례에 적용하여 검증하고자 한다. 2024년 12월 윤석열 전 대통령의 비상계엄령 선포로 시작된 한국 민주주의의 위기는 이러한 이론을 검증하기에 매우 적합한 사례이다. 계엄령은 민주주의의 퇴행을 넘어 민주주의의 붕괴를 일으킬 수 있는 심각한 조치이며, 이에 대한 유권자들의 반응은 시민들이 어떠한 요인에 의해 권위주의적 조치, 나아가 민주주의의 붕괴를 용인하거나 지지하는지를 분석할 수 있는 중요한 단서를 제공한다.

본 연구가 특히 주목하는 정치 문화의 구성 요소는 시민들의 민주주의에 대한 인식과 정서적 양극화이다. 먼저, 민주주의에 대한 인식은 시민들이 민주주의를 권위주의보다 항상 우월한 체제로 받아들이는지, 아니면 권위주의 체제 역시 수용 가능한 대안으로 여기는지를 의미한다. 민주주의가 유일한 선택지라는 믿음은 민주주의 공고화를 평가하는 핵심 기준 가운데 하나이며, 그렇지 않을 경우 민주주의의 퇴행 가능성이 높아진다. 이러한 맥락에서 권위주의 선호가 강할수록 유권자들이 정치인의 민주주의 규범 위반 행위를 지지할 가능성이 커진다. 또한, 본 연구는 민주주의의 핵심 가치 가운데 하나인 다수결주의가 민주주의 규범 위반에 대한 시민들의 태도에 어떤 영향을 미치는지에 주목한다. 기존 연구에 따르면 다수결주의 성향이 강한 시민일수록 선거 민주주의의 결과를 존중하며, 다수의 선택을 통해 선출된 지도자의 규범 위반 행위를 용인할 가능성이 높다(Grossman

　비상계엄-탄핵 사태와 2025년 대통령 선거

et al. 2022, Gidron et al. 2023). 그러나 한국의 비상계엄 사태는 선거 민주주의 제도를 무너뜨리려는 시도로 해석될 수 있으며, 따라서 본 연구는 오히려 다수결주의자들이 이러한 조치를 선거 민주주의의 근간을 위협하는 행위로 인식하고 부정적으로 평가할 가능성이 높다고 본다. 마지막으로, 본 연구는 유권자의 정서적 양극화에 주목한다. 정서적 양극화란 유권자가 지지하는 정당과 반대하는 정당 사이에 느끼는 감정의 간극을 의미한다. 정서적 양극화 수준이 높다는 것은 상호 협력과 신뢰의 문화가 약화되고 사회적 자본이 축소되었음을 뜻한다. 이 경우 유권자들은 반대 세력과의 갈등을 생존적 위협으로까지 인식하게 된다. 따라서 정서적 양극화가 심할수록, 지지하는 정당이나 정치인의 생존에 도움이 된다면 민주주의 규범을 훼손하는 행위조차 용인하거나 지지하는 태도로 이어질 가능성이 크다.

경험적 분석을 위해 본 연구는 2025년 대통령 선거 직후 실시된 국민인식 설문조사 결과를 활용한다. 구체적으로, 한국의 윤석열 전 대통령의 비상 계엄령 선포를 민주주의 붕괴를 유도하는 민주주의 규범의 중대한 위반, 그의 탄핵을 규범 위반자에 대한 처벌로 정의하고, 이에 대한 유권자의 평가에 영향을 미칠 수 있는 세 가지 정치 문화적 요인—민주주의 선호도, 다수결주의, 정서적 양극화—의 효과를 탐구한다. 연구 결과, 정치인의 민주주의 규범 위반에 대한 유권자의 태도가 정치 문화적 요인에 영향을 받는다는 점을 확인할 수 있었다.

본 연구는 최근 한국에서 발생한 비상계엄 사태라는 민주주의의 중대한 위기에 대한 유권자들의 반응을 분석함으로써, 전 세계적으로 나타나고 있는 민주주의 후퇴 현상에 관한 논의에 기여한다. 나아가, 본 연구는 민주주의 제도의 안정이 위협받는 상황에서 유권자들이 이를 어떻게 인식하고 평가하는지를 실증적으로 탐구함으로써 민주주의 규범에 관한 시민들의 태도와 민주주의 지속성 간의 연관성 또한 밝힌다. 이는 한국이라는 특정 사례를 넘어 민주주의가 제도적으로 확립된 다른 국가들이 민주주의의 퇴행을 막고 안정성을 되찾을 수 있도록 하는 요인이 무엇인지를 이해하기 위한 중요한 시사점을 제공할 것이다.

2. 정치 문화와 민주주의 규범 위반에 대한 태도

1) 민주주의 선호

정치문화 이론에 따르면, 유권자가 민주주의 규범을 어떻게 인식하고 이해하느냐가 그들의 민주주의에 대한 태도를 결정할 수 있다. 시민들이 자유 민주주의를 지켜야 할 가치가 있는 체제로 인식할 때 민주주의를 유지하기 위해 노력하게 된다는 것이다. 따라서, 민주주의에 대한 대중의 지지는 민주주의 안정성의 필수 조건이 된다. 구체적으로, 유권자들이 민주주의가 여러 정부 형태 중 가장 우월하며, 현 민주주의 정부에 단점이 있더라도 여전히 다른 체제보다는 낫다고 생각할 때 민주주의가 안정적으로 유지될 수 있다(Dahl 1956, Lipset 1956, Easton 1965, Diamond 1993, Weingast 1997, Saikkonen and Christensen 2023, Wunsch et al. 2025).

이러한 관점에서, 민주주의를 중시하는 정치 문화는 민주주의를 공고화하기 위한 핵심 요인으로 여겨진다. 이에 따라, 최근 전 세계적으로 나타나는 공고화된 민주주의 퇴행 현상을 유권자의 민주주의 인식을 통해 설명하려는 시도가 활발히 이루어지고 있다. 예컨대, 포아와 몽크(Foa and Mounk 2016)의 연구는 서구 민주주의 국가의 유권자들이 권위주의적 정치 체제를 보다 적극적으로 지지하는 경향을 보이고 있으며 이것이 민주주의의 퇴행을 일으키는 요인이 된다고 주장한다. 권위주의를 선호하는 현상은 젊은 층과 부유층에서 두드러지는데, 이는 젊은 세대가 냉전 이후 자유 민주주의에 대한 실질적 위협을 경험하지 못했기 때문에 민주주의에 대한 열망을 상실했거나, 부유층이 민주주의를 부의 재분배 요구와 연결짓기 때문일 수 있다는 해석이 제시된다. 이들 연구는 특히 부유한 민주주의 국가의 유권자들 사이에서 군부 독재를 지지하는 경향이 증가하고 있음을 지적하며, 이는 민주주의가 아닌 권위주의적 대안을 지지하는 유권자가 늘어나고 있다는 사실과 맥을 같이한다고 주장한다. 다시 말해, 유권자의 권위주의를 선호하는 성향이 민주주의의 퇴행을 일으키는 요인으로 작용한다는 것이다.

경험적으로, 분쉬 외(Wunsch et al. 2025)의 연구는 폴란드에서 실시한 후보자 선택 실험을 통해 유권자의 민주주의 인식이 반민주적 규범에 대한 지지 여부에 직접적인 영향을 미친다는 사실을 밝혔다. 이들은 민주주의에 강한 애착을 지니고 자유주의적 성향을 지닌 시민일수록 민주적 후보를 선택하고, 반민주적 후보를 배제할 가능성이 높다는 점을 밝혔다. 이들 연구는 시민들이 민주주의에 대한 애착이 낮은 상태에서 권력 장악을 유지하려는 정치 엘리트를 만나게 되면 민주주의 퇴행이 발생할 개연성이 크다고 주장한다.

본 연구는 이러한 논의에 기반하여, 한국 유권자의 민주주의에 대한 태도가 윤석열 전 대통령의 비상계엄령 선포에 대한 평가와 처벌 선호에 영향을 미칠 것이라고 예측한다. 구체적으로, 권위주의적 정치 체제를 긍정적으로 인식하는 유권자일수록 계엄을 긍정적으로 인식하고 처벌 필요성에 소극적일 것으로 예상된다. 반대로, 민주주의적 가치를 중시하는 유권자일수록 계엄을 부정적으로 평가하고 책임 추궁에 보다 적극적일 것으로 기대된다. 이러한 예측을 검증하기 위해 다음과 같은 가설을 제시한다.

가설 1 (민주주의 선호): 민주주의에 대한 선호가 약한 유권자일수록 윤석열 전 대통령의 비상계엄 선포를 긍정적으로 평가하고, 그의 탄핵에 부정적인 태도를 보일 가능성이 높다.

2) 다수결주의 성향

또 다른 정치 문화와 민주주의에 관한 연구들은 유권자들이 민주주의의 핵심 가치를 오로지 다수결주의로 한정할 때 민주주의의 퇴행이 일어날 수 있다고 주장한다. 이러한 "다수결주의의 민주주의에 대한 위협(majoritarian threat to democracy)" 이론에 따르면, 유권자들의 다수결주의에 대한 절대적 신념은 정치인이 반민주적이거나 권위주의적인 행동을 하더라도 이를 용인하고 지지하게 만들 위험성이 있다. 다수결주의자들에게 민주주의란 자유민주주의(liberal democracy)와 동일한 개념이 아니며(Mounk 2018) 이들은 수평적 견제 장치보다 선출된 현직자의 권한을 더 중시하기 때문이다(Grossman et al. 2022). 일단 다수의 선택을 받아 선출된 현직자라면 행정부의 권한을 강화하거나 의회나 사법부의 견제와 균형을 무너뜨리는 행동을 하더라도 이를 용인할 가능할 가능성이 높아진다. 이러한 이유로 다수결주의자들은 권위주의적 성향의 엘리트가 선거 캠페인에서 집중적으로 공략하는 주요 타깃이 되곤 한다(Haggard and Kaufman 2021).

그로스만 외(Grossman et al. 2022)의 연구는 이러한 "다수결주의의 위협"이 실재하는 것임을 경험적으로 보인다. 이들 연구는 미국에서의 설문 실험을

 비상계엄-탄핵 사태와 2025년 대통령 선거

통하여 정치인이 민주주의의 핵심 규범을 위반할지라도 다수결주의적 관점을 지닌 유권자들은 그것을 민주적인 것으로 간주하는 경향이 있음을 보였다. 흥미롭게도, 다수결주의자들은 그들이 지지하는 정당이 아닌 반대당의 정치인이 권력을 장악했을 때에도 그의 반민주적 행위를 용인하는 경향을 보였다. 이와 유사하게, 기드론 외(Gidron et al. 2025)의 연구는 이스라엘 네타냐후 총리 복귀와 함께 이루어진 사법부 권한 약화 시도에 대한 유권자의 평가를 연구하였다. 이들 연구에서도 다수결주의의 성향을 가진 유권자들은 사법부 권한 약화를 옹호하는 경향이 있음이 밝혀졌다.

본 연구는 이러한 정치 문화적 관점이 한국의 윤석열 전 대통령의 비상계엄령 선포 사태를 바라보는 유권자의 시각에도 영향을 미쳤을 것이라고 주장한다. 그러나 한국의 비상계엄 사태는 민주주의의 퇴행을 넘어서 민주주의 붕괴를 시도한 보다 정도가 심각한 사건으로, 이러한 맥락을 고려하면 다수결주의자들은 비상계엄 사태에 대해서는 기존 연구와 반대 방향의 평가를 할 가능성이 높다. 권위주의 성향의 유권자들에게 민주주의는 다른 체제로 대체 가능하지만, 다수결주의자들에게 민주주의는 다수결 원리가 작동하는 기본 제도로서 반드시 유지되어야 하는 체제이기 때문이다. 즉, 다수결주의자들은 민주주의의 정당성을 근거로 다수에 의해 선출된 권력을 지지한다는 점에서 권위주의 성향의 유권자와 구별된다(Grossman et al. 2022). 다수결주의자들이 때때로 정치 지도자의 민주주의 규범 위반을 용인하는 이유는 그가 다수의 선택을 받아 민주적으로 선출된 대표자이기 때문이다. 그러나 계엄 선포와 같이 선거 민주주의의 근간을 직접적으로 위협하는 사례에서는, 다수결주의자들이 오히려 이에 반대할 가능성이 높다고 예측된다.

다수결주의자들이 정치 지도자의 민주주의 규범 위반을 중대성과 심각성에 따라 구분해 반응한다는 주장은, 시민들이 명시적이고 심각한 민주주의 붕괴를 더욱 강하게 처벌하려는 경향을 보인다는 사이코넌 외(Saikkonen et al. 2023)의 연구와도 맥을 같이한다. 이들은 핀란드에서 수행한 실험 연구를 통해, 폭력적으로 드러나는 명백한 민주주의 규범 위반의 경우 그렇지 않은 상황보다 유권자들이 정치인을 훨씬 더 강하게 처벌하려는 의지를 보인다는 점을 확인하였다. 즉, 시민들은 정치인의 민주주의 규범 위반을 일률적으로 용인하지 않고, 해당 행위의 중대성과 심각성에 따라 제약하고 처벌하려는 태도를 보인다.

한국적 맥락을 고려하면, 다수결주의자들이 윤석열 전 대통령의 비상계엄령 선포를 부정적으로 평가할 가능성은 더욱 커진다. 당시 윤석열 정부는 여소야대 정국에 직면해 있었고 지지율 또한 매우 낮았다. 다시 말해, 국민 다수는 국회 다수당인 더불어민주당을 지지하고 있었으며, 이로 인해 민주당 지지자들이 자신들의 선택을 반영하는 "다수결주의"를 특히 중시했을 가능성이 높다. 이러한 배경을 토대로, 본 연구는 다음과 같은 가설을 제시한다.

가설 2(다수결주의): 다수결주의적 태도가 강한 유권자일수록 윤석열 전 대통령의 비상계엄 선포를 부정적으로 평가하고, 그의 탄핵에 긍정적인 태도를 보일 가능성이 높다.

3) 정서적 양극화

최근, 공고화된 민주주의 국가에서 민주주의 퇴행이 나타나는 현상에 대한 연구가 활발해지면서 정서적 양극화(affective polarization)가 민주주의의 질에 미치는 부정적 영향에 대한 관심이 높아졌다. 흔히 양극화는 이념적 양극화(ideological polarization)와 정서적 양극화로 구분이 되는데, 이념적 양극화가 이념 수준에서 두 진영 간의 거리가 멀어지는 것을 뜻하는 것과 달리 정서적 양극화는 서로 다른 정당 진영 간의 깊은 감정적 적대감을 뜻한다. 즉, 유권자 수준에서 정서적 양극화가 크다는 것은 지지하는 정당에 대한 충성도 및 호감도가 높은 반면 지지하지 않는 상대 정당을 부정적으로 생각하는 정도가 높아 두 정당에 대한 유권자의 감정의 간극이 큰 것을 의미한다(Iyengar et al. 2012, McCoy et al. 2018).

기존 연구는 정서적 양극화가 심화될수록 민주주의의 질이 저하될 수 있다고 본다. 정서적 양극화가 커질수록 유권자들은 지지 정당에 대한 애착이 강한만큼 상대 정당과의 타협을 불필요하게 여기는 것은 물론, 상대 정당을 지지 정당의 존립을 위협하는 존재로 인식하게 된다. 이러한 상황에서는 지지하는 정당이 제시하는 정책이 유권자 이익을 대변하지 않더라도 싫어하는 정당에 투표할 유인이 없기 때문에 지지를 철회하지 않는다. 오히려 정서적 양극화가 심화되면 상대 정당이 야기하는 위협을 차단하기 위해 민주주의의 원칙을 위반하는 것을 정당화하게 된다. 예를 들어, 여당 지지자들은 권력 유지를 위해 정부의 민주주의 규범 위반을 눈감아주고, 야당 지지자들은 현 정권을 제한하기 위하여 비민주적 수단을 고려하게 된다(McCoy et al. 2018, Orhan 2022).

이러한 정서적 양극화가 민주주의에 미치는 부정적 효과는 다양한 연구에서 경험적으로 증명되었다. 예를 들어, 소머 외(Somer et al. 2021)의 연구는 민주주의의 다양성(V-dem) 데이터를 활용하여 1990년부터 2019년까지 119개 국가를 대상으로 선형 회귀분석을 진행한 결과 정서적 양극화가 심한 국가일수록 자유 민주주의의 질이 저하되는 경향이 있다는 점을 보였다. 비슷하게, 오르한(Orhan 2022)의 연구는 1996년부터 2020년까지 53개국에서 실시된 비교 선거제도 연구 데이터(CSES) 데이터를 활용하여 정서적 양극화의 수준이 높아질수록 민주주의의 질이 낮아지며, 이념적 양극화는 민주주의의 질에 영향을 미치지 않는다는 점을 밝혔다. 기드론 외(Gidron et el. 2025)의 연구는 이스라엘 사례의 개별 연구에서 정서적 양극화가 네타냐후 정부의 사법개혁안 지지를 예측하는 가장 강력한 변수임을 보여 주었다. 캄포스와 페데리코(Campos and Federico 2025)의 미국에 대한 연구는 정서적 양극화를 타자화, 혐오, 도덕화의 세 차원에서 새롭게 측정하고 이것이 정치엘리트의 반민주적 행위를 지지하는 데 영향을 미치는지를 평가하였는데, 이들은 혐오의 차원에서 유권자의 정서적 양극화 수준이 높을수록 엘리트의 민주주의 규범 위반과 정치적 폭력을 용인한 가능성이 높다는 점을 밝혔다.

반면, 정서적 양극화가 민주주의의 퇴행을 불러일으킨다는 증거를 찾지 못한 연구 또한 다수 존재한다. 예를 들어, 드럭만 외(Druckman et al. 2023)의 연구는 정서적인 양극화는 민주주의의 퇴행을 불러일으키는 필요조건이 아니며 정치 엘리트로부터 비롯될 가능성이 높다고 주장한다. 벌켈 외(Voelkel et al. 2021)의 연구는 세 차례의 미국에서의 실험을 통하여 유권자의 정서적인 양극화 수준이 줄어들어도 반민주적인 후보자나 정파적 폭력과 같은 수단에 대한 지지가 줄어들지는 않는다는 점을 발견하였다. 비슷하게, 브룩만 외(Broockman et al. 2023)의 연구 또한 12,341명의 미국인을 대상으로 한 정서적 양극화의 효과에 관한 실험을 통하여 유권자의 정서적 양극화의 정도는 민주주의 규범 지지에 미치는 인과적 효과가 없다고 결론내렸다.

한편, 다른 몇몇 연구는 정서적 양극화의 효과는 시민들에게 단일하게 작용하는 것이 아니라 당파성과 상호작용한다는 점을 강조한다. 예를 들어, 킹젯 외(Kingzette et al. 2021)의 연구는 정서적으로 양극화된 미국 유권자들은 자신이 지지하는 정당이 여당일 경우에 한정해서 삼권분립, 견제와 균형, 권위주의 거부와 같은 헌법적 보호 장치를 지지하지 않는 경향이 있음을 보였다. 유사하게, 장한일(2024)의 한국 유권자 설문조사를 기반으로 한 연구에 따르면, 정서적 양극화 자체는 민주주의 규범에 대한 유권자들의 태도에 뚜렷한 영향을 주지 않았지만, 지지 정당이 집권 세력일 경우에는 민주주의 규범에 대한 지지가 전반적으로 약화되는 경향이 나타났다.

한국의 윤석열 전 대통령의 비상계엄령 선포 사태에 대한 평가에 정서적 양극화가 미치는 효과를 판단하기 위해서는 이러한 당파성과 상호작용을 반드시 염두에 두어야 한다. 정서적 양극화의 수준이 높더라도 어느 정당의 지지자인가에 따라 평가의 방향이 반대로 나타날 가능성이 높기 때문이다. 예를 들어, 국민의힘을 좋아하고 민주당을 싫어하는 유권자와 민주당을 좋아하고 국민의힘을 싫어하는 유권자들은 똑같이 정서적 양극화의 크기가 크게 나타나지만 계엄 사태의 주체가 국민의힘 출신 윤석열 대통령이었기 때문에 국민의힘 지지층과 민주당 지지층은 이를 정반대로 평가할 가능성이 크다. 이러한 점을 고려하여 본 연구는 국민의힘에 대한 호감이 매우 높고 민주당에 대한 반감이 큰 유권자는 윤 전 대통령의 계엄을 긍정적으로, 탄핵을 부정적으로 평가할 가능성이 높다고 예측한다. 반대로 국민의힘에 대한 반감이 크고, 민주당에 대한 호감이 큰 유권자는 계엄을 부정적으로, 탄핵을 긍정적으로 평가할 가능성이 높다고 예측한다. 이를 검증하기 위하여 다음과 같은 가설을 제시한다.

가설 3 (정서적 양극화): 국민의힘 지지자의 정서적 양극화가 심화될수록 윤석열 대

통령의 계엄에 대해 긍정적인 태도를, 그의 탄핵에 대해 부정적인 태도를 보일 가
능성이 높다.

3. 자료, 변수 및 방법론

1) 종속변수

본 연구는 서울대학교 국가미래전략원에서 실시한 〈2025년 대통령 선거
직후 국민인식 조사〉 결과를 바탕으로 경험적 연구를 진행한다. 본 설문조
사는 1,500명의 유권자를 대상으로 대선 직후 온라인으로 실시되었다. 먼
저, 첫 번째 종속변수인 윤석열 대통령의 비상계엄 선포에 대한 평가를 측
정하기 위하여 "귀하는 윤석열 대통령의 비상계엄 선포에 대해 어떻게 평
가하십니까?"라는 문항을 활용하였다. 응답자는 이에 대하여 0(매우 부정적)
부터 10(매우 긍정적)까지 총 11점의 척도 내에서 답변을 선택할 수 있었고,
"모르겠다" 또한 선택할 수 있었다. 연구는 "모르겠다" 항목을 선택한 응답
자는 분석에서 제외하였다.

두 번째 종속변수인 윤석열 대통령의 탄핵에 대한 유권자 평가를 측정하
기 위하여 "귀하는 윤석열 대통령의 탄핵에 대해 어떻게 평가하십니까?"라
는 문항을 활용하였다. 계엄에 대한 평가와 마찬가지로, 응답자는 이에 대
하여 0(매우 부정적)부터 10(매우 긍정적)까지 총 11점의 척도 내에서 답변을
선택할 수 있었다. 경험적 분석을 위하여 "모르겠다" 항목을 선택한 응답자
는 분석에서 제외하였다.

〈그림 1〉은 두 종속변수의 분포를 보여 준다. 주지할 만한 사실은, 응답

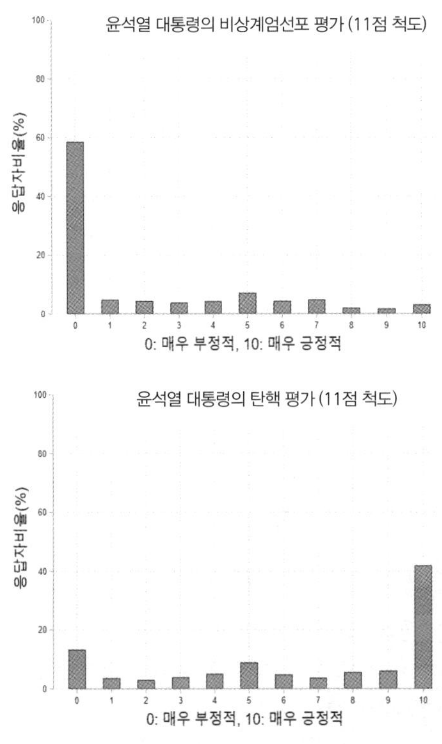

〈그림 1〉 윤석열 대통령의 계엄 및 탄핵에 대한 유권자 평가

자의 다수가 윤석열 전 대통령의 비상계엄 선포를 매우 부정적으로 평가하고 있다는 점이다. 설문 결과 응답자의 과반이 넘는 약 58.4%(868명)이 계엄을 매우 부정적으로 평가하였다. 응답을 재코딩하여 0~4까지를 계엄에 대한 부정적 의견으로 처리하였을 때 계엄에 부정적인 응답자는 무려 75.8%(1,137명)에 달하였다. 반대로, 윤석열 전 대통령의 계엄 선포를 매우 긍정적이라고 평가한 응답자는 약 2.8%(43명)뿐인 것으로 집계되었다. 마찬가지로, 응답을 재코딩하여 6~10까지를 계엄에 대한 긍정적 의견으로 보았을 때 계엄을 긍정적이라고 평가한 응답자는 약 15.9%(238명)에 해당하였다.

한편, 윤석열 전 대통령의 탄핵에 관해서는 약 40%(565명)이 이를 매우 긍정적으로 평가했다. 6~10까지의 응답을 긍정적 의견으로 재코딩 할 경우 약 62.2%(879명)의 응답자가 탄핵을 긍정적으로 평가한 것으로 집계되었다. 흥미롭게도, 윤 전 대통령의 탄핵을 매우 부정적으로 평가한다는 응답자는 계엄을 매우 긍정적으로 평가한 유권자보다 훨씬 많았다. 약 11.7%(166명)의 응답자가 윤 전 대통령의 탄핵을 매우 부정적이라고 보았다. 1~4까지의 응답을 부정적 의견으로 재코딩할 경우 약 25.8%(387명)태의 응답자가 탄핵을 부정적으로 평가한 것으로 나타났다.

2) 독립변수

〈표 1〉 주요 변수 요약

변수	코딩	전체 평균	주요 양당 평균
민주주의 선호	순서형 응답자 평가 (1~3, 1:권위주의 관계 없다, 3: 민주주의가 항상 낮다)	1.40	2.65
다수결주의	순서형 응답자 평가 (1~5, 1: 견제와 균형 중시, 5: 다수결 중시)	2.99	3.10
정서적 양극화	|국민의힘 호감도 − 민주당 호감도| (0~100)	해당없음	59.73

(1) 민주주의 선호

응답자 개인이 민주주의를 권위주의보다 선호하는지가 비상계엄 평가에 미치는 영향력을 살펴보기 위하여 민주주의와 권위주의 사이의 선호를 묻는 문항을 활용하였다. "귀하는 다음 의견 중 어느 쪽에 가까우십니까?"라는 질문에 대하여 응답자는 "민주주의는 언제나 다른 형태의 정부보다 낫다", "어떤 상황에서는, 권위주의 정부가 민주주의 정부보다 더 낫다", "나 같은 사람에게는, 민주주의 정부이든, 권위주의 정부이든 상관이 없다" 중

비상계엄-탄핵 사태와 2025년 대통령 선거

선택 가능하였다. 이를 역코딩하여 숫자가 커질수록 민주주의 선호도가 높아지도록 민주주의 선호 변수를 조작하였다. 즉, 민주주의 선호 변수는 (1) 권위주의 관계 없다, (2) 어떤 상황에서는 권위주의 정부가 낫다, (3) 민주주의가 항상 낫다의 순으로 코딩되었다. 전체 응답자의 민주주의 중요도 변수의 평균은 1.4로 중간값에 가깝고 표준편차는 0.69로 나타났다. 주요 양당 지지자만을 대상으로 할 경우 평균이 2.65로 크게 증가하여 민주주의를 항상 선호하는 유권자가 증가한다.

(2) 다수결주의

다음 독립변수로 유권자의 민주주의 인식 중 다수결주의 성향을 측정하였다. 이를 측정하기 위하여 "입법·사법·행정 삼권 간 견제와 균형보다 국민 다수의 뜻에 따르는 것이 더 중요하다는 주장이 있습니다. 귀하는 이 주장에 대해서 어떻게 생각하십니까?"의 질문항을 활용하였다. 본래 설문항의 응답지는 1(매우 동의)에서 5(전혀 동의하지 않음)까지 응답의 숫자가 커질수록 견제와 균형을 중시하는 방식으로 처리되어 있었다. 본 연구는 다수결주의의 성향이 강해질수록 선택지의 숫자가 커지도록 응답을 역코딩하였다. 따라서, 응답은 (1) 전혀 동의하지 않는다, (2) 별로 동의하지 않는다, (3) 보통이다, (4) 대체로 동의한다, (5) 매우 동의한다 순으로 처리되었다. 〈표 1〉에서 볼 수 있듯이 전체 응답자를 대상으로 할 경우 다수결주의 변수의 평균은 2.99, 표준편차는 1.24로 나타났다. 국민의힘과 더불어민주당 지지자만을 대상으로 할 경우 평균은 3.10으로 소폭 상승한다.

(3) 정서적 양극화

정서적 양극화 변수는 주요 양당인 더불어민주당과 국민의힘 지지자만을 대상으로 조작되었다. 일반적으로, 정서적 양극화는 유권자가 지지하는 정당과 반대 정당 간의 호감도가 얼마나 멀리 떨어져 있는지를 정서적 거리를 절댓값으로 측정한다. 본 연구 또한 다음과 같이 정서적 양극화를 측정한다.

$$정서적\ 양극화 = |국민의힘\ 호감도 - 민주당\ 호감도|$$

정서적 양극화 평균은 59.73으로 나타났다.

다만 이렇게 정서적 양극화를 정의할 경우 국민의힘 지지자와 민주당 지지자의 정서적 양극화의 효과가 계엄 평가에 미치는 영향의 방향이 서로 다를 수 있다는 점을 간과하게 된다. 즉, 정서적 양극화 변수를 절댓값으로 사용하게 되면 양극화의 크기는 측정할 수 있지만 정당의 방향성은 측정할 수 없게 된다. 따라서 본 연구는 모델에서 국민의힘 지지자 변수와 정서적 호감도 변수 간의 상호작용 효과를 함께 분석한다.

3) 통제 변수

본 연구는 유권자의 다양한 정치적, 인구사회학적 요인 또한 통제변수로 포함하였다. 구체적으로 유권자의 윤석열 대통령에 대한 호감도, 정부기관 신뢰도, 지지정당, 정치효능감, 정치 지식 수준, 이념, 성별, 연령층, 교육수준, 월평균소득, 주관적 계층 인식 및 지역이 변수로 포함되었다. 먼저, 정치적 요인으로 비상 계엄령 사태에 대한 옹호가 윤석열 전 대통령 개인에 대한 지지에서 비롯되는지를 알아보기 위하여 윤석열 호감도 변수를 포함하였다. 민주주의의 퇴행은 대체로 이를 주도하는 권위주의적 지도자로부

     비상계엄–탄핵 사태와 2025년 대통령 선거

터 비롯되기 때문에 정치인 개인에 대한 호감도가 높을수록 그의 반민주적 행위를 용인할 가능성이 높을 것이다. 민주주의 규범을 위반하는 정치인 개인에 대한 호감도가 응답자의 태도에 긍정적인 영향을 미치는지를 평가하기 위하여 윤석열 전 대통령에 대한 감정 온도를 측정한 문항을 활용하였다. 감정 온도는 0에서 100 사이의 숫자로 측정되었으며, 0은 대단히 싫어함, 50은 좋지도 싫지도 않음, 100은 대단히 좋아함을 의미한다. 전체 응답자의 윤석열 호감도 평균은 20.96으로 낮은 편으로 나타났고, 표준편차는 29.22이었다. 주요 양당 지지자의 윤석열 호감도 평균은 22.81이다.

나아가, 당파성 효과를 확인하기 위하여 지지정당 변수 또한 포함하였다. 민주주의 퇴행에 관한 다수의 연구는, 민주주의 규범을 위반하는 후보자에 대한 지지 여부가 당파성에 따라 다르게 나타난다는 점을 발견하였다. 즉, 지지 정당의 후보자가 민주주의 규범을 위반할 것으로 예상되더라도, 해당 정당의 집권을 최우선시하는 유권자는 이를 용인할 가능성이 높다는 것이다(Albertus and Grossman 2021; Bright Line Watch 2018; Graham and Svolik 2020; Kim and Kwon 2025). 이러한 당파성 이론을 윤석열 전 대통령의 비상계엄 상황에 적용하면, 그의 소속 정당인 국민의힘 지지자는 다른 정당 지지자보다 계엄 선포를 더 긍정적으로, 탄핵을 더 부정적으로 평가할 가능성이 높을 것이다. 구체적으로, 지지 정당의 영향력을 평가하기 위하여 각 정당의 지지자 더미 변수를 모델에 추가하였다. 설문지의 "귀하는 다음 중 어느 정당을 지지하십니까?" 문항을 활용하여 "국민의힘 지지자", "더불어민주당 지지자", "소수정당 지지자", "없거나 모름" 총 네 가지의 정당 변수를 새로 만들었다. 소수정당 지지자 변수는 조국혁신당, 개혁신당, 진보당, 기타정당 지지자를 합친 것이고, 없거나 모름 변수는 지지정당 없다와 모르겠다를 선택한 응답자를 합친 것이다. 모델에서는 더불어민주당 지지자를 기준 범주로 사용하였다. 본 연구의 주요 변수인 국민의힘 지지자는 약 25%로 나타났다. 국민의힘과 민주당 지지자만을 대상으로 할 경우 국민의힘 지지자는 약 39%에 해당한다.

　또한, 기존 정치 체체에 대한 불신이 높은 유권자가 계엄을 긍정적으로 평가하는지 알아보기 위하여 정치기관 신뢰도 변수를 포함하였다. 기존 민주주의 정치기관에 대한 신뢰도가 높은 유권자는 민주적 규범의 붕괴를 초래하는 계엄에 대해 비판적인 태도를 가질 것이며, 따라서 해당 대통령의 탄핵을 긍정적으로 평가할 가능성이 높을 것이다. 정치기관 신뢰도를 측정하기 위하여 설문지의 다양한 정치기관에 대한 신뢰도를 측정하도록 한 문항의 평균 점수를 계산하였다. 설문지는 국회, 대통령, 행정부, 헌법재판소, 대법원, 검찰, 경찰, 중앙선거관리위원회, 고위공직자범죄수사처의 아홉 가지의 기관에 대한 응답자의 신뢰도를 0–10까지 중 선택하도록 하였다. 0은 매우 불신을, 5는 보통, 10은 매우 신뢰를 의미한다. 본 연구는 이들 정치기관에 대한 평균 신뢰도를 산출하여 정치기관 신뢰도 변수로 활용하였다. 전체 응답자의 정치기관 신뢰도 평균은 4.38로 중간보다 약간 낮은 수준이었으며, 표준편차는 2.03으로 나타났다. 주요 양당 지지자만을 대상으로 할 경우 정치기관 신뢰도는 4.75로 증가한다.

　이에 더하여, 유권자의 내적, 외적 정치효능감이 높을수록 계엄을 부정적으로 평가하는지 알아보기 위하여 정치효능감 변수를 포함하였다. 정치효능감이란 스스로가 정치에 참여할 역량이 있다는 확신(내적 효능감), 정부가 국민의 의견을 경청한다는 믿음(외적 효능감)을 합한 것이다. 다양한 기존 연구는 정치효능감이 높은 사람일수록 정치적 행동에 적극적이라는 점을 밝혀 왔다(Campbell et al. 1960; Almond and Verba 1963; Abramson and Aldrich 1982). 이를 한국의 경우에 적용하면 계엄이라는 중대한 정치적 위기에 대해서 정치효능감이 높은 사람일수록 반대의 목소리를 높일 것이라 예측할 수 있다. 이에 따라 설문지의 정치효능감에 관한 네 가지의 문항에 대한 응답 평균 점수로 변수를 조작하고, 점수가 높아질수록 정치효능감이 높아지도록 조정하였다. 1-5점까지의 점수 중 평균 점수는 3.01이었다.

또 다른 정치적 요인으로 유권자의 정치 지식 수준과 이념 변수를 포함하였다. 정치 지식 수준은 설문에 포함된 네 개의 정치 관련 문항 중 정답을 맞힌 개수로 측정하였으며, 평균값은 2.57개였다. 이념 변수는 응답자가 스스로 평가한 본인의 정치적 성향 점수로, 0(매우 진보)에서 10(매우 보수)까지의 11점 척도로 측정하였다. 평균 이념 점수는 5.06으로, 중간값에 근접한 분포를 보였다.

인구사회학적 변수로 성별, 교육수준, 월 평균소득, 주관적 계층 인식, 지역 변수 또한 포함하였다. 성별은 여성을 0, 남성을 1로 측정하였으며, 남성 응답자는 전체의 50.2%였다. 교육수준은 고졸 이하(23.67%), 대학 재학 및 졸업(64.67%), 대학원 재학 및 졸업(11.67%)으로 구분하고, 이를 더미 코딩하여 고졸 이하를 기준 범주로 설정하였다. 월평균소득은 서열형 변수로, 200만 원 미만부터 2천만 원 이상까지 7개 구간으로 구분하였으며, 평균 응답은 400~600만 원 구간에 해당하였다. 주관적 계층 인식은 상위(9.33%), 중위(40.53%), 하위(50.13%) 계층으로 구분하였다. 지역 변수는 서울, 경기, 대전/충청/세종, 광주/전라, 대구/경북, 부산/경남, 강원/제주로 구분하여 더미 변수로 포함하였고, 강원/제주를 기준 범주로 사용하였다.

4) 방법론

본 연구는 종속변수인 계엄 및 탄핵에 대한 평가가 0-10점까지의 11점 척도로 측정된 점을 감안하여 순차 로짓(ordinal logit) 분석을 사용한다. 순차 로짓 모형은 각 범주 간의 순서를 고려하면서도, 범주 간 거리가 반드시 동일하다는 가정을 필요로 하지 않는다는 점에서 본 연구의 자료 특성과 분석 목적에 부합한다.

4. 분석 결과

1) 전체 유권자 모델

〈표 2〉는 전체 유권자를 대상으로 계엄 평가와 탄핵 평가의 결정 요인을 분석한 순차로짓 모형의 결과를 제시한다. 정서적 양극화 변수의 경우 주요 양당 지지자를 대상으로 하므로 이번 분석에서 제외되었다. 먼저, 민주주의 선호 변수의 통계적으로 유의미한 영향력을 확인하였다. 가설에서 예측한 바와 같이, 민주주의를 권위주의보다 중시하는 유권자일수록 계엄을 부정적으로, 탄핵을 긍정적으로 평가할 가능성이 높게 나타났다. 또한, 예측한 대로 다수결주의 변수의 경우 유권자의 다수결주의 성향이 강해질수록 계엄을 부정적으로, 탄핵을 부정적으로 평가할 확률이 높아졌다.

〈표 2〉 전체 유권자 대상 순차로짓 분석 결과

변수	순차로짓(Ordered logit)	
	(1) 계엄 평가	(2) 탄핵 평가
민주주의 선호	−0.307*** (0.080)	0.186** (0.075)
다수결주의	−0.097* (0.051)	0.213*** (0.046)

비상계엄–탄핵 사태와 2025년 대통령 선거

윤석열 호감도	0.050*** (0.003)	−0.035*** (0.002)
국민의힘 지지자	0.790*** (0.199)	−1.171*** (0.175)
소수정당 지지자	0.451** (0.230)	−0.328* (0.186)
무당파	0.713*** (0.185)	−0.764*** (0.153)
정치기관 신뢰도	−0.067* (0.036)	0.183*** (0.033)
정치효능감	−0.238** (0.107)	0.137 (0.092)
정치 지식 수준	−0.303*** (0.055)	0.194*** (0.048)
이념	0.193*** (0.036)	−0.172*** (0.032)
성별	−0.214* (0.124)	0.049 (0.108)
연령층	0.004 (0.040)	−0.082** (0.035)
교육 수준: 대학 재학 및 졸업	−0.149 (0.146)	0.184 (0.132)
교육 수준: 대학원 재학 및 졸업	−0.490** (0.230)	0.029 (0.200)
월 평균소득	−0.184*** (0.046)	0.091** (0.040)
주관적 계층 인식: 중위계층	−0.122 (0.207)	0.062 (0.188)
주관적 계층 인식: 하위계층	−0.503** (0.217)	0.231 (0.198)
지역 더미	포함	포함
N	1,487	1,414
Log likelihood	−1817.8776	−2322.7126
Pseudo R^2	0.2369	0.1771
LR Chi^2	1128.48	1000.03

주: ( ) 안은 표준오차. ***$p<0.01$, **$p<0.05$, *$p<0.1$

각 주요 변수의 효과를 보다 자세히 살펴보기 위하여 〈그림 2〉와 〈그림 3〉에 계엄을 매우 부정적으로 평가(0)하는 경우와 매우 긍정적으로 평가(10)하는 경우만을 대상으로 예측 확률 그래프를 그려보았다. 그림을 통하여 몇 가지 흥미로운 사실을 도출할 수 있었다.

첫째, 계엄을 "매우 긍정적"으로 평가할 확률은 주요 독립변수의 변화에 대하여 영향을 받지 않는 것처럼 보인다. 사실상 해당 확률은 0에 가까우며, 주요 변수의 값이 변하더라도 변화 폭이 미미했다. 이러한 결과는 민주주의 인식 수준과 무관하게 한국 유권자 대다수가 계엄 사태를 긍정적으로 평가하지 않는다는 점을 시사한다.

둘째, 계엄을 "매우 부정적"으로 평가할 확률은 전반적으로 높은 편이며 주요 독립변수 값의 변화에 따라 뚜렷한 변화를 보였다. 다수결주의의 경우, 견제와 균형을 중시하는 유권자보다 다수결을 중시하는 유권자가 계엄을 매우 부정적으로 평가할 확률이 약 10%포인트 높았다. 민주주의 선호 변수의 경우 민주주의와 권위주의 중 어떤 제도이든 관계 없다는 유권자보다 민주주의가 항상 더 낫다고 생각하는 유권자가 계엄을 부정적으로 평가할 확률이 약 15%포인트 높았다.

셋째, 주요 변수에 대하여 탄핵을 매우 긍정적으로 평가할 확률은 계엄을 매우 부정적으로 평가할 확률보다 전반적으로 낮게 나타났다. 즉, 유권자들은 계엄 자체는 매우 부정적인 것으로 평가하면서도 그에 대한 처벌 수단으로 탄핵을 사용하는 것에는 그보다 낮은 지지를 보냈다.

넷째, 계엄의 경우와 비슷하게 탄핵을 "매우 부정적"으로 평가할 확률은 0에 가까울 정도로 매우 낮았으며 주요 독립변수의 변화에 대하여도 미미한 영향을 받았다. 마찬가지로, 한국 유권자 대부분은 그의 민주주의 인식과 관계 없이 대체로 탄핵을 부정적으로 생각하지 않는다는 점을 시사한

　　　　비상계엄–탄핵 사태와 2025년 대통령 선거

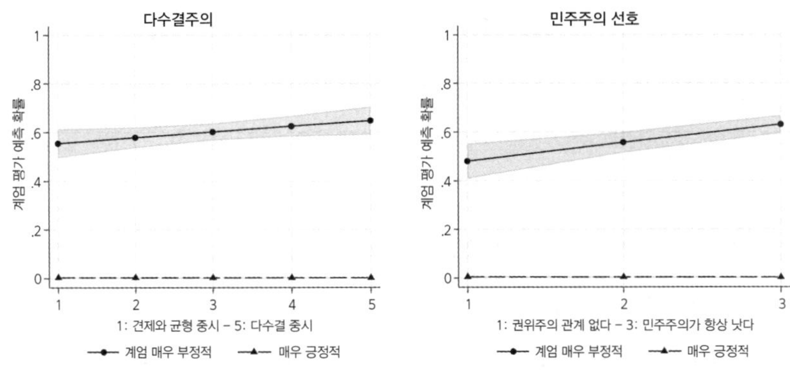

〈그림 2〉 계엄에 대한 유권자 평가 예측 확률

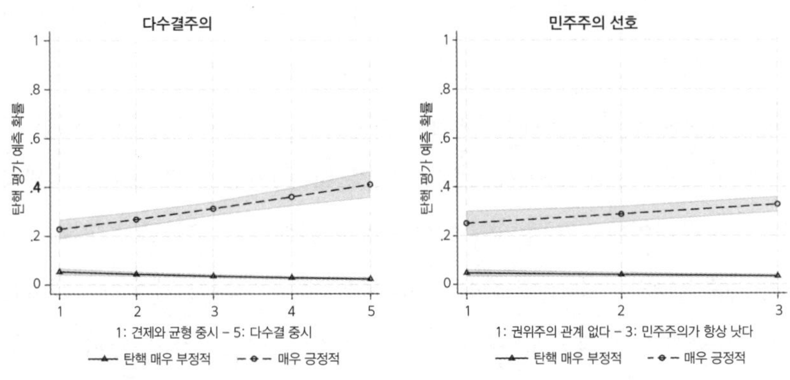

〈그림 3〉 탄핵에 대한 유권자 평가 예측 확률

다. 반면, 탄핵을 "매우 긍정적"으로 평가할 확률은 주요 독립변수 값의 변화에 따라 뚜렷한 변화를 보였다. 다수결주의의 경우, 견제와 균형을 중시하는 유권자보다 다수결주의를 중시하는 유권자가 탄핵을 매우 긍정적으로 평가할 확률은 약 18%포인트 높았다. 민주주의 선호 변수의 경우 권위주의와 민주주의 중 무엇이든 관계 없다는 유권자보다 민주주의가 항상 낫다고 생각하는 유권자가 탄핵을 매우 긍정적으로 평가할 확률은 약 8%포인트 높았다.

이러한 결과는 가설 1과 가설 2를 지지하며, 정치 문화가 유권자의 규범 인식에 영향을 미친다는 사실을 확인해 준다. 주목할 점은, 한국 유권자들의 민주주의 인식이 계엄과 같은 극단적인 민주주의 붕괴 시도를 "매우 긍정적"으로 정당화하는 것을 거의 허용하지 않는다는 것이다. 이는 한국의 민주주의가 상당히 공고화되었다는 점을 시사한다. 한편, 한국 유권자들은 계엄을 거부하면서도 그를 제재하는 방식으로 탄핵을 선택하는 것에는 보다 신중한 태도를 보였다. 그러나 탄핵 평가에서도 마찬가지로, 민주주의 인식 수준에 따라 부정적 평가의 정도가 달리 나타났음을 확인하여 정치 문화 효과를 검증할 수 있었다.

주요 변수 외에도 몇 가지 흥미로운 통제 변수들이 유의미한 효과를 보였다. 윤석열 호감도 변수는 계엄 평가와는 양의 관계, 탄핵 평가와는 부의 관계를 나타냈다. 예측한 대로, 계엄을 주도한 권위주의적 지도자에 대한 정서적 애착이 클수록 그의 반민주적 행위를 더 용인하고 처벌에는 관대해지는 경향이 확인된 것이다. 국민의힘 지지자 변수 역시 유사한 효과를 보였다. 기준집단인 민주당 지지자와 비교했을 때, 국민의힘 지지자는 계엄을 더 긍정적으로, 탄핵을 더 부정적으로 평가할 가능성이 높아 당파성의 영향이 뚜렷하게 드러났다. 마지막으로, 정치기관 신뢰도는 그 크기가 커질수록 계엄을 부정적으로, 탄핵을 긍정적으로 평가하는 경향이 나타났다. 이는 기존 민주주의 체제에 대한 신뢰가 클수록 반민주적 행태에 대한 부정적 인식과 그에 대한 처벌 의지가 강화된다는 점을 보여 주는 것이다. 한편, 계엄과 탄핵 평가 모두에서 정치 지식 수준, 이념, 월평균 소득이 통계적으로 유의하게 작용하였다. 구체적으로, 윤석열 전 대통령의 계엄령 선포를 긍정적으로, 탄핵을 부정적으로 평가할 가능성은 첫째, 정치 지식 수준이 낮을수록, 둘째, 이념 점수가 높을수록(즉, 보수성향일수록), 셋째, 월평균

 비상계엄–탄핵 사태와 2025년 대통령 선거

소득이 낮을수록 증가하는 것으로 나타났다.

2) 주요 양당 지지자 대상 정서적 양극화 모델

유권자들의 정서적 양극화가 계엄과 탄핵에 미치는 영향을 평가하기 위하여, 주요 양당인 국민의힘 지지자와 민주당 지지자만을 대상으로 순차로짓 분석을 수행하였다. 국민의힘 지지자와 민주당 지지자 간 정서적 양극화가 계엄 평가에서 다른 방향으로 작용할 수 있다는 점을 고려하여, 분석 모형에는 정서적 양극화와 국민의힘 지지자 변수 간 상호작용항을 포함하였다.

〈표 3〉은 정서적 양극화 변수를 각각 계엄과 탄핵 평가를 종속변수로 하여 추정한 순차로짓 모형의 결과를 제시한다. 구체적으로, 모델 (3)은 정서

〈표 3〉 주요 양당 지지자 대상 순차 로짓 분석 결과

변수	순차로짓 (Ordered logit)	
	정서적 양극화 모델	
	(3) 계엄 평가	(4) 탄핵 평가
정서적 양극화	−0.021*** (0.005)	0.018*** (0.004)
국민의힘 지지자	0.391 (0.332)	−0.633** (0.301)
정서적 양극화 × 국민의힘 지지자	0.016** (0.007)	−0.025*** (0.006)
민주주의 선호	−0.159 (0.109)	0.023 (0.102)
다수결주의	0.017 (0.066)	0.110* (0.060)
윤석열 호감도	0.049*** (0.004)	−0.025*** (0.003)

정치기관 신뢰도	−0.020 (0.046)	0.170*** (0.041)
정치효능감	−0.310** (0.141)	0.162 (0.120)
정치 지식 수준	−0.156** (0.075)	0.110* (0.066)
이념	0.174*** (0.050)	−0.079* (0.041)
성별	−0.161 (0.163)	0.120 (0.141)
연령층	−0.084 (0.055)	0.028 (0.049)
교육 수준: 대학 재학 및 졸업	−0.238 (0.188)	0.393** (0.169)
교육 수준: 대학원 재학 및 졸업	−1.144*** (0.311)	0.313 (0.263)
월 평균소득	−0.142** (0.063)	0.043 (0.054)
중위계층	−0.299 (0.264)	0.024 (0.253)
하위계층	−0.657** (0.283)	−0.066 (0.269)
지역 더미	포함	포함
N	939	939
Log likelihood	−1086.3904	−1096.4588
Pseudo R^2	0.2795	0.2728
LR Chi^2	842.67	822.53

주: ( ) 안은 표준오차. ***$p<0.01$, **$p<0.05$, *$p<0.1$

적 양극화가 계엄 평가에 미치는 효과를, 모델 ⑷는 정서적 양극화가 탄핵 평가에 미치는 영향을 보여 준다. 예측한 대로 민주당 지지자의 경우, 정서적 양극화가 심화될수록 계엄을 긍정적으로 평가할 확률이 낮아지고 탄핵을 긍정적으로 평가할 확률이 높아진다. 그러나 국민의힘 지지자의 경우, 계엄 평가에서 상호작용항을 포함한 최종적인 정서적 양극화 효과가 예측

 비상계엄−탄핵 사태와 2025년 대통령 선거

과 반대로 나타났다. 즉, 정서적 양극화가 심화될수록 계엄을 긍정적으로 평가할 확률이 오히려 감소하였다. 다시 말해, 계엄 평가에서 정서적 양극화 효과의 방향은 정당 지지자 간 차이가 없었다. 민주당을 매우 좋아하고 국민의힘을 매우 싫어하든, 국민의힘을 매우 좋아하고 민주당을 매우 싫어하든, 양극화가 심화될수록 유권자들은 계엄을 부정적으로 평가할 가능성이 높은 것으로 나타났다. 반면, 탄핵 평가의 경우에는 예측한 방향의 결과를 확인하였다. 국민의힘 지지자의 경우 정서적 양극화가 심화될수록 탄핵을 긍정적으로 평가할 확률이 감소하였다.

이러한 효과를 보다 구체적으로 확인하기 위하여 〈그림 4〉에 탄핵과 계엄을 "매우 긍정적"으로 평가하는 경우와 "매우 부정적"으로 평가하는 경

〈그림 4〉 정서적 양극화와 지지정당 간 상호작용 효과

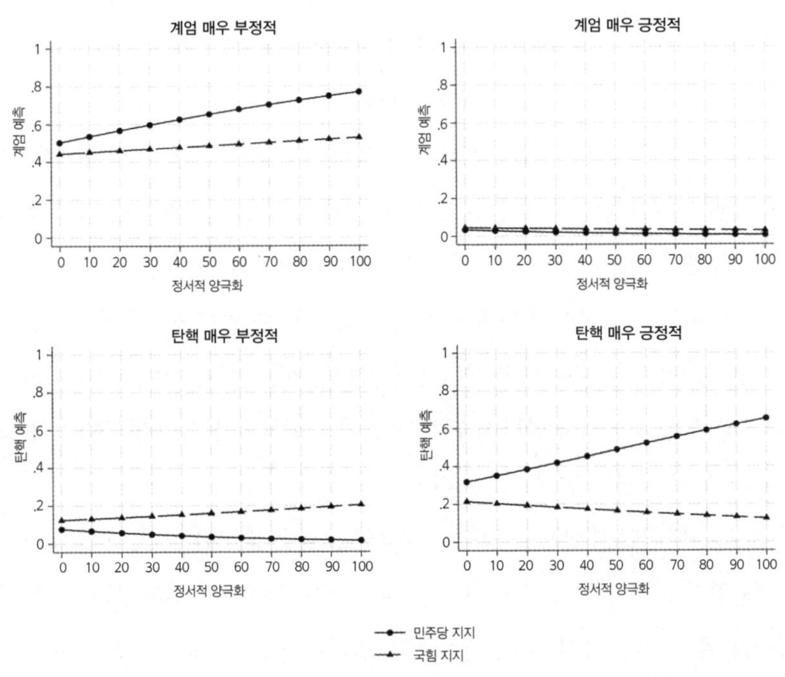

우만을 대상으로 하여 정당 지지자별로 예측 확률을 나타냈다. 그림에 따르면, 계엄을 "매우 부정적"으로 평가할 확률은 민주당 지지자와 국민의힘 지지자 모두 정서적 양극화가 증가함에 따라 증가한다. 반면, 계엄을 "매우 긍정적"으로 평가할 확률은 두 경우 모두 0에 가깝지만 정서적 양극화가 증가함에 따라 다소 감소하는 것을 확인할 수 있다.

탄핵 평가의 경우에는 정당 지지자별 차이가 명확하게 드러난다. 민주당 지지자의 경우 정서적 양극화가 0에서 100으로 심화될수록 탄핵을 "매우 부정적"으로 평가할 확률이 5.5%포인트 감소한다. 반면 국민의힘 지지자의 경우 정서적 양극화가 0에서 100으로 높아질 경우 탄핵을 "매우 부정적"으로 평가할 확률이 약 7.9%포인트 증가한다. 반대로, 탄핵을 "매우 긍정적"으로 평가할 확률은 민주당 지지자의 경우 정서적 양극화가 0에서 100으로 증가할 때 약 33.6%포인트 증가하고, 국민의힘 지지자의 경우 정서적 양극화가 0에서 100으로 증가할 때 약 9%포인트 감소한다.

이러한 결과는 정서적 양극화가 권위주의적 조치에 대한 유권자 평가에 미치는 영향이 맥락과 사안에 따라 다르게 나타날 수 있음을 시사한다. 특히 계엄과 같은 민주주의에 위협이 되는 비상 조치의 경우 강한 당파적 감정이 존재하더라도 양당 지지자 모두 부정적 평가를 내릴 수 있으며, 이는 사안의 비민주적 성격이 당파적 감정을 압도할 수 있음을 보여 준다. 반면 탄핵과 같이 명확한 정치적 책임을 수반하는 사안에서는 책임을 추궁하거나 회피하는 측면에서 당파적 감정이 깊이 개입하여 정서적 양극화가 정당 지지자별로 상반된 방향으로 나타날 수 있다.

주요 양당만을 대상으로 정서적 양극화 모형을 분석한 결과, 계엄 평가와 탄핵 평가 모두에서 통계적으로 유의미한 변수는 정서적 양극화와 윤석열 호감도뿐이었다. 다시 말해, 민주주의 선호나 다수결주의와 같은 민주주의

 비상계엄-탄핵 사태와 2025년 대통령 선거

인식 지표는 정서적 양극화 모델에서 더이상 유의미한 영향을 보이지 않았
다. 유일하게 탄핵 평가에 대한 다수결주의의 효과가 유의수준 0.1 수준에
서 양의 관계를 드러냈다. 이러한 결과는 양당 경쟁 구도 속에서 유권자들
이 추상적 규범이나 원칙보다 정당에 대한 호오와 같은 즉각적인 정서적
요인에 더 크게 반응한다는 점을 보여 준다. 이는 한국 유권자들이 민주주
의 공고화에 대한 광범위한 합의를 공유하고 있음에도 불구하고, 실제 정
치적 선택에서는 정서적 양극화와 같은 감정적인 문화적 요인에 더 강하게
영향을 받을 수 있다는 점을 보여 준다.

5. 결론 및 토론

본 연구는 2024년 12월 윤석열 전 대통령의 비상계엄 선포와 이에 따른
탄핵 사태에 대한 유권자 평가에 영향을 미치는 요인을 분석하였다. 분석
결과, 한국 유권자 다수는 계엄을 부정적으로, 탄핵을 긍정적으로 평가하
여 전반적으로 민주주의 퇴행에 대한 광범위한 반대가 나타났다. 한국 민
주주의가 제도적, 문화적으로 공고화되었음을 시사하는 대목이다. 그러나
계엄을 긍정적으로, 탄핵을 부정적으로 평가하는 유권자 집단도 존재하여,
정치인의 반민주적 행위나 민주주의 퇴행을 지지하는 경향 또한 일정 부분
확인되었다.

연구 결과를 다음과 같이 요약할 수 있다. 첫째, 본 연구는 정치인의 민주
주의 규범 위반에 대한 유권자의 태도가 정치 문화적 요인에 영향을 받는
다는 점을 실증적으로 규명했다. 계엄과 같은 극단적 민주주의 붕괴 시도
를 둘러싼 유권자 태도는 단순히 해당 정당이나 정치인에 대한 지지만으로

는 설명되지 않으며, 민주주의 선호도, 다수결주의, 정서적 양극화라는 문화적 요인에 영향을 받는다는 점을 확인할 수 있었다.

둘째, 전체 유권자를 대상으로 한 분석에서 민주주의를 선호하는 문화적 성향은 계엄과 탄핵 평가 모두에 유의미한 영향을 미쳤다. 민주주의를 권위주의보다 우월한 체제로 여기는 유권자일수록 계엄을 부정적으로 평가하고 탄핵을 긍정적으로 평가하는 경향이 나타났다. 반대로 민주주의 선호가 약하거나 권위주의도 상관없다고 생각하는 유권자들은 계엄을 용인하거나 탄핵에 부정적일 가능성이 더 높았다.

셋째, 다수결주의 성향의 경우 다수결 원칙을 중시하는 유권자는 계엄을 더 부정적으로 평가하고 탄핵을 긍정적으로 평가하는 경향이 나타났다. 이는 기존 연구에서 제시된 "다수결주의의 위협" 논의와는 상반되는 결과로, 다수결주의자들이 계엄 사태와 같이 민주주의의 퇴행을 넘어서 민주주의 자체를 무너뜨리는 조치를 용인하지 않는다는 점을 드러낸다.

넷째, 주요 양당 지지자만을 대상으로 한 분석에서는 정서적 양극화의 효과가 확인되었으며, 그 효과는 사안의 성격에 따라 달리 나타났다. 먼저, 계엄과 같은 극단적 민주주의 붕괴 시도에서는 양당 지지자 모두 정서적 양극화가 심화될수록 이를 모두 부정적으로 평가했다. 이는 민주주의 제도에 대한 중대한 위협에 대해서는 당파적 감정을 초월한 부정적 인식이 존재할 수 있다는 점을 보여 준다. 반면, 탄핵과 같이 정치적 책임이 직접적으로 수반되는 사안에서는 정서적 양극화가 당파적 태도를 강화하며, 민주당 지지자의 경우 양극화가 심화될수록 탄핵을 긍정적으로, 국민의힘 지지자의 경우 양극화가 심해질수록 탄핵을 부정적으로 평가할 확률이 높아졌다.

마지막으로, 주요 양당 지지자만을 대상으로 한 분석에서는 민주주의 선호나 다수결주의 변수는 더 이상 통계적으로 유의미하지 않거나 그 효과가

   비상계엄-탄핵 사태와 2025년 대통령 선거

작게 나타났다. 이는 양당 경쟁 구도 속에서는 민주주의에 관한 추상적 인식보다 유권자의 정당 정체성과 정당에 대한 호오 감정이 실제 선택에 더 직접적인 영향을 미친다는 점을 보여 준다.

본 연구는 민주주의 퇴행에 대한 유권자 지지를 설명하는 기존 문헌에 한국의 특수한 정치적 사건을 분석한 사례를 추가함으로써 학문적 논의에 기여한다. 특히, 비상계엄 사태는 민주주의 퇴행을 넘어 민주주의의 붕괴를 일으킬 수 있는 보다 심각한 정도의 민주주의의 위기를 상징한다는 점에서 민주주의 규범의 한계와 취약성을 이해하는 데 도움을 준다. 연구 결과 정치인의 민주주의 규범 위반에 대한 지지 여부는 정치 문화적 요인에 의해 형성된다는 점을 알 수 있었다.

향후 연구는 이러한 정치문화적 요인이 민주주의의 공고화와 장기적 안정성에 어떤 함의를 지니는지를 보다 폭넓게 탐구할 필요가 있다. 또한 한국 유권자 다수가 민주주의 규범 위반을 거부했음에도 불구하고, 계엄을 옹호하거나 탄핵에 반대하는 소수 집단이 존재했다는 점 역시 주목해야 한다. 앞으로의 연구는 이들 계엄 옹호층의 형성과정을 특정 시기의 정치적 맥락에 한정하지 않고, 한국 민주주의의 역사적 발전 경로와 사회경제적 조건, 그리고 당대의 정치 위기와 갈등 구조가 교차하는 복합적 환경 속에서 규명하는 과제를 안고 있다.

참고문헌

장한일. 2024. "정서적 양극화는 민주주의적 규범에 대한 태도에 영향을 끼치는가? 제 20 대 대통령 선거 전후 수집된 4 회의 설문조사 자료 분석." 한국정당학회보 23 (1): 81–120.

Abramson, Paul R., and John H. Aldrich. 1982. "The Decline of Electoral Participation in America." *American Political Science Review* 76 (3): 502-21.

Albertus, Michael, and Guy Grossman. 2021. "The Americas: When Do Voters Support

Power Grabs?" *Journal of Democracy* 32 (2): 116-31.

Almond, Gabriel A., and Sidney Verba. 1963. *The Civic Culture: Political Attitudes and Democracy in Five Nations.* Princeton University Press.

Bright Line Watch. 2018. "Party, Policy, Democracy and Candidate Choice in U.S. Elections." Report. https://brightlinewatch.org/us-elections/

Broockman, David E., Joshua L. Kalla, and Sean J. Westwood. 2023. "Does Affective Polarization Undermine Democratic Norms or Accountability? Maybe Not." *American Journal of Political Science* 67 (3): 808-28.

Campbell, Angus. 1980. *The American Voter.* University of Chicago Press.

Campos, Nicolas, and Christopher Federico. 2025. "A New Measure of Affective Polarization." *American Political Science Review,* May, 1-19.

Dahl, Robert A. 1956. *A Preface to Democratic Theory.* Vol. 115. University of Chicago Press.

Diamond, Larry, ed. 1993. *Political Culture and Democracy in Developing Countries.* Lynne Rienner Publishers.

Druckman, James N., Donald P. Green, and Shanto Iyengar. 2023. "Does Affective Polarization Contribute to Democratic Backsliding in America?" *The ANNALS of the American Academy of Political and Social Science* 708 (1): 137-63.

Easton, David. 1965. *A Systems Analysis of Political Life.* John Wiley & Sons, Inc.

Foa, Roberto Stefan, and Yascha Mounk. 2016. "The Democratic Disconnect." Journal of Democracy 27.

Gidron, Noam, Yotam Margalit, Lior Sheffer, and Itamar Yakir. 2025. "Why Masses Support Democratic Backsliding." *American Journal of Political Science, March.*

Graham, Matthew H., and Milan W. Svolik. 2020. "Democracy in America? Partisanship, Polarization, and the Robustness of Support for Democracy in the United States." *American Political Science Review* 114 (2): 392-409.

Grossman, Guy, Dorothy Kronick, Matthew Levendusky, and Marc Meredith. 2022. "The Majoritarian Threat to Liberal Democracy." *Journal of Experimental Political Science* 9 (1): 36-45.

Haggard, Stephan, and Robert Kaufman. 2021. *Backsliding: Democratic Regress in the Contemporary World.* Cambridge University Press.

Inglehart, Ronald. 1988. "The Renaissance of Political Culture." *American Political Science Review* 82 (4): 1203-30.

Iyengar, Shanto, Gaurav Sood, and Yphtach Lelkes. 2012. "Affect, Not Ideology: A Social Identity Perspective on Polarization." *Public Opinion Quarterly* 76 (3). Oxford University Press US: 405-31.

Kim, Hyun Su, and Hyeok Yong Kwon. 2025. "Partisan Sorting, Affective Polarization, and Democratic Backsliding: Evidence from South Korea." *Democratization,* July, 1-24.

Kingzette, Jon, James N. Druckman, Samara Klar, Yanna Krupnikov, Matthew Levendusky, and John Barry Ryan. 2021. "How Affective Polarization Undermines Support for Democratic Norms." *Public Opinion Quarterly* 85 (2): 663-77.

Lipset, Seymour Martin. 1959. "Some Social Requisites of Democracy: Economic Development and Political Legitimacy." *American Political Science Review* 53 (1): 69-105.

  비상계엄–탄핵 사태와 2025년 대통령 선거

McCoy, Jennifer, Tahmina Rahman, and Murat Somer. 2018. "Polarization and the Global Crisis of Democracy: Common Patterns, Dynamics, and Pernicious Consequences for Democratic Polities." *American Behavioral Scientist* 62 (1): 16-42.

Mounk, Yascha. 2018. *The People vs. Democracy: Why Our Freedom Is in Danger and How to Save It.* Harvard University Press.

Orhan, Yunus Emre. 2022. "The Relationship between Affective Polarization and Democratic Backsliding: Comparative Evidence." *Democratization* 29 (4): 714-35.

Putnam, Robert D. 1994. *Making Democracy Work: Civic Traditions in Modern Italy.* Princeton University Press.

Saikkonen, Inga A.-L., and Henrik Serup Christensen. 2023. "Guardians of Democracy or Passive Bystanders? A Conjoint Experiment on Elite Transgressions of Democratic Norms." *Political Research Quarterly* 76 (1): 127-42.

Somer, Murat, Jennifer L. McCoy, and Russell E. Luke. 2021. "Pernicious Polarization, Autocratization and Opposition Strategies." *Democratization* 28 (5): 929-48.

Voelkel, Jan G., James Chu, Michael N. Stagnaro, Joseph S. Mernyk, Chrystal Redekopp, Sophia L. Pink, James N. Druckman, David G. Rand, and Robb Willer. 2022. "Interventions Reducing Affective Polarization Do Not Necessarily Improve Anti-Democratic Attitudes." *Nature Human Behaviour* 7 (1): 55-64.

Weingast, Barry R. 1997. "The Political Foundations of Democracy and the Rule of the Law." *American Political Science Review* 91 (2): 245-63.

Wunsch, Natasha, Marc S. Jacob, and Laurenz Derksen. 2025. "The Demand Side of Democratic Backsliding: How Divergent Understandings of Democracy Shape Political Choice." *British Journal of Political Science* 55: e39.

제3장

유권자의 견제와 균형의 원칙과 당파성, 그리고 비상계엄 선포에 대한 인식[1]

이한수(아주대학교 정치외교학과)

1. 비상계엄선포와 민주주의

　제21대 대통령 선거는 윤석열 전 대통령의 탄핵으로 인해 치러졌으며, 탄핵의 핵심 사유는 2024년 12월 3일 선포한 비상계엄이었다(2024헌나8). 이 연구는 윤석열 전 대통령의 비상계엄선포와 민주주의에 대한 유권자 태도를 분석한다. 유권자의 민주주의에 대한 인식은 비상계엄선포에 대한 태도에 어떠한 영향을 미쳤는가? 유권자의 당파성은 비상계엄선포에 대한 태도와 어떻게 연관되어 있는가? 유권자의 당파성은 민주주의 인식이 비상계엄선포에 대한 태도에 미치는 영향력과 어떠한 관계를 갖는가? 이 질문들에 답하는 것은 대한민국 민주주의의 지속가능성을 모색하기 위해 매우 중요하다고 볼 수 있다.

1　이 글은 『문화와 정치』 제12권 제3호에 게재된 논문을 재구성한 것임.

학자들은 유권자의 민주주의에 대한 만족이나 지지가 민주주의를 지탱하는 요인 중 하나라고 지적한다(Almond and Verba 1963; Diamond 1999; Easton 1965; Linz and Stepan 1996; Lipset 1960). 유권자의 민주주의에 대한 지지가 확고할수록 민주주의 체제의 안정성이 확보될 수 있을 것이다. 민주주의의 탈공고화(deconsolidation)를 다루는 연구들은 유권자의 민주주의에 대한 태도 변화가 민주주의 체제의 위기를 가져온다고 본다(Foa and Mounk 2016, 2017; Howe 2017). 예를 들어, 포아와 뭉크(Foa and Mounk 2016, 2017)는 여러 민주주의 국가에서 '민주주의 체제에 사는 것이 얼마나 중요한지,' '비민주적일지라도 강력한 지도자를 원한다는 견해'에 대해 동의하는 비율의 변화를 확인하며, 민주주의에 대한 태도와 민주주의 체제의 약화를 분석한다. 이들은 과거보다 민주주의를 지지하는 유권자가 줄었으며, 이는 발전된 민주주의 국가에서조차 민주주의 퇴행(democratic backsliding)의 신호가 될 수 있다고 본다(Foa and Mounk 2017).

민주주의 체제의 탈공고화는 안정적인 민주주의 국가에서 비민주적 제도나 관행이 대안이 되고, 종국적으로 민주주의 체제가 권위주의 체제로 전환될 수 있는 가능성이 증가하는 것을 말한다. 민주주의 체제의 비민주적 체제로의 이행은 쿠데타 등으로 인해 붕괴의 형태로 급격(breakdown)하게 일어날 수도 있고, 퇴행적 혹은 점진적(backsliding)으로 발생할 수도 있다. 민주주의의 퇴행은 민주적 제도가 선출된 대표에 의해 합법적으로 잠식되는 특징을 갖는다(Bermeo 2016; Haggard and Kaufman 2021). 권혁용(2023)은 정치적 양극화를 논하며 대한민국 민주주의가 퇴행의 징후를 보인다고 주장한다.[2] 만일 윤석열 전 대통령의 비상계엄이 성공하였다면 대한민국

---

2 민주주의의 퇴행이 세계적인 현상인가는 논쟁적이다(Little and Meng 2024).

민주주의는 퇴행을 넘어 급격하게 붕괴되었을 수도 있었다.

앞서 언급하였듯이 유권자의 민주주의에 대한 지지는 민주주의 체제 지속의 핵심 요인 중 하나이며, 대한민국 민주주의가 계엄선포로 인해 급격하게 붕괴하지 않은 까닭 중 하나일 수 있다.[3] 그렇다면 대한민국 유권자들은 민주주의를 지지하는가? 이 연구가 분석하고 있는 제21대 대통령 선거 직후 시행된 설문조사 결과에 따르면,[4] 약 72%의 유권자는 민주주의가 "언제나 다른 어떤 형태의 정부보다 낫다"고 답했다.[5] 비상계엄선포가 있기 전인 2022년 대통령 선거 후 실시한 유사한 설문 결과를 살펴보면, "민주주의는 문제가 있지만 다른 정부 형태보다 낫다"라는 의견에 긍정적으로 답한 비율은 약 76%이다.[6] 이 결과를 통해 절대다수가 민주주의에 대해 긍정적인 태도를 보인다는 것을 알 수 있으며, 지난 대통령 선거와 이번 대통령 선거 이후를 비교했을 때 큰 차이를 보이지 않는 것을 알 수 있다.[7]

하지만 앞서 살펴본 2025년 조사에서 민주주의 체제의 '견제와 균형' 원칙과 관련한 조사 결과를 보면 약 27%가 긍정적 태도를, 약 38%가 부정적 태도를 보였다.[8] 비상계엄선포 전인 2024년 4월 동아시아연구원이 시행한 조사의 동일한 설문항을 살펴보면, 약 26%가 긍정적 태도를, 약 47.5%가

---

3 중앙일보. 2024.12.04. "한밤 150분 계엄령, 시민들이 막았다. … 국회 계엄해제 가결 순간 '만세.'"

4 서울대학교 국가미래전략원에서 한국리서치에 의뢰하여 진행하였으며, 성인남녀 1,500명을 대상으로 한 웹설문조사이다.

5 반면 약 16%는 "어떤 상황에서는 권위주의 정부가 민주주의 정부보다 더 낫다"고 응답했으며, 약 12%는 민주주의든 권위주의든 상관이 없다고 답했다.

6 부정적으로 답한 비율은 약 23%이다. 한국정치학회가 Research and Research에 의뢰하여 2022년 4월 진행하였으며, 성인 남녀 1,046명을 대상으로 한 면접조사이다.

7 강우창(2020)의 연구에 따르면, 민주주의가 권위주의보다 낫다고 답한 비율은 2006년 42.7%, 2011년 65.6%, 2015년 63%, 2020년 69.6% 정도이다.

8 설문항은 "대통령은 국회가 반대하더라도 국가에 필요하다고 생각되는 정책은 그대로 밀고 나가야 한다"이다.

부정적 태도를 보였다.[9] 동일한 설문 대상에 대한 비교는 아니지만, 지난 국회의원 선거 이후에 비하면 이번 대통령 선거 이후 견제와 균형에 대한 부정적 태도는 감소한 것으로 보인다. 이 결과들을 살펴보면, 대한민국 유권자의 민주주의에 대한 만족도는 높은 편이지만, 민주주의 규범 혹은 원칙에 대한 지지는 상대적으로 낮은 것을 알 수 있다.

유권자의 이러한 태도는 비상계엄선포에 대한 평가와 어떻게 연관되어 있는가? 우선, 이 연구는 민주주의에 대한 내재적 지지라고 할 수 있는 민주주의 원칙에 대한 긍정적 태도는 비상계엄선포에 대한 부정적 태도와 관련이 있을 것이라고 본다. 더 나아가 이러한 양상이 유권자의 당파성에 따라 달리 나타나는가를 확인한다. 이어지는 장은 이 논문의 주장에 대한 이론적 논의를 소개한다.

2. 민주주의에 대한 지지와 체제의 지속가능성

윤석열의 비상계엄선포는 박근혜 대통령 탄핵 이후 대한민국의 민주주의 공고화(democratic consolidation) 논의를 재소환하였다(Shin 2017).[10] 린쯔와 스테판(Linz and Stepan 1996)은 공고화된 민주주의란 체제 운영의 유일한 규칙이 민주주의인 것이라고 보며, 세 가지 조건을 검토한다. 우선 행태적 측면에서 공고화된 민주주의에서는 비민주주의 체제로의 회귀가 될 수 있

---

9 동아시아연구원이 한국리서치에 의뢰하여 2024년 4월 진행하였으며, 성인남녀 1,528명을 대상으로 한 웹설문조사이다.

10 Economist Intelligence의 자료에 따르면, 2016년 대한민국의 민주주의 지수는 7.92로 완전한 민주주의에서 결함 있는 민주주의로 분류되었으며, 2024년에도 7.75로 완전한 민주주의에서 결함 있는 민주주의로 하락하였다(eiu.com).

는 특정 세력의 체제 전복 위협이 없어야 한다. 두 번째로 태도적 측면에서 다수의 국민이 국가적 위기 앞에서도 민주적 절차를 통해 위기를 극복해야 한다는 믿음이 있어야 한다. 마지막으로 확립된 규범과 법, 제도, 절차에 따라 사회의 갈등이 해소되어야 한다. 윤석열 전 대통령과 그 세력의 체제 전복 위협은 대한민국 민주주의 공고화에 대한 질문을, 이후 비상계엄선포 해제와 윤석열 전 대통령 탄핵은 그에 대한 답을 보여 주었다고 볼 수 있다.

비상계엄선포 직후 많은 시민이 국회로 모였고, 야당 의원을 중심으로 신속하게 비상계엄을 무효로 하였으며, 일부 군인은 소극적으로 작전을 수행하였다.[11] 이는 엘리트와 유권자의 민주주의에 대한 지지가 민주주의 공고화를 위한 핵심적인 요소임을 보여 준 것이라고 평가할 수 있다(Schedler 2001).[12] 다이아몬드(Diamond 1999)는 엘리트와 유권자가 민주주의를 내재적 가치로 이해하면 민주주의 체제의 안정성과 지속가능성은 클 것이라고 본다. 더 나아가 립셋(Lipset 1960)은 한 번 뿌리를 내린 내재적 가치는 쉽사리 바뀌지 않는다고 이야기한다. 그렇다면 민주주의에 대한 지지는 무엇을 의미하는가?

1) 민주주의에 대한 지지와 비상계엄선포에 대한 태도

이스턴(Easton 1965, 1975)은 정치적 지지를 대상과 유형을 구분하여 설명

---

[11] 한겨레21. 2024.12.04. "비상계엄 이후 긴박했던 3시간, 계엄군 온몸으로 막은 시민들." 연합뉴스. 2024.12.04. "계엄군, 무장했지만 소극적 움직임…큰 물리적 충돌은 없었다." 경향신문. 2025.02.23. "계엄날 '담 못 넘겠다' 지시 거부한 소대장…이후 작선서 배제."

[12] 의원들의 계엄 해제 결의가 민주주의를 지키기 위한 것이 아니라 계엄 후 자신들이 받을 위해 때문이라고 설명할 수도 있을 것이다. 다만, 개인 안위뿐만 아니라 민주주의에 대한 지지도 계엄 해제 결의 동기 중 하나로 볼 수 있을 것이다.

한다. 우선 대상을 중심으로 공동체(community), 체제(regime), 그리고 정부 당국(authorities)에 대한 지지를 고려할 수 있다(Easton 1965). 정치 공동체에 대한 지지는 소속감을 느끼는 집단, 예를 들어 민족이나 국가에 대한 지지를 의미한다. 체제는 국가의 정치체제, 예를 들어 민주주의 체제에 대한 지지를 말한다. 정부 당국에 대한 지지는 현 정부, 예를 들어 대통령이나 다수 당에 대한 지지가 될 수 있다.

유형과 관련해서는 정치적 지지를 구체적(specific) 지지와 포괄적(diffuse) 지지로 구분할 수 있다(Easton 1975). 구체적 지지는 주로 체제의 성과에 대한 평가 결과를 반영한다. 예를 들어, 유권자는 대통령의 국정운영이 만족스럽다면 대통령에 대한 지지를 표할 것이다. 즉, 구체적 지지는 정부 당국에 대한 지지와 직접 연계되며, 간접적으로 체제에 대한 지지로 이어질 수도 있다(Easton 1975, 437). 반면, 포괄적 지지란 자유와 평등과 같은 가치나 견제와 균형과 같은 기본 원칙에 대한 지지를 의미한다. 이스턴(Easton 1975)은 이러한 포괄적 지지는 현상 평가에 즉각적으로 좌지우지되기보다 상대적으로 지속적이며, 안정적이라고 본다.

포괄적 지지는 체제 유지를 위한 핵심 요인 중 하나이다(Easton 1975). 즉, 민주주의 가치와 원칙에 대한 구성원의 지지가 없다면 민주주의 체제의 지속가능성은 작을 것이다. 반면 구체적 지지가 낮아진다고 해서 민주주의 체제가 즉각적으로 위기에 직면하는 것은 아니다. 예를 들어, 안정된 민주주의 국가에서 대통령 지지도 하락이 민주주의 체제를 위협하지는 않는다. 물론 정부 당국에 대한 지지가 오랜 기간 낮다면 즉, 민주주의 국가에서 정권 교체가 발생하고 있음에도 구체적 지지가 계속 낮게 나타난다면 민주주의의 가치나 원칙에 대한 대중의 지지 감소로 이어질 수 있으며, 종국적으로 민주주의 체제의 위기가 될 수 있다(Easton 1975). 이와 반대로 구체적 지지의 확산이 포괄적 지지로 이어질 수도 있다. 이스턴(Easton 1965, 1975)의 논의에 따르면, 민주주의에 대한 지지는 민주주의 체제에서 정부에 대한 지지를 의미할 수도 있고, 민주주의 원칙에 대한 지지를 의미할 수도 있다.

실제로 문화적 접근을 통해 민주주의의 지속가능성을 탐구하는 학자들은 민주주의에 대한 만족도나 규범에 대한 지지를 주요 변수로 다룬다(Arikan and Bloom 2019; Inglehart 2003; Norris 2017). 이들의 연구를 살펴보면, 민주주의 만족도는 '민주주의가 바람직한 정치체제'라는 유권자의 인식으로 볼 수 있으며, 민주주의 체제 운영에 대한 만족도로 표현될 수도 있다(Aarts and Thomassen 2008; Foa and Mounk 2017). 반면 민주주의 가치, 규범, 혹은 원칙에 대한 지지는 개인의 자유와 정치적 평등과 관용, 인권, 견제와 균형 등에 대한 지지로 볼 수 있다(Kingzette et al. 2021; Gibson, Duch, and Tedin 1992).

이론적으로 보면 민주주의 원칙에 대한 지지는 현상에 대한 평가의 원인이 될 수 있다. 실제로 민주주의에 대한 지지를 탐구할 때 가치나 규범, 원칙을 강조하는 학자들은 전반적인 만족도가 현상에 대한 평가에 기반하기에 이를 민주주의에 대한 내재적 지지라고 보기 어렵다고 주장한다(Bratton and Mattes 2001). 이러한 접근을 따른다면, 민주주의 원칙에 대한 지지는 비상계엄선포에 대한 반대를 설명할 것이다. 특히 이번 비상계엄선포가 견제와 균형 원칙과 관련이 있기에,[13] 이 연구는 견제와 균형 원칙에 동의하는 유권자일수록 비상계엄선포에 대해 부정적인 태도를 보일 것이라는 가설을 설정한다. 이 연구는 민주주의 원칙에 대한 지지뿐만 아니라 당파성도 비상계엄선포에 대한 태도에 영향을 미칠 것이라고 본다.

---

13 윤석열 전 대통령은 비상계엄선포 담화문에서 비상계엄선포의 이유를 가장 먼저 국회에 돌리고 있으며, 견제와 균형의 원칙과 헌법에 명시된 국회의 권한을 부정한다.

2) 당파성과 비상계엄선포에 대한 태도

비상계엄선포의 주체가 윤석열 전 대통령이고, 윤 전 대통령은 당시 국민의힘 소속이었기 때문에 비상계엄선포에 대한 유권자 태도는 당파성에 따라 달리 나타날 것이라고 예측할 수 있다. 기존 성향이 정치적 태도나 현상에 대한 평가에 미치는 영향력은 다양한 연구를 통해 확인할 수 있다(e.g., Campbell et al. 1960; Iyengar et al. 2019). 예를 들어, 집권당을 지지하는 유권자들은 경제 상황에 대해 좀 더 긍정적으로 평가하는 경향이 있다(이한수 2017; Bartels 2002; Evans and Pickup 2010). 이러한 행태는 인지 부조화(cognitive dissonance)를 피하려는 경향과 동기화된 사고/추론(motivated reasoning)으로 인해 발생할 수 있다(Festinger 1962; Kunda 1990; Lodge and Taber 2013).

국민의힘 소속이었던 윤석열 전 대통령은 비상계엄을 선포하였고, 더불어민주당(이하 민주당)이 다수당이었던 국회는 비상계엄 해제를 결의하였다. 이 결의에 참석한 국민의힘 의원은 108명 중 18명에 불과했다.[14] 한동훈 당시 비상대책위원장은 비상계엄선포에 대해 부정적인 입장을 밝혔지만, 추경호 원내대표는 비상계엄선포의 책임을 야당에 돌리는 발언을 하였으며 계엄선포 해제 표결에 참석하지 않았다.[15] 이후 국민의힘 경선에서 비상계엄선포에 대해 모호한 태도를 보인 김문수 후보가 당선되었다.[16] 민주당이 일관되게 비상계엄선포에 대해 반대를 표한 것과 대비되는 모습이다.

이러한 정당의 행태는 두 정당 지지자에게도 영향을 미쳤을 것이다. 기

---

[14] 오마이뉴스. 2024.12.19. "계엄의 밤, 국힘 108명 의원은 어디에 있었나."

[15] 한겨레. 2024.12.06. "국힘 '계엄은 고심하며 쓴 카드'…민주주의보다 '윤석열 구하기.'"

[16] MBC. 2025.04.19. "[대선팩트체크] 김문수, 계엄 옹호한적 없다?" 김문수 후보의 공식적인 사과는 공식 선거운동 첫 날에 있었다(Channel A. 2025.05.12. "김문수, 계엄 첫 공식 사과…'계엄 고통 겪는 국민들께 죄송.'").

존 연구는 엘리트의 정치행태가 유권자의 정치행태에 다양한 방식으로 영향을 미칠 수 있다는 것을 보여 준다(Broockman and Butler 2017; Chong and Druckman 2007; Nelson, Clawson, and Oxley 1997; Zaller 1992). 우선 엘리트는 대중을 설득하는 방식으로 유권자의 정치적 태도에 영향을 미칠 수 있다. 예를 들어, 쟁점의 한 측면을 부각하거나 왜곡하여 유권자의 정책 선호에 영향을 미칠 수 있다(Chong and Druckman 2007; Druckman 2004; Nelson, Clawson, and Oxley 1997). 비상계엄선포가 국민에게 국회 권력의 무도함을 알리기 위함이었다는 윤석열 측의 주장은 비상계엄선포에 대한 프라이밍(priming)과 프레이밍(framing)의 일환이다.[17]

심지어 일군의 학자들은 정당이나 대표자의 쟁점에 대한 입장표명만으로도 유권자의 쟁점 선호가 변할 수 있다고 주장한다(Bartels 2005; Broockman and Butler 2017; Cohen 2003; Lenz 2009). 코헨(Cohen 2003)의 실험연구는 특별한 설득 과정 없이 정당의 정책 입장에 대한 정보를 제공하는 것만으로도 유권자의 정책 선호에 영향을 줄 수 있다는 것을 보여 준다. 예를 들어, 자신이 지지하는 정당이 채택한 정책이라는 정보를 주면, 실험 참여자는 이 정책이 자신의 이념과 부합하지 않더라도 해당 정책에 대해 긍정적인 선호를 보이는 경향이 있었다.

기존 성향, 특히 당파성이 쟁점에 대한 선호에 영향을 미친다는 이러한 연구를 살펴보면, 비상계엄선포에 대한 유권자 선호가 지지하는 정당에 따라 달리 나타날 것이라고 추론해 볼 수 있다. 우선 민주당 지지자는 다른 유권자에 비해 비상계엄선포에 대해 부정적인 태도를 보일 것이다. 이와 달리 국민의힘 지지자는 다른 유권자에 비해 비상계엄선포에 대해 긍정적인

---

17 중앙일보. 2025.02.25. "윤측, 최후에도 '계몽령' 주장…"체포 지시는 하달되면서 불려진 것.""

   비상계엄–탄핵 사태와 2025년 대통령 선거

태도를 보일 것이다.

3) 민주주의에 대한 지지와 당파성의 조건적 영향력

더 나아가 민주주의 원칙에 대한 유권자 인식이 비상계엄선포에 대한 태도에 미치는 영향력은 당파성에 따라 달리 나타날 것이다. 앞서 언급하였듯이 동기화된 사고로 인해, 국민의힘 지지자는 윤석열 전 대통령의 비상계엄선포를 비민주적 행위가 아니었다고 합리화할 수 있다. 이러한 합리화는 자신의 지난 행동에 대한 정당화나, 자신의 당파적 정체성을 지키기 위한 동기에 의해 발생할 수 있다(Lodge and Taber 2013; Tajfel and Turner 1979).

사회적 정체성 이론에 의하면 개인은 특정 집단에 대한 소속감과 이에 따른 정체성을 형성하곤 한다(Tajifel and Turner 1979). 유권자는 정당에 대해서도 정체성을 형성하며, 사회적 정체성으로서의 당파성을 탐구하는 학자들은 이를 정당일체감(party identification)이라고 명한다(Campbell et al. 1960; Green, Palmquist, and Shickler 2002). 당파성을 가진 유권자는 자신이 소속감을 느끼는 내정당(in-party)에 대한 애착과 내정당 정치인과 지지자에 대한 정서적 유대를 갖지만, 자신이 지지하지 않는 외정당(out-party)에 대해서는 부정적인 태도를 보이는 경향이 있다(Iyengar et al. 2019).

유권자는 내정당 정치인에 대해 갖는 정서적 유대감으로 인해 민주주의 원칙에 대한 지지가 있더라도 이를 위반한 내정당 정치인의 행태를 비판하기보다 묵과할 수 있다. 반면, 민주주의 원칙에 대한 지지 효과는 외정당 정치인에 대한 비판에서 증가할 것이다. 더 나아가, 소속감과 정서적 유대감으로 인해 정당 지지자는 외정당이 집권하는 것을 막는 것이 민주주의를 잃는 것보다 더 중요한 목표라고 인식할 수도 있으며, 이러한 인식은 내정당

정치인의 비민주적 행위에 대해 비판적 견해를 갖는 것을 저해할 수 있다.

더 나아가 이러한 상황을 이해하고 있는 비민주적 지도자는 민주적 원칙을 무시하고 당파적 이익과의 대립을 부각시키며 자신의 비민주적 행위를 정당화하고, 이를 통해 당파적 유권자의 지지를 유도하고자 할 것이다. 즉, 국민의힘 지지자 사이에서 견제와 균형 원칙에 대한 지지가 비상계엄선포에 미치는 영향력은 감소할 것이다. 반면, 민주당 지지자 사이에서 견제와 균형 원칙에 대한 지지가 비상계엄선포에 미치는 영향력은 증가할 것이다.

실제로 현실에서 유권자의 당파적 이익은 민주주의 원칙에 대한 지지에 앞서는 행태를 보이기도 한다(Graham and Svolik 2020; Svolik 2020). 그래햄과 스볼릭(2020)의 실험연구를 살펴보면, 당파적 유권자들은 내정당 후보자가 민주주의 원칙을 어겼더라도 이 후보자를 지지하는 경향이 있는 것으로 나타났다. 이들은 후보자들 사이의 정책 차이가 심해질수록, 승자독식이 두드러질수록 승패가 낳는 격차가 커지기 때문에 유권자는 민주주의 원칙보다 당파적 이익에 투표하게 된다고 본다. 다른 한편으로 이는 이념적으로, 정책적으로 양극화되어 있는 승자독식 구조의 민주주의 국가에서 대표자가 당파적 이익을 내세우며 민주주의를 잠식할 수 있다는 것을 의미하기도 한다(Svolik 2020). 앞서 언급한 당파성과 동기화된 사고는 비민주적 통치자에 대한 지지와 민주주의 가치의 영향력 약화를 설명한다.

이 연구는 민주주의에 대한 지지가 비상계엄선포에 대한 유권자의 태도를 설명한다고 예측한다. 하지만 유권자가 당파성이라는 렌즈를 통해 세상을 바라본다면, 어떤 정당을 지지하는가에 따라 현상을 달리 인식할 수 있다. 결국, 민주주의에 대한 지지가 미치는 영향력도 당파성에 따라 달리 나타날 것이다. 이어지는 장은 이 연구의 가설을 검정하기 위한 변수와 자료를 소개한다.

3. 변수와 자료

윤석열 전 대통령의 비상계엄선포에 대한 유권자 태도를 분석하기 위해 이 연구는 2025년 6월 4일부터 7일 사이에 시행된 설문조사 결과를 분석한다. 설문조사는 웹조사로 이루어졌으며, 표본은 전국에 거주하는 만 18세 이상 남녀를 대상으로 지역별, 성별, 연령별 기준으로 비례할당하여 추출된 1,500명이다.[18] 이 조사는 비상계엄선포에 대한 유권자 태도와 더불어 민주주의에 대한 유권자의 인식 관련 질문을 포함하기에 이 연구의 가설 검정을 위한 적절한 자료를 제공한다.

1) 종속변수

이 논문의 종속변수는 비상계엄선포에 대한 유권자 태도이다. 태도(attitude)는 일반적으로 대상에 대한 긍정과 부정의 감정이나 선호 혹은 의견을 의미한다(Petty and Cacioppo 1996). 비상계엄에 대한 태도는 비상계엄선포에 대한 긍정과 부정, 혹은 찬성과 반대로 이해할 수 있다. 이 연구가 분석하는 설문조사는 비상계엄선포에 대한 유권자의 태도를 확인하기 위해 비상계엄선포와 관련한 네 가지 견해를 제시하고 설문 참여자에게 어떤 의견에 가장 가까운가를 물었다. 네 가지 의견은 윤석열 전 대통령의 비상계엄

---

18 서울대학교 국가미래전략원에서 한국리서치에 의뢰하여 설문을 진행하였으며, 무작위추출을 전제할 경우, 신뢰수준은 95%, 표집오차는 ±2.5%이다. 이 조사는 휴대전화 문자와 이메일을 통해 URL을 발송하는 형식으로 진행되었으며, 응답률은 40.2%이다. 이 조사 결과의 후보자 선택을 보면 이재명 49.66%(49.42%), 김문수 33.61%(41.15%), 이준석 7.09%(8.34%), 권영국 1.72%(0.98%)이다(모르겠다와 무응답 제외, 괄호 안은 실제 득표율). 김문수 후보 관련 결과는 다소간 차이를 보이지만, 전체적으로 신뢰할 만한 수준에서 설문이 이루어졌다고 볼 수 있다.

〈표 1〉 비상계엄선포에 대한 견해 분포(%)

	순위	찬성/반대	단호한 반대/기타
1. 적절한 조치	7.89	21.59	48.1
2. 불가피한 조치	13.7		
3. 과도한 조치	26.51	78.41	
4. 위헌적 조치	51.9		51.9

선포는 "1. 국가 안보와 사회질서 유지를 위해 정당하고 적절한 조치였다, 2. 야당의 과도한 공세에 대처하기 위한 불가피한 조치였다, 3. 문제 상황은 이해하나 계엄령 선포는 지나치게 과도한 조치였다, 4. 야당의 공세를 계엄령으로 무력화시키려고 한 권력 남용이자 위헌적 조치였다"이다.

이 설문은 비상계엄선포에 대한 순위변수로 이해할 수 있다.[19] 우선 첫 두 견해는 찬성을, 나머지 두 견해는 반대를 말한다. 찬성과 반대에도 차이가 있는데, 첫 번째 견해는 비상계엄선포에 대한 상대적으로 높은 찬성을, 마지막 견해는 상대적으로 높은 반대를 의미한다. 이어지는 분석은 이 설문을 종속변수로 활용하며, 또한 결과를 찬성과 반대,[20] 그리고 단호한 반대와 기타 태도[21]로 하여 비상계엄선포에 대한 태도를 다각도로 살펴본다.

이 설문에 대한 응답 분포는 〈표 1〉과 같다. 가장 빈도가 높은 응답은 이번 비상계엄선포가 "위헌적 조치"였다는 견해로 약 51.9%가 이에 동의하였다. 반면 가장 낮은 비율을 보인 견해는 7.89%의 응답자가 동의한 비상계엄선포가 "적절한 조치"였다는 것이었다. 두 번째로 높은 비율의 항목

---

19 이에 대한 이견이 존재할 수도 있지만, 비상계엄선포에 대한 찬성과 반대, 단호한 반대를 종속변수로도 설정한 것이 이에 대한 보완이 될 수 있을 것이다.

20 첫 번째와 두 번째 견해에 동의하는 경우를 0으로, 세 번째와 네 번째 견해에 대한 응답을 1로 설정한다.

21 네 번째 견해에 동의하는 경우를 1로, 나머지 응답은 0으로 분류한다.

　　　　　　　비상계엄-탄핵 사태와 2025년 대통령 선거

은 비상계엄선포가 "과도한 조치"였다는 견해로 26.51%의 응답자가 이에 해당한다. "불가피한 조치"였다는 응답률은 13.7%이다. 비상계엄선포에 대한 찬성과 반대로 구분하면, 찬성 의견은 약 21.59%, 반대 의견은 약 78.41%이다. 절대다수의 유권자는 비상계엄선포에 대해 부정적인 태도를 보인다.

2) 주요 독립 변수

이 연구의 주요 독립변수 중 하나는 민주주의에 대한 지지이다. 앞서 언급하였듯이 민주주의에 대한 유권자 인식 측정은 논쟁적일 수 있다. 예를 들어, 노리스(Norris 2017)는 민주주의 국가에 사는 것의 중요성을 묻는다. 반면, 다른 학자들은 특정 민주주의 원칙에 대한 지지를 묻는다(Kingzette et al 2021; McClosky 1964; Levitsky and Ziblatt 2018). 브래튼과 마테스(Bratton and Mattes 2001)가 지적하듯이 민주주의에 대한 만족도는 민주주의에 대한 지지뿐만 아니라 현상에 대한 평가를 포함할 수 있다.

기존 연구의 지적에 따라 이 논문은 민주주의 원칙에 대한 지지를 통해 유권자의 민주주의 인식을 측정한다(Bratton and Mattes 2001; Kingzette et al 2021). 특히, 이전 장에서 제시하였듯이 '견제와 균형'에 대한 유권자 인식에 초점을 두고 이 원칙에 대한 인식이 비상계엄선포에 대한 태도에 미치는 영향력을 추정한다. 견제와 균형에 대한 인식 측정은 두 가지 설문항을 활용한다. 설문 참여자는 "정부가 국회에 의해 지속적으로 견제(즉, 감시 및 감독)를 받는다면, 국가의 중요한 과업을 달성하기 어렵다"는 주장과 "대통령은 국회가 반대하더라도 국가에 필요하다고 생각되는 정책은 그대로 밀고 나가야 한다"는 주장에 대해 어느 정도 동의하는지에 대해 답하였다.

이 두 문항이 견제와 균형이라는 원칙에 대한 유권자 인식을 완벽하게 측정할 수는 없을 것이다. 또한, 견제와 균형의 범위가 집행부와 입법부로 제한된 것도 사실이다. 하지만 비상계엄선포가 대통령과 국회의 관계에서 촉발되었다는 윤석열 전 대통령의 주장을 고려하면, 이 두 설문을 활용하여 견제와 균형에 대한 유권자 태도를 측정하는 것은 비상계엄선포에 대한 유권자 태도를 설명하기 위해 유용하다고 할 것이다.[22] 이 연구는 두 문항에 대한 응답의 평균으로 견제와 균형 원칙에 대한 유권자 인식을 측정한다.[23] 이 변수의 범위는 1에서 5이고, 평균은 2.85, 중앙값은 3.00이다. 이 변수의 값이 클수록 견제와 균형 원칙에 대한 지지를 의미한다.

이 논문의 주장 중 하나는 비상계엄선포에 대한 태도가 당파성에 따라 달리 나타난다는 것이다. 당파성은 정당에 대한 지지와 호감이 가는 정당에 대한 설문을 활용한다. 설문은 우선 "어느 정당을 지지"하는가를 묻고, 지지하는 정당이 없다고 답한 응답자에게는 "어느 정당에게 조금이라도 더 호감이 가는 편"인가를 물었다. 두 질문에서 지지하는 정당을 밝힌 응답자를 정당일체감을 가진 유권자로 본다. 〈표 2〉는 설문 참여자의 당파성 분포를 담고 있다. 민주당에 일체감을 표한 응답자가 약 41.97%로 가장 많았으며, 국민의힘 지지자는 약 29.9%, 당파성을 명시적으로 보이지 않은 유권자는 약 13.56%이다.

---

22 삼권분립에 대한 유권자 태도는 정치적 상황에 영향을 받을 수 있다는 지적이 가능하다. 예를 들어, 지지하는 후보가 선거에서 패배하였고, 이로 인해 단점정부가 형성되었다면 상대적으로 견제와 균형에 더 동의하는 경향을 보일 수 있다. 하지만 민주당 후보가 승리한 이번 선거에서 민주당 지지자의 이 변수 평균은 3.13으로 국민의힘 지지자의 2.45보다 오히려 더 높게 나타났다. 이러한 양상은 앞서 언급한 2024년 국회의원 선거 후 동아시아연구원에서 시행한 설문조사에서도 유사하게 관찰된다.

23 선택항은 "1. 매우 동의한다, …, 5. 전혀 동의하지 않는다"이다. 평균이 아닌 응답의 합이나, 표준화를 통해 이 변수를 측정하여도 이어지는 장의 분석결과는 대동소이하다.

　　　　　비상계엄–탄핵 사태와 2025년 대통령 선거

〈표 2〉 당파성 분포

정당	민주당	국민의힘	조국혁신당	개혁신당	진보당	기타정당	무당층
비율	41.97	29.9	5.36	6.1	0.95	2.17	13.56

3) 통제변수

이어지는 분석은 비상계엄선포에 대한 태도에 영향을 미치는 주요 독립변수 이외에 통제변수를 포함한다. 우선 이번 비상계엄선포의 주체가 윤석열 전 대통령이었기 때문에 윤석열 전 대통령에 대한 호감도가 종속변수에 영향을 미쳤을 것이다. 이를 고려하기 위해 윤석열 전 대통령에 대한 호오도를 측정한다.[24] 호오도 범위는 0(최저 호오도)에서 100(최고 호오도)이며, 윤석열 전 대통령에 대한 호오도 평균은 약 20.96, 중앙값은 4이다.

비상계엄선포에 대한 태도는 이념에 따라 달리 나타날 수도 있다. 지병근(2013, 2023)은 대한민국 유권자의 이념이 권위주의적 태도와 민주주의 퇴행과 관련한 편향적 인식과 연관이 있다고 보고한다. 권위주의 성향을 가진 유권자는 비상계엄선포에 대해 상대적으로 긍정적인 태도를 가질 수 있다(지병근 2013). 또한, 보수적인 유권자는 보수정권 하에서 발생한 비상계엄선포를 민주주의의 위협으로 인식하지 않을 수도 있다(지병근 2023).

이념은 유권자가 스스로 평가한 이념과 정책에 대한 선호로 측정한다. 스스로 평가한 이념의 경우 범위는 0에서 10이며, 0은 매우 진보를, 5는 중도를, 10은 매우 보수를 말한다.[25] 정책 선호로 이념을 측정한 변수는 여섯 가

---

24 이재명 후보에 대한 호오도를 고려할 수 있겠으나, 이 변수를 분석에 포함해도 통계적 유의성을 보이지 않으며, 결과에도 의미 있는 영향을 미치지 않는다.
25 본인의 이념에 대한 변수 평균은 약 5.06이다.

지 정책에 대한 선호를 묻는 질문에 대한 답을 진보적인 선호(0)와 보수적인 선호(1)로 구분하고, 이후 이를 합산하여 측정한다.[26] 자신의 이념 변수와 정책 선호 변수의 상관관계 수준은 약 0.39이다.

앞서 논의하였듯이 윤석열 전 대통령은 비상계엄선포의 이유를 국회와 민주당에 돌리고 있다. 만일 유권자가 국회와 행정부의 갈등이 높다고 인식한다면 이러한 주장에 동조할 가능성이 크고, 비상계엄선포에 긍정적 태도를 보일 수 있다. 이를 고려하기 위해 국회와 행정부의 갈등 인식을 측정한다.[27] 이와 관련하여 생각해 볼 수 있는 또 다른 변수는 부정선거에 대한 인식이다. 비상계엄선포 후 윤석열 전 대통령과 그 세력은 중앙선거관리위원회 침탈을 명령하였으며, 헌법재판소 답변서에서도 비상계엄선포의 정당성을 논하며 부정선거를 언급하였다.[28] 결국, 부정선거 주장에 대해 공감하는 유권자일수록 비상계엄선포에 긍정적인 견해를 보일 것이다.[29]

비상계엄선포는 정상적인 정치 과정에서 벗어난 결정이며, 정치적 효능감은 이에 대한 태도에 영향을 미칠 수 있다. 정치적 효능감은 정치 과정에 유권자가 영향을 미칠 수 있는가에 대한 자기 인식이며, 더 나아가 스스로 그럴 능력이 있다는 믿음의 내적 효능감(internal efficacy)과 정부가 유권자의 요구에 반응한다는 인식의 외적 효능감(external efficacy)으로 구분된다(Craig and Maggiotto 1982). 높은 효능감을 보이는 유권자는 민주적 절차를 따

---

[26] 여섯 가지 정책은 한미동맹 강화, 남북 화해/협력 강화, 고소득 증세, 비정규직 관련 기업 자율 확대, 표현의 자유 확대, 사형제 존속이다. 이 변수의 범위는 0에서 6이며, 평균은 약 3.42이다.

[27] 두 기관의 갈등 수준을 물었으며, 선택항은 "1. 갈등이 매우 심하다, …, 5. 갈등이 전혀 심하지 않다"이다. 이 변수의 평균은 2.13이다.

[28] 조선일보. 2025.01.15. "尹측, 헌재 답변서에서 '부정선거' 언급하며 '계엄은 정당.'"

[29] 설문은 "최근 몇 차례의 선거에서 조직적인 선거 부정이 있었다는 주장이 있습니다. 귀하는 이러한 주장에 대해 어떻게 생각하십니까?"이며, 선택항은 "1. 매우 공감한다, …, 4. 전혀 공감하지 않는다"이다. 이 변수의 평균은 2.81이다.

르지 않는 비정상적인 결정에 부정적인 견해를 보일 것이다. 내적 효능감은 정치 문제 인식 능력과 관련한 두 질문에 대한 평균으로,[30] 외적 효능감은 정부에 대한 영향력 관련 두 질문에 대한 평균으로 측정한다.[31]

효능감과 더불어 이 연구는 정치적 세련도 혹은 소양(political sophistication)이 높은 유권자일수록 비상계엄선포에 부정적인 태도를 보일 것이라고 본다. 정치적 소양이 높은 사람일수록 정치 과정과 민주주의 원칙에 대한 이해가 높을 것이라고 가정한다. 기존 연구에 따라 정치적 소양은 정치 지식으로 측정한다(Delli Carpini and Keeter 1996). 정치 지식이 높은 유권자는 민주적 절차를 벗어난 비정상적인 비상계엄선포에 대해 부정적인 태도를 보일 것이다. 이 연구는 정치 지식을 정치 관련 사실에 대한 응답자의 정답 수로 측정한다.[32]

비상계엄선포에 대한 태도는 현상에 대한 평가를 반영할 수 있다. 비상계엄선포의 주체가 윤석열 전 대통령이기 때문에 국가 경제 상황에 대한 회귀적 평가가 비상계엄선포에 대한 태도에 영향을 미칠 수 있다. 회귀적 경제 평가가 대통령 지지나 후보자 선택에 미치는 영향력은 기존 연구를 통해 확인할 수 있다(e.g., Lewis-Beck and Paldam 2000). 이 연구는 지난 3년간의 국가 경제 상황에 대한 평가를 묻는 설문을 활용하여 회귀적 경제 평가 변수를 측정한다.[33] 지난 경제 상황에 대한 부정적인 평가는 비상계엄선포

---

30 설문은 "나는 우리 사회의 중요한 정치적 문제가 무엇인지 잘 알고 있다"와 "대부분의 사람이 정치적 문제에 대해 나보다 더 잘 알고 있다"이며, 1을 가장 높은 효능감으로, 5를 가장 낮은 효능감으로 설정하였다. 이 변수의 평균은 약 2.66이다.

31 설문은 "나 같은 사람은 정부가 하는 일에 어떤 영향을 주기 어렵다"와 "정부는 나 같은 사람의 생각이나 의견에 관심이 없다"이며, 1을 가장 높은 효능감으로, 5를 가장 낮은 효능감으로 설정하였다. 이 변수의 평균은 약 3.31이다.

32 사실 관련 내용은 "탄핵 소추를 당하지 않은 대통령," "지역구 국회의원 정수," "대통령이 임명하지 않는 직책," "대법원장 이름"이다. 이 변수의 범주는 0에서 4이고, 평균은 약 2.57이다.

33 선택항은 "1. 매우 좋아졌다, …, 5. 매우 나빠졌다"이며, 이 변수의 평균은 약 4.05이다.

에 대한 부정적인 태도와 연관이 있을 것이다.

마지막으로 이 연구는 유권자의 사회·경제적 위치와 인구학적 변수들을 고려한다. 우선 소득과 재산 수준을 통해 사회·경제적 위치를 확인한다. 소득 수준은 월평균 가구 총소득으로 측정한다.[34] 재산 수준은 부채를 제외한 가구의 순자산으로 측정한다.[35] 인구학적 변수는 나이와 성별을 포함한다. 나이는 출생년도로, 성별은 남성은 1, 여성은 0으로 설정한다. 이어지는 장은 이 변수들을 활용한 회귀분석 결과를 소개한다.

4. 분석 결과

1) 견제와 균형 원칙에 대한 지지와 당파성, 그리고 비상계엄선포에 대한 태도

이 논문은 비상계엄선포에 대한 유권자 태도를 분석한다. 〈표 3〉은 이를 위한 세 모형의 결과를 담고 있다. 앞서 소개하였듯이 설문은 비상계엄선포에 대해 네 가지 선택항을 제시하였다. 모형1-1은 종속변수를 순위변수로 하며, 이에 따라 Ordered Logit 모형을 활용한 회귀분석 결과를 보여 준다. 모형1-2의 경우 찬성과 반대로 설정한 이항변수를 종속변수로 한다. 모형1-3의 경우 비상계엄선포를 위헌적 조치로 본 단호한 반대와 여타 의견으로 구분한 이항변수를 종속변수로 설정한다. 종속변수가 이항변수인 경우 Logit 모형을 사용한다.

---

34 범위는 "1. 100만 원 미만, …, 13. 2천만 원 이상"이다.
35 범위는 "1. 5천만 원 미만, …, 12. 11억 원 이상"이다.

<표 3> 비상계엄선포에 대한 유권자 선호 회귀분석

		모형 1-1	모형 1-2	모형 1-3
견제와 균형 원칙		0.32*** (0.09)	0.22* (0.12)	0.55*** (0.11)
민주당 지지		1.00*** (0.19)	0.06 (0.30)	0.98*** (0.20)
국민의힘 지지		−0.43** (0.17)	−0.51** (0.25)	−0.60** (0.26)
윤석열 호오도		−0.03*** (0.003)	−0.03*** (0.004)	−0.03*** (0.005)
이념		−0.08** (0.04)	−0.04 (0.05)	−0.17*** (0.05)
정책선호		−0.13** (0.06)	−0.12 (0.09)	−0.25*** (0.09)
국회행정부 갈등인식		−0.13* (0.08)	−0.11 (0.11)	−0.08 (0.11)
부정선거 인식		0.83*** (0.09)	1.08*** (0.12)	0.84*** (0.11)
내적 효능감		0.13 (0.10)	0.22 (0.15)	0.03 (0.15)
외적 효능감		−0.21*** (0.07)	−0.13 (0.11)	−0.32*** (0.10)
경제평가		0.30*** (0.08)	0.37*** (0.10)	0.32*** (0.10)
가구 소득		0.05* (0.02)	0.06 (0.04)	0.07** (0.03)
재산 수준		−0.01 (0.02)	0.05 (0.03)	−0.06** (0.03)
정치 지식		0.22*** (0.06)	0.26*** (0.09)	0.11 (0.08)
남성		−0.62*** (0.13)	−0.62*** (0.20)	−0.66*** (0.19)
출생년도		−0.003*** (0.000)	0.01 (0.01)	−0.00 (0.01)
상수	1|2	−5.85*** (0.03)		
	2|3	−3.89*** (0.13)	−17.20 (13.49)	5.10 (12.29)
	3|4	−1.21*** (0.19)		

N	1,428	1,428	1,428
McFadden Pseudo R2	0.37	0.48	0.56
AIC	2,121	813	931

참조: 표 안의 숫자는 회귀계수. 괄호 안의 숫자는 표준오차. 모형1-1의 종속변수는 비상계엄선포에 대한 순위변수. 모형1-2의 종속변수는 비상계엄선포에 대한 찬성과 반대로 설정한 이항변수. 모형1-3의 종속변수는 비상계엄선포에 대한 단호한 반대로 설정한 이항변수. AIC: Akaike Information Criterion. 통계적 유의성: * ⟨ 0.10, ** ⟨ 0.05, *** ⟨ 0.01.

〈표 3〉의 모든 모형에서 견제와 균형이라는 민주주의 원칙에 동의하는 유권자일수록 비상계엄선포에 반대하는 것을 확인할 수 있다. 우선 모형 1-1의 결과를 살펴보면, 이 변수의 회귀계수 승산비(odds ratio)는 약 1.37이다.[36] 즉, 견제와 균형 원칙 변수가 한 수준 증가하면, 비상계엄선포에 대해 반대하는 방향으로 의견이 움직일 가능성이 약 1.37배 증가한다는 것이다. 종속변수를 찬성과 반대로 구분한 모형1-2의 경우 승산비는 약 1.24로, 견제와 균형 원칙에 대한 동의가 한 단계 상승할 경우, 비상계엄선포에 반대할 가능성이 약 24% 증가한다. 마지막으로 비상계엄에 대한 단호한 반대로 종속변수를 설정한 모형1-3의 경우 견제와 균형 원칙에 대한 동의가 한 수준 증가하면, 비상계엄선포에 대해 단호하게 반대할 가능성이 약 1.73배 증가한다. 전체적으로 이 결과는 견제와 균형이라는 원칙에 동의하는 유권자일수록 비상계엄선포에 대해 반대하는 경향이 강건하게 존재한다는 것을 보여 준다. 이를 예측 확률(predicted probability)을 통해 좀 더 자세하게 살펴볼 수 있다.

〈표 3〉의 모형1-1을 바탕으로 한 〈그림 1〉은 견제와 균형이라는 원칙에 지지하는 수준에 따라 비상계엄선포에 대한 각 견해에 동의할 예측 확률을

---

36 승산비는 로짓 모형의 회귀계수에 누승(exponentiating)을 하여 얻는다(Long 1997).

 비상계엄-탄핵 사태와 2025년 대통령 선거

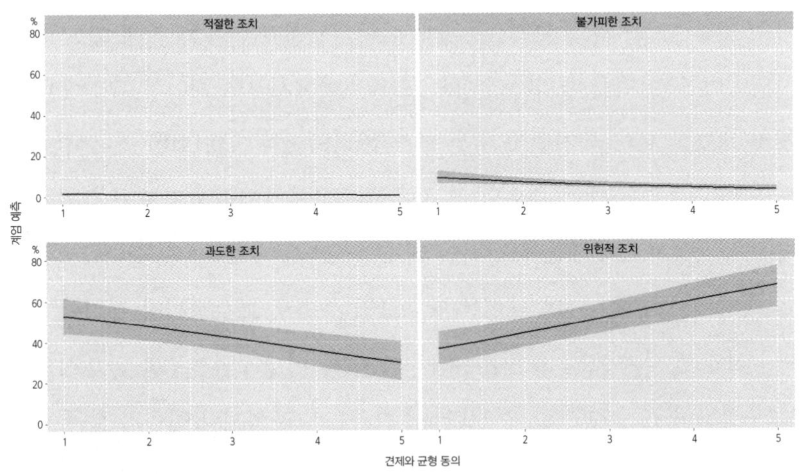

담고 있다.[37] 예측 확률이 크게 변하는 항목은 비상계엄선포가 "과도한 조치"였다는 것과 "위헌적 조치"라는 견해이다. 예를 들어, 견제와 균형 원칙에 대한 지지가 가장 낮은 유권자의 경우 비상계엄선포가 "과도한 조치"였다고 답할 예측 확률은 약 53.6%인 반면, 견제와 균형 원칙에 대한 지지가 가장 높은 유권자의 경우 이 확률은 약 30.52%이다. 비상계엄선포가 "위헌적 조치"였다는 견해에 대해서는 견제와 균형 원칙에 대한 지지가 가장 높은 유권자의 경우 예측 확률이 약 66.08%인 반면, 견제와 균형 원칙에 대한 지지가 가장 낮은 유권자의 경우 이 확률은 약 35.22%로 약 30.86% 포인트 감소한다. 즉, 견제와 균형 원칙에 동의하는 유권자일수록 비상계엄선포가 "과도한" 조치가 아니라 "위헌적" 조치였다고 생각하는 경향이 강하다는 것이다.

견제와 균형이라는 민주주의 원칙과 더불어 이 논문은 당파성에 따라 비

---

37 여타 변수는 평균으로 설정한다.

상계엄선포에 대한 태도가 달리 나타날 것이라고 예상하였다. 민주당 지지자의 경우 모형1-1과 모형1-3에서 비상계엄선포에 대한 반대 태도가 관찰되었다. 국민의힘 지지자의 경우 모든 모형에서 비상계엄선포에 대한 긍정적 태도를 보이는 경향이 있는 것으로 나타났다. 국민의힘 소속이던 윤석열 전 대통령에 대한 호오도 역시 예상과 마찬가지로 호오도가 증가할수록 비상계엄선포에 대해 긍정적인 태도를 보이는 것을 알 수 있다. 이와 같은 맥락에서 모형1-1과 모형1-3을 보면 스스로 보수적이라 평가하거나 보수적인 정책 선호를 보이는 유권자일수록 비상계엄선포를 긍정적으로 보는 경향이 있는 것을 알 수 있다. 이 결과는 당파성이나 이념과 같은 기존 성향이 쟁점에 대한 태도를 설명한다는 기존 연구와 부합한다(e.g., Green, Palmquist, and Shickler 2002; Lodge and Taber 2013).

〈표 3〉을 살펴보면 부정선거에 대한 인식도 비상계엄선포를 설명하는 유의미한 변수이다. 윤석열 전 대통령과 그 세력이 부정선거를 주장했기 때문에 부정선거 주장에 동조하는 유권자일수록 비상계엄선포에 긍정적인 태도를 보인다고 이해할 수 있다. 반면, 국회와 행정부의 갈등 인식 변수는 모형1-1에서만 통계적 유의성을 보인다. 모형1-1 결과에 따르면, 예상과 달리, 국회와 행정부의 갈등이 크다고 평가하는 유권자일수록 비상계엄선포에 부정적인 태도를 보이는 경향이 있다. 하지만 다른 모형에서 이 변수는 통계적 유의성을 보이지 않는다.

이 논문은 통제변수로 정치적 효능감이 비상계엄선포에 미치는 영향력을 고려한다. 모형1-1과 모형1-3의 외적 효능감 변수는 통계적 유의성을 보인다. 즉, 정부가 유권자의 요구에 반응한다는 믿음이 강한 유권자일수록 비상계엄선포에 부정적인 태도를 보인다. 하지만 내적 효능감은 통계적 유의성을 보이지 않는다. 반면 정치 지식 변수는 모형1-1과 모형1-2에서

　　　　　　　비상계엄-탄핵 사태와 2025년 대통령 선거

통계적 유의성을 보인다. 정치 지식이 높은 유권자일수록 비상계엄선포에 부정적인 견해를 가지는 것을 알 수 있다.[38] 현상에 대한 평가라고 볼 수 있는 국가 경제에 대한 회귀적 평가는 모든 모형에서 통계적 유의성을 보인다. 이 결과에 따르면 지난 국가 경제에 대한 부정적 평가는 비상계엄선포에 대한 반대 견해와 관련이 있다.

2) 견제와 균형 원칙과 당파성의 조건적 영향력

이 논문은 견제와 균형이라는 민주주의 원칙과 당파성이 조건적으로 비상계엄선포에 영향을 미친다고 주장한다. 이를 확인하기 위해 견제와 균형 원칙과 당파성을 교차변수로 하여 모형에 포함한다. 〈표 4〉의 모형2-1은 견제와 균형 원칙에 대한 동의 수준과 민주당 지지의 교차변수를 포함한다. 이 교차변수는 통계적으로 유의미하며, 양의 영향력을 가진다. 즉, 두 변수의 종속변수에 대한 영향력이 상승효과를 보인다는 것이다. 민주당 지지자 사이에서 견제와 균형 원칙에 대한 지지가 상승할수록 비상계엄선포에 대한 반대는 증가한다.

반면, 〈표 4〉의 모형2-2의 견제와 균형 원칙과 국민의힘 지지의 교차변수는 유의미한 음의 영향력을 보인다. 이는 두 변수가 비상계엄선포에 미치는 영향력을 서로 상쇄하는 효과가 있다는 것을 보여 준다. 즉, 여타 유권자에 비해 국민의힘 지지자 사이에서 견제와 균형 원칙의 비상계엄선포에 미치는 영향력이 감소하는 경향이 있다는 것이다. 이러한 영향력 관계는 민주당 지지 변수와 국민의힘 지지 변수를 모두 포함한 모형2-3에서도 유

---

38 교육 수준 변수를 고려할 수도 있겠으나, 이를 포함하였을 때 어느 모형에서도 통계적 유의성을 보이지 않았다.

〈표 4〉 민주주의 원칙과 당파성의 교차적 영향력

	모형 2-1	모형 2-2	모형 2-3
견제와 균형 원칙*민주당 지지	0.38*** (0.06)		0.19*** (0.06)
견제와 균형 원칙*국민의힘 지지		−0.47*** (0.05)	−0.32*** (0.05)
견제와 균형 원칙	0.24*** (0.09)	0.57*** (0.09)	0.43*** (0.02)
민주당 지지	0.05*** (0.02)		0.43*** (0.02)
국민의힘 지지		0.47*** (0.03)	0.39*** (0.03)
윤석열 호오도	−0.03*** (0.003)	−0.03*** (0.003)	−0.03*** (0.00)
이념	−0.10*** (0.04)	−0.12*** (0.03)	−0.08** (0.04)
정책선호	−0.15** (0.06)	−0.15** (0.06)	−0.13** (0.06)
국회행정부 갈등인식	−0.12 (0.08)	−0.12 (0.08)	−0.13 (0.08)
부정선거 인식	0.85*** (0.09)	0.88*** (0.09)	0.83*** (0.09)
내적 효능감	0.14 (0.10)	0.15 (0.10)	0.15 (0.10)
외적 효능감	−0.21*** (0.07)	−0.27*** (0.07)	−0.21*** (0.07)
경제평가	0.30*** (0.08)	0.28*** (0.07)	0.29*** (0.08)
가구 소득	0.04* (0.02)	0.05* (0.02)	0.05* (0.02)
재산 수준	−0.01 (0.02)	−0.01 (0.02)	−0.01 (0.02)
정치 지식	0.21*** (0.06)	0.21*** (0.06)	0.21*** (0.06)
남성	−0.64*** (0.13)	−0.62*** (0.13)	−0.63*** (0.13)
출생년도	−0.0001 (0.0005)	−0.003*** (0.0004)	−0.002*** (0.0005)

 비상계엄−탄핵 사태와 2025년 대통령 선거

상수	1|2	−1.73*** (0.01)	−7.91*** (0.00)	−5.36*** (0.01)
	2|3	0.23* (0.13)	−5.94*** (0.13)	−3.41*** (0.12)
	3|4	2.88*** (0.18)	−3.29*** (0.18)	−0.72*** (0.18)
N		1,428	1,428	1,428
McFadden Pseudo R^2		0.37	0.36	0.37
AIC		2,123	2,144	2,117

참조: 표 안의 숫자는 회귀계수. 괄호 안의 숫자는 표준오차. 종속변수는 비상계엄선포에 대한 순위 변수. AIC: Akaike Information Criterion. 통계적 유의성: * 〈 0.10, ** 〈 0.05, *** 〈 0.01.

사하게 나타난다. 이 결과는 견제와 균형이라는 민주주의 원칙에 대한 지지와 당파성의 비상계엄선포에 대한 영향력이 조건적이며, 이 관계가 강건하다는 것을 의미한다.

〈그림 2〉는 위 표의 결과를 바탕으로 견제와 균형 원칙에 대한 지지가 비상계엄선포에 미치는 한계 효과(marginal effect, Y축)가 정당 지지(X축)에 따라 어떻게 달라지는가를 보여 준다. 각 창의 점은 효과이며, 선은 90% 신뢰 수준이다. 모형2-1의 결과를 바탕으로 한 좌측 창을 보면 민주당 지지자 사이에서 견제와 균형 원칙에 대한 지지가 비상계엄선포에 대한 태도에 미

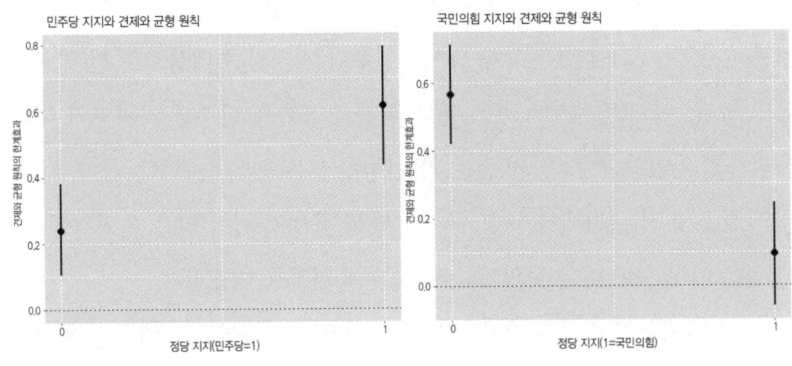

〈그림 2〉 정당 지지에 따른 견제와 균형 원칙의 한계 효과

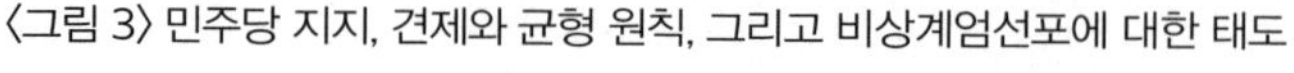

〈그림 3〉 민주당 지지, 견제와 균형 원칙, 그리고 비상계엄선포에 대한 태도

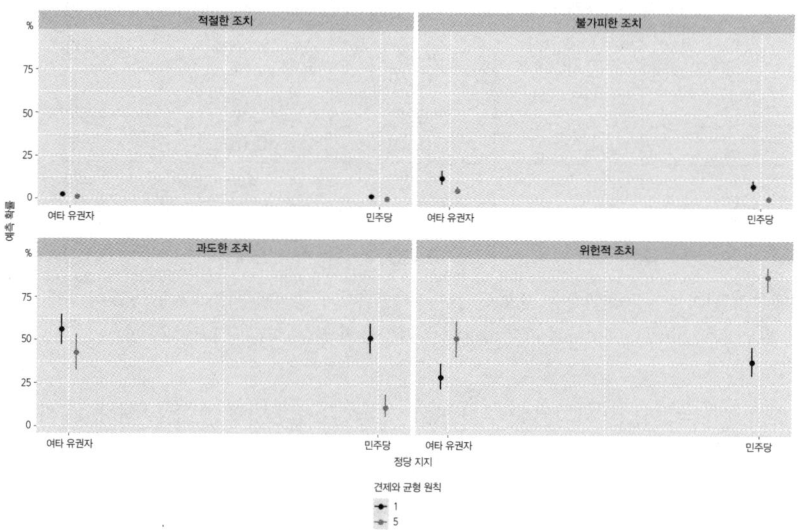

치는 한계 효과가 여타 유권자 사이에서 추정된 효과보다 더 크다는 것을 알 수 있다. 반면, 모형2-2를 바탕으로 한 우측 창을 보면, 여타 유권자와 달리 국민의힘 지지자 사이에서 견제와 균형 원칙에 대한 지지가 비상계엄선포에 대한 태도에 미치는 영향력이 통계적으로 유의미하지 않은 것을 알 수 있다.

앞서와 마찬가지로 각 항목을 기준으로 예측 확률을 확인하여 당파성과 견제와 균형이라는 민주주의 원칙의 조건적 영향력을 좀 더 자세하게 살펴볼 수 있다. 〈그림 3〉은 모형2-1의 민주당 지지자를 대상으로 한 결과를 담고 있다. 이 그림에서 Y축은 예측 확률을 X축은 민주당 지지자와 여타 유권자를 의미한다. 각 창의 점은 확률이며, 선은 90% 신뢰구간이다. 각 창 내의 검은색 점은 견제와 균형 원칙에 대한 동의가 가장 낮은 유권자를, 회색 점은 이 원칙에 대한 동의가 가장 높은 유권자를 대표한다.

〈그림 3〉에서 민주당 지지자 사이에서 견제와 균형이라는 민주주의 원칙

　　　　　　　　　　비상계엄-탄핵 사태와 2025년 대통령 선거

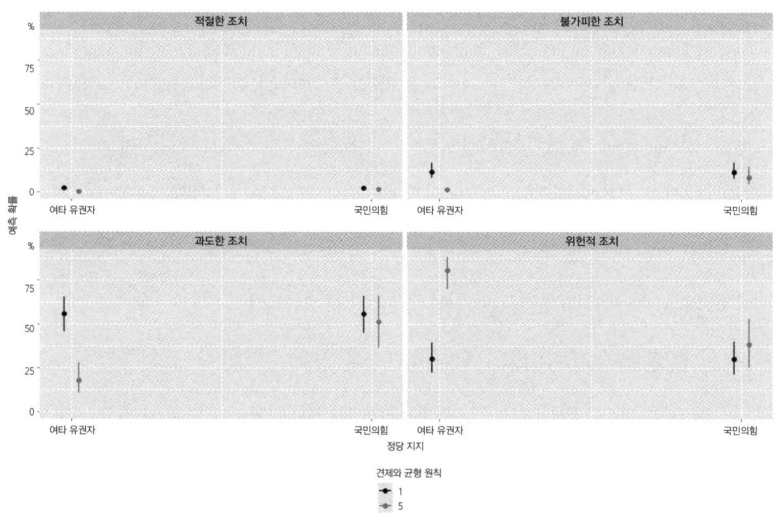

에 대한 동의에 따라 두드러지는 차이를 보이는 창은 비상계엄선포가 "과도한 조치"였다는 견해와 "위헌적 조치"였다는 견해이다. 여타 변수를 고정하였을 때, 견제와 균형 원칙에 가장 동의하는 민주당 지지자가 비상계엄선포가 과도한 조치였다는 견해를 가질 가능성이 약 11.34% 정도지만, 견제와 균형 원칙에 대한 동의가 가장 낮은 민주당 지지자의 경우 이 가능성이 약 51.87% 정도로 약 40.53% 포인트 증가한다.

이와 달리 견제와 균형 원칙에 대한 동의 수준이 가장 높은 민주당 지지자의 경우 비상계엄선포가 위헌적 조치였다는 견해를 가질 예측 확률은 약 87.67%이다. 반면, 견제와 균형 원칙에 대한 동의가 가장 낮은 민주당 지지자의 경우 이 확률은 약 37.6%로 약 50.07% 포인트 감소한다. 즉, 민주당 지지자는 견제와 균형 원칙에 동의할수록 비상계엄선포가 과도한 조치였다는 견해를 보일 가능성은 크게 낮아지지만, 위헌적 조치였다는 견해를 보일 가능성은 현저히 증가한다는 것이다.

〈그림 4〉는 국민의힘 지지자 사이에서 이 관계가 어떻게 나타나는가를 보여 준다. 〈그림 3〉의 민주당 지지자와 확연하게 두드러지는 차이는 비상계엄선포가 "과도한 조치"였다는 견해와 "위헌적 조치"였다는 견해이다. 이 그림 왼쪽 아래 창을 보면, 견제와 균형 원칙에 가장 동의하는 국민의힘 유권자의 경우, 비상계엄선포가 과도한 조치였다는 의견을 표할 예측 확률이 약 51.92%이며, 견제와 균형 원칙에 대한 동의 수준이 가장 낮은 경우에도 이 확률은 약 56.19%로 큰 차이를 보이지 않는다.

이러한 양상은 〈그림 4〉의 오른쪽 아래 창의 "위헌적 조치"였다는 견해에서도 유사하게 나타난다. 견제와 균형 원칙에 대한 동의 수준이 가장 높은 국민의힘 지지자가 비상계엄선포가 위헌적이라고 답할 예측 확률은 약 37.7%이며, 견제와 균형 원칙에 대한 동의 수준이 가장 낮은 경우 이 확률은 약 29.38%로 두 예측 확률 차이는 통계적으로 유의미하지 않다. 즉, 국민의힘 지지자 사이에서 견제와 균형 원칙에 대한 지지 차이가 비상계엄선포에 대한 각 견해의 예측 확률 차이를 유의미하게 설명하지 못한다는 것이다. 달리 말하면 견제와 균형이라는 민주주의 원칙에 대한 지지가 비상계엄선포에 미치는 영향력이 국민의힘 지지자 사이에서는 유의미하게 관찰되지 않는다는 것이다. 이는 당파성이 민주주의 원칙의 비상계엄선포에 대한 태도에 미치는 영향력을 상쇄한다는 이 연구의 가설을 뒷받침한다.

5. 결론

이 논문은 윤석열 전 대통령이 2024년 12월 3일 선포한 비상계엄에 대한 유권자 태도를 분석한다. 비상계엄선포는 민주주의 체제를 무너뜨릴 수 있

 비상계엄–탄핵 사태와 2025년 대통령 선거

는 시도였으며, 이 시도가 성공하지 못했던 이유를 시민과 엘리트의 민주주의에 대한 신념에서도 찾을 수 있다. 이를 간접적으로나마 확인하기 위해 이 연구는 유권자의 민주주의 원칙, 특히 견제와 균형 원칙에 대한 인식이 비상계엄선포에 대한 태도에 미치는 영향력을 살펴보았다. 이 논문의 회귀분석 결과에 따르면, 견제와 균형 원칙에 대한 동의 수준이 높은 유권자일수록 비상계엄선포에 대해 반대 의견을 표하는 것을 알 수 있다.

하지만 견제와 균형이라는 민주주의 원칙에 대한 지지가 비상계엄선포에 대한 태도에 미치는 영향력은 당파성에 따라 달리 나타난다. 우선, 분석 결과는 민주당 지지자가 비상계엄선포에 대해 부정적인 태도를, 국민의힘 지지자가 비상계엄선포에 대해 긍정적인 태도를 보이는 경향이 있음을 보여 준다. 더 나아가 민주당 지지자 사이에서 당파성과 민주주의 원칙에 대한 지지는 상승 효과를, 국민의힘 지지자 사이에서는 상쇄 효과를 보인다. 국민의힘 지지자 사이에서 견제와 균형 원칙에 대한 동의가 비상계엄선포에 대한 태도에 미치는 영향력은 통계적으로 유의미하지 않다. 이러한 결과는 유권자의 당파성이 정보의 습득과 현상 인식에 영향을 미칠 수 있다는 주장과 부합한다(Klapper 1960; Zaller 1992).

이 논문의 결과는 당파성이 과도하게 강조되는 정치가 민주주의의 약화를 가져올 수 있다는 기존의 주장을 뒷받침한다(권혁용 2023; 장한일 2024; Haggard and Kaufman 2021; Kingzette et al. 2021). 민주주의에 대한 신념이 강한 유권자들이라도 당파성이 강하다면 혹은 당파적 양극화가 심하다면 자신이 소속감을 느끼는 정당의 비민주적 행위를 왜곡하여 이해하거나 묵과할 수 있다. 하지만 당파성이 미치는 영향력 또한 민주주의에 대한 신념에 의해 상쇄될 수 있다. 국민의힘 지지자의 당파성이 비상계엄선포에 미치는 영향력은 민주주의 원칙에 대한 지지가 높아질수록 감소하는 경향이 있었

다. 즉, 이 논문의 결과는 민주주의 체제의 지속을 위해 극단적인 당파성 정
치의 지양과 더불어 민주주의의 가치와 원칙에 대한 유권자의 지지를 확대
해나가는 것이 필요하다는 것을 보여 준다.

참고문헌

강우창. 2020. "한국인의 이념 정체성과 민주주의에 대한 태도."『EAI 워킹페이퍼』1-21.

권혁용. 2023. "한국의 민주주의 퇴행."『한국정치학회보』제57집 1호, 33-58.

이한수. 2017. "유권자의 정치 성향과 경제 인식."『한국정치학회보』제51집 5호, 29-54.

장한일. 2024. "정서적 양극화는 민주주의적 규범에 대한 태도에 영향을 끼치는가?: 제20대 대통
령 선거 전후 수집된 4회의 설문조사자료 분석."『한국정당학회보』제23집 1호, 81-120.

지병근. 2013. "한국인의 이념적 성향과 민주주의 인식."『국가전략』제19집 1호, 31-56.

지병근. 2023. "민주주의 후퇴 인식의 이념적 편향성."『동서연구』제35집 3호, 85-222.

Aarts, Kees, and Jacques Thomassen. 2008. "Satisfaction with Democracy: Do Institutions Matter?" *Electoral Studies* 27: 5-18.

Almond, Gabriel, and Sidney Verba. 1963 (Reprinted in 1989). *The Civic Culture: Political Attitudes and Democracy in Five Nations.* Princeton, NJ: Princeton University Press.

Arikan, Gizem, and Pazit Ben-Nun Bloom. 2019. "Democratic Norms and Religion." In *Oxford Research Encyclopedia of Politics.*

Bartels, Larry M. 2005. "Homer Gets a Tax Cut: Inequality and Public Policy in the American Mind." *Perspectives on Politics* 3(1): 15-31.

Bartels, Larry. 2002. "Beyond the Running Tally: Partisan Bias in Political Perceptions." *Political Behavior* 24(2): 117-50.

Bermeo, Nancy. 2016. "On Democratic Backsliding." *Journal of Democracy* 27(1): 5-19.

Bratton, Michael, and Robert Mattes. 2001. "Support for Democracy in Africa: Intrinsic or Instrumental?" *British Journal of Political Science* 31(3): 447-474.

Broockman, David E., and Daniel M. Butler. 2017. "The Causal Effects of Elite Position-Taking on Voter Attitudes: Field Experiments with Elite Communication." *American Journal of Political Science* 61(1): 208-221.

Campbell, Angus, Philip Converse, Warren Miller, and Donald Stokes. 1960. *The American Voter.* New York: John Wiley and Son, Inc.

Chong, Dennis, and James N. Druckman. 2007. "A Theory of Framing and Opinion Formation in Competitive Elite Environments." *Journal of Communication* 57: 99-118.

Cohen, Geoffrey L. 2003. "Party over Policy: The Dominating Impact of Group Influence on Political Beliefs." *Journal of Personality and Social Psychology* 85(5): 808-822.

Craig, Stephen C., and Michael A. Maggiotto. 1982. "Measuring Political Efficacy." *Political Methodology* 8(3): 85-109.

   비상계엄-탄핵 사태와 2025년 대통령 선거

Delli Carpini, Michael X., and Scott Keeter. 1996. *What Americans Know about Politics and Why It Matters*. New Haven, CT: Yale University Press.

Diamond, Larry. 1999. *Developing Democracy: Toward Consolidation*. Johns Hopkins University Press.

Druckman, James N. 2004. "Priming the Vote: Campaign Effects in a U.S. Senate Election." *Political Psychology* 25(4): 577-594.

Easton, David. 1965. *A Systems Analysis of Political Life*. New York: Wiley.

Easton, David. 1975. "A Re-assessment of the Concept of Political Support." *British Journal of Political Science* 5(4): 435-457.

Evans, Geoffrey, and Mark Pickup. 2010. "Reversing the Causal Arrow: The Political Conditioning of Economic Perceptions in the 2000-2004 U.S. Presidential Election Cycle." *Journal of Politics* 72(4): 1236-1251.

Festinger, Leon. 1962. "Cognitive Dissonance." *Scientific American* 207(4): 93-106.

Foa, Roberto Stefan, and Yascha Mounk. 2016. "The Danger of Deconsolidation: The Democratic Disconnect." *Journal of Democracy* 27(3): 5-17.

Foa, Roberto Stefan, and Yascha Mounk. 2017. "The Signs of Deconsolidation." *Journal of Democracy* 28(1): 5-15.

Gibson, James L., Raymond M. Duch, and Kent L. Tedin. 1992. "Democratic Values and the Transformation of the Soviet Union." *Journal of Politics* 54(2): 329-371.

Graham, Matthew H., and Milan W. Svolik. 2020. "Democracy in America? Partisanship, Polarization, and the Robustness of Support for Democracy in the United States." *American Journal of Political Science* 114(2): 392-409.

Green, Donald, Bradley Palmquist, and Eric Shickler. 2002. *Partisan Hearts and Minds: Political Parties and the Social Identities of Voters*. London: Yale University Press.

Haggard, Stephan, and Robert Kaufman. 2021. "The Anatomy of Democratic Backsliding." *Journal of Democracy* 32(4): 27-41.

Howe, Paul. 2017. "Eroding Norms and Democratic Deconsolidation." *Journal of Democracy* 28(4): 15-29.

Inglehart, Ronald. 2003. "How Solid is Mass Support for Democracy - And How Can We Measure It?" *PS: Political Science & Politics* 36(1): 51-57.

Iyengar, Shanto et al. 2019. "The Origins and Consequences of Affective Polarization in the United States." *Annual Review of Political Science* 22: 129-146.

Kingzette, Jon, et al. 2021. "How Affective Polarization Undermines Support for Democratic Norms." *Public Opinion Quarterly* 85(2): 663-677.

Klapper, Joseph T. 1960. *The Effects of Mass Communication*. Glencoe, IL: Free Press.

Kunda, Ziva. 1990. "The Case for Motivated Reasoning." *Psychological Bulletin* 108(3): 480-498.

Lenz, Gabriel S. 2009. "Learning and Opinion Change, Not Priming: Reconsidering the Priming Hypothesis." *American Journal of Political Science* 53(4): 821-837.

Levitsky, Steven, and Daniel Ziblatt. 2018. *How Democracies Die*. New York: Crown Publishing Group.

Lewis-Beck, Michael D., and Martin Paldam. (2000)."Economic Voting: An Introduction",

Electoral Studies, 19: 113-22.

Linz, Juan J., and Alfred Stepan. 1996. *Problems of Democratic Transition and Consolidation: Southern Europe, South America, and Post-Communist Europe.* London: The Johns Hopkins University Press.

Lipset, Seymour M. 1960. *Political Man: The Social Bases of Politics.* New York: Doubleday & Company.

Little, Andrew T., and Anne Meng. 2024. "Measuring Democratic Backsliding." *PS: Political Science and Politics* 57(2): 149-161.

Lodge, Milton and Charles S. Taber. 2013. *The Rationalizing Voter.* Cambridge: The Cambridge University Press.

Long, Scott J. 1997. *Regression Models for Categorical and Limited Dependent Variables.* London: Sage.

McClosky, Herbert. 1964. "Consensus and Ideology in American Politics." *American Political Science Review* 58(2): 361-382.

Nelson, Thomas E., Rosalee A. Clawson, and Zoe Oxley. 1997. "Media Framing of a Civil Liberties Conflict and Its Effect on Tolerance." *American Political Science Review* 91(3): 567-583.

Norris, Pippa. 2011. *Democratic Deficit: Critical Citizens Revisited.* Cambridge: Cambridge University Press.

Norris, Pippa. 2017. "Is Western Democracy Backsliding? Diagnosing the Risks." *Faculty Research Working Paper Series.* Harvard Kenney School.

Petty, Richard E., and John T. Cacioppo. 1996. *Attitudes and Persuasion: Classic and Contemporary Approaches.* New York: Westview Press.

Schedler, Andreas. 2001. "Measuring Democratic Consolidation." *Studies in Comparative International Development* 36(1): 66-92.

Shin, Doh Chull. 2017. "President Park Geun-hye and the Deconsolidation of Liberal Democracy in South Korea: Exploring its Cultural Roots President Park Geun-hye and the Deconsolidation of Liberal Democracy in South Korea: Exploring its Cultural Roots." https://escholarship.org/uc/item/1t68c47v

Svolik, Milan W. 2020. "When Polarization Trumps Civic Virtue: Partisan Conflict and the Subversion of Democracy by Incumbents." *Quarterly Journal of Political Science* 15: 3-31.

Tajfel, Henri, and John Turner. 1979. "An Integrative Theory of Intergroup Conflict." William G. Austin and Stephen Worchel eds. *The Social Psychology of Intergroup Relations.* Monterey, CA: Brooks Cole. 33-47.

Zaller, John. 1992. *The Nature and Origins of Mass Opinion.* Cambridge, MA: Cambridge University Press.

제4장

당파적 유권자들의 사회 갈등 인식과 민주주의에 대한 태도[1]

길정아(고려대학교 아세아문제연구원)

1. 서론

민주주의 국가에서 사회 갈등은 정치적 안정성과 체제에 대한 시민의 평가에 중대한 영향을 미치는 요인이 되고 있다. 이론적으로, 민주주의는 다양한 이해관계의 충돌을 제도적으로 조정하는 장치로 간주되어 왔으며, 갈등의 존재 그 자체보다는 그것을 어떻게 인식하고, 어떤 방식으로 다루느냐가 민주주의의 건강성에 더 큰 함의를 가진다는 것이 논의되어 왔다. 이러한 관점에서, 규범적·현실적 차원 모두에서 다수파와 소수파 사이의 타협을 기반으로 하는 협의제적 민주주의(consociational democracy)가 다수결주의적 민주주의(majoritarian democracy)보다 바람직한 것으로 여겨져 왔다(Anderson and Guillory 1997; Lijphart 1999).

1　이 글은 『현대정치연구』 제18권 제2호에 게재된 논문을 재구성한 것임.

그러나 최근 들어 사회 갈등이 심화되고 정치적 양극화가 고조되는 현실 속에서, 시민들이 갈등을 단순한 견해 차이가 아닌 사회 전체의 분열을 가져오는 문제로 인식하고 이것이 해결 불가능할 정도로 심각한 수준이라고 생각한다면, 이는 민주주의에 대한 부정적 평가로 이어질 가능성이 있다. 주지하다시피, 어느 시기를 막론하고 시민들이 인식하는 사회 갈등 수준이 심각하다는 조사 결과가 빈번히 보고되어 왔다. 박근혜 대통령의 새누리당(현 국민의힘) 정부 시기에도 심각한 갈등 수준에 대한 보고 및 대통령의 갈등 조정 능력에 대한 비판이 있었고(김대종 2014), 문재인 대통령의 더불어민주당이 집권하던 시기에도 마찬가지로 사회 갈등의 수준이 심각하여 사회가 둘로 갈라졌으며 정치가 실종된 상황에 대한 비판이 제기되었다(임지훈 2020). 계엄령 선포 전, 윤석열 대통령의 국민의힘이 정부를 구성했던 시기에도 마찬가지로 사회 갈등이 심각한 수준이었음이 보고되었다(고미혜 2025).

문제는 세대 간, 계층 간, 이념 간, 당파 간 갈등을 비롯한 사회 갈등은 공적 담론을 지배하고 있으며, 언론과 정치권은 이를 경쟁과 차별화의 전략으로 활용하고 있다는 것이다. 주요 정당과 정치인들은 갈등을 조정하고 완화하기보다는 오히려 동원과 지지 결집의 수단으로 삼는 경향을 보이고 있으며, 이는 갈등을 '민주주의적 경쟁'이 아니라 '적대적 대립'으로 인식하게 만든다. 특히 사회 갈등이 구조화되어 정치적 양 진영과 강하게 연결될 경우, 유권자들은 갈등 그 자체보다도 그것이 어느 편에게 유리하거나 불리한지를 기준으로 해석하거나, 이 갈등의 책임 소재를 정치권에 균질적으로 부과하는 것이 아니라 상대 정파에게만 귀인하는 태도를 보이기도 한다. 이러한 상황에서는 민주주의의 성과와 절차에 대한 평가는 시민의 정치적 선호에 따라 왜곡되며, 동일한 제도와 정책이라도 정부의 당파성과

 비상계엄-탄핵 사태와 2025년 대통령 선거

유권자의 정당 선호에 따라 전혀 다른 방식으로 수용된다.

본 연구는 시민들이 사회 갈등을 어떻게 인식하며, 이러한 인식이 민주주의에 대한 태도에 어떠한 영향을 미치는지를 경험적으로 분석한다. 특히, 정부의 당파성과 시민의 정당 선호가 이 관계에 어떠한 조건부 효과를 갖는지에 주목하였다. 승자-패자(winner-loser; Anderson and Guillory 1997)의 지위가 가져오는 민주주의에 대한 차등적 이해, 그리고 승자-패자 차이가 선거의 결과 자체에만 관련되는 제도적 지위에 그치는 것이 아니라 실질적으로 정당 선호라는 당파성을 반영하는 개념, 그리고 당파적 유권자들이 보이는 당파적 책임 귀속(partisan blame attribution; Bisgaard 2015; Malhotra 2008)의 태도를 고려할 때, 유권자의 사회 갈등 인식이 민주주의 평가로 연결되는 과정이 특정한 정치적 맥락에서 어떻게 차별적으로 이루어지는지를 검토한다. 구체적으로, 유권자들은 자신의 당파성에 관계없이 사회 갈등의 심각성에 대해 동의하고 있으나, 집권 여당을 지지하는 유권자들의 사회 갈등 인식은 민주주의 평가에 영향을 미치지 않고, 야당 지지자들에게서만 사회 갈등 인식이 민주주의 평가에 분명하게 영향을 미칠 것임을 경험적으로 검증한다. 특히, 한국에서 정치적 경쟁을 형성하고 있는 두 주요 정당이 각각 집권 여당과 야당의 지위를 가지고 있던 상이한 시기에 조사된 설문 자료들을 비교 분석하여, 두 주요 정당을 지지하는 유권자들이 사회 갈등 인식에 근거하여 민주주의에 대해 형성하는 태도가 뒤바뀐다는 것을 보여줌으로써, 민주주의를 평가하는 과정에 당파적 선호가 개입할 것이라는 이론적 예측을 보다 견고하게 지지하고자 한다.

본 연구는 민주주의에 대한 시민의 신뢰와 정당성 인식이 단순히 민주주의의 제도적 기능이나 갈등의 존재 여부가 아니라, 정부의 당파성이라는 정치적 맥락과 유권자들의 정치적 선호에 따라 달라질 수 있음을 강조한

다. 결국 이러한 태도는 현재 우리가 목도하는 바와 같이, 선거의 결과로 구
성된 정부에 대해 여당 지지자들의 무조건적인 신뢰와 야당 지지자들의 무
조건적인 불신이 대립하는 양극화의 정치적 현상과도 그 맥락을 같이 한다
(SBS D Forum 2022). 본 연구는 민주주의의 안정성과 질적 고양을 위해서는
사회 갈등 자체의 조정뿐 아니라, 시민들의 갈등 인식과 그것이 민주주의
에 대한 태도를 형성하는 데 미치는 당파적 차이라는 정치적 함의를 고려
한 보다 정교한 대응이 필요하며, 궁극적으로 보다 장기적인 관점에서 타
협과 협치를 가능하게 할 제도와 문화가 요구된다는 것을 시사한다.

2. 이론적 배경

1) 민주주의와 사회 갈등

　민주주의 사회 내에는 다양한 이익과 가치가 공존한다. 그렇다면 갈등
은 필연적으로 나타날 수밖에 없으며, 따라서 민주주의는 갈등에 기반을
둔 정치 체제이다. 다시 말해, 민주주의는 다양한 이해관계와 갈등의 존재
를 정당한 것으로 인정하고, 이를 제도적으로 조정하는 정치 체제라는 것
을 전제하는 것이 민주주의 정치에 대한 이해의 시작이다. 비록 사회 갈등
이 그 자체로 긍정적인 것이라고 할 수는 없으나, 사회 갈등을 억누르고 하
나의 가치만을 강조하는 것은 민주주의가 내포한 다원주의적 특성과 배치
된다. 이렇듯, 사회 갈등의 존재를 민주주의의 정상적인 요소로 인정하는
것(Lipset 1985)은 결국 민주주의의 본질이 사회 갈등의 해결을 제도화하는
과정이라는 명제로 귀결된다. 이에 민주주의 이론가들은 민주주의의 기능

을 갈등과 관련하여 정의해 왔다. 대표적으로, 달(Dahl 1971)과 같은 고전적 다원주의자들은 정치 권력이 여러 집단에 분산되어 어느 한 집단도 지속적인 지배를 가능하지 않게 하는 구조가 갈등을 평화적으로 관리하는 민주주의 체제라고 하며 다두제(Polyarchy)의 개념을 이론화하였다. 결국, 상이한 가치들의 다원화와 이들 간의 경쟁과 협상이 균형을 이루게 됨으로써 사회의 안정화에 기여하는 것이 민주주의의 핵심이라는 것이다. 이 외에도, 민주주의는 갈등을 억압하기보다는 이를 관리하고 제도화함으로써 진전되며(Dahrendorf 1988), 갈등 없는 정치라는 것은 존재할 수 없고, 민주주의는 그러한 갈등을 다룰 수 있는 절차를 제공한다는 관점 또한 그 맥락을 같이한다(Przeworski 1991). 특히, 셰보르스키(Przeworski 1991)는 민주주의를 모든 이해관계를 경쟁에 종속시키고, 따라서 결과의 불확실성을 제도화(the institutionalization of uncertainty)하여 사회 갈등을 체제 전복이 아닌 평화적 경쟁을 통해 관리하는 시스템이라고 정의하였다. 이는 궁극적으로 민주주의가 승자와 패자가 언제든지 바뀔 수 있는 게임의 장을 주기적으로 제공함으로써, 민주주의를 제도화된 경쟁으로써 사회 갈등을 다루는 체제로 정의한 것이다. 요컨대, 사회 갈등의 해소는 민주주의의 중요한 기능이다.

이러한 이론의 연장선상에서, 사회 갈등 해소 기능에 주목한 민주적 제도 설계를 논의하는 연구들이 수행되었다. 대표적으로, 레이프하트(Lijphart 1999)는 사회 내 권력 공유를 통해 갈등을 관리할 것을 주장하는 민주주의 모델인 협의제적 민주주의(consociational democracy)를 제시하였다. 소수 집단의 참여 보장을 통해 모든 집단이 정치 과정에 참여할 수 있도록 해야 하며, 특히 이러한 권력 분점과 협의적 의사결정구조는 민족, 종교, 언어 등의 내부적 분열이 큰 국가에서 민주주의 체제의 안정에 기여한다고 주장하였다. 호로위츠(Horowitz 1993) 또한 유사한 관점에서, 분열된 사회(divided societies)에서는 정치가 "우리 대 그들(us and them)"의 구도가 되어, 정치가 제로섬 게임(zero-sum game)이 되기 쉽고, 소수집단에 대한 배제와 혐오의 정서가 증대됨을 이론적으로 논증한 후, 협의제적 권력 공유의 제도를 실행함으로써 단순다수제의 단점을 극복하고 집단 간의 타협의 구조 및 초집단적 연합 형성을 유도하는 선거제도를 제시한다. 결국, 이들은 민주주의가 사회 내 갈등과 분열을 극복하기 위해서는 보다 장기적인 협력의 구조를 유도할 수 있는 제도 설계가 필요하다는 것을 주장한다. 다양한 주체간의 협력을 통해 공공의 문제를 해결할 것을 제안하며, 합의에 기반한 정책 결정을 가능하게 하는 협치 거버넌스(collaborative governance) 모델을 제시한 앤셀과 개쉬(Ansell and Gash 2008)의 연구 또한, 갈등의 원만한 해소가 민주적 거버넌스의 질을 제고할 것이라는 관점을 가지고 있다.

이렇듯, 사회 갈등은 민주주의의 기본적인 구성 요소이지만, 이를 원활하게 해결하지 못한다면 민주주의의 질을 저해하는 결과를 가져올 것이다. 이 때문에 사회 갈등을 해소하고 사회 통합을 이룩함으로써 민주주의의 질적 고양을 추구해야 한다는 규범적 관점의 주장이 지속적으로 제기되어 왔고, 다양한 영역에서의 사회 갈등과 민주주의 간 상관성을 경험적으로 밝힌 다양한 연구들이 수행되어 왔다. 최근, 라우와 스토크스(Rau and Stokes 2025)는 소득 불평등과 민주주의 후퇴(democratic backsliding)의 관계를 살펴보며, 21세기에 들어서며 더욱 심화된 소득 및 부의 불평등이 민주주의의 제도적 기반, 사회적 신뢰, 정치적 안정성을 잠식하는 주요 요인으로 작용하고 있다는 것을 경험적으로 검증하였다. 또한, 민주화 이후 선거 경쟁이 제도화되면서 소수집단과 다수집단의 사회경제적 격차가 줄어들고, 궁극적으로 민족 집단 간의 불평등 완화로 이어질 수 있다는 경험적 분석 결과 또한 제시되었다(Leipziger 2024). 중앙과 지방 간의 갈등 또한 중요한 함의를

 비상계엄-탄핵 사태와 2025년 대통령 선거

주는 요인이었는데, 정부 재정 권한을 지방으로 분산하는 재정분권의 제도는 국내적 폭력과 갈등을 감소시키는 것으로 나타났다(Ezcurra 2015). 즉, 중앙정부가 모든 결정을 독점하기보다는 연방제 혹은 지방자치 제도를 통해 지역의 불만을 흡수하면 소외된 집단의 폭력적 분쟁 동기가 완화되기 때문에, 분권화가 갈등관리 제도로서 유효하다는 것이다.

한편, 최근 이러한 사회 갈등은 소득이나 부의 불평등 등과 같은 실질적인 이해관계 및 사회경제적 격차를 둘러싸고 나타나는 것뿐만이 아니라, 정체성(identity)에 기반한 구조로까지 확산되고 있다. 즉, 사회 갈등은 자원의 배분을 둘러싼 경쟁으로만 이루어지는 것이 아니라, 정체성과 소속감을 기반으로 한 집단 간의 대립으로도 이루어지고 있는 것이다. 이러한 정체성 정치(identity politics)는 단순히 이해관계(interest)가 아닌, 존재와 인식, 사회적 위치에 기반한 정치 참여와 대표성을 중시한다. 정체성 정치가 가지는 이러한 가치에도 불구하고, 정체성 정치가 건강하지 못한 형태로 심화되면 진보와 보수 집단의 가치가 모두 포퓰리즘(populism)으로 귀결되고 자유주의 민주주의는 약화되어, 궁극적으로 집단 간 분열과 갈등, 혐오와 배제의 정서를 심화시켜 보편적인 연대나 민주주의의 원리를 해칠 우려가 있다(Fukuyama 2018).

이 연구에서 사례로 삼고 있는 한국 사회에서는 민족적, 문화적 동질성으로 인해 상대적으로 민족, 언어, 종교를 배경으로 한 사회 내 갈등의 요인은 크지 않다. 그럼에도 불구하고, 지역 간, 젠더 간, 노사 간, 이념 간, 당파 간, 세대 간 갈등은 심각한 수준이라는 것은 오랫동안 지적되어 왔다. 어느 시기이건 그리고 어느 정권에서건 사회 갈등이 얼마나 심각한 수준인지를 보여 주는 지표들이 제시되어 왔고, 시민들도 이러한 높은 갈등 수준을 체감하고 있다(고미혜 2025; 나경철 2024; 송윤경 외 2013; 정대연 2021).[2] 민주주의가 사회 갈등을 원활하게 다루어야 하는 체제임을 고려할 때, 이러한 사회 갈등에 대한 심각성은 민주주의에 대한 시민들의 신뢰와 지지를 낮추고, 사회 통합을 저해할 가능성이 있다. 이에 사회 갈등을 논의하고 민주적으로 해소할 타협적인 의사결정 제도, 실질적인 사회 갈등을 완화할 수 있는 제도적 방안을 모색하는 학술적 노력과 정치권의 역할 촉구가 지속적으로 이루어져 왔다(권혁주 2022; 김태기 2005; 김희곤 2013; 윤원섭 외 2021; 임지훈 2020).

2) 민주주의에 대한 유권자 태도

민주주의 정치 체제를 수용하는 시민들의 태도는 민주주의를 지탱하게 하는 근간이다(Booth and Seligson 2009; Claassen 2020; Diamond 1999; Easton 1965; Inglehart and Welzel 2005; Lipset 1959). 구체적으로, 시민들이 민주주의 제도가 우리 사회에 가장 알맞은 제도라는 믿음이 안정적인 민주주의의 필수 조건이며(Lipset 1959), 예상하지 못한 사회경제적 위기에도 관계없이 그러한 믿음이 유지되는 것이 중요하다(Linz and Stepan 1996). 따라서 실제로 민주주의가 어떻게 운영되고 있는지에 대한 제도적인 성과 및 현황에 더하여, 정치 체제의 구성원들인 시민들이 민주주의의 규범을 내면화하고 운영 현황을 어떻게 평가하고 있는지 또한 면밀히 살펴볼 필요가 있다. 이러한 시민들의 민주주의에 대한 태도는 민주적 지지(democratic support; Easton 1965; 1975; Norris 1999; 2011), 그리고 민주주의 운영에 대한 만족(satis-

---

2 본 연구에서 사례로 분석한 2014년 박근혜 정부 중반, 2020년 문재인 정부 후반, 그리고 계엄 선호 전 2024년과 2025년 윤석열 정부에서 모두, 심각한 사회 갈등에 대한 언론 기사들이 출간되었다.

faction with democracy; Anderson and Guillory 1997) 혹은 민주주의에 대한 평
가(evaluation of democracy; Fuchs and Roller 1998) 등으로 구분된다. 민주적
지지가 민주주의가 가진 규범적 가치에 동의하고 민주주의가 가장 우월한
정치 체제라는 믿음, 그리고 민주주의가 정치적, 경제적 성과를 효과적으
로 산출할 수 있는 정치 체제라는 믿음이라면(Cordero and Simon 2016; Linde
2012; Yap 2012), 민주주의 만족도와 민주주의 평가는 현재 민주주의가 운영
되고 있는 절차와 결과에 대한 평가가 되어 보다 실질적인 차원에서 형성
되는 태도이다(Aarts and Thomassen 2008; Anderson and Guillory 1997; Foa et
al. 2020). 유사한 관점에서, 푹스와 롤러(Fuchs and Roller 1998)는 민주주의에
대한 태도를 세 가치 차원으로 구분하였는데, 민주적 가치와 규범에 대한
신념을 의미하는 민주주의 문화에 대한 지지(support for democratic culture),
기존 정치 제도와 규칙들이 민주적 가치와 부합한다는 믿음인 민주주의 구
조에 대한 지지(support for the structure of democracy), 마지막으로 민주주의
제도가 실제로 얼마나 잘 작동하는지에 대한 판단을 의미하는 민주주의 성
과에 대한 평가(evaluation of democratic performance)로 구분하였다. 이렇듯,
민주주의 체제에 대한 믿음과 민주주의 운영에 대한 평가는 개념적으로 구
분되지만, 민주주의의 현황에 대한 불만이 장기적으로 누적된다면 이는 민
주주의 제도 자체에 대한 불신으로도 이어져 민주주의의 안정성을 저해
할 수도 있다는 점에서 두 개념은 서로 밀접하게 연관되어 있다(Norris 2011;
van Ham et al. 2017).

이 중, 본 연구는 시민들이 현재 민주주의가 얼마나 잘 작동하고 있는지
에 대한 평가 혹은 만족도에 초점을 맞춘다. 상술한 바와 같이, 본 연구는
사회 갈등을 원활하게 해소할 것이 기대되는 민주주의의 기능이 얼마나 효
과적으로 수행되고 있는지에 대한 유권자들의 인식에 주목하기 때문이다.

이에 먼저 시민들의 민주주의 평가 혹은 만족도를 결정하는 요인들을 포괄적으로 살펴본다. 민주주의 만족도를 결정하는 준거는 크게 민주주의의 제도 혹은 규범 자체의 실현에 대한 평가와 민주주의 제도가 산출해 내는 성과로 구분될 수 있다. 이 중, 많은 연구들은 규범으로서의 민주주의보다는 실제로서의 민주주의, 즉 체제가 운영되는 방식과 산출물에 대한 평가가 민주주의에 대한 만족도를 결정짓는 데 보다 큰 영향력을 미친다는 것을 밝히고 있다(Dalton 2004; Linde and Ekman 2003; Norris 1999). 그러나 민주주의 체제가 생산하는 산출물은 상대적으로 단기적 요인인 것에 비하여, 민주주의의 규범과 가치가 실현되고 있는지의 여부는 민주주의 체제를 안정적으로 존속하게 하는 장기적이고 근본적인 기저이므로 이에 대한 인식이 민주주의를 평가하는 데 미치는 영향력 또한 중요하게 다루어져 왔다.

민주주의의 규범 실행에 대한 인식으로는 대표성과 책임성과 같은 민주주의의 규범적 가치의 실현 등을 들 수 있다. 비례성이 높은 선거제도, 직접 민주주의적 속성을 내포하고 있는 제도, 선호투표제 같은 제도들은 민주주의에 대한 시민들의 만족도를 높이는 것으로 나타났다(Aarts and Thomassen 2008; Bernauer and Vatter 2012; Farrell and McAllister 2006; Frey and Stutzer 2000; Listhaug et al. 2009; McAllister 2005). 또한 시민들이 자유롭고 공정한 선거가 치러졌다고 평가하는 경우 이들의 민주주의 만족도가 증대되었다(조영호 외 2013). 한편, 민주주의 체제가 산출하는 성과가 민주주의 평가를 긍정적으로 이끄는 데 미치는 영향력은 주로 경제적 차원에서 널리 논의되어 왔다. 경제성장 수준, 실업률, 인플레이션과 같은 거시경제적 요인들에 대한 평가가 민주주의 운영에 대한 만족도에 영향을 주었다(Armingeon and Guthmann 2014; Curini et al. 2012; Quaranta and Martini 2016; Wagner et al. 2009). 경제적 요인 외에도, 민주주의를 구성하는 요소로서 법치, 효율적인 규제, 낮은 부패를 산출하는 제도들이 높은 수준의 성과를 산출한다고 평가할 때 민주주의에 대한 만족도가 높아졌다(Wagner et al. 2009). 이렇듯, 정부가 가시적인 성과를 산출한다는 시민들의 평가는 민주주의 만족도를 높이는 영향력을 가지고 있다. 그러한 성과 중 하나로, 민주주의가 사회 갈등을 얼마나 잘 해소하고 있는지에 대한 인식을 생각해 볼 수 있다. 앞서 언급하였듯이, 민주주의는 사회 내에 상존하는 다양한 갈등을 제도적이고 원활하게 해소하는 기능을 해야 하는 체제이기 때문이다. 따라서 시민들이 사회 갈등 수준을 심각하게 인식한다면 이들은 민주주의를 부정적으로 평가할 것이다. 이렇듯, 본 연구는 시민들이 사회 갈등을 해소하는 민주주의의 기능을 어떻게 바라보고 있는지에 주목한다.

앞서 살펴보았듯이, 푹스와 롤러(Fuchs and Roller 1998)는 민주주의에 대한 태도를 세 가치 차원으로 구분하였는데, 민주주의가 사회 갈등을 해소하고 사회 통합을 제고해야 하는 기능을 해야 하는 제도임을 고려한다면, 사회 갈등에 대한 인식은 특히 세 번째 차원인 민주주의 성과 평가에 영향을 줄 것임을 이해할 수 있다(Zagórski 2006). 나아가, 이 연구는 민주주의 성과 평가가 앞선 두 구성 요소인 민주주의 문화 및 제도에 대한 정당성 지지에도 영향을 줄 수 있음을 지적하였다(Fuchs and Roller 1998; Fuchs and Roller 2018). 이러한 관점에서, 자고르스키(Zagórski 2006)는 사회 갈등에 대한 인식은 민주주의 정당성의 중요한 조건 중 하나로 여겨진다는 점을 지적하고, 총 일곱 가지 영역에서의 사회 갈등 인식이 민주주의에 대한 기능적 평가와 규범적 정당성에 미치는 영향력을 분석하였다.[3] 이 연구는 전반적으

---

3 이 연구가 조사한 일곱 가지 영역은 다음과 같다: 부자와 가난한 사람, 법을 지키는 자와 범법자, 모국어 사용자와 외국어 사용자, 좌파와 우파, 세대, 종교 도덕을 따르는 사람과 그렇지 않은 사람, 민족주의자와 비민족주의자.

로 평등주의, 신뢰, 제도에 대한 평가 등이 민주주의에 대한 평가에 주요한 영향을 미치는 요인이지만, 사회 갈등 인식 또한 민주주의 태도에 일정 정도 영향을 미친다는 것을 밝혔다. 황(Huang 2023)의 연구는 불평등의 심화와 민주주의에 대한 지지의 관계를 살펴보았다. 이 연구는 사회적 분열은 민주주의 만족을 낮추는 경향이 있지만, 그 영향력은 모든 국가에서 동일하지 않음에 주목하고, 비례대표제, 연합 정부, 권력분점 구조 등 보다 포용적인 정치 제도(inclusive institutions)가 존재하는 국가에서는 사회 분열이 민주주의 만족에 미치는 부정적 효과가 약한 반면, 배타적이거나 다수제적 제도(majoritarian systems)에서는 갈등이 더 쉽게 민주주의에 대한 불만으로 이어진다는 것을 경험적으로 검증하였다. 한국 사회를 사례로 한 연구들 또한 시민들의 사회 갈등 인식이 가지는 유의미한 영향력을 밝혔는데, 금현섭·백승주(2015)는 경제적 불평등에 대한 인식이 정부 신뢰를 낮춘다는 것을, 그리고 고대유(2022), 김재신·김강민(2011), 김재신 외(2021)는 사회 갈등 인식이 정부 신뢰에 부정적인 영향력을 준다는 것을 경험적으로 검증하였다. 또한, 이민윤·권기헌(2023)은 사회 갈등 관련 인식이 민주주의 만족도를 하락시킨다는 것을 주장하였다. 한편, 가상준(2018)은 공공 갈등에 대한 시민들의 의식과, 공공 갈등을 다루는 방식에 있어 정부에 의한 갈등 해결과 당사자 간 갈등 해결 방식에 대한 선호와 민주주의적 태도의 상관관계를 살펴보았다. 이러한 견지에서, 사회 갈등을 해결하기 위해 필요한 법제적 현황과 정책적 방안을 모색하는 연구 또한 수행되었다(권혁주 2022; 김태기 2005; 김희곤 2013).

3) 승자-패자 지위에 따른 민주주의 운영의 당파적 이해

한편, 유권자의 민주주의에 대한 태도의 결정 요인으로 정치적 요인 또한 제시된 바 있다. 대표적으로, 민주주의 만족도에 선거에서의 승자와 패자(winner-loser) 사이에 차이가 있다는 점이 지적되었는데(Anderson and Guillory 1997; Anderson et al. 2005), 선거에서 승리한 정당을 지지하는 유권자들이 경쟁 관계에 있는 주요 반대 정당을 선택한 유권자들보다 민주주의에 대해 더 만족하는 경향이 있다는 것이다. 민주주의는 선거 경쟁을 통해 정부를 구성하고, 따라서 필연적으로 승리한 정당과 패배한 정당을 구분짓게 되는데, 이로 인해 선거 결과는 유권자들에게서도 승자-패자의 차이를 발생시키게 된다. 그런데 이들의 연구는 이러한 승자-패자의 차이는 패자, 즉 소수당 혹은 야당의 의견 또한 일정 부분 반영되는 협의제적 민주주의 국가에서보다 승자독식적인(winner-take-all) 다수제적 제도를 취하고 있는 국가에서 더욱 명확하게 드러난다는 것을 것을 밝힘으로써, 선거의 결과가 산출하는 승자-패자의 정치적 지위와 정치 제도의 영향력이 서로 상호작용한다는 것을 보여 주었다(Anderson and Guillory 1997). 이러한 결과는 결국 다수결 제도보다 협의제적 민주주의가 갈등을 해소하고 사회 통합을 이루는 데에 보다 효과적이라는 레이프하트(Lijphart 1999)의 이론적 관점과도 맞닿아 있다.

한편, 승자-패자 사이에 나타나는 차이에 더하여, 본 연구는 사회 갈등 해소라는 민주주의의 기능을 바라보는 관점에서도 또한 시민들의 정치적 선호가 개입한다는 것을 보이고자 한다. 구체적으로, 본 연구는 사회 갈등의 심각성에 대한 인식이 민주주의에 대한 태도에 영향을 미치는 가운데, 이 영향력이 특히 정치적 경쟁을 형성하고 있는 두 주요 정당 지지자들 사이에서 동일하게 발현되지 않을 가능성을 제기하려는 것이다. 구체적으로, 현 집권 여당을 지지하는 유권자와 야당 지지자, 즉 승자와 패자 사이에는 민주주의 만족도에 대한 근본적인 차이뿐만 아니라(Anderson and Guillory 1997; 김희민 외 2017; 박종민 2013), 사회 갈등을 비롯한 사회정치적 문제들을 해결해야 하는 민주주의의 기능과 역량을 평가하는 과정에도 차이가 있을 수 있다는 것이다. 상술한 바와 같이, 민주주의 사회는 갈등이 상존하는 다원주의적 사회이며, 따라서 핵심적인 문제는 이러한 경쟁하는 갈등을 어떻게 민주주의의 제도의 틀 내에서 평화적으로 해소하여 결론에 이를 것인지에 대한 것이다. 이 때문에 시민들은 사회 갈등 수준에 대한 인식을 근거로 하여 민주주의를 평가하게 된다. 그러나 정기적으로 치러지는 선거를 통해 특정 정당에게 국정 운영의 권한을 위임하는 민주주의는 필연적으로 유권자 집단 내에서 승자와 패자를 가르게 되는데(Przeworski 1991), 승자와 패자는 선거라는 게임의 결과에만 근거하여 구분되는 제도적 의미의 집단이 아니라, 근본적으로 어느 정당을 선호하는지와 결부되기 때문에 당파성을 반영하고 있는 개념이다. 펄랜드(Ferland 2021)의 연구는 집권 정당의 이념적 정향성이 자신의 이념과 조응할 때 유권자의 민주주의에 대한 만족도가 높다는 분석 결과를 제시하였다(Ferland 2021). 이는 승자–패자의 차이는 유권자들이 단순히 자신이 선택한 정당의 승리 혹은 패배라는 결과가 이들에게 부여하는 제도적 지위 자체 때문만이 아니라, 본질적으로 유권자들의 당파적이고 이념적인 선호에 근거하여 자신이 지지하는 정당이 집권하여 국정을 운영하는지의 여부에 의해 발생한다는 것을 의미한다.

　이렇게 승자–패자의 차이가 당파성에 근거한 개념이라면, 유권자들은 주어진 정치적 맥락과 자신들의 당파적 선호에 근거하여 상이하게 동기화된 사고(motivated reasoning; Kunda 1990; Leeper and Slothuus 2014)를 하게 될

　비상계엄–탄핵 사태와 2025년 대통령 선거

가능성이 있다. 동기화된 사고란 객관적 사실보다는 자신이 기존에 가지고 있던 신념이나 정서에 의해 판단을 하는 경향으로, 특히 정치 영역에서는 당파적 편향(partisan bias; Bartels 2002)의 개념과 그 맥락을 같이 한다. 먼저, 승자-패자의 차이가 민주주의 의사결정제도의 선호에 당파적 동기를 개입시킨다는 것을 밝힌 연구 결과를 찾아볼 수 있다. 길정아·성예진(2023)의 연구는 규범적인 관점에서는 소수 의견도 반영하는 협의제적 제도(consociational democarcy; Lijphart 1999)에 대한 일관된 선호가 가정되어 왔으나(강신구 2012), 그 이면에는 사실상 당파적 선호가 놓여 있어, 유권자들이 자신이 지지하는 정당이 국회 내 소수당일 때에만 협의제적 제도를 지지하고, 다수당인 경우에는 사실상 협의제를 불호한다는 것을 경험적으로 검증하였다.

이렇듯, 사회 갈등 인식이 민주주의 평가에 차등적인 영향을 미칠 것이라는 예측은 당파적 유권자들의 경우 이들의 정치적 태도 형성에 당파적 선호가 개입된다는 점, 즉 주어지는 정보를 자신의 당파적 선호에 조응하는 방식으로 이해하고 처리하는 당파적 편향의 태도를 밝힌 기존의 경험적 발견들을 근거로 할 때 적실성을 가진다. 특히, 이러한 당파적 편향은 정치 엘리트의 공과(功過)에 대한 정치적 책임의 소재를 차등적으로 부과하는 당파적 책임 귀속(partisan blame attribution; Bisgaard 2015; Malhotra 2008)의 태도로 이어진다. 당파적 유권자들은 정치적 성과에 대해서는 자신이 지지하는 정당의 덕이며, 정치적 과오는 상대 정당의 탓으로 귀인하는 편향성을 보인다는 것이다(Belluci 2014; Bisgaard 2015; Brown 2010; Malhotra 2008; Nawara 2015; Tilley and Holbolt 2011). 한국 사례의 경우, 길정아·하상응(2019)의 연구는 여당과 야당 간의 갈등이 심각하다는 것에 유권자 대다수의 동의가 이루어져 있음에도, 그 갈등의 원인을 두 정당 모두가 아닌 상대 정당에게만 귀인한다는 것을 밝혔다. 구체적으로, 당파적 유권자들은 정당 간에 발생하는 갈등의 원인을 서로 상대 정당이 양보하지 않고 타협의 의지를 보이지 않기 때문, 즉 여당 지지자들은 야당이 협조하지 않기 때문이라고 생각하는 반면, 야당 지지자들은 여당이 독주하기 때문이라고 생각한다는 것이다.

승자–패자의 지위가 가져오는 민주주의에 대한 차등적 이해, 그리고 승자–패자 차이가 당파성을 반영하는 개념, 그리고 당파적 유권자들이 보이는 당파적 책임 귀속의 태도의 논의를 종합해 보면, 현재 어떤 정당이 집권하여 민주주의를 운영하는 주체인지에 따라서 민주주의를 평가하는 과정에 승자–패자 차이가 나타나고, 이러한 승자–패자 차이는 사회 갈등을 다루는 민주주의의 운영 현황을 평가하는 데에 조건적인 효과를 가져올 수 있다. 구체적으로, 집권 여당을 지지하는 유권자들(승자)에게서는 사회 갈등이 민주주의 사회에서 당연한 것이라고 생각하거나, 혹은 이것이 현 정부의 과오라고 생각하지 않아 이들의 민주주의 평가를 낮추는 영향력은 미약할 것임을 예측할 수 있다. 이와는 반대로, 야당 지지자들(패자)은 사회 갈등이 심각하다고 생각할수록 갈등은 큰 문제이며, 혹은 갈등을 다루고 해소하는 민주주의의 기능이 바람직하게 작동하고 있지 않다고 생각할 가능성이 높음을 추론할 수 있다. 특히, 서로 다른 정당이 집권 여당이던 상이한 시기, 두 주요 정당을 지지하는 유권자들이 사회 갈등 인식에 근거하여 민주주의에 대해 형성하는 태도가 뒤바뀐다면, 이러한 태도가 형성되는 과정에 당파적 선호가 개입함을 더욱 명확하게 드러낼 수 있을 것이다.

고려할 점으로, 의회 내 다수당과 소수당, 그리고 집권 여당과 야당의 정치적 지위가 일치하게 되는 의원내각제(parliamentary system)와는 달리, 이원적 정통성(dual legitimacy)을 기반으로 하는 대통령제(presidential system)

에서는 집권 여당과 의회 내 다수당이 일치하지 않는 분점정부(divided gov-ernment; 여소야대)의 정치적 환경이 형성될 수 있다. 이러한 분점정부의 경우, 두 정당의 정치적 지위에 따라 이들을 지지하는 당파적 유권자들의 정치적 선호가 혼재되어 나타날 수 있다. 예를 들면, 한 편으로 어떤 유권자들은 민주주의를 평가하는 데 있어 집권 여당의 국정 운영에 그 준거를 둘 수도 있으나, 다른 한편으로는 국회 내 다수당이 이끌어가는 입법부의 정치적 의사결정을 기준으로 민주주의의 운영을 평가하는 또 다른 유권자들이 있을 수 있다. 즉, 분점정부의 정치적 환경은 모든 유권자들을 민주주의를 평가하는 동일한 조건 하에 두지 않게 하기 때문에, 국정 운영을 담당하는 주체와 유권자의 당파성이 나타내는 차등적 효과를 추정하는 본 연구의 목적에 비추어 볼 때 그 타당성이 떨어진다. 이러한 이유로, 본 연구에서는 두 주요 정당이 각각 집권 다수당과 소수 야당의 지위를 가지되, 서로 다른 정당이 각각 정부를 구성하는 세 개의 단점정부(unified government; 여대야소) 시기를 사례로 선정하여 당파적 유권자들의 태도를 보다 명확하게 비교하여 분석한다.[4] 이를 위해, 먼저 한국 정치의 맥락에서 주요한 경쟁을 형성하고 있는 두 주요 정당의 정치적 지위를 〈표 1〉에 정리하였다. 2014년 지방선거 직후는 새누리당(박근혜 대통령; 현 국민의힘)이 집권 여당이자 국회 내 다수당이었으며, 소수 야당은 새정치민주연합(현 더불어민주당)이었다. 2020년 국회의원선거 직후는 더불어민주당(문재인 대통령)이 집권 다수당이었고, 소수 야당은 미래통합당(현 국민의힘)이었다. 가장 최근 치러진 2025년 대통

---

4 서로 다른 시기를 비교하기 위해서는 동일한 문항들이 포함된 설문자료들을 확보해야 하는 문제가 있다. 가용한 최근 설문자료들을 살펴본 결과, 서울대학교 한국정치연구소의 2014년 지방선거 설문조사 자료, 한국정당학회의 2020년 국회의원선거 설문조사 자료, 그리고 최근 2025년 대통령 선거 설문조사 자료가 이러한 조건을 충족하는 것을 확인하여 경험적 분석에 활용하였다.

<표 1> 주요 선거와 권력 배분 구조

선거	연월일	각 시기별 집권 여당과 국회 다수당
2014년 제6회 지방 선거	2014.06.04.	집권 여당: 새누리당 국회 다수당: 새누리당
2016년 제20대 국회의원 선거	2016.04.13.	집권 여당: 새누리당 국회 다수당: 과반 의석 정당 없음
2017년 제19대 대통령 선거	2017.05.09.	집권 여당: 더불어민주당 국회 다수당: 과반 의석 정당 없음
2018년 제7회 지방 선거	2018.06.13.	집권 여당: 더불어민주당 국회 다수당: 과반 의석 정당 없음
2020년 제21대 국회의원 선거	2020.04.15.	집권 여당: 더불어민주당 국회 다수당: 더불어민주당
2022년 제20대 대통령 선거	2022.03.09.	집권 여당: 국민의힘 국회 다수당: 더불어민주당
2022년 제8회 지방 선거	2022.06.01.	집권 여당: 국민의힘 국회 다수당: 더불어민주당
2024년 제22대 국회의원 선거	2024.04.10.	집권 여당: 국민의힘 국회 다수당: 더불어민주당
2025년 제21대 대통령 선거	2025.06.03.	집권 여당: 더불어민주당 국회 다수당: 더불어민주당

령 선거 직후, 더불어민주당의 이재명 정부가 출범하였고, 국회 내 다수당 또한 더불어민주당인 단점정부의 정치적 환경이 형성되었으며, 국민의힘 이 소수당이자 야당의 지위에 놓이게 되었다.

이러한 정치적 맥락을 고려하여, 본 연구의 이론적 예측을 경험적으로 검 증할 가설들을 다음과 같이 제시한다.

가설 1: 더불어민주당이 집권 다수당이 된 2025년 대통령 선거 직후

1-1: 더불어민주당 지지자들에게서는 사회 갈등의 심각성 인식이 민주 주의 평가에 영향을 미치지 않을 것이다.

1-2: 국민의힘 지지자들은 사회 갈등이 심각하다고 인식할수록 민주주

　　비상계엄-탄핵 사태와 2025년 대통령 선거

의 평가가 부정적일 것이다.

가설 2: 더불어민주당이 집권 다수당인 2020년

2-1: 더불어민주당 지지자들에게서는 사회 갈등의 심각성 인식이 민주주의 평가에 영향을 미치지 않을 것이다.

2-2: 미래통합당(현 국민의힘) 지지자들은 사회 갈등이 심각하다고 인식할수록 민주주의 평가가 부정적일 것이다.

가설 3: 새누리당(현 국민의힘)이 집권 다수당인 2014년

3-1: 새정치민주연합(현 더불어민주당) 지지자들은 사회 갈등이 심각하다고 인식할수록 민주주의 평가가 부정적일 것이다.

3-2: 새누리당 지지자들에게서는 사회 갈등의 심각성 인식이 민주주의 평가에 영향을 미치지 않을 것이다.

위의 가설들을 경험적으로 검증하여 본 연구의 이론적 예측을 지지하는 분석 결과를 얻는다면, 이는 다음을 함의할 것이다. 먼저, 당파적 유권자들은 실제 성과와는 유리되어 자신이 지지하지 않는 정부의 시기에는 민주주의가 사회 갈등 해소의 역할을 충분히 수행하고 있지 않다고 생각한다. 나아가, 최근 우리가 목도하고 있는 당파적 양극화의 심화는 결국 시민들이 민주주의에 대한 평가를 집권 여당이 교체됨에 따라 뒤바꾸는 행태를 더욱 강화시킬 우려가 있다는 것이다.

3. 자료 및 분석 방법

본 연구는 두 개의 주요 정당 중 어떤 정당이 정부를 구성하였는지에 따라 다른 정치적 환경과 유권자가 이들 중 어느 정당을 지지하는지에 따라 나타나는 선호의 차이에 주목한다. 따라서 본 연구의 가설을 경험적으로 검증하기 위해서 필요한 변수들을 조작화 할 수 있는 문항들이 세 단점정부 시기에 동일하게 포함되어 있는 설문 자료를 확보해야 한다. 가장 최근의 데이터로는 2025년 대통령 선거 직후 서울대학교 국가미래전략원에서 조사한 설문자료, 그리고 이와 함께 한국정당학회의 2020년 국회의원선거 데이터와 서울대학교 한국정치연구소의 2014년 지방선거 데이터가 이러한 목적에 적합한 자료임을 확인하였다. 가장 최근 치러진 2025년 6월 3일 대통령 선거 후 설문조사는 온라인 설문을 통해 수집되었고, 총 샘플 수는 1,500명이다. 2020년 데이터는 한국정당학회에서 주관하여 실시한 온라인 설문 조사를 통해 수집되었고, 총 샘플 수는 2,500명이다. 2014년 자료는 서울대학교 한국정치연구소에서 실시한 설문조사로 수집한 것이며, 대면 면접 방식으로 1,210명의 샘플을 조사하였다. 2025년과 2020년 자료는 지역별, 성별, 연령별, 학력별 비례할당 추출방식으로, 2014년 자료는 지역별, 성별, 연령별 기준 비례할당 추출방식으로 표집되었다.

본 연구의 이론적 예측을 경험적으로 검증하기 위한 종속변수는 2025년, 2020년, 그리고 2014년 시기 응답자들의 민주주의 평가이다. 2025년 대통령 선거 후 설문조사 데이터에서는 "귀하는 한국의 정치 체제에 대해 어떻게 평가하십니까?"라는 문항을 사용하였으며, 전혀 민주적이지 않다는 0점에서부터 보통인 5점을 거쳐 매우 민주적이라는 10점으로 측정되었다. 2020년 데이터에서는 "귀하는 현재 우리나라의 민주주의에 대해 어떻게

    비상계엄–탄핵 사태와 2025년 대통령 선거

평가하십니까?"라는 문항을 사용하였고, 전혀 민주적이지 않다는 0점에서 부터 중간인 5점을 거쳐 매우 민주적이라는 10점으로 측정하였다. 마지막으로, 2014년 데이터에서는 "귀하는 현재 우리나라에서 민주주의가 얼마나 잘 되고 있다고 생각하십니까?"라는 질문을 사용하였고, 완전한 독재라는 0점부터 중간인 5점을 거쳐 완전한 민주주의라는 10점으로 측정하였다. 따라서 세 시기 모두 종속변수가 11점 척도로 동일하게 구성되어 있다.[5]

본 연구의 주요 독립변수는 사회 갈등 인식이다. 본 연구가 분석 대상으로 삼는 2025년, 2020년, 그리고 2014년 조사에는 사회를 구성하는 각 영역에 대한 갈등 수준에 대한 응답자들의 인식을 측정하는 문항들이 포함되어 있다. 2025년 조사에는 총 9개,[6] 2020년 조사에는 총 9개,[7] 2014년 조사에는 총 10개[8]의 영역에 대한 갈등 수준에 대한 인식을 질문하였다. 각 항목들은 갈등이 전혀 심하지 않다=1, 갈등이 별로 심하지 않다=2, 보통이다=3, 갈등이 대체로 심하다=4, 갈등이 매우 심하다=5로 모두 동일한 척도

---

[5] 민주주의에 대한 유권자들의 태도로서 민주주의 만족도와 민주주의 평가는 이론적 기반이 약간 다를 수 있으나, 실질적으로는 개념상 유사하고 방향성이 동일하다. 따라서 대부분의 경험적 연구들이 이를 민주주의에 대한 태도를 측정하는 변수로 호환하여 사용하고 있다. 보다 중요하게는, 본 연구의 이론적 예측을 검증하기 위해서는 첫째, 둘 이상의 단점정부 시기이면서, 둘째, 서로 다른 정당이 정부를 구성하고 있는 시기에 조사되었고, 셋째, 모든 필요한 문항들이 동일하게 포함되어 있는 설문자료들을 확보해야 하는 선행 조건을 충족해야 한다. 따라서 민주주의에 대한 태도를 2025년과 2020년에는 평가의 차원으로, 2014년에는 만족도의 차원으로 서술하였다는 차이 외에 이 세 자료들이 위의 조건들을 모두 충족하였기 때문에 이 자료들을 경험적 분석에 활용하였다.

[6] 구체적인 항목은 다음과 같다: ① 부자와 가난한 자, ② 젊은 세대와 기성 세대, ③ 남성과 여성, ④ 서울과 지방, ⑤ 영남과 호남, ⑥ 여당과 야당, ⑦ 국회와 행정부, ⑧ 보수와 진보, ⑨ 노동자와 고용주.

[7] 구체적인 항목은 다음과 같다: ① 부자와 가난한 자, ② 젊은 세대와 기성 세대, ③ 남성과 여성, ④ 기업가와 노동자, ⑤ 대기업과 중소기업, ⑥ 서울과 지방, ⑦ 영남과 호남, ⑧ 여당과 야당, ⑨ 보수와 진보.

[8] 구체적인 항목은 다음과 같다: ① 젊은 세대와 기성세대, ② 호남 사람과 영남 사람, ③ 부자와 가난한 사람, ④ 서울과 지방, ⑤ 고학력자와 저학력자, ⑥ 보수와 진보, ⑦ 기업가와 노동자, ⑧ 여당과 야당, ⑨ 대기업과 중소기업, ⑩ 남성과 여성.

로 측정되어 있다. 따라서 모든 항목의 평균값을 구하여 연속형 변수들을 구성하였다. 2025년과 2020년에는 9개 항목에 대한 평균값을, 2014년 조사에는 10개 항목에 대한 평균값을 구하여 세 시기의 종속변수가 모두 1점에서 5점까지의 동일한 범위를 가지도록 하였다.

사회 갈등 인식이 민주주의 평가에 미치는 영향력을 응답자의 정당 선호에 따라 조건적으로 추정하기 위해, 사회 갈등 인식과 정당 선호 변수의 상호작용항을 생성하였다. 먼저, 정당 선호 변수는 응답자들이 평소에 어느 정당을 지지하는지를 질문한 문항으로 조작화하였다. 2025년에는 더불어민주당 지지자, 국민의힘 지지자, 기타 정당 지지자,[9] 그리고 무당파 네 집단의 범주로, 2020년에는 더불어민주당 지지자, 미래통합당(현 국민의힘) 지지자, 기타 정당 지지자,[10] 그리고 무당파 네 집단의 범주로, 2014년에는 새누리당(현 국민의힘) 지지자, 새정치민주연합(현 더불어민주당) 지지자, 그리고 무당파 세 집단의 범주[11]로 구성되었다. 기준 범주는 더불어민주당 계열 범주로 동일하게 설정하였다. 이후, 2025년과 2020년에는 네 개의 상호작용항을, 2014년에는 세 개의 상호작용항을 생성하였다. 상호작용항의 경우에도 마찬가지로, 더불어민주당 계열 범주를 동일하게 기준 범주로 제외하였다.

이 외에, 통제변수로 응답자의 국회 신뢰, 행정부 신뢰, 정치 이념(진보에서 보수 방향), 정책 선호(진보에서 보수 방향), 정치 지식, 정치 관심을 정치적 태도

---

9 2025년 조사에서 소수에 그치는 기타 정당 지지자들을 하나의 범주로 생성하였다. 이들의 정치적 성향은 다르지만, 이들을 선호하는 응답의 수는 각각 소수이며 연구의 주요 관심 대상은 아니다. 따라서 분석의 효율성을 위해 무당파층과 같이 두 주요 정당 지지자들과는 또 다른 범주로서 기타 정당 범주로 생성하였다.

10 2020년 조사에서도 소수의 정당 지지자들을 합하여 기타 정당 지지자 범주로 조작화하였다.

11 2014년 시기 유의미한 기타 정당이 없었다.

<표 2> 변수들의 기술통계량: 2025년

변수 이름	관찰개수	평균 (혹은 비율)	표준편차	최솟값	최댓값
민주주의 평가	1,500	4.824	2.312	0	10
사회 갈등 인식	1,500	3.973	0.579	1.667	5.000
정당 선호	1,500	(100.00)			
무당파	225	(15.00)			
더불어민주당	619	(41.27)	−		
국민의힘	441	(29.40)			
기타 정당	215	(14.33)			
국회 신뢰	1,500	3.680	2.715	0	10
행정부 신뢰	1,500	4.503	2.135	0	10
정치 이념	1,500	5.060	2.233	0	10
정책 선호	1,500	2.666	0.403	1.333	4.000
정치 지식	1,500	2.571	1.209	0	4
정치 관심	1,500	3.785	0.900	1	5
성별	1,500	(100.00)	−		
남성	747	(49.80)	−		
여성	753	(50.20)	−		
연령	1,500	51.838	16.370	20	93
교육수준	1,500	4.467	1.041	1	6
가구소득	1,500	5.534	2.920	1	13
가구자산	1,500	4.567	3.457	1	12
거주지역	1,500	(100.00)			
서울	282	(18.80)			
인천/경기	486	(32.40)			
대전/세종/충청	157	(10.47)			
광주/전라	146	(9.73)	−		
부산/울산/경남	147	(9.80)			
대구/경북	218	(14.53)			
강원/제주	64	(4.27)			

변수로 포함하였고, 성별(범주형), 연령, 교육수준, 월평균 가구소득(순서형/범주형), 가구자산(순서형/범주형), 그리고 거주지역(범주형)을 포함하였다.

<표 3> 변수들의 기술통계량: 2020년

변수 이름	관찰개수	평균 혹은 비율	표준편차	최솟값	최댓값
민주주의 평가	2,500	6.106	2.371	0	10
사회 갈등 인식	2,500	4.007	0.532	1.556	5.000
정당 선호	2,486	(100.00)			
무당파	1,165	(46.86)			
더불어민주당	826	(33.23)	–		
미래통합당	326	(13.11)			
기타 정당	169	(6.80)			
국회 신뢰	2,500	3.067	2.183	0	10
행정부 신뢰	2,500	4.793	2.210	0	10
정치 이념	2,500	4.428	2.135	0	10
정책 선호	2,500	2.565	0.395	1.222	3.778
정치 지식	2,500	3.271	0.953	0	4
정치 관심	2,500	3.322	0.895	1	5
성별	2,500	(100.00)			
남성	1,243	(49.72)	–		
여성	1,257	(50.28)			
연령	2,500	48.500	15.187	20	118[12]
교육수준	2,500	4.893	1.117	1	8
가구소득	2,500	4.720	2.348	1	11
가구자산	2,273	4.282	3.116	1	12

---

12 본 연구가 사용한 2020년 설문조사 자료에서 최고 연령이 118세로 기록되었다. 현실적으로 볼 때, 설문조사의 과정에서 118세의 응답자가 샘플에 포함될 가능성이 매우 낮으므로 측정 오류 혹은 잘못된 기입일 수도 있으나, 118세의 응답자는 단 한 명에 그치며, 그 바로 아래의 응답자의 연령은 89세여서 연령 변수의 분포가 관찰 가능한 범위 내에 존재한다. 따라서 연령 변수가 이 설문조사 내에서 특별히 잘못되었다고 보이거나, 118세의 한 건이 분석 결과에 특별히 오류를 일으킬 것이라고 보이지는 않는다.

거주지역	2,500	(100.00)	
서울	486	(19.44)	−
인천/경기	777	(31.08)	−
대전/세종/충청	261	(10.44)	−
광주/전라	243	(9.72)	−
부산/울산/경남	240	(9.60)	−
대구/경북	385	(15.40)	−
강원/제주	108	(4.32)	

〈표 4〉 변수들의 기술통계량: 2014년

변수 이름	관찰개수	평균 (혹은 비율)	표준편차	최솟값	최댓값
민주주의 평가	1,206	5.827	1.852	0	10
사회 갈등 인식	1,183	3.884	0.466		
정당 선호	1,186	(100.00)			
무당파	665	(56.07)		−	
새누리당	346	(29.17)			
새정치민주연합	175	(14.76)			
국회 신뢰	1,210	29.585	21.392	0	100
행정부 신뢰	1,209	45.509	20.405	0	100
정치 이념	1,206	5.012	1.769	0	10
정책 선호	1,176	2.606	0.354	1.222	3.889
정치 지식	1,140	2.464	0.808	0	3
정치 관심	1,149	1.503	0.731	0	3
성별	1,210	(100.00)			
남성	596	(49.26)		−	
여성	614	(50.74)			
연령	1,210	45.736	15.889	19	85
교육수준	1,210	4.412	1.353	1	8
가구소득	1,207	5.138	3.461	1	15
가구자산	1,201	4.996	2.048	1	10

거주지역	1,210	(100.00)	
서울	241	(19.92)	
인천/경기	351	(29.01)	
대전/세종/충청	129	(10.66)	
광주/전라	125	(10.33)	–
부산/울산/경남	127	(10.50)	
대구/경북	189	(15.62)	
강원/제주	48	(3.97)	

4. 분석 결과

연구의 분석 대상이 되는 세 시기에 응답자들이 인식하는 사회 갈등 수준을 각 항목별로, 그리고 본 연구가 독립변수로 삼는 사회 갈등 인식 평균값을 대상으로 살펴보았다. 모든 변수의 범위가 갈등이 전혀 심하지 않다는 최솟값 1점에서부터 갈등이 매우 심하다는 최댓값 5점으로 구성되어 있는데, 각 항목별로 2025년의 경우 3.671(젠더 갈등)에서부터 4.514(여당/야당 갈등)까지, 2020년에는 3.661(젠더 갈등)에서 4.512(여당/야당 갈등), 그리고 2014년에는 3.482(서울/지방 갈등)에서 4.539(여당/야당 갈등)까지의 분포를 보이고 있다. 전체 평균값을 기준으로 살펴보면, 2025년에는 3.973, 2020년에는 4.007, 2014년에는 3.882점으로 확인되었다. 1점에서 5점까지에 이르는 범위를 고려할 때 응답자들이 인식하는 갈등 수준은 상당히 높다고 보인다. 응답자들의 이러한 사회 갈등 인식은 정당 선호에 따라 특별한 차이를 보이지는 않았다. 특히 두 주요 정당 지지자들을 중심으로 비교해 보아도, 특정 정당 지지자들에게서 항목별로 더 높거나 낮은 인식이 일관되게 나타난다고 보이지 않으며, 지지 집단 사이에도 평균값에 큰 차이가 있다고 보이

                   비상계엄–탄핵 사태와 2025년 대통령 선거

〈표 5〉 응답자의 사회 갈등 인식: 2025년 대통령 선거 직후 더불어민주당 이재명 정부

	전체	계층	세대	젠더	서울/ 지방	영남/ 호남	여당/ 야당	국회/ 행정부	보수/ 진보	노사
무당파	3.920	3.671	3.813	3.773	3.680	3.911	4.409	3.871	4.347	3.809
더불어민주당	4.012	3.911	3.879	3.743	3.827	4.162	4.491	3.740	4.409	3.950
국민의힘	3.938	3.526	3.719	3.474	3.630	4.163	4.571	4.088	4.458	3.812
기타 정당	3.983	3.791	3.921	3.763	3.833	3.958	4.572	3.791	4.381	3.842
Total	3.973	3.745	3.828	3.671	3.748	4.095	4.514	3.869	4.410	3.873

〈표 6〉 응답자의 사회 갈등 인식: 2020년 더불어민주당 문재인 정부

	전체	계층	세대	젠더	노사	대기업 /중소 기업	서울/ 지방	영남/ 호남	여당/ 야당	보수/ 진보
무당파	3.984	3.952	3.886	3.718	3.993	3.770	3.683	4.000	4.444	4.410
더불어민주당	4.043	4.056	3.958	3.639	4.002	3.804	3.677	4.151	4.573	4.525
미래통합당	3.988	3.905	3.975	3.494	3.896	3.580	3.629	4.248	4.574	4.592
기타 정당	4.034	3.970	3.911	3.704	4.071	3.757	3.704	4.095	4.562	4.527
Total	4.007	3.981	3.923	3.661	3.989	3.755	3.675	4.089	4.512	4.480

〈표 7〉 응답자의 사회 갈등 인식: 2014년 새누리당(현 국민의힘) 박근혜 정부

	전체	세대	호남/ 영남	계층	서울/ 지방	학력	보수/ 진보	노사	여당/ 야당	대기업 /중소 기업	젠더
무당파	3.881	3.618	3.758	4.059	3.488	3.748	4.310	4.139	4.516	4.032	3.130
새정치 민주연합	3.850	3.661	3.839	4.035	3.398	3.636	4.297	4.017	4.599	3.912	3.117
새누리당	3.947	3.651	3.874	4.211	3.626	3.856	4.400	4.224	4.511	4.006	3.115
Total	3.882	3.636	3.799	4.075	3.482	3.731	4.319	4.116	4.539	3.993	3.124

지도 않았다. 요컨대, 세 시기 모두, 응답자들은 정당 선호에 관계없이 사회 갈등이 심각하다는 인식을 같이 하고 있음을 알 수 있다.

다음에는 본 연구의 이론적 예측을 경험적으로 검증하기 위하여 사회 갈

등 인식이 민주주의 평가에 미치는 영향력을 통제변수들을 포함한 회귀분석으로 추정한다. 종속변수가 11점 척도로 구성된 연속형 변수이므로 OLS 회귀분석을 적용하였으며, 순서 로지스틱 회귀분석 또한 실시하였다.[13] 먼저, 〈표 8〉은 2025년 대선 직후, 더불어민주당의 이재명 정부가 구성된 후 응답자들의 사회 갈등에 대한 인식이 이들의 민주주의 평가에 미치는 영향력을 OLS와 순서 로지스틱 회귀분석으로 추정한 결과이다.

두 분석 결과는 본 연구의 주장을 뒷받침하기 위한 주요 변수들의 통계적 유의미성 여부와 부호가 전적으로 동일하였다. 정당 선호 변수의 기준 범주로 더불어민주당 지지자들을 제외하여 추정하였으므로, 사회 갈등 인식 변수의 회귀계수는 더불어민주당 지지자들에게서 사회 갈등 인식이 민주주의 평가에 미치는 영향력을 의미한다. OLS 회귀분석과 순서 로지스틱 회귀분석 두 개의 결과에서 모두 이들의 사회 갈등 인식과 민주주의 평가는 통계적으로 유의미한 관련을 맺지 않는 것을 확인하였다(가설1-1; 각각 b=0.117, b=0.096, 모두 통계적으로 유의미하지 않음). 본 연구의 문제의식에 따라, 더불어민주당 지지자들과 국민의힘 지지자들 사이에 차이가 있는지를 살펴보기 위해 포함한 사회 갈등 인식×국민의힘 변수는 두 모형에서 모두 통계적으로 유의미한 부(-)의 영향력을 가지는 것으로 추정되었다(각각 b=-0.562, p<0.01, b=-0.503, p<0.05). 이러한 결과는 국민의힘 지지자들은 사회 갈등을 심각하다고 생각할수록 민주주의에 대해 부정적으로 평가한다는

---

13 11점 척도로 구성된 종속변수를 등간척도가 아닌 순서를 가진 범주형으로도 볼 수 있으므로, 세 시기 모두 순서 로지스틱 회귀분석(ordered logistic regression) 또한 적용해 보았다. OLS 회귀분석의 결과와 순서 로지스틱 회귀분석의 결과에서 본 연구의 가설을 검증하기 위한 주요 변수들의 회귀계수의 통계적 유의미성 여부와 방향성이 전적으로 동일하였다. 게다가 계수값의 크기도 OLS 회귀분석과 순서 로지스틱 회귀분석 사이에서 거의 비슷하였다. 따라서 이 11개의 범주를 연속형으로 상정하는 것이 타당하다는 것을 알 수 있다.

<표 8> 회귀분석 결과: 2025년 대통령 선거 직후 (더불어민주당 이재명 정부)

	OLS 회귀분석	순서 로지스틱 회귀분석
사회 갈등 인식	0.117 (0.147)	0.096 (0.133)
무당파	0.275 (1.060)	0.074 (0.932)
국민의힘	1.526 (0.855)	1.374 (0.762)
기타 정당	0.406 (1.116)	0.329 (0.975)
사회 갈등 인식 ×무당파	−0.289 (0.265)	−0.208 (0.236)
사회 갈등 인식 ×국민의힘	−0.562** (0.216)	−0.503* (0.194)
사회 갈등 인식 ×기타 정당	−0.185 (0.277)	−0.143 (0.244)
국회 신뢰	0.188*** (0.027)	0.187*** (0.026)
행정부 신뢰	0.214*** (0.029)	0.223*** (0.027)
정치 이념	0.011 (0.029)	0.012 (0.027)
정책 선호	−0.725*** (0.158)	−0.682*** (0.146)
정치 지식	−0.064 (0.049)	−0.050 (0.044)
정치 관심	−0.029 (0.065)	−0.009 (0.060)
성별(남성=1)	0.125 (0.107)	0.120 (0.096)
연령	−0.017*** (0.004)	−0.017*** (0.003)
교육수준	−0.012 (0.054)	−0.026 (0.049)
가구소득	−0.028 (0.021)	−0.028 (0.018)
자산	0.048** (0.018)	0.042* (0.016)

인천/경기	0.083 (0.149)	0.082 (0.133)
대전/세종/충청	0.297 (0.199)	0.253 (0.177)
광주/전라	0.068 (0.209)	0.030 (0.187)
대구/경북	0.099 (0.204)	0.070 (0.182)
부산/울산/경남	0.339 (0.181)	0.284 (0.161)
강원/제주	−0.254 (0.276)	−0.305 (0.257)
상수	5.921*** (0.842)	–
N	1,500	1,500
R^2	0.2840	–
Pseudo R^2	–	0.0809

*** $p<0.001$, ** $p<0.01$, * $p<0.05$
정당일체감 기준 범주: 더불어민주당 지지자
지역 기준 범주: 서울
괄호 안은 표준오차
순서 로지스틱 회귀분석 결과에서 추정된 10개의 임계치(thresholds)는 보고를 생략하였다.

것을 의미한다(가설1-2; 각각 b=0.117−0.562=−0.445, b=0.096−0.503=−0.407, 선형 결합의 유의미성 검정 결과 모두 p<0.01).

　위의 분석 결과를 시각적으로 이해하기 위해 다음의 〈그림 1〉에서 종속변수 예측치(prediction)와 〈그림 2〉에서 정당 선호에 따라 구분한 한계효과(marginal effect)를 보고하였다. 두 개의 분석 결과에서 주요 변수들의 계수값의 통계적 유의미성과 부호가 동일하므로, 보다 직관적인 이해가 가능한 OLS 분석 결과를 활용하여 도해하였다. 먼저 〈그림 1-1〉에는 두 주요 정당과 기타 정당 지지자, 그리고 무당파 응답자들 네 개의 집단으로 구분한 예측치를 도해하였다. 그러나 정치적 태도의 강도를 고려할 때 그래프

　　　　비상계엄−탄핵 사태와 2025년 대통령 선거

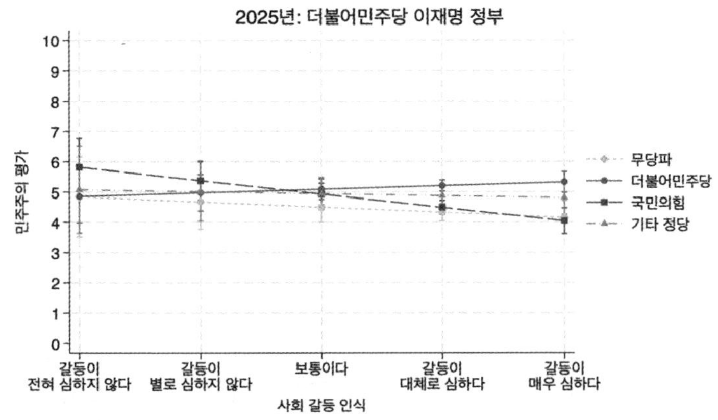

〈그림1-1〉 모든 응답자

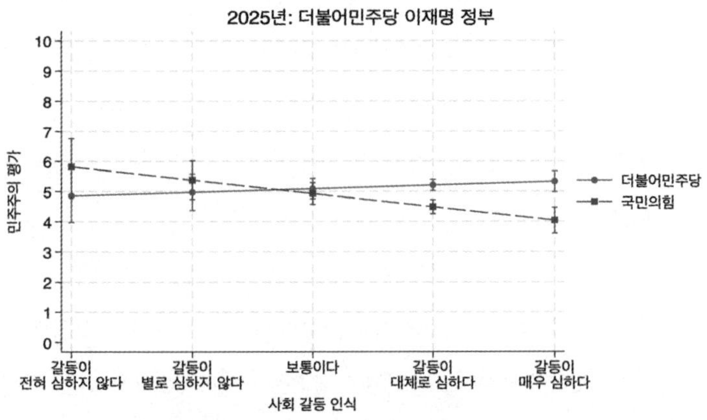

〈그림1-2〉 더불어민주당 지지자와 국민의힘 지지자

상에서 두 주요 정당의 지지자 집단 사이에 존재하게 될 기타 정당 지지자들과 무당파 응답자들보다는, 두 당파적 응답자 집단에서 나타나는 차이에 보다 주목해야 한다. 따라서 〈그림 1-2〉에서 두 주요 정당 지지자들만을

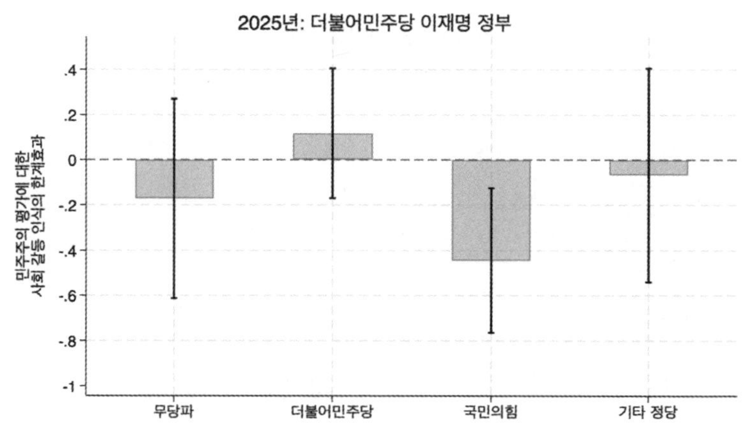

〈그림 2〉 한계효과: 2025년 더불어민주당 이재명 정부
(95% 신뢰구간)

대상으로 하여 도해한 그래프를 제시하여 이들의 차이를 더 명확하게 살펴보았다. 〈그림 1-2〉에서 볼 수 있듯이, 더불어민주당 지지자들의 그래프는 눈에 띄는 기울기를 나타내지 않는 반면(가설1-1), 국민의힘 지지자들의 그래프는 사회 갈등 인식 변수가 증가함에 따라 우하향하는 모습을 보이고 있다(가설 1-2).

〈그림 2〉는 응답자의 정당 선호에 따라 집단을 구분하여 사회 갈등 인식이 민주주의 평가에 미치는 영향력의 한계효과를 보여 준다. 더불어민주당 지지자들은 한계효과의 95% 신뢰구간이 0을 포함하고(가설 1-1), 국민의힘 지지자 집단에서만 한계효과의 95% 신뢰구간이 0을 포함하지 않아 통계적으로 유의미한 부(-)의 영향력을 확인할 수 있다(가설 1-2).

다음에는, 본 연구의 이론적 예측을 뒷받침하기 위해 이전 정부 시기 수집된 설문조사 자료를 분석 및 비교하여, 정부의 당파성과 유권자들의 정당 선호가 가져오는 정치적 영향력을 검증한다. 상술한 바와 같이, 동일한

  비상계엄-탄핵 사태와 2025년 대통령 선거

정당이 정부를 구성하는 동시에 국회 내 다수당의 지위를 차지하는 단점정부이면서, 더불어민주당과 현 국민의힘 계열의 정당이 각각 집권 다수당이었던 두 시기(각각 2020년과 2014년)를 선정하여 보다 타당한 경험적 근거를 제시하고자 하였다.

〈표 9〉의 왼쪽은 2020년 더불어민주당의 문재인 정부 시기에 조사된 설문자료를 분석한 결과이다. 현재와 동일하게 더불어민주당이 집권 여당이면서 국회 내 다수당을 차지한 시기였으므로, 2025년 대통령 선거 직후 시기를 분석한 위의 〈표 8〉과 동일한 패턴의 결과를 산출할 것을 예측한다. OLS와 순서 로지스틱 회귀 분석의 결과는 통계적 유의미성의 여부와 부호가 서로 완전히 동일하였고, 이 2020년의 분석 결과들이 보여 준 패턴은 위의 2025년의 분석 결과들과도 동일하였다. 두 분석 결과에서 모두 더불어민주당 지지자들에게서는 사회 갈등 인식이 민주주의 평가에 통계적으로 유의미한 영향을 미치지 않았다(가설2-1; 각각 b=0.171, b=0.255, 모두 통계적으로 유의미하지 않음). 더불어민주당 지지자들과 미래통합당 지지자들 사이에 차이가 있는지를 검정하는 사회 갈등 인식×미래통합당 변수는 두 모형에서 모두 통계적으로 유의미한 부(−)의 영향력을 가지는 것으로 추정되었다(각각 b=−0.642, b=−0.728 모두 p<0.01). 이러한 결과는 미래통합당 지지자들은 사회 갈등을 심각하다고 생각할수록 명확하게 민주주의에 대해 부정적으로 평가한다는 것을 의미한다(가설2-2; 각각 b=0.171−0.642=−0.471, b=0.255−0.728=−0.474, 선형결합의 유의미성 검정 결과 모두 p<0.05).

한편, 〈표 9〉의 오른쪽은 2014년 새누리당의 박근혜 정부 시기에 수집된 데이터를 분석한 결과이다. 이 시기에는 2025년 현재 및 2020년 시기와는 정반대로, 새누리당(현 국민의힘)이 집권 여당이면서 국회 내 다수당의 지위에 있던 시기였다. 따라서 본 연구의 이론적 예측을 뒷받침하기 위해서는

〈표 9〉 회귀분석 결과: 2020년 더불어민주당 문재인 정부와 2014년 새누리당 박근혜 정부

	2020년 (더불어민주당 문재인 정부)			2014년 (새누리당박근혜 정부)	
	OLS 회귀분석	순서 로지스틱 회귀분석		OLS 회귀분석	순서 로지스틱 회귀분석
사회 갈등 인식	0.171 (0.130)	0.255 (0.130)	사회 갈등 인식	−1.057** (0.304)	−1.048** (0.337)
무당파	0.561 (0.680)	0.471 (0.671)	무당파	−2.878* (1.333)	−3.002* (1.472)
미래통합당	1.683 (0.917)	2.011* (0.914)	새누리당	−4.867** (1.447)	−4.673** (1.610)
기타 정당	1.274 (1.165)	1.655 (1.171)	−	−	−
사회 갈등 인식 ×무당파	−0.283 (0.168)	−0.270 (0.167)	사회 갈등 인식 ×무당파	0.748* (0.335)	0.761* (0.371)
사회 갈등 인식 ×미래통합당	−0.642** (0.228)	−0.728** (0.228)	사회 갈등 인식 ×새누리당	1.357*** (0.365)	1.303** (0.408)
사회 갈등 인식 ×기타 정당	−0.521 (0.286)	−0.626* (0.289)	−	−	−
N	2,261	2,261	N	1,000	1,000
R^2	0.4389	−	R^2	0.2712	−
Pseudo R^2	−	0.1351	Pseudo R^2	−	0.0765

*** $p<0.001$, ** $p<0.01$, * $p<0.05$

정당일체감 기준 범주: 2020년에는 더불어민주당 지지자, 2014년에는 새정치민주연합 지지자

지역 기준 범주: 서울

괄호 안은 표준오차

순서 로지스틱 회귀분석 결과에서 10개의 임계치(thresholds)는 보고를 생략하였다.

2020년, 2014년 분석에서도 〈표 8〉의 2025년 분석에서와 모두 동일한 통제변수를 포함하여 추정하였으나, 보고를 생략하였다.

2014년에는 새누리당 지지자들과 새정치민주연합(현 더불어민주당) 지지자들 사이에 앞의 두 분석 결과와 정반대의 패턴이 나타나야 한다. OLS와 순서 로지스틱 회귀분석의 두 결과는 계수들의 통계적 유의미성 여부와 부호가 서로 완전히 동일하였는데, 두 분석 결과에서의 사회 갈등 인식 변수들의 회귀계수는 앞서 살펴본 2025년과 2020년 더불어민주당이 집권 여당이

비상계엄–탄핵 사태와 2025년 대통령 선거

자 다수당이었던 시기와는 달리 모두 통계적으로 유의미한 부(-)의 영향력을 가지는 것으로 추정되었으며, 사회 갈등 인식×새누리당 변수의 회귀계수는 모두 통계적으로 유의미한 정(+)의 영향력으로 추정되었다. 이를 구체적으로 살펴보면, 두 분석 결과에서 모두 더불어민주당 지지자들에게서는 사회 갈등을 심각하게 생각할수록 민주주의에 대해 부정적으로 평가하는 영향력이 명확하게 나타났다(가설3-1; 각각 b=-1.057, b=-1.048, 모두 p<0.01). 새정치민주연합과 새누리당 지지자들 사이의 차이를 검정하는 사회 갈등 인식×새누리당 변수는 두 모형에서 모두 통계적으로 유의미한 정(+)의 영향력으로 추정되었다(각각 b=1.357, p<0.001, b=1.303, p<0.01). 이러한 결과는 새누리당 지지자들은 사회 갈등 인식과 민주주의 평가를 연관 짓지 않는다는 것을 의미한다(가설3-2; 각각 b=-1.057+1.357=0.299, b=-1.048+1.303=0.255, 선형결합의 유의미성 검정 결과 모두 통계적으로 유의미하지 않음).

2020년과 2014년의 분석에서도 마찬가지로 OLS 회귀분석 결과를 활용하여 종속변수 예측치와 정당 선호에 따라 구분한 한계효과를 보고하였다. 〈그림 3〉은 2020년 시기 응답자들의 사회 갈등 인식이 민주주의 평가에 미치는 영향력을 나타낸 그래프이다. 〈그림 3-1〉은 네 집단별 그래프이며, 〈그림 3-2〉는 주된 관심사인 두 주요 정당 지지자들의 그래프이다. 더불어민주당 지지자들의 그래프는 약간 증가하지만 대체로 평평한 기울기를 보이는 데에 그치고 있고(가설 2-1), 미래통합당(현 국민의힘) 지지자들의 그래프는 상대적으로 눈에 띄는 하향세를 보이고 있다(가설 2-2).

한편, 2014년 새누리당 박근혜 정부 시기의 분석 결과를 나타낸 〈그림 4〉는 위의 〈그림 1〉 및 〈그림 3〉과 정반대의 결과를 보여 준다. 당시 새정치민주연합 지지자들은 사회 갈등을 심각한 수준으로 인식할수록 민주주의에 대해 부정적으로 평가하였다(가설 3-1). 그러나 당시 집권 여당이자 다수

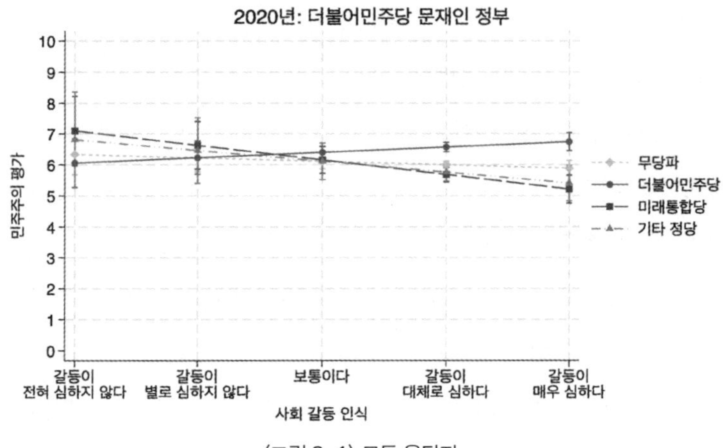

〈그림 3-1〉 모든 응답자

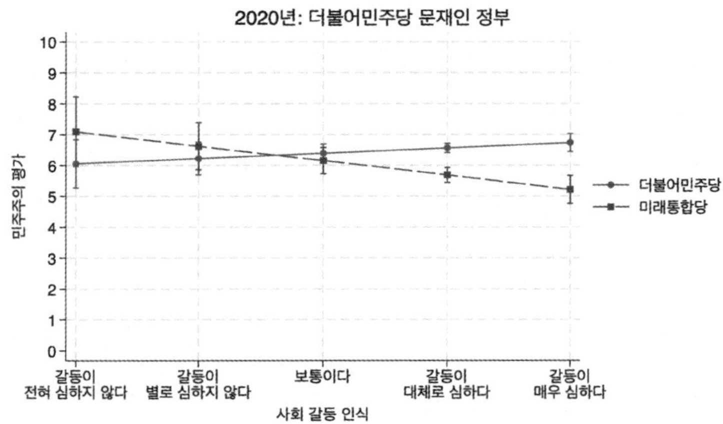

〈그림 3-2〉 더불어민주당 지지자와 미래통합당 지지자

당이었던 새누리당을 지지하는 응답자들은 사회 갈등을 심각한 수준으로 인식할지라도 이들의 민주주의 평가는 큰 영향을 받지 않았다(가설 3-2).

다음의 〈그림 5〉는 정부의 당파적 속성을 달리했던 2020년과 2014년 두

비상계엄-탄핵 사태와 2025년 대통령 선거

<그림 4> 종속변수 예측치: 2014년 새누리당 박근혜 정부

(95% 신뢰구간)

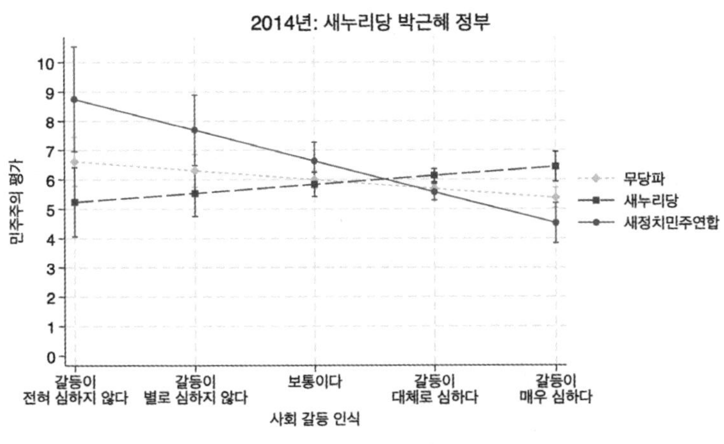

<그림 4-1> 모든 응답자

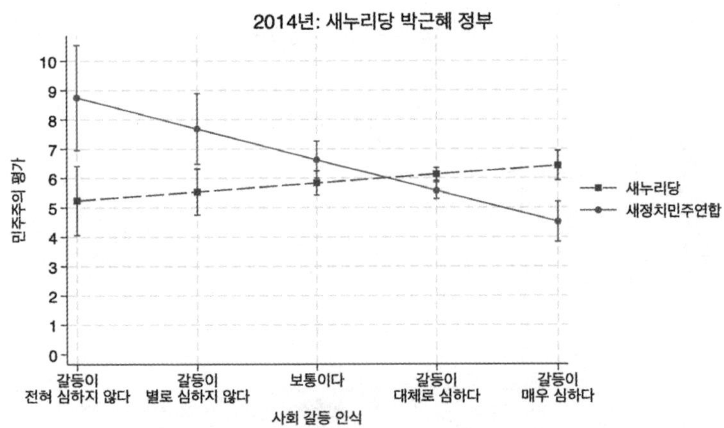

<그림 4-2> 새정치민주연합 지지자와 새누리당 지지자

시기의 분석 결과, 응답자들의 정당 선호별로 사회 갈등 인식이 이들의 민주주의 평가에 미치는 영향력의 한계효과를 도해한 것이다. 2020년 더불어민주당 문재인 정부 시기의 분석 결과를 나타낸 <그림 5-1>을 보면, 더

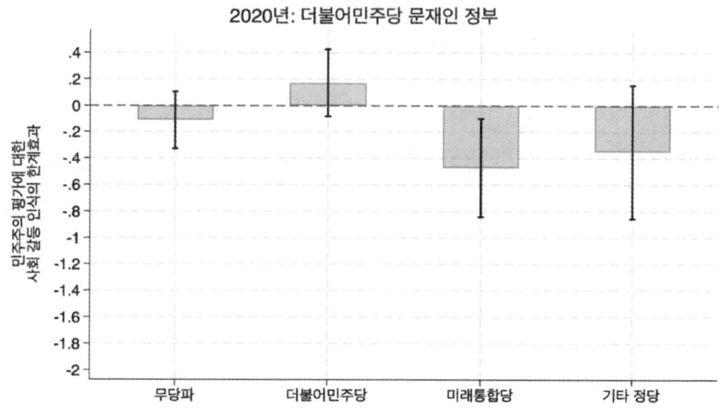

〈그림 5-1〉 2020년 문재인 정부

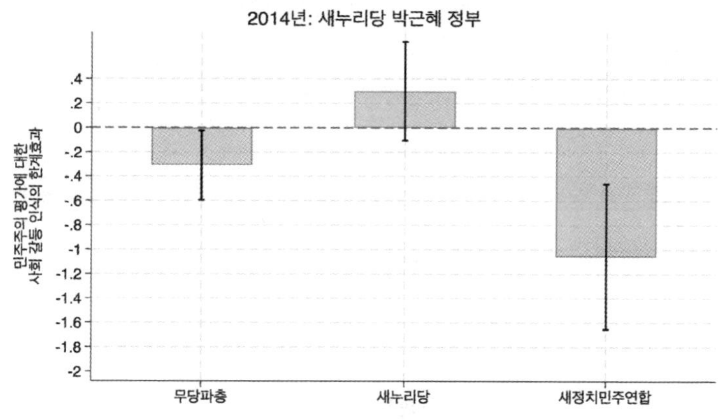

〈그림 5-2〉 2014년 박근혜 정부

불어민주당 지지자들에게서는 한계효과의 95% 신뢰구간이 0을 포함하여, 민주주의 평가에 대한 사회 갈등 인식의 영향력이 통계적으로 유의미하지 않음을 알 수 있다(가설 2-1). 그러나 미래통합당 지지자들에게서는 한계효과의 95% 신뢰구간이 0을 포함하지 않고, 따라서 이들에게서는 사회 갈등을 높게 인식하는 것이 민주주의 평가에 통계적으로 유의미한 수준으로 부정적인 영향력을 미친다는 것을 확인할 수 있다(가설 2-2). 이와는 달리, 2014년 새누리당 박근혜 정부 시기의 분석 결과를 나타낸 〈그림 5-2〉는 정반대의 패턴을 보여 주고 있다. 새정치민주연합 지지자들의 95% 한계효과는 0을 포함하지 않아, 이들이 사회 갈등을 심각하게 인식할수록 민주주의를 부정적으로 평가하는 행태는 통계적으로 유의미하였다(가설3-1). 반면, 새누리당 지지자들의 95% 한계효과는 0을 포함하여, 이들에게 있어서는 사회 갈등 인식이 민주주의 평가에 통계적으로 유의미한 영향력을 미치지 않았다(가설 3-2).

요컨대, 당파적 유권자들은 자신이 지지하는 정당이 정부를 구성하고 있는 시기에는 사회 갈등과 민주주의에 대한 평가를 관련 짓지 않으나, 정치적 경쟁을 형성하고 있는 반대 정당이 정부를 구성하게 될 경우에만 사회 갈등 수준이 심각하다고 생각할수록 민주주의의 운영을 부정적으로 평가한다. 지금까지의 경험적 분석 결과들은 민주주의 평가 혹은 만족을 포괄하는 유권자들의 민주주의에 대한 태도가 정부의 당파성과 자신의 정당 선호가 일치하는지의 여부에 따라 차등적으로 이루어진다는 것을 의미한다. 특히, 서로 다른 정당이 집권 여당이자 원내 다수당인 상이한 정치적 환경에 따라 두 주요 정당 지지자들에게서 이러한 행태가 정확히 뒤바뀌어 나타난 것을 확인함으로써, 사회 갈등 인식과 민주주의 태도가 가지는 관계에 당파적 선호가 개입하는 행태가 특정한 정치적 시기의 특수한 맥락에만 국한된 것이 아님을 또한 알 수 있다. 결국, 사회 갈등을 해소하고 타협적인 결정에 이르게 하는 민주주의의 기능에 대한 규범적 기대가 실현되고 있는지에 대한 평가는 실질적으로 당파적 선호 아래 놓여 있다는 것이다.

5. 결론

　민주주의는 사회 내 갈등을 제도적으로 해소하는 정치 체제이다. 따라서 많은 연구들은 사회 내 가치의 다원주의적 공존, 공정한 경쟁을 통한 갈등의 제도화, 소수 의견의 포용을 강조하는 협의제적 의사결정제도, 집단 간 갈등 해소가 혐오와 배제의 정치 환경을 완화하는 데 필수적이라는 점 등을 중심으로 바람직한 민주주의의 지향점을 논의해 왔다. 이에 더하여, 불평등을 비롯한 사회 갈등이 민주주의의 질을 저해한다는 것을 실증한 연구들과, 시민들의 갈등 수준에 대한 인식이 민주주의의 운영에 대한 평가 및 만족도를 비롯한 민주주의 태도를 형성한다는 것을 경험적으로 검증한 연구들이 수행되어 왔다.

　한편, 본 연구는 승자-패자 및 당파적 유권자들이 정치적 책임의 소재를 이원적으로 부과하는 당파적 편향 및 당파적 책임 귀속의 이론적 자원에 근거하여, 민주주의에 대한 유권자들의 태도가 형성되는 과정이 당파적으로 이루어질 가능성에 주목하였다. 구체적으로, 사회 갈등이 심각하다는 인식은 일반적으로 시민들의 민주주의 평가를 낮출 것이지만, 이러한 영향력은 집권 여당을 지지하는 유권자들에게서는 나타나지 않는 반면, 정치적 경쟁을 형성하는 제1야당 지지자들에게서 가장 뚜렷하게 나타날 것임을 이론적으로 논증하고 경험적 분석을 수행하였다. 집권 여당과 국회 내 다수당이 일치하는 단점정부의 시기이면서, 더불어민주당(과 새정치민주연합)과 국민의힘(과 미래통합당/새누리당)이 서로 달리 집권 다수당과 소수 야당의 지위에 놓였던 상이한 시기를 대상으로 하여 응답자들의 태도를 분석한 결과를 요약하면 다음과 같다.

　첫째, 2025년 현재, 2020년, 2014년 모두 당시 응답자들이 인지하던 사

　　　　　　　　　　비상계엄-탄핵 사태와 2025년 대통령 선거

회 내 갈등 수준은 매우 높았다. 모든 항목에서 갈등이 대체로 심각 혹은 매우 심각하다는 정도라는 것을 확인하였다. 둘째, 응답자들은 특히 여당과 야당 간 갈등, 그리고 보수와 진보 간 갈등 등 정치적 속성을 담고 있는 영역에서 가장 높은 갈등 수준을 인식하고 있었다. 셋째, 두 주요 정당을 지지하는 응답자 집단 사이에서 사회 내 갈등 수준을 인식하는 정도에 눈에 띄는 차이가 일관되게 발견되지는 않았다. 따라서 어떤 정당이 정부를 구성했는지의 여부와 무관하게, 그리고 응답자들의 정당 선호와 무관하게 응답자들은 사회 내 갈등이 심각하다는 데에 동의하고 있는 것으로 나타났다.

마지막으로, 그리고 본 연구가 주목하는 결과로서, 응답자들의 사회 갈등 인식이 민주주의 평가를 낮추는 영향력은 당시 정부 여당을 지지하는 응답자들에게서는 유의미하지 않았던 반면, 야당 지지자들에게서 가장 명확하게 드러났다. 구체적으로, 더불어민주당이 집권 여당이 된 직후인 2025년과 임기 중반이던 2020년, 더불어민주당 지지자들은 사회 갈등 수준을 높게 인식해도 민주주의 평가는 낮추지 않았다. 반면, 국민의힘(과 미래통합당) 지지자들의 사회 갈등 인식은 더불어민주당이 집권하고 있는 시기의 민주주의에 대한 평가를 크게 낮추었다. 이러한 패턴은 새누리당(현 국민의힘)이 집권하던 2014년에는 정확히 반대였다. 새정치민주연합(현 더불어민주당) 지지자들에게서는 사회 갈등이 심각하다고 생각할수록 민주주의 평가가 눈에 띄게 하락하였으나, 새누리당 지지자들에게서는 이러한 태도가 나타나지 않았다. 정리하면, 당파적 유권자들은 자신이 지지하는 정당이 정부를 구성하고 있는 시기에는 사회 갈등과 민주주의에 대한 평가를 유리시키나, 정치적 경쟁을 형성하고 있는 반대 정당이 집권 여당이 되어 민주주의를 운영하는 경우에만 사회 갈등 수준이 심각하다고 생각할수록 민주주의의 운영을 부정적으로 평가한다.

본 연구의 분석 결과는 특히 선거를 통한 정권 교체의 가능성이 제도화된 현재 민주주의의 운영에 있어 중요한 함의를 제공한다. 앞서 살펴본 바와 같이, 셰보르스키(Przeworski 1991)는 민주주의는 결과의 불확실성을 제도화하여 사회 갈등이 평화적 경쟁을 통해 관리될 수 있는 시스템이라고 정의한 바 있다. 이는 민주주의가 승자와 패자가 언제든지 바뀔 수 있는 게임의 장을 주기적으로 제공함으로써, 제도화된 경쟁으로 사회 갈등을 다루는 체제라는 것을 의미한다. 이렇듯, 민주주의의 필수적인 조건은 승자와 패자가 뒤바뀌어 언제든지 공수(攻守)가 교체, 즉 집권 여당과 야당의 지위가 교체될 수 있는 정치적 환경을 제도화하는 것이다. 한편, 사회 갈등을 해소하는 역할이 부여된 주체는 일차적으로 주어진 기간 동안 민주주의를 운영할 권한을 부여받은 집권 여당이 될 것이다. 그러나 갈등이 민주주의의 본질적 특성이고, 이에 대한 해결은 기본적으로 상호간의 타협과 협치를 통해 이루어져야 하는 것임을 고려하면, 규범적인 관점에서 사회 갈등에 대한 인식과 그를 바탕으로 한 민주주의의 운영에 대한 평가는 정치적 선호와 유리된 채 독립적으로 이루어져야 할 것 또한 기대된다.

그럼에도 불구하고, 본 연구의 결과는 현직 정부 여당을 지지하는지의 여부가 사회 갈등을 해소하는 민주주의의 성과를 평가하는 데 당파적 선호가 크게 개입하고 있음을 보여 준다. 궁극적으로 이러한 태도는 선거의 결과로 구성된 정부에 대해 여당 지지자들의 무조건적인 신뢰와 야당 지지자들의 무조건적인 불신이 대립하는 현 정치적 상황과도 그 맥락을 같이 한다. 셰보르스키(Przeworski)는 선거의 결과로 구성된 정부에 대한 무조건적인 신뢰와 불신의 대립이 양극화의 현상이라고 언급하였는데(SBS D Forum 2022), 그렇다면 민주주의 만족도 혹은 정부 신뢰를 포괄하는 정치 신뢰 자체의 종단적 하락보다, 주기적인 선거로 구성된 정부마다 승자—패자 간에

　　　　비상계엄─탄핵 사태와 2025년 대통령 선거

민주주의에 대한 지지와 비판이 가시적으로 뒤바뀌고, 이들 사이에 민주주의를 바라보는 간극이 더욱 커지는 것이 양극화가 가져오는 민주주의의 위기의 핵심이라고 할 수 있을 것이다.

더욱이, 현재 다층적인 갈등 구조가 복합적으로 존재하고 있고, 이에 더하여 한국과 같은 경우는 정권교체뿐만 아니라 대통령과 국회의 이원적 정당성(dual legitimacy)으로 인하여 단점정부/분점정부의 정치적 환경 또한 가변적이며, 두 직책의 임기의 차이 때문에 선거 사이클 또한 불일치하여 정치적 환경이 변화되는 시점 또한 더욱 유동적이다. 이러한 복합적인 환경에서, 승자와 패자가 받아들이는 바람직한 민주주의의 운영에 대한 이해의 간극이 더욱 커지는 것은 안정적인 민주주의가 정착하는 것을 더욱 어렵게 할 것이다. 궁극적으로, 민주주의의 질적 성숙을 위해서는 언제든지 집권 여당과 야당 사이의 공수 교체가 가능하여 민주주의 운영의 담당자가 바뀔 수 있음을 받아들이고, 보다 장기적인 관점에서 타협과 협치를 가능하게 할 제도와 문화가 요구된다. 즉, 패자의 일정한 권리를 존중하는 승자의 관용(winner's restraint; Dahl 1971; Levitsky and Ziblatt 2018; Linz and Stepan 1996)과 선거에 패한 유권자도 민주주의의 정당성을 인정하는 패자의 순응(losers' consent; Anderson et al. 2005)이 조화를 이루게 하는 제도 구축과 가치의 함양을 위한 지속적인 노력이 이루어져야 할 것이다.

참고문헌

가상준. 2018. "설문조사를 통해 본 공공갈등에 대한 시민인식: 갈등과 민주주의 관련성을 중심으로." 『한국지방행정학보』 15권 3호, 109-128.
강신구. 2012. ""어떤 민주주의인가?: 제도와 가치체계의 조응을 통해 바라본 한국 민주주의의 발전방향 모색." 『한국정당학회보』 11권 3호, 39-67.

고대유. 2022. "공정성과 사회갈등 인식이 정부신뢰에 미치는 영향." 『분쟁해결연구』 20권 1호, 147-170.

고미혜. 2025. "국민의 '사회갈등' 인식, 6년來 최고... '진보 vs 보수' 가장 심각." 『YTN』 (3월 3일), https://www.yna.co.kr/view/AKR20250301050000530?input=1195m (검색일: 2025.06.12).

권혁주. 2022. 갈등사회의 공공정책: 자유와 책임의 관점에서. 서울대학교출판문화원.

금현섭·백승주. 2015. "경제적 불평등과 정부신뢰: 불평등에 대한 태도를 중심으로." 『행정논총』 53권 1호, 1-33.

길정아·성예진. 2023. "승자와 패자는 어떤 민주주의를 선호하는가?: 정당 간 갈등/타협에 대한 인식과 민주주의 만족도." 『현대정치연구』 제16권 제1호, 45-87.

길정아·하상응. 2019. "당파적 편향에 따른 책임 귀속: 여야간 갈등인식과 정당 호감도를 중심으로." 『의정연구』 제25권 제1호, 45-78.

김대종. 2014. "〈'한국사회 갈등' 현주소〉 "갈등 책임은 국회" 95.5% "朴 해소노력 없어" 57.7%." 『문화일보』 (7월 16일), https://www.munhwa.com/article/10900479 (검색일:2025.06.12).

김재신·김강민. 2011. "시민사회 갈등인식과 정부신뢰: 공공갈등 평가와 전망, 정부신뢰 간의 관계." 『한국지방행정학보』 8권 1호, 135-148.

김재신·김강민·임재형. 2021. "공공갈등의 심각성이 정부신뢰에 미치는 영향." 『문화와 정치』 8권 1호, 101-124.

김태기. 2005. "갈등해결정책의 문제점과 개선방안: 공공갈등을 중심으로." 『분쟁해결연구』 3권 2호, 97-124.

김희곤. 2013. "사회통합을 위한 공공갈등의 관리 법제의 현황 및 과제." 『국가법연구』 제9집 2호, 55-110.

김희민·송두리·성예진. 2017. "한국인들은 무엇으로 민주주의를 평가할까? 승자-패자의 논리, 정당의 지역적 기반과 이념 성향을 중심으로." 『현대정치연구』 10권 2호, 99-129.

나경철. 2024. "국민 63%, 尹 정부서 갈등 심해져... 해소 노력도 '부족'." 『YTN』 (1월 18일), https://www.ytn.co.kr/_ln/0101_202401181717539966 (검색일: 2025.06.12).

박종민. 2013. "동아시아에서 레짐정향의 근원: 승자-패자론 검증." 『정부학연구』 19권 3호, 163-187.

송윤경·박철응·곽희양. 2013. "복지공약 잇단 후퇴 논란… 사회적 갈등 조정 무능력." 『경향신문』 (8월 23일), https://www.khan.co.kr/article/201308232247385 (검색

일: 2025.06.10).

윤원섭·서동철·진영태·전경운·문재용. 2021. "정치이념으로 갈라진 한국… "대통령이
　　나서서 풀어라" 80%." 『매일경제』(1월 1일),
　　https://www.mk.co.kr/news/economy/9691932 (검색일: 2025.06.07).

이민윤·권기헌. 2023. "사회갈등 관련 인식이 민주주의 수준 만족도에 미치는 영향: 경제
　　상황 만족도의 조절효과를 중심으로." 『현대사회와 행정』 33권 2호, 1-37.

임지훈. 2020. "정치 실종에 이념대립·양극화 심화…대한민국이 갈라졌다." 『서울경
　　제』(1월 3일), https://www.sedaily.com/NewsView/22H43UUB3M (검색일:
　　2025.06.01).

정대연. 2021. "현 정부 들어 사회갈등 늘었다" 54.9%." 『경향신문』(10월 6일), https://
　　www.khan.co.kr/article/202110062124015 (검색일: 2025.06.12).

조영호·조진만·김용철. 2013. "선거와 민주주의에 대한 만족: 과정과 결과." 『한국정치학
　　회보』 47집 2호, 63-81.

SBS D Forum. 2022. "[SDF 2022 Keynote Speech] Democracy: How it Works? When
　　it Works?" (11월 3일), https://www.sdf.or.kr/2022/en/video/11000020005

Aarts, Kees, and Jacques Thomassen. 2008. "Satisfaction with Democracy: Do Institu-
　　tions Matter?" *Electoral Studies* 27(1): 5-18.

Anderson, Christopher J., and Christine A. Guillory. 1997. "Political Institutions and
　　Satisfaction with Democracy: A Cross-National Analysis of Consensus and Ma-
　　joritarian Systems." *American Political Science Review* 91(1): 66-81.

Anderson, Christopher J., André Blais, Shaun Bowler, Todd Donovan, and Ola List-
　　haug. 2005. *Loser's Consent: Elections and Democratic Legitimacy.* Oxford: Ox-
　　ford University Press.

Ansell, Chris, and Alison Gash. 2008. "Collaborative Governance in Theory and Prac-
　　tice." *Journal of Public Administration Research and Theory* 18(4): 543-571.

Armingeon, Klaus, and Kai Guthmann. 2014. "Democracy in Crisis? The Declining
　　Support for National Democracy in European Countries, 2007-2011." *European
　　Journal of Political Research* 53(3): 423-442.

Bartels, Larry M. 2002. "Beyond the Running Tally: Partisan Bias in Political Percep-
　　tions." *Political Behavior* 24(2): 117-150.

Bellucci, Paolo. 2014. "The Political Consequences of Blame Attribution for the Eco-
　　nomic Crisis in the 2013 Italian National Election." *Journal of Elections, Public
　　Opinion & Parties* 24(2): 243-263.

Bernauer, Julian, and Adrian Vatter. 2012. "Can't Get No Satisfaction with the Westminster Model? Winners, Losers and the Effects of Consensual and Direct Democratic Institutions on Satisfaction with Democracy." *European Journal of Political Research* 51(4): 435-468.

Bisgaard, Martin. 2015. "Bias will Find a way: Economic Perceptions, Attributions of Blame, and Partisan-Motivated Reasoning during Crisis." *The Journal of Politics* 77(3): 849-860.

Booth, John A., and Mitchell A. Seligson. 2009. *The Legitimacy Puzzle in Latin America: Political Support and Democracy in Eight Nations*. Cambridge: Cambridge University Press.

Brown, Adam R. 2010. "Are Governors Responsible for the State Economy? Partisanship, Blame, and the Divided Federalism." *The Journal of Politics* 72(3): 605-615.

Cordero, Guillermo, and Pablo Simón 2016. "Economic Crisis and Support for Democracy in Europe." *West European Politics* 39(2): 305-325.

Claassen, Christopher. 2020. "Does Public Support Help Democracy Survive?" *American Journal of Political Science* 64(1): 118-134.

Curini, Luigi, Willy Jou, and Vicenzo Memoli. 2012. "Satisfaction with Democracy and the Winner/Loser Debate: The Role of Policy Preferences and Past Experience." *British Journal of Political Science* 42(2): 241-261.

Dahl, Robert A. 1971. *Polyarchy: Participation and Opposition*. New Haven: Yale University Press.

Dalton, Russell J. 2004. *Democratic Challenges, Democratic Choices: The Erosion of Political Support in Advanced Industrial Democracies*. Oxforc: Oxford University Press.

Dahrendorf, Ralf. 1988. *The Modern Social Conflict: An Essay on the Politics of Liberty*. Berkeley: University of California Press.

Diamond, Larry. 1999. *Developing Democracy: Toward Consolidation*. Baltimore: Johns Hopkins University Press.

Easton, David. 1965. *A Systems Analysis of Political Life*. New York: John Wiley and Sons.

Easton, David. 1975. "A Re-Assessment of the Concept of Political Support." *British Journal of Political Science* 5(4): 435-457.

Ezcurra, Roberto. 2015. "Fiscal Decentralization and Internal Conflict: An Empirical Investigation." *Environment and Planning C: Government and Policy* 33(3): 580-

   비상계엄–탄핵 사태와 2025년 대통령 선거

600.

Farrell, David M., and Ian McAllister. 2006. "Voter Satisfaction and Electoral Systems: Does Preferential Voting in Candidate-Centered Systems Make a Difference?" *European Journal of Political Research* 45(5): 723-749.

Ferland, Benjamin. 2021. "Policy Congruence and Its Impact on Satisfaction with Democracy." *Electoral Studies* 69: 102204.

Foa, Roberto S., Andrew Klassen, Michael Slade, Alex Rand, and Rosie Collins. 2020. *The Global Satisfaction with Democracy Report 2020*. Cambridge: Centre for the Future of Democracy.

Frey, Bruno S., and Alois Stutzer. 2000. "Happiness, Economy and Institutions." *The Economic Journal* 110(466): 918-938.

Fuchs, Dieter, and Edeltraud Roller. 1998. "Cultural Conceptions of Democracy in Post-communist Europe." In *The Post-communist Citizen,* edited by Samuel H. Barnes, and János Simon, 35-37. Budapest: Erasmus Foundation.

Fuchs, Dieter, and Edeltraud Roller. 2018. "Conceptualizing and Measuring the Quality of Democracy: The Citizens' Perspective." *Politics and Governance* 6(1): 22-32.

Fukuyama, Francis. 2018. *Identity: The Demand for Dignity and the Politics of Resentment*. New York: Farrar, Straus and Giroux.

Horowitz, Donald L. 1993. "The Challenge of Ethnic Conflict: Democracy in Divided Societies." *Journal of Democracy* 4(4): 18-38.

Huang, Kai-Ping. 2023. "Support for Democracy in the Age of Rising Inequality and Population Aging." *Social Indicators Research* 166: 27-51.

Inglehart, Ronald, and Christian Welzel. 2005. *Modernization, Cultural Change, and Democracy: The Human Development Sequence*. Cambridge: Cambridge University Press.

Kunda, Ziva. 1990. "The Case for Motivated Reasoning." *Psychological Bulletin* 108(3): 480-498.

Leeper, Thomas J., and Rune Slothuus. 2014. "Political Parties, Motivated Reasoning, and Public Opinion Formation." *Political Psychology* 35(S1): 129-156.

Leipziger, Lasse E. 2024. "Does Democracy Reduce Ethnic Inequality?" *American Journal of Political Science* 68(4): 1335-1352.

Levitsky, S, and Daniel Ziblatt. 2018. *How Democracies Die*. New York: Crown Publishing.

Lijphart, Arend. 1999. *Patterns of Democracy: Government Forms and Performance in Thirty-Six Countries.* New Haven: Yale University Press.

Linde, Johas. 2012. "Why Feed the Hand that Bites You? Perceptions of Procedural Fairness and System Support in Post-Communist Democracies." *European Journal of Political Research* 51(3): 410-434.

Linde, Jonas, and Joakim Ekman. 2003. "Satisfaction with Democracy: A Note on a Frequently used Indicator in Comparative Politics." *European Journal of Political Research* 42(3): 391-408.

Lipset, Seymour M. 1959. "Some Social Requisites of Democracy: Economic Development and Political Legitimacy." *American Political Science Review* 53(1): 69-105.

Lipset, Seymour M. 1985. *Consensus and Conflict: Essays in Political Sociology.* New Brunswick: Transaction Books.

Listhaug, Ola, Bernt Aardal, and Ingunn O. Ellis. 2009. "Institutional Variation and Political Support: An Analysis of CSES Data from 29 Countries." In *The Comparative Study of Electoral Systems*, edited by Hans-Dieter Klingemann, 311-332. Oxford: Oxford University Press.

Malhotra, Neil. 2008. "Partisan Polarization and Blame Attribution in a Federal System: The Case of Hurricane Katrina." *Publius: The Journal of Federalism* 38(4): 651-670.

McAllister, Ian. 2005. "Stability and Change in Political Attitudes: Australia, 1987-2001." *Australian Journal of Political Science* 40(1): 53-70.

Nawara, Steven P. 2015. "Who is Responsible, the Incumbent or the Former President? Motivated Reasoning in Responsibility Attribution." *Presidential Studies Quarterly* 45(1): 110-131.

Norris, Pippa. 1999. "Introduction: The Growth of Critical Citizens?" In *Critical Citizens: Global Support for Democratic Governance*, edited by Pippa Norris, 1-28. Oxford: Oxford University Press.

Norris, Pippa. 2011. *Democratic Deficit: Critical Citizens Revisited.* Cambridge: Cambridge University Press.

Przeworski, Adam. 1991. *Democracy and the Market: Political and Economic Reforms in Eastern Europe and Latin America.* Cambridge: Cambridge University Press.

Quaranta, Mario, and Sergio Martini. 2016. "Does the Economy Really Matter for Satisfaction with Democracy?: Longitudinal and Cross-Country Evidence from the European Union." *Electoral Studies* 42: 241-251.

Rau, Eli G. and Susan Stokes. 2024. "Income Inequality and the Erosion of Democracy in the Twenty-First Century." *Proceedings of the National Academy of Sciences* 122(1): e2422543121.

Tilley, James, and Sara B. Hobolt. 2011. "Is the Government to Blame? An Experimental Test of How Partisanship Shapes Perceptions of Performance and Responsibility." *Journal of Politics* 73(2): 316-330.

Wagner, Alexander F., Fridrich Schneider, and Martin Halla. 2009. "The Quality of Institutions and Satisfaction with Democracy in Western Europe: A Panel Analysis." *European Journal of Political Economy* 25(1): 30-41.

Yap, O. Fiona. 2012. "Economic Performance and Democratic Support in Asia's Emerging Democracies." *Comparative Political Studies* 46(4): 486-512.

Zagórski, Krzysztof. 2006. "The Perception of Social Conflicts and Attitudes to Democracy." *International Journal of Sociology* 36(3): 3-34.

제5장

신뢰의 정치화: 정치 신뢰의 다차원성과 당파적 정렬[1]

구세진(인하대학교 정치외교학과)

"윤석열 정부는 검찰독재, 국회 무시와 행정독주, 언론탄압으로 우리 국민이 피땀으로 이룬 민주주의를 무너뜨리고 있습니다." (2024년 9월 4일, 박찬대 더불어민주당 원내대표 교섭단체대표연설 중)

"지금 우리 국회는 범죄자 집단의 소굴이 되었고, 입법 독재를 통해 국가의 사법 행정 시스템을 마비시키고 자유민주주의 체제의 전복을 기도하고 있다" (2024년 12월 3일, 윤석열 전 대통령의 비상계엄 선포 담화 중)

"이재명 총통독재는 국회를 장악해 야당을 무시하고 입법폭주를 일삼고 있습니다. 행정부는 지금 이재명 총통독재의 하수인으로 전락하고 말았습니다. 사법부마저 부패하고 정치화되어 이재명 정권의 눈치보

---

1 이 글은 『한국정책연구』 제25권 제3호에 게재된 논문을 재구성한 것임.

기에 급급하고 있습니다" (2025년 7월 20일, 김문수 전 고용노동부 장관의 국민의 힘 당대표 선거 출마 선언 중)

1. 서론

오늘날 한국의 주류 정치 엘리트들과 일부 언론에 의하면 한국은 독재 체제이다. 다만 국가의 어떤 기관이 중심이 된 독재인가에 대해서는 의견이 엇갈린다. 검찰독재일 수도 있고, 국회독재일 수도 있으며, 대통령에게 모든 권력이 집중된 1인 독재라는 주장도 있다. 선거관리위원회가 외국과 결탁하여 조직적 선거부정을 자행해 왔다는 주장은 여러 차례 대중을 거리로 동원했고, 국민저항권을 앞세운 군중이 법원을 습격하고 경찰을 폭행하는 사건도 발생했다. 검찰, 국회, 대통령, 선관위, 사법부, 경찰 등, 서로 기능은 다르지만 민주주의 체제와 국가 운영에 필수적인 기관들이 불신의 대상으로 동시에 지목되고 있다.

그러나 과연 누가 어떤 기관을 불신하는 것인가? 최신 연구들은 정치 신뢰가 특정 정당에 대한 지지나 투표 선택과 밀접한 관련이 있음을 보고하고 있다(Anderson and LoTempio 2002; Hooghe and Marien 2013; Hetherington and Rudolph 2015; Bartels and Kramon 2020; Rich 2025; 윤종빈, 김윤실, 정회옥 2015; 성예진, 길정아 2021). 그러나 한국 정치의 맥락에서 이에 대한 체계적인 연구는 여전히 부족하며, 특히 투표 선택과 같은 정치적 선호와 정치 신뢰 사이의 관계가 신뢰 대상이 되는 기관에 따라 어떻게 다르게 나타나는지 구체적으로 살펴본 연구는 미흡하다.

정치 신뢰(political trust)는 시민들이 정부에 대해 느끼는 감정을 나타내는 포괄적인 개념이다. 이는 신임(confidence), 체제 지지(system support), 정당성(legitimacy)과 의미가 겹치며, 반대로 낮은 정치 신뢰는 냉소주의(cynicism), 정치적 불만(disaffection), 소외(alienation) 등의 부정적인 의미로 통용된다(Citrin and Stoker 2018). 오랫동안 정치 신뢰는 민주주의의 안정적이고 효과적인 작동에 필수적 요소이자, 규범적으로는 정치적 정당성의 척도로 여겨졌다. 이러한 맥락에서 Miller(1974)는 낮은 신뢰가 급진적 변화로 이어질 것으로 보았고, Easton(1975)은 신뢰가 없는 상태에서 어떤 권력 기관도 장기적으로 존립하기 어렵다고 주장한 바 있다. 정치 신뢰는 이처럼 민주주의 체제를 안정시키고 유지시키는 "지지의 저수지(Easton 1975)"로 인식되어 왔다. 최근 50년 가까이 동안 미국과 유럽 등 서구 민주주의 국가들에서 정치 신뢰가 지속적으로 하락하는 현상이 보고되면서(Hetherington 2005; Dalton 2017; Stoker and Evans 2019), 권력 기관과 민주적 제도에 대한 불신이 낳는 구체적인 결과뿐 아니라 그 원인이 무엇인지, 어떤 조건에서 민주주의 체제의 정당성을 침식하는지에 대한 연구가 활발히 이루어졌다. 특히, 오늘날 극우 포퓰리즘의 부상, 유권자들 사이에 정치적 냉소주의의 확산, 나아가 세계 곳곳에서 레짐으로서의 민주주의 후퇴 등, 민주주의가 취약해졌다는 우려가 확산되면서, 정치 신뢰 연구의 중요성이 더욱 부각되고 있다.

본 연구의 목적은 현재 한국 사회의 정치 신뢰 수준을 진단하고, 어떤 기관이 어떤 유권자 집단에 의해 신뢰받는지를 분석하는 데에 있다. 이를 위해 2025년 6월 3일 대통령 보궐선거 선거 직후 서울대학교 국가미래전략원이 실시한 전국 설문조사 데이터를 활용하였다. 먼저, 조사에 포함된 주요 국가 기관들에 대한 신뢰 문항들을 대상으로 탐색적 요인분석을 수행하여 정치 신뢰의 다차원적 구조를 확인하였다. 다음으로, 요인분석 결과 도출된 요인(차원)을 종속변수로 하는 회귀분석을 실시하였다. 주요 독립변수인 투표 선택과 함께 인구사회학적 특성, 사회경제적 지위, 정치적 태도 변수들을 포함하여, 정치 신뢰에 영향을 미칠 수 있는 다양한 변인들을 통제하였다.

요인분석 결과, 한국 시민들은 국가 기관들을 평가할 때 동일한 기준을 적용하지 않으며, 그 결과 어느 정도 유사성을 가진 기관들끼리 묶여 별도의 차원을 형성하는 패턴이 발견되었다. 흥미로운 점은 이러한 구분이 단순히 제도적 기능(입법·행정·사법)만으로 설명되지 않고, 절차적 정당성과 대표성 같은 민주적 가치 기준이 함께 작동한다는 것이다. 예컨대 헌법재판소는 기능적으로는 사법기관임에도 일반 법원과는 달리 민주적 절차의 정당성과 관련된 기관으로, 중앙선거관리위원회와 고위공직자범죄수사처 역시 행정적 성격을 갖고 있음에도 불구하고 행정부와 독립된 기관이자 민주적 정당성과 공정성을 확보하는 기관이라는 가치적 맥락에서 평가되었다. 이는 시민들이 정치 제도를 구분할 때, 형식적 기능과 민주적 가치라는 두 가지 기준을 동시에 적용한다는 점을 보여 준다. 그리고 회귀분석 결과, 대선에서 누구에게 투표했는지가 특정 차원에 대한 신뢰와 밀접하게 연관되는 당파적 배열이 확인되었다. 즉, 누가 법 집행과 사법정의를 담당하는 기관을 신뢰(불신)하는지, 누가 정치적 대표성과 정치과정의 정당성을 책임지는 기관을 신뢰(불신)하는지, 누가 정책의 수립과 행정을 책임지는 기관을 신뢰(불신)하는지가 투표 선택과 깊은 관련이 있는 것으로 나타났다.

한국의 정치 신뢰에 대한 기존 연구들은 다양한 기관들에 대한 신뢰 수준을 단일 차원으로 종합해 측정하는 경향이 있었다. 본 연구는 정치 신뢰가 단일 지표로만 설명될 수 없으며, 본질적으로 항상 특정 기관이나 행위자를 전제하고 그 대상에 따라 신뢰 수준이 달라질 수 있다는 점에 주목한 최근의 이론적 경향(Dalton 2017; Schneider 2017; Zmerli and Newton 2017; Citrin and Stoker 2018; Devine et al. 2024; Rich 2025)을 한국 사례에 적용하였다는 의의가 있다. 아울러 분석을 통해 정부 신뢰가 당파적 속성을 갖는다는 주장을 경험적으로 재확인하는 동시에, 오늘날 한국에서 정치 신뢰의 당파적 배열이 그 대상이 되는 기관의 특성에 따라 판이한 양상으로 나타나고 있음을 밝혔다는 점에서 경험적 의의를 지닌다.

2. 기존 문헌 검토

1) 정치 신뢰의 중요성, 결정요인, 당파적 정렬

먼저, 정치 신뢰의 개념적 범주를 살펴볼 필요가 있다. Easton(1965)은 정치 신뢰(political trust)는 개인이 국가에 대해 갖는 태도와 믿음으로 구성된 정치적 지지의 한 차원으로 규정했다. 그는 국가나 체제의 원칙에 대한 지지를 의미하는 확산적 지지(diffuse support)와 특정 현직 정치 엘리트들에 대한 평가를 의미하는 구체적 지지(specific support)를 구분했으며, 이는 후속 연구들에서 중요한 개념적 토대가 되었다. 이 스펙트럼에서 정치 신뢰는 체제의 포괄적 원칙과 주요 행위자 사이를 연결하는 '중간 수준(mid-range)'의 정치적 지지로 이해될 수 있다(Zmerli & van der Meer 2017). 이후 경험적 연구들은 정치 신뢰를 특정 현직자에 대한 평가와 특정 제도에 대한 평가가 혼합된 개념으로 다루어 왔으며, 특히 의회, 정부, 사법부 등의 제도(기관)에 대한 신뢰가 정치 신뢰를 측정하는 핵심 지표로 활용되어 왔다(Norris 2011; Devine 2024; Levi & Stoker 2000; Zmerli & Newton 2017; Dalton

 비상계엄—탄핵 사태와 2025년 대통령 선거

2017).

　정치 신뢰는 단순한 개념적 구분을 넘어 민주주의의 안정성과 성과를 가늠하는 핵심 요소로 다루어져 왔다. 시민들이 정부에 대해 갖는 높은 신뢰는 20세기 중반까지 미국 정치 문화의 중요한 특징으로 꼽혔으며, 안정적이고 효과적인 민주주의의 필수 조건으로 간주되었다(Almond and Verba 1963; Stokes 1962). 그러나 1970년대 이후 미국에서 보고되기 시작한 정치 신뢰의 하락은 이러한 낙관적 진단에 균열을 가져왔고, 민주주의가 위기에 직면했다는 우려를 불러일으켰다(Nye et al. 1997; Hibbing & Theiss-Morse 2002; Hetherington 2005). 이 추세는 미국에 국한되지 않고, 호주와 캐나다를 비롯한 다른 선진 민주주의에서도 관찰되었으며(Stoker & Evans 2019; Kanji 2002), 여러 다국가 비교 연구들은 정치 신뢰의 하락이 오늘날 선진 민주주의 국가들 전반에서 나타나는 보편적 현상임을 보여 준다(Dalton 2005; Norris 2011; Valgarðsson et al. 2025). 즉, 각국의 역사적 경험, 선거 제도, 정부 구조의 차이와 무관하게 현대의 대중은 과거보다 정부를 덜 신뢰하게 되었다는 것이다. 이러한 변화는 민주주의가 시민과 정부 사이의 사회계약에 기반한다는 점에서 특히 중요하다. 엘리트들이 시민의 이해를 대표할 것이라는 암묵적 신뢰가 약화될 때, 민주주의 체제의 정당성과 작동 가능성은 근본적으로 도전을 받게 된다(Citrin & Stoker 2018). 따라서 정치 신뢰의 변동과 그 요인을 분석하는 것은 현대 민주주의의 위기를 이해하는 데 필수적인 과제가 되며, 본 연구 역시 이러한 문제의식에서 출발한다.

　정치 신뢰는 정책 선호, 준수(compliance), 정치 참여와 같은 주요 정치 행태 전반에 강력한 영향을 미친다고 알려져 있다(Citrin & Stoker 2018; Cole 1973; Easton 1965; Dalton 2004; Hetherington 2005; Rudolph & Evans 2005; Norris 2011; Zmerli & van der Meer 2017). 먼저 정책 선호와 관련하여, Scholz &

Lubell(1998)은 정치 신뢰를 시민들이 의사결정 과정에서 활용하는 휴리스틱(heuristic)으로 설명하며, 세금 납부와 같이 집단적 재화를 제공하는 과정에서 발생하는 위험과 비용을 감수할지 판단하는 기준으로 작용한다고 지적한다. Rudolph & Evans(2005)도 정치 신뢰가 휴리스틱으로 작동하여 정부 지출에 대한 시민들의 선호에 영향을 미친다고 주장했다. 또한 낮은 신뢰가 진보적 정책 추진을 제한하거나(Hetherington & Husser 2012), 정부의 약속 이행에 대한 불신이 장기 정책 지지를 꺼리게 만든다는 분석도 있다(Jacobs & Matthews 2012). 또한 준수와 관련하여, 높은 신뢰는 백신 접종과 공중보건 지침 준수(Bavel et al. 2020; Devine et al. 2024), 정부 정보에 대한 신뢰(Jennings et al. 2021; Lindholt et al. 2021)를 높였으며, 낮은 사망률과도 연관된다는 주장이 제기되었다(Bollyky et al., 2022). 낮은 신뢰가 불법 행위에 대한 관용과 범죄 가능성을 높인다는 연구도 있다(Marien & Hooghe 2011). 정치 참여와 관련해서, Devine(2024)의 메타연구에 의하면 신뢰 하락이 공식적 참여를 감소시키는데, 그렇다고 이것이 비공식적 참여로 이어지지도 않는다. 즉, 낮은 정치 신뢰는 정치적 삶으로부터의 '탈출(exit)'로 이어질 가능성이 높고(Hirschman 1970), 시민들이 체제 내부에서 참여하기보다 무관심을 택하도록 한다는 것이다. 다시 말해, 신뢰는 제도가 스스로를 개선할 수 있도록 붙잡아두는 '점착성'을 제공하며, 제도적 안정, 정책 효과성, 그리고 시민의 참여 행태에 영향을 미치는 변수이다(Stoker and Evans 2019).

정치 신뢰는 시민의 정치적 삶(political lives)을 반영하기에(Levi & Stoker 2000:481), 개인이 경험하는 다양한 정치·사회적 요인에 의해 형성될 수 있다. 기존 연구에 따르면, 성별, 교육 수준, 이념 성향 등, 인구사회학적 특성과 정치적 태도들이 신뢰 수준에 영향을 미친다. 예를 들어, 벨기에에서는 여성·고학력자·보수성향일수록 정치 신뢰가 높으며(Hooghe, Marien &

 비상계엄–탄핵 사태와 2025년 대통령 선거

Pauwels 2011), 호주에서는 남성, 좌파성향, 민주주의 운영에 불만족하는 집단이 낮은 신뢰를 보인다는 연구가 있다(Stoker and Evans 2019). 그 외에, 탈물질주의적 가치도 중요한 변수로 지목된다(Dalton 2017). Dalton(2005)에 의하면, (1960년대에 나타난 세대 간 양상과는 반대로) 젊은 세대는 노년층보다 정부를 덜 신뢰하는 경향이 있다. 다만 이러한 차이가 탈물질주의적 가치에 의해 형성된 세대 변화의 결과인지는 확실하지 않다고 보았다. 경제적 변수 역시 정치신뢰 수준에 영향을 미친다. 경제 상황은 객관적 지표와 주관적 인식 모두, 정부의 성과에 대한 평가로 이어져 정치 신뢰의 하락으로 연결된다(Wroe 2016; Stevenson & Wolfers 2011). 또 정치 행태 변수 중 선거가 얼마나 공정하게 치러지는지(electoral integrity)에 대한 인식도 정부 제도에 대한 신뢰를 설명하는 요인 중 하나로 확인되었다(Norris 2014). 신뢰는 정치 참여와도 관계가 있다. 상술하였듯이, 투표 행태와 정치신뢰에 관한 연구들은 투표하지 않고 기권하는 것과 낮은 정치 신뢰 사이의 상관관계가 있다고 주장한다(Pattie and Johnston 2001; Belanger and Nadeau 2005; Hooghe & Marien 2013). 투표에 참여하는 이들은 정치 신뢰의 수준이 상대적으로 높은 경향이 있다는 것이다.

정치 신뢰를 설명하는 변수로 최근 특히 주목받고 있는 요인은 당파성이다.[2] 미국 대통령 선거에서 승리한 후보를 지지한 유권자는 정부와 주요 정치 제도에 대한 신뢰가 높고, 패배한 후보의 지지자는 낮은 신뢰를 보인다는 연구 결과가 있다(Anderson & LoTempio 2002). 그리고 이러한 '승자-패자 효과(winner-loser effect)'를 넘어, 정치 신뢰의 양극화(polarization) 현상

---

2 당파적 정렬(partisan sorting)개념은 미국 정치에서 유권자들의 이념과 정당일체감이 점점 일치해가는 과정으로, 주로 정치적 양극화 현상과 함께 논의되는 개념이다(e.g., Levendusky 2009). 본 논문에서는 이 개념을 정치 신뢰가 제도 수준에서 투표 선택과 긴밀히 연결되는 현상, 즉 기관 신뢰의 당파적 배열(partisan alignment of trust)를 의미하는 용어로 사용한다.

을 강조하는 목소리가 커지고 있다. 미국의 양당 지지자들 간의 신뢰의 격차가 심화하고 있으며, 이것은 단순히 정책에 대한 평가 차이 탓이 아니라, 유권자 수준에서 정당 간 부정적 감정과 동기화된 추론에 기인한다는 주장이다(Hetherington & Rudolph 2018). 유사한 맥락에서 Citrin & Stoker(2018)은 의회 내 당파적 양극화가 갈등과 비난을 증폭시켜 전반적인 정치 신뢰의 하락이라는 결과를 낳고 있음을 지적했다.[3]

당파성과 관련하여, 비주류 정당이나 후보에 대한 투표와 낮은 신뢰 사이의 상관관계를 뒷받침 하는 연구들도 있다. 미국 대통령 선거에서 정치 신뢰와 제3 후보에 대한 투표가 연관되어 있으며(Hetherington 1999; Peterson and Wrighton 1998), 캐나다와 여러 유럽 국가들에서도 낮은 정치신뢰가 주류 정당에 대한 투표가 아닌 비주류 정당 — 소위 '도전자 정당(challenger parties)'— 에 대한 투표와 관련이 있다(Hooghe et al. 2011, Pattie and Johnston 2001; Belanger and Nadeau 2005). 특히 극우 정당이나 포퓰리스트 정당 유권자들의 정치 신뢰는 주류 정당 지지자들보다 유의미하게 낮은 경향이 확인되었다(Hooghe et al. 2011; Quaranta & Martini 2025).

정치 신뢰의 당파성 문제는 '어떤 정치 제도에 대한 신뢰인가'라는 질문과 만나 한층 복잡하고 흥미로워지고 있다. 신뢰의 당파성에 대한 그동안의 많은 연구들은 정부 기관 별 차이를 반영하지 않거나, 특히 사법기관의 경우 당파성에서 자유로운 것으로 간주하는 경향이 있었다. 그러나 아프리카 국가들의 정치신뢰를 연구한 Bartels and Kramon(2020)은 시민들이 특정 기관을 당파적 정치 이익(partisan political advantage)을 달성하기 위한 수

3　정치 신뢰의 당파적 배열은 정치적 양극화 논의와도 연결된다. 미국 정치에서 정당 간 양극화는 정부와 제도에 대한 신뢰 격차를 확대하는 요인으로 지목된다(Hetherington 2005; Hetherington & Rudolph 2018). 다만 본 연구는 정치적 양극화의 문제보다는, 한국에서 신뢰가 어떤 제도들에서 어떻게 당파적으로 배열되는지에 초점을 맞추고자 한다.

단으로 여길 수 있다고 보았다. 이들은 사법 기관에 대한 신뢰에 주목하여, 시민들이 자신이 지지하는 정당의 이익에 부합하는 결과를 원하기에 집권당과의 당파적 연관을 고려하여 사법 권력에 대한 지지를 결정한다는 것이다. 즉, 누가 권력을 쥐고 있는가에 따라 사법 기관에 대한 신뢰가 달라지며, 집권 정당의 지지자는 행정부와 입법부를 제약, 감시하는 수평 권력으로서의 사법기관에 대해 덜 신뢰하는 경향이 발견되었다. 당파적 정렬이 정치 제도 신뢰를 예측한다는 것은 동아시아 민주주의 국가인 대만에서도 확인되었다. Rich(2025)는 대만 집권당의 지지자들은 대통령, 의회, 선관위 등, 선거와 관련된 정부 기관들에 높은 신뢰를 보인 반면 야당 지지자들은 이 기관들에 대해 회의적임을 밝혔다. 특히, 이 결과는 다른 (비선거적)정치 제도들에 대한 신뢰 수준과 상관없는 것으로 나타나, 신뢰의 당파성이 기관에 따라 다르게 나타날 수 있음을 시사한다.

이처럼 선행연구는 정치 신뢰를 이해하기 위해서는 성별, 연령, 교육과 같은 인구사회학적 요인뿐 아니라, 정부의 경제 성과에 대한 평가, 정당 지지와 선거 결과에 따른 당파적 연계를 고려해야 한다고 시사한다. 한국 역시 이러한 당파적 배열이 나타나고 있다는 징후가 있으나, 기관의 특성에 따라 당파성의 효과가 어떻게 다르게(또는 동일하게) 나타나는지 경험적으로 분석한 연구는 아직 부족하며, 본 연구는 이러한 공백을 메우고자 한다.

2) 정치 신뢰의 다차원성과 역인과관계 문제

정치 신뢰를 분석하는 데 있어, 중요한 방법론적 쟁점 중 하나는 이를 어떻게 측정할 것인지이다. 정치 제도 신뢰에 관한 대부분의 기존 연구들은 기관들을 구별하지 않고 단일한 차원으로 단순 종합하여 신뢰 지표로 사용하는 경향이 있다. 예를 들면, Marien & Hooghe(2011)는 정치 신뢰가 복잡한 개념임에도 불구하고 시민들은 일상에서 이를 하나의 '일반적 인식'으로 통합하여 단일 차원으로 평가하는 경향이 있다고 주장하면서, 의회, 법원, 경찰, 정당, 정치인 등 다양한 기관에 대한 신뢰 점수를 합산하여 단일 지표를 구성하였다. 반면, Fischer et al.(2010)은 정치 신뢰가 단일 차원으로만 형성된다는 기존 관점을 비판하면서, 시민들이 서로 다른 정치 기관들을 평가할 때 동일한 기준을 적용하지 않는다고 보았으며, 기관 별로 신뢰에 영향을 미치는 요인이 다르다는 것을 발견했다. 즉, 정치 신뢰는 단일하고 균질한 태도가 아니라, 평가 대상에 따라 다른 기준과 요소가 작동하는 다차원적 개념이라는 것이다.

이렇게 정치 신뢰가 단일 차원이 아니라는 주장이 최근 다양한 경험적 분석을 통해 뒷받침되고 있다. Schneider(2017)는 유럽 및 구소련권 국가들을 포함한 35개국 설문 조사 데이터를 활용한 요인분석을 수행하여, 정치 신뢰가 네 개의 차원 — 중앙정치 기관(중앙정부, 의회), 지방/지역 정부, 보호 기관(군대, 경찰), 질서·사법 기관(법원) — 으로 구분된다고 밝혔다. Breust-edt(2018) 역시 32개 민주주의 국가의 세계가치관조사(World Values Survey) 데이터를 분석해, 정치 신뢰가 대표성 기관(의회·정치인)과 비정치적·집행 기관(사법부·행정·경찰)의 두 차원으로 구분된다고 보고한다. 또한 Zmerli & Newton(2017)은 '편향적(partial) 기관'과 '공정한(impartial) 기관'으로 구분했다. 전자는 선출직 정치인·의회·정부처럼 본질적으로 정치적 성격을 지니며, 후자는 법원·중앙은행·행정기관·경찰 등 비당파적인 역할을 수행하며 법치와 공공질서를 유지하는 기관을 가리킨다.

정치 신뢰의 다차원성은 시민들이 정치 행위자에 대한 신뢰와 좀 더 중립적인 국가기관에 대한 신뢰를 구분하며, 정부 신뢰의 하락이 반드시 모든

          비상계엄-탄핵 사태와 2025년 대통령 선거

제도에 대한 불신을 의미하는 것은 아님을 시사한다. 예컨대 선출된 정치인이나 선거 과정 그 자체에 대한 불신이 깊더라도, 법원이나 경찰에 대한 신뢰는 유지될 수 있다는 것이다. 즉, 정치 신뢰를 단일 수치로 측정할 경우, 특정 기관에 대해서는 신뢰하지만 다른 기관에는 불신하는 미묘한 차이를 포착하는 데에 실패할 수 있다.

정치 신뢰 연구에서 또 다른 방법론적 문제는 역인과관계(reverse causality) 가능성이다. 정치 신뢰가 왜 중요한지, 즉 신뢰의 결과에 관한 연구들은 신뢰가 정치 참여, 투표 선택, 정책 태도 등에 영향을 미친다고 전제한다. 그러나 실제로는 그 반대의 인과가 작동할 가능성도 충분히 존재한다. 예를 들면, Bélanger(2017)는 정치 불신이 비주류 정당이나 제3 후보에 대한 투표를 촉진할 뿐 아니라, 이러한 투표 선택이 다시 정치 불신을 강화할 수 있다고 지적한다. Rooduijn(2013) 역시 포퓰리스트 정당 투표와 정치 불신 사이에는 원인과 결과가 상호작용하는 양방향 관계가 존재한다고 주장한다. 같은 맥락에서 Devine(2024)는 기존 연구들이 이러한 역인과성 문제를 충분히 고려하지 않았다고 비판하는데, 정치 신뢰를 독립변수로 설정해 분석하는 많은 연구들이 신뢰와 상호 영향을 주고받는 변수들을 종속변수로 취급하고 있을 수 있다는 것이다. 실제로 Hooghe & Dassonneville(2018)은 투표 선택이 신뢰에 영향을 미치고, 다시 신뢰가 투표 선택에 영향을 주는 선순환 또는 악순환 구조를 발견했으며, Haugsgjerd & Kumlin(2020)도 정책 평가와 정치 신뢰 사이에 유사한 상호작용 관계가 존재함을 보여 주었다.

3) 한국의 정치신뢰 연구 검토

대부분의 민주주의 국가들에서 정치 신뢰의 감소가 관찰되고 있음에도, 한국의 정치 신뢰가 일관되게 감소하고 있다는 근거는 아직 부족하다. 세계가치조사(WVS) 1981~2014년 응답 데이터를 사용하여 장기적 시계열로 분석한 연구에 의하면, 한국의 정치 신뢰는 외환위기 직후였던 2001년에 최저점을 기록했으며, 경제 위기나 주요 정치 사건에 따라 변동하는 양상을 보였다(류태건 2016). 한편, 정치신뢰는 한국에서도 정치 행태에 다각적으로 영향을 미친다고 알려져있다. 예를 들면, 지방자치에 대한 신뢰가 정치 효능감 향상에 기여한다고 밝힌 연구(이재현·김욱 2020), 정치신뢰가 선거에서의 투표와 같은 제도적 참여에 긍정적 영향을 미친다는 연구들이 있다(김혜정 2022; 정한울·이곤수 2013; 김진주 2016; 류태건 2012; 이재현 2020). 또한 정치 신뢰가 정부 역할에 대한 시민 태도, 특히 재정 지출 확대에 대한 지지에 유의미한 영향을 준다는 연구(김병섭·강혜진 2015)도 이와 관련하여 서구 민주주의 맥락에서 제기된 주장을 경험적으로 뒷받침한다.

한국 정치의 맥락에서 정치 신뢰를 종속변수로 설명하는 문헌들은 정부 성과에 대한 인식, 가치관·이념 등의 정치적 정향, 마지막으로 당파적 성격에 주목한 연구들로 크게 나눌 수 있다. 먼저, 박희봉 외(2013)는 정부정책 및 정부성과에 대한 만족이 정치적 신뢰를 높이는 핵심 요인임을 밝혔다. 또한 오현진(2021)과 김태심·조영호(2021)은 코로나19 상황에서 정부의 방역 대응에 대한 평가가 정치 신뢰를 좌우한다고 보고했다. 한편, 김기동·이재묵(2023)은 개인 일상적인 건강상태와 정치이념이 정치 신뢰에 영향을 미치는 요인이라고 분석했고, 정희옥 외(2014)는 정치효능감, 정치적 관심, 보수적인 이념이 정치신뢰를 높이는 데 기여한다고 밝혔다. 가치관·이

　　　　비상계엄-탄핵 사태와 2025년 대통령 선거

념에 주목한 또 다른 연구로, 오하석·한성민(2022)은 능력주의 신념이 체제 정당화를 유도하는 이데올로기로 작동함으로써 정부 신뢰 형성에 영향을 준다고 보고했다. 이외에도, 민주주의 인식과 정부·공적기관 신뢰가 밀접히 연관되어 있으며(이숙종 2017), 청년 정치인 확대가 필요하다고 인식할수록 정치 신뢰가 높다는 연구 결과도 있다(정다빈 2025).

정치신뢰의 당파성을 직접적으로 다룬 국내 연구는 아직 많지 않지만, 일부는 정당 지지와의 뚜렷한 연계성을 보고하고 있다 대표적으로 윤종빈·김윤실·정회옥(2015)은 높은 정치신뢰가 여당(당시 새누리당) 지지와 강하게 연결되며, 낮은 정치신뢰는 야당(민주통합당) 지지와 연관됨을 밝혔다. 또한 성예진·길정아(2021)는 정부 국정 운영에 대한 평가가 정당일체감과 상호작용하여 정치 신뢰에 영향을 미친다고 주장하면서, 여당 지지자들의 경우 정부에 책임을 묻는 정도가 두드러지게 약하기에 부정적인 평가가 신뢰를 낮추는 정도가 미미하다는 것을 보였다. 김병섭·강혜진(2015) 역시, 정권 교체 전후의 상황에서 정치신뢰가 정부 역할 인식과 정책 지지 방향에 당파적으로 작용함을 보여 주었다. 이러한 결과들은 서구 문헌에서 보고된 '승자-패자 효과' 및 당파적 신뢰가 한국에서도 충분히 나타날 수 있음을 시사한다.

종합하면, 선행연구들은 정치 신뢰의 효과뿐 아니라, 신뢰의 결정 요인을 폭넓게 규명해 왔으며, 다른 변인들과의 역인과관계 가능성도 배제하지 않고 있다. 또한 비교적 최근에는 대상이 어느 기관이냐에 따라 신뢰의 수준과 그 결정 요인이 달라질 수 있다는 문제의식과 더불어, 정당 지지 및 투표 선택과 같은 당파성 요인의 중요성이 부각되고 있다. 특히 한국의 경우, 기존 연구들이 정부 성과에 대한 평가, 가치관·이념 등의 정치적 태도, 정당 지지와 같은 요인이 신뢰 형성에 영향을 미친다는 사실을 보여 주었지만, 당파적 정렬이 어떤 기관의 신뢰에 더 강하게 반영되는지, 혹은 기관 성격에 따라 정치화의 양상이 달라지는지에 대해서는 연구가 부족하다. 다시 말해, 한국에서도 승자-패자 효과와 당파성 효과가 나타난다는 점은 확인되었으나, 정치 신뢰를 다차원적으로 측정했을 때 이러한 효과가 서로 다른 차원에서 동일하게 혹은 상이하게 나타나는지는 아직 경험적으로 밝혀지지 않았다. 본 연구는 2025년 6월 보궐 대선 직후 시점의 전국 조사 데이터를 활용하여 한국의 정치 신뢰가 어떻게 다차원적으로 구조화되어 있는지, 그리고 각 차원에서 투표 선택이라는 당파적 행위가 신뢰와 어떻게 연결되어 있는지 분석함으로써 이러한 공백을 메우고자 한다.

3. 연구 데이터와 분석 방법

본 연구는 서울대학교 국가미래전략원이 한국리서치에 의뢰하여 2025년 대통령 보궐선거(6월 3일) 직후인 6월 4~7일 웹조사 방식으로 수집한 설문 조사 응답 데이터를 활용하였다. 표본은 전국 만 18세 이상의 남녀 1,500명을 무작위로 추출한 것이다(응답률 40.2%).

종속변수인 정치 신뢰는 9개 중앙정부 기관에 대한 신뢰 문항을 통해 측정하였다. 응답자들은 "다음의 기관들을 얼마나 신뢰하십니까?"라는 질문 다음에 주어지는 국회, 대통령, 행정부, 헌법재판소, 대법원, 검찰, 경찰, 중앙선거관리위원회, 고위공직자범죄수사처에 대해 0(매우 불신)~10(매우 신뢰) 범위로 응답하였다. 지방자치 기관들은 문항에 포함되지 않아 측정에서 제외되었다. 이 9개 문항에 대해 탐색적 요인분석(EFA, Varimax 회전)을 실시하여 정치 신뢰의 다차원적 구조를 도출하였고, 산출된 요인 점수(factor

   비상계엄-탄핵 사태와 2025년 대통령 선거

analysis)는 뒤이어 수행되는 회귀분석의 종속변수로 사용하였다.

회귀분석의 목적은 정치 신뢰의 각 차원을 설명하는 데 당파적 입장이 통계적으로 유의미한지, 그리고 차원에 따라 그 영향이 상이한지 검증하는 데에 있다. 이를 위해 본 연구는 대선에서의 투표 선택을 핵심 독립변수로 활용하였다. 이는 2025년 6월 보궐 대선 직후에 즉각적으로 수집된 조사 자료라는 시점상의 특수성을 고려할 때 합리적인 선택으로 볼 수 있다. 일반적으로 선거 직후 응답자의 투표 선택은 정치적 입장이 가장 선명하게 표출된 시점에서 기록된 것이며, 특히 이번 선거는 대통령의 비상 계엄 선포와 탄핵이라는 충격적인 사건과 극단적인 사회적 갈등 속에서 치러졌다는 점에서, 투표 선택은 단순한 정책 선호 이상의 정치적 진영 선택에 대한 입장을 반영한다고 볼 수 있다. 투표 선택이 신뢰에 영향을 준다는 해석을 뒷받침하는 이론적 메커니즘으로는, 먼저 승자–패자 효과(winner–loser effect)를 들 수 있다. 기존 연구는 선거 직후 시점에서 당선 후보를 지지한 집단과 패배한 집단 간 정치 신뢰 수준의 차이를 일관되게 보여 준다(Anderson & LoTempio, 2002; Hetherington, 2005). 둘째, 동기화된 추론(motivated reasoning) 논의에 따르면, 유권자는 자신이 지지한 후보·정당과 일치하는 방식으로 제도 신뢰를 재구성하는 경향이 있다(Lodge & Taber 2013). 즉, 특정 후보를 지지하고 투표한 경험은 제도적 평가에 '색안경'을 씌워 신뢰 수준을 변화시키는 직접적 기제가 될 수 있다는 것이다. 이러한 연구들은 '누구에게 투표했는가'가 당파적 정렬(partisan alignment)의 강력한 지표임을 뒷받침한다. 따라서 투표 선택을 대리(proxy) 변수로 활용하는 것은 당파적 입장이 정치 신뢰의 각 차원과 어떤 관계인지 검증하기에 합리적 방법 중 하나로 이해될 수 있으며, 시의성과 이론적 근거를 확보할 수 있다. 본 연구는 이재명, 김문수, 이준석에 대한 투표 여부를 각각 더미 변수로 변환하여 회귀모형의 독립변수로 포함되도록 설계하였다.

이와 함께, 통제 변수로 인구사회학적 특성, 사회경제적 지위, 정치적 태도, 거주 지역을 회귀모형에 포함하였다. 먼저, 인구사회학적 특성은 정치 신뢰 연구에서 일관되게 통제되어 온 기본 변수들이다. 대체로 남성이거나 연령이 높을수록 신뢰 수준이 높다고 알려져 있으나(e.g.. Dalton 2005; Norris 2011; Zmerli & Newton 2017; Hooghe, Marien & Pauwels 2011; Stoker & Evans 2019; 류태건 2016; 김기동 이재묵 2023), 여성이 더 높은 신뢰를 보인다는 연구 결과도 일부 존재한다(정희옥 외 2014). 성별은 여성=1, 남성=0으로, 연령은 39세 이하, 40~59세, 60세 이상 세 집단으로 나누어 각각 더미화하였다.

사회경제적 지위 역시 정치 신뢰의 주요 결정 요인으로 알려져 있다. 고학력자와 상위 계층으로 자신을 인식하는 집단은 제도에 대한 신뢰가 상대적으로 높으며, 사회경제적 지위가 낮으면 신뢰 수준도 낮아지는 경향이 보고되었다(Dalton 2005; Hooghe, Marien & Pauwels 2011; Zmerli & Newton 2017; Norris 2011; Anderson & Singer 2008; Uslaner 2002; 김기동 이재묵 2023). 사회경제적 지위의 지표로, 교육 수준은 4년제 대학 재학·졸업 이상=1, 그 미만=0으로, 주관적 계층 인식은 1=최하층, 5=최상층으로 설정하여 통제하였다.

다음으로, 정치 신뢰에 영향을 미칠 수 있는 심리적, 인지적 변수들을 고려하였다. 정치적 관심이 높을수록 정부와 제도에 대한 평가가 긍정적이며 신뢰 수준이 높다는 것이 선행 연구들에서 확인된 바 있다(e.g., Almond & Verba 1963; Dalton 2004; Hooghe & Marien 2013; Zmerli & Newton 2017; Devine 2024; 정희옥, 윤종빈, 김진주 2014). 이를 반영하여, '개인적으로 정치에 어느 정도 관심이 있으십니까'라는 문항을 사용하여, 1=전혀 관심 없음, 5=매우 관심 있음으로 설정하였다. 또한, 시민이 정치 과정에 영향력을 행사할 수 있다고 느낄수록 정치 신뢰 수준이 높다는 기존 연구 결과는 정치 효능감을 통제해야 할 필요성을 뒷받침한다(Easton 1965; Craig, Niemi & Silver 1990; Levi & Stoker 2000; Marien & Hooghe 2011; Citrin & Stoker 2018; 정다빈 2025; 이재현 & 김욱 2020). 외적 효능감과 내적 효능감으로 나누어 각각 두 개 문항의 평균값을 사용하였으며, 1=낮은 효능감, 5=높은 효능감으로 설정하였다. 정치 이념 역시, 정치 신뢰의 주요 변인 중 하나로 알려져 있다(Hetherington 2005; Rudolph & Evans 2005; Dalton 2017; Anderson & Tverdova 2003; Citrin & Stoker 2018). 한국의 경우, 보수성향일수록 정치 신뢰가 높다고 보고되었으나(정희옥, 윤종빈, 김진주 2014; 김기동, 이재묵 2023), 어느 기관에 대한 신뢰냐에 따라 이념의 효과가 다르다는 연구 결과도 존재한다(정다빈 2025). 주관적 자기 이념은 일반적으로 널리 활용되는 11점 척도(0=매우 진보, 10=매우 보수)로 측정하였다.

기타 정치적 태도 변수로, 민주주의 제도 운영을 긍정적으로 인식하는 시민일수록 정치 신뢰 수준도 높다는 기존 연구가 다수 있음을 반영하여(Norris 2011; Zmerli & Newton 2017; 이숙종 2017), 한국 민주주의 체제를 얼마나 민주주의적으로 평가하는지(0=전혀 민주주의적이지 않음, 10=매우 민주주의적)를 통제하였다. 또한, 기존 연구들은 선거 부정 인식이 정치 불신을 강화하며(Norris 2014; Birch 2011), 권력 남용에 대한 견제 장치가 공정하고 독립적으로 작동한다고 인식할수록 신뢰가 제고된다고 본다(Easton 1965; Mishler & Rose 2001; Lühiste 2006). 따라서 윤석열 대통령 탄핵에 대한 인식(0=매우 부정적, 10=매우 긍정적)과 조직적 선거부정 주장에 대한 동의 수준(1=전혀 동의하지 않음, 4=매우 동의함)을 통제하는 것은 이론적으로 타당할 뿐 아니라 한국 정치의 현재적 맥락을 반영한다는 점에서 의미가 있다. 경제 성과를 긍정적으로 평가할수록 정부에 대한 신뢰 수준도 높아진다는 것이 다수의 연

<표 1> 독립변수와 통제변수: 코딩 방식과 기술통계

변수명	측정 문항/정의	코딩 방식	평균	표준 편차	N
성별	성별	여성=1, 남성=0	0.50	0.50	1500
연령	연령대	39세 이하 / 40–59세 / 60세 이상 → 각각 더미 변수 생성			1500
교육 수준	최종학력	4년제 대학 재학·졸업 이상 =1, 그 미만=0	0.62	0.46	1500
주관적 계층 인식	본인 사회경제적 지위 인식	1=최하층 ~ 5=최상층	2.51	0.79	1500
정치 관심	"개인적으로 정치에 어느 정도 관심이 있으십니까?"	1=전혀 관심 없음 ~ 5=매우 관심 있음	3.79	0.90	1500
외적 효능감	(1)"나 같은 사람은 정부가 하는 일에 영향을 주기 어렵다"; (2)"정부는 나 같은 사람의 의견에 관심이 없다"	모두 역코딩 후 1=낮음 ~ 5=높음 (두 개 문항 응답의 평균값 채택)	2.61	0.57	1500
내적 효능감	(1)"나는 우리 사회의 중요한 정치 문제를 잘 알고 있다"; (2)"대부분의 사람이 정치 문제에 대해 나보다 더 잘 알고 있다"	(2)를 역코딩 후, 1=낮음 ~ 5=높음 (두 개 문항 응답의 평균값 채택)	2.69	0.98	1500
이념	주관적 자기 이념	0=매우 진보 ~ 10=매우 보수	5.06	2.23	1500
윤석열 탄핵 인식	"윤석열 대통령 탄핵에 대해 어떻게 평가하십니까?"	0=매우 부정적 ~ 10=매우 긍정적	6.64	3.63	1414
민주주의 평가	"한국의 정치 체제에 대해 어떻게 평가하십니까?"	0=전혀 민주주의적이지 않다 ~ 10=매우 민주주의적이다.	4.82	2.31	1500
선거부정 인식	"최근 몇 차례의 선거에서 조직적인 선거부정이 있었다는 주장에 대한 동의"	1=전혀 동의하지 않음 ~ 4=매우 동의함	2.19	1.02	1500
경제 평가	"지난 3년간의 우리나라 경제상황을 어떻게 평가하십니까?"	1=매우 나빠졌다 ~ 5=매우 좋아졌다	1.95	0.99	1500
투표 참여	투표 여부	불참=0, 참여=1 (투표권 없음/ '모르겠다' 제외)	0.94	0.24	1486
투표 선택	대선 후보	이재명, 김문수, 이준석 → 각각 더미 변수 생성			1312
지역	거주 지역	호남, 영남, 기타 → 각각 더미 변수 생성			1500

 비상계엄–탄핵 사태와 2025년 대통령 선거

구에서 확인되었기에(Newton 2006; Wroe 2016; 류태건 2016), 회고적 경제평가 (1= 매우 나빠짐, 5=매우 좋아짐)를 추가로 통제하였다.

투표 참여 여부 역시 정치 신뢰와 밀접히 연관된 변수이므로 모형에 통제변수로 포함하였다. 기존 연구들은 낮은 정치 신뢰가 투표 기권과 같은 제도적 불참과 연결된다는 점을 반복적으로 보고해 왔다(Pattie & Johnston 2001; Bélanger & Nadeau 2005; Hooghe & Marien 2013). 따라서 투표하지 않은 집단은 제도적 신뢰 수준이 체계적으로 낮을 가능성이 높으며, 이를 통제하지 않을 경우 정치 신뢰와 당파적 선택의 관계가 편향되게 추정될 수 있다. 이러한 이유로, 본 연구에서는 투표권이 없거나 응답을 유보한 사례를 제외한 뒤, 투표 불참자=0, 참여자=1로 처리하여 회귀모형의 통제변수로 포함하였다.

마지막으로, 민주화 이후 한국 정치에서 유권자 행태를 설명하는 강력한 변수인 지역주의를 고려할 필요가 있다. 특히 영호남 지역주의는 정당 지지 및 투표 선택에 영향을 미치며, 이를 통해 정치 신뢰와도 관련될 가능성이 있다. 거주 지역에 따라 호남, 영남, 그 외 지역으로 나누어 각각 더미 변수로 코딩하였다. 독립변수와 통제변수들의 코딩방식과 기술통계를 〈표 1〉에 정리하였다.

4. 분석

1) 예비분석: 기관별 신뢰 수준 비교

정치 신뢰의 다차원성을 탐색하고 누가 어떤 기관을 신뢰하는지를 분석하기 전에, 여러 기관에 대한 신뢰 수준을 기술통계적으로 비교하고 그 당파적 배열 가능성을 탐색해 보겠다.

먼저 〈그림 1〉은 9개 중앙정치 기관들에 대한 신뢰도를 문항의 원래 응답 척도 그대로 평균을 구하여 시각화한 결과이다. 모집단에 대한 평균 추정치의 불확실성을 반영하기 위해, 평균과 함께 표준오차를 표시하였다. 0–10 사이에서 신뢰 수준을 표시하도록 문항을 구성하였으나, 평균이 5점 이상인 기관은 없었다. 9개 기관들 중 가장 신뢰 수준이 낮게 나타난 기관은 검찰(3.24)이었으며, 그 다음이 국회(3.68)였다. 2022년 제 20대 대통령 선거 이후부터 2025년 21대 대통령 선거까지 국회의 다수당과 여당이 일치하지 않는 분점정부 상황이었으며, 이 시기 대통령이 대선 출마 직전까지 검찰 수뇌부였음을 그대로 반영하는 듯한 결과이다. 정치화되었다는 인식이 유권자들 사이에 팽배해있는 기관들로서, 갈등의 최전선에 있는 기관들

〈그림 1〉 9개 기관별 신뢰 평균 (0–10 척도)

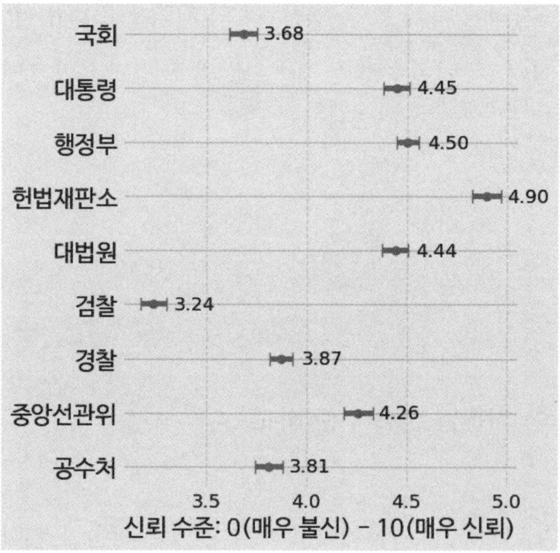

이 가장 낮은 신뢰를 받고 있는 것으로 보인다. 한편, 갈등의 주체이기 보다는 상대적으로 정치적 중립을 지키는 기관들로 인식되는 헌법재판소(4.9)와 행정부(4.5)가 다른 기관들보다 비교적 더 신뢰받는 것으로 나타났다.

〈그림 2〉는 2025년 대통령 보궐선거에서의 투표 선택에 따라 각 기관에 대한 평균 신뢰도를 비교한 결과를 보여 준다. 분석은 주요 후보별로 응답자 집단을 구분하여, 동일한 0~10 척도 상에서 각 기관에 대한 평균값을 산출하고, 이를 서로 비교하는 방식으로 이루어졌다. 평균값이 집단간에 얼마나 비슷하거나 다른지를 직관적으로 제시하기 위해, 45도 기준선(y=x) 주변에 점선으로 참고 허용범위(±⊿, 항목별 집단간 평균 차에서 95% 신뢰구간의 반폭을 평균낸 값)를 점선으로 표시했다. 점이 두 점선 사이에 위치하면 두 집단의 평균이 서로 별 차이가 없는 것으로, 바깥에 위치하면 차이가 분명한 것으로 해석할 수 있다.

먼저, 이재명 후보 투표층과 김문수 후보 투표층를 비교한 〈그림 2 (a)〉를 보면, 두 집단 간 신뢰도의 차이가 기관별로 뚜렷하게 나타난다. 이재명 투표층은 헌재, 선관위, 대통령, 공수처, 국회에 대한 신뢰 수준이 높으며, 이 기관들에 대해 평균적으로 5 이상을 기록했다. 그러나 김문수 투표층은 이 기관들에 대해 상대적으로 더 낮은 신뢰를 나타냈다(4점 미만). 반면 김문수 투표층은 대법원과 검찰에 대해 가장 높은 신뢰(4점 이상)를 보였으며, 이재명 투표층의 경우, 경찰과 함께 이들 기관의 신뢰도가 김문수 투표층과 유사하거나 더 낮았다. 이는 양 진영이 서로 다른 국가기관을 '정치적 우위 확보의 핵심 수단'으로 인식하고 있음을 시사한다. 특히 검찰과 대법원은 한쪽 진영에서는 권력 남용과 정치적 편향의 상징으로, 다른 진영에서는 법치주의와 질서 유지를 위한 필수 장치로 받아들여지는 등, 사법·치안 기관이 강한 정치적 의미 부여와 평가의 분열을 겪고 있는 영역임을 보여 준다.

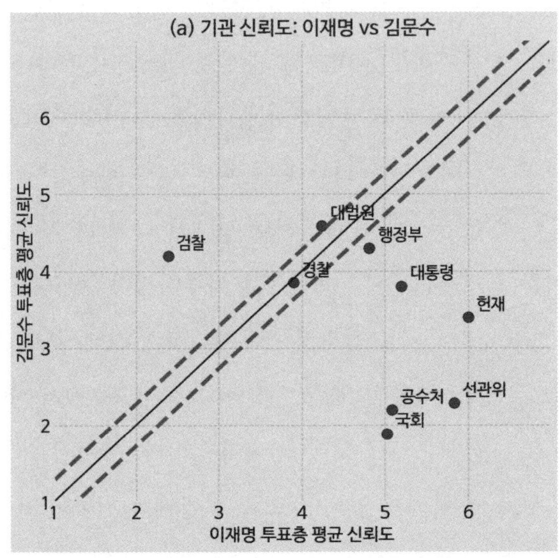

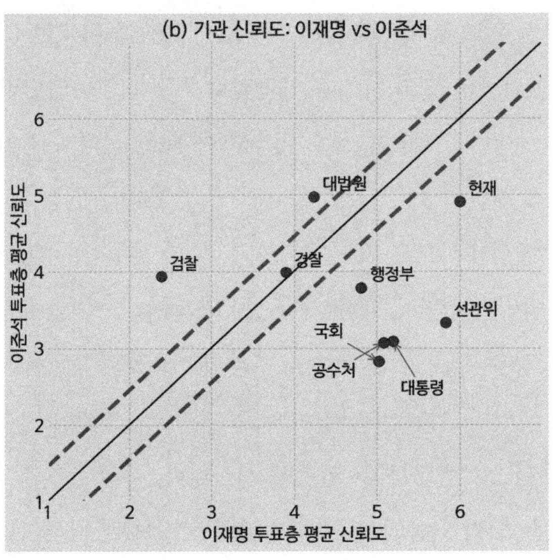

〈그림 2〉 2025년 대선 투표 선택에 따른 기관 신뢰 비교

더불어, 국회·공수처·중앙선관위 역시 정치 갈등의 핵심 무대로 인식되며, 한쪽에서는 민주적 대표성과 정당성 확보의 주체로 신뢰받는 반면, 다른 쪽에서는 정파적 이해관계에 종속된 불신의 대상으로 평가되는 경향이 반영된 것으로 보인다.

〈그림 2-(b)〉는 이재명 후보 투표층과 이준석 후보 투표층의 정치 신뢰를 비교한 결과이다. 이준석 투표층이 가장 신뢰하는 기관은 대법원과 헌재였다. 그러나 두 투표층 간에도 여러 기관들에서 신뢰의 격차가 뚜렷했다. 이준석 투표층은 선관위, 대통령, 국회, 공수처에 대해 이재명 투표층보다 두드러지게 덜 신뢰했으며, 헌재와 행정부에 대해서도 신뢰 수준이 약간이지만 더 낮았다. 이준석 투표층의 대법원 신뢰(4.97)는 이재명 투표층(4.25)보다 약간 높았으며, 헌재 신뢰(4.91)는 이재명 투표층(6.00)보다 낮았다. 특히 중앙선관위 신뢰의 경우, 이준석 지지자들이 뚜렷하게 낮으며(3.33) 이재명 투표층(5.83)과의 격차가 가장 크게 나타난 기관으로, 선거 공정성에 대한 의심이 강하게 작용했음을 보여 준다.

종합하면, 〈그림 2〉는 한국에서 정치 신뢰가 강한 당파적 배열을 띠고 있으며, 그 양상은 기관의 성격에 따라 다르게 나타날 가능성을 시사한다. 일부 기관은 비교적 당파성이 낮아 보이지만, 전반적으로 특정 진영이 신뢰하는 기관을 다른 진영은 불신하는 거울상(mirror image) 패턴이 확인된다. 이는 정치 신뢰가 단순히 각 제도의 성과나 기능에 대한 평가를 넘어, 유권자의 정치적 진영 구도 속에서 해석되고 있음을 보여 준다.

2) 분석 결과

다음으로, 탐색적 요인분석을 실시하여 정치 신뢰의 다차원적 구조를 확인하였다. 이어서 도출된 요인 점수를 종속변수로 설정하고, 투표 선택 및 각종 통제변수를 포함한 회귀분석을 수행하였다. 이를 통해 당파적 입장에 따라 기관 차원별로 신뢰 수준이 어떻게 달라지는지 통계적으로 검증하였다.

(1) 요인분석 결과

9개 중앙정부 기관에 대한 신뢰 문항을 대상으로 탐색적 요인분석(Exploratory Factor Analysis, Varimax 회전)을 실시한 결과, 응답자들은 이들 기관을 세 차원으로 구분하여 평가하는 것으로 나타났다. 〈표 2〉에 나타난, 요인부하량과 공통분산 분석을 통해 도출된 세 개의 요인은 다음과 같다. 먼저, 첫 번째 요인(F1)은 국회, 헌법재판소, 중앙선거관리위원회, 고위공직자범죄수사처가 높은 부하량을 보였다. 이 요인은 민주적 대표성과 공정한 절차 보장에 관여하는 기관들에 대한 신뢰를 반영한다. 전체 분산 설명 비율 중 약 53%를 차지하며, 세 요인 중 가장 큰 비중을 가진다. 주목할 점은, 이러한 구분이 단순히 입법·행정·사법이라는 제도적 기능만으로 설명되지 않는다는 것이다. 헌법재판소는 기능적으로는 사법기관이지만, 탄핵심판과 위헌법률심판 등을 통해 헌법 질서를 수호하고 민주적 절차의 정당성을 보장하는 역할을 수행한다는 점에서 국회나 선관위와 함께 묶인 것으로 보인다. 중앙선관위와 공수처 역시 행정적 성격을 갖고 있음에도 불구하고, 시민들에게는 행정부나 사법부로부터 독립된 기관으로서 민주적 가치를 확보하는 장치로 평가되는 것으로 보인다. 이러한 결과는 시민들이 정부 기관을 평가할 때 단순히 기능적 유사성만으로 기관을 구분하는 것이 아니라 민주주의 체제와 관련된 가치적 기준을 함께 적용한다는 것을 시사한다.

 비상계엄–탄핵 사태와 2025년 대통령 선거

〈표 2〉 정치 신뢰의 다차원적 구조

기관	회전요인부하량 (Varimax 회전, 회귀계수)			공통분산 (communalities)
	F1	F2	F3	
국회	1.99	−0.08	0.87	4.74
대통령	0.92	0.28	2.00	4.94
행정부	0.77	0.78	1.39	3.14
헌법재판소	2.05	0.56	0.44	4.70
대법원	0.49	1.86	0.34	3.80
검찰	−0.26	2.20	0.22	4.95
경찰	0.75	1.55	0.20	3.00
중앙선거관리위원회	2.51	0.07	0.37	6.42
고위공직자범죄수사처	2.27	0.13	0.42	5.35
요인별 분산 설명 비율 (% of Variance Explained by Factor)	0.53	0.28	0.18	

두 번째 요인(F2)은 대법원, 검찰, 경찰이 포함되어 주로 질서유지와 처벌(법의 적용) 기능을 수행하는 기관들로, 하나의 독립된 신뢰 차원으로 묶였다. 전체 분산 설명 비율은 약 28%였다. 마지막 요인(F3)은 대통령과 행정부를 포함하며, 국가 운영과 정책 집행이라는 행정적 리더십과 집행 능력에 대한 신뢰를 나타낸다. 분산 설명 비율은 약 18%로 나타났다. 요인분석 적합성 검정을 위한 KMO(Kaiser–Meyer–Olkin) 값은 0.815로 요인분석에 적합한 수준이었으며, Bartlett 구형성 검정 결과 $\chi^2(36)=8048.44$, $p<0.01$로 유의하게 나타나 변수들 간 상관이 요인분석을 수행하기에 충분히 크다는 것을 확인하였다.

이 결과는 한국 유권자들이 국가기관 신뢰를 평가할 때, 모든 기관을 동일한 기준으로 보지 않고 어느 정도 기능과 가치에서의 유사성에 따라 세 집단으로 구분하여 인식한다는 점을 보여 준다. 즉, 민주적 대표성의 구현과 절차의 정당성을 담보하는 기관, 범죄 수사와 처벌에 관여하는 기관, 그리고 행정 집행을 담당하는 기관이라는 세 영역이 정치 신뢰의 다차원적 구조를 형성하고 있음을 확인할 수 있다. 이러한 분류는 후속 분석에서 각 차원이 어떤 인구사회학적 특성이나 정치적 선호, 투표 선택과 연결되는지를 탐색하는 기초가 된다.

〈그림 3〉은 세 요인쌍 (F1–F2, F1–F3, F2–F3)에 대해 투표집단별 점수 분포를 산포도로 제시하고 각 집단의 중심(검은 X , 평균점 또는 센트로이드)과 밀집도 상위 25%인 영역(반투명 볼록껍질)을 함께 표시한 것이다. 전반적으로 분포가 상당 부분 투표 집단 간에 중첩되긴 하지만, 집단 간 중심 위치와 퍼짐의 차이로부터 몇가지 경향을 파악할 수 있다. 첫째, F1–F2 평면에서 투표 선택에 따른 집단 간 분리가 가장 선명하게 나타났다. 이재명 투표층의 중심은 F1 점수가 양(+)으로 높게 형성되어 있고 F2에서는 약간 음에 가까운 0 부근에 분포한다. 반면, 김문수 투표층은 F1에서는 음(–)의 값에 가까운 낮은 신뢰를 보이는데, F2 점수는 양(+)의 방향으로 상대적으로 높은 편이다. 이준석 투표층은 두 요인 모두에서 대체로 원점 인근에 위치하되, F1에서는 다소 낮고 F2에서는 약간 높은 경향이 관찰된다. 둘째, F1–F3 평면에서는 주로 F1 축을 따라 집단 차이가 나타난다. 이재명 투표층은 F1에서 뚜렷하게 양(+)의 값들에 분포하며, F3에 대해 0을 중심으로 넓게 퍼져 있으나 양(+)의 값 분포가 약간 더 많다. 김문수 투표층은 F1에서 대체로 음(–)의 값을 보이며, F3은 0을 중심으로 넓게 퍼져있다. 이준석 투표층은 F1에서 0 부근에서 살짝 음(–)의 값 분포를 보이지만, F3의 차원에서 음(–)의 방향으로 퍼져 있는 패턴을 뚜렷하게 확인할 수 있다. 마지막으로 F2–F3 평면에서 투표층 간 분리가 가장 약하게 나타났다. 이재명과 김문수 투표층은 F3에서 대략 비슷하게 원점을 중심으로 넓게 퍼져 있되, F2 방향에서는 서로

   비상계엄–탄핵 사태와 2025년 대통령 선거

<그림 3> 투표선택에 따른 요인점수 분포 비교

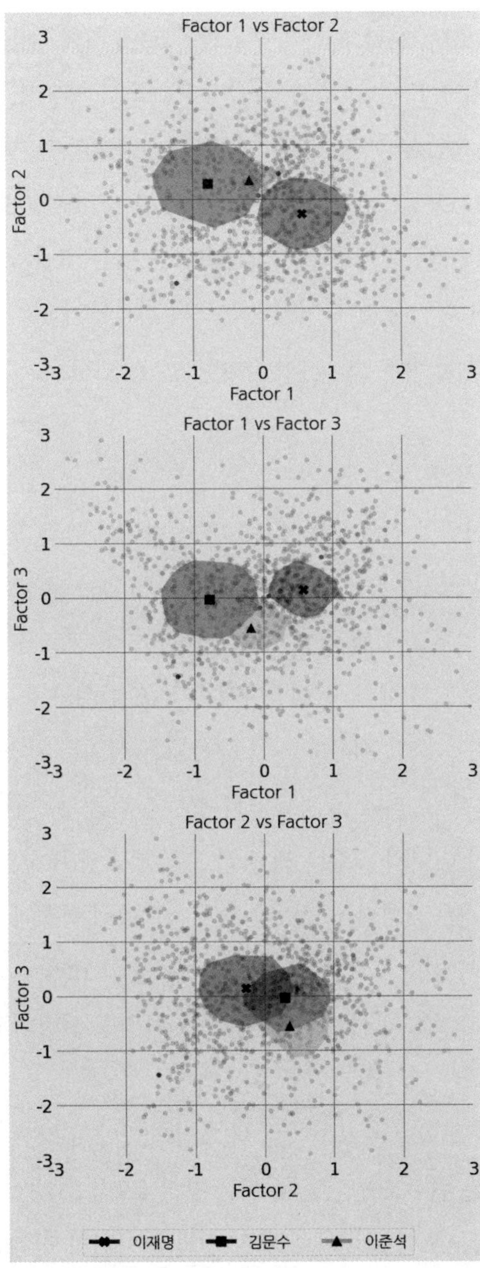

엇갈려 전자보다 후자가 치안과 처벌 관련 기관들을 약간 더 신뢰한다는 것을 확인할 수 있다. 한편, 이준석 투표층은 F2에 대해 김문수 투표층과 유사하게 분포하지만, F3은 세 집단 중 가장 음(-)으로 치우쳐 구분된다.

종합하면, 세 요인 중 가장 명확하게 투표 선택 집단간 차별성을 확인할 수 있는 것은 F1(대표성·정당성 관련 신뢰)이며, F2(수사·처벌 관련 신뢰)는 이재명 투표층을, F3(행정·집행 신뢰)은 이준석 투표층을 다른 집단과 상대적으로 구별시키는 차원으로 작용한다. 이러한 분포는 기관들의 영역별 신뢰가 투표 선택에 따라 상반된 방향성을 가질 가능성을 시사한다.

(2) 회귀분석 결과

〈표 3〉은 각 신뢰 요인의 요인 점수를 종속변수로 하고, 인구사회학적 특성 및 주요 정치태도를 통제한 뒤 투표선택의 효과를 추정한 결과이다. 먼저, 모형 1에서는 투표 선택 대신, 투표 참여를 넣어 제도적 정치 참여의 독립 효과를 확인하고자 했다. 선행 연구들은 투표 참여와 높은 정치 신뢰 사이의 상관관계가 있다고 제시하고 있으며, 낮은 신뢰는 기권(exit)으로 이어질 수 있다고 본다. 그러나 본 자료에서 정치 신뢰를 종속변수로 분석하였을 때, 투표 참여 더미의 계수는 세 요인 모두에서 양(+)이었으나 통계적으로 유의미한 관계는 나타나지 않았다. 인구사회학적 특성과 정치태도 변수들을 함께 통제하면서, 투표 참여는 이들 변수들의 효과에 상당 부분 흡수된 것으로 보인다. 즉, '참여했는가'만으로는 차원별 신뢰의 변이를 설명하기 어렵다.

한편 모형 2에 포함한 투표선택은 세 요인 전반에서 가장 강력하고 일관된 영향을 미치는 변수로 확인된다. 이는 앞서 〈그림 2〉와 〈그림 3〉에서 관찰된 기관 신뢰 분포의 차이가 우연한 결과가 아니라 잠재적으로 중요한

<표 3> 기관 신뢰(F1, F2, F3)를 설명하는 요인들에 대한 OLS 회귀분석

	F1		F2		F3	
	모형 1	모형 2	모형 1	모형 2	모형 1	모형 2
여성	−0.027	−0.071*	−0.007	0.009	−0.113**	−0.137**
연령 39세 이하	−0.104**	−0.062	0.152**	0.149**	−0.210**	−0.214**
연령 60세 이상	−0.097**	−0.001	0.242**	0.200**	0.140**	0.160**
정치적 관심	0.037*	0.019	−0.084**	−0.092**	0.016	0.007
내적 효능감	0.136**	0.113**	0.005	0.016	0.074**	0.049*
외적 효능감	−0.105**	−0.103**	−0.052	−0.081**	0.094**	0.109**
주관적 자기이념	−0.065**	−0.040**	0.056**	0.026**	−0.017	−0.009
윤석열 탄핵 인식	0.003**	0.002**	−0.000	0.001	−0.001	−0.001
한국 민주주의 평가	0.119**	0.096**	0.064**	0.071**	0.090**	0.091**
선거부정론	−0.334**	−0.283**	0.070**	0.015	0.056**	0.107**
회고적 경제 평가	0.015	0.004	0.245**	0.211**	0.086**	0.084**
4년제 대 재학 이상	−0.114**	−0.093**	0.03	0.019	−0.002	0.039
주관적계층인식	0.079**	0.077**	0.056*	0.041	−0.02	−0.03
지역_호남	0.237**	0.171**	−0.021	0.002	0.093	0.048
지역_영남	0.034	0.001	−0.074	−0.087	−0.027	−0.029
투표참여	0.028		0.055		0.148	
투표_김문수		−0.454**		0.416**		−0.214**
투표_이준석		−0.340*		0.481**		−0.480**
Intercept	0.165	0.386**	−1.059**	−0.762**	−1.226**	−1.044**
R²	0.520	0.566	0.182	0.204	0.107	0.127
N	1486	1312	1486	1312	1486	1312

p<.05**; p<.1*

여러 변수들을 통제한 이후에도 유지되는 체계적 패턴임을 보여 준다. 모형의 설명력은 F1에서 가장 크게 나타났고(R²=0.52~0.57) F2와 F3의 경우에는 비교적 낮아(F2: R²=0.18~0.20, F3: R²=0.11~0.13), 한국에서의 '정치 신뢰의 정치화'가 주로 민주적 대표성·정당성 차원(F1)을 중심으로 전개되고 있음을 시사한다.

 각 신뢰요인 별, 투표 선택 변수가 포함된 모형 2를 구체적으로 살펴보면, 첫째, F1(대표성·정당성 기관 신뢰)에서 이재명 투표층은 타 집단 대비 통계적으로 유의미하게 높은 수준인 반면, 김문수 투표층은 유의미하게 낮은 수준을 보인다. 이준석 투표층은 이재명 투표층보다는 낮지만 김문수 투표층보다는 약간 높다. 민주적 대표성과 절차적 정당성을 담보하는 제도들(국회·헌재·선관위·공수처)에 대한 평가가 정치적으로 누구를, 어느 정당을 지지하느냐에 따라 가장 분명하게 갈리는 차원임을 확인할 수 있다.

 둘째, F2(수사·처벌 기관 신뢰)에서는 이준석, 김문수 투표층이 이재명 투표층에 비해 두드러지게 높은 신뢰를 보였다. 보수적인 이념이나 보수적 문화를 가진 특정 지역 거주, 높은 연령대와 같은 조건을 가진 유권자라면, 공공의 안전과 사회질서 유지를 담당하는 기관들에 대한 신뢰가 높은 것은 자연스러울 것이다. 그러나 연령대, 주관적 자기 이념, 지역(예를 들면 영남)을 통제했는데도, 투표 선택에 따라 이 요인 점수가 크게 달라진다. 즉, 그림 3의 F1-F2 이차원 공간에서 관찰된 대각선상의 진영 간 대비가 회귀분석 결과에서 여전히 유지되는 것을 확인하였다.

 셋째, F3(행정·집행 기관 신뢰)에서는 이재명 투표층이 가장 높고, 이준석 투표층이 가장 낮은 값을 보이는 경향이 유의미하게 나타난다. 정책 집행과 행정 성과를 담당하는 기관에 대한 신뢰 역시 투표선택에 따라 정렬하고 있는 것이다. 대통령 선거에서의 투표 선택과 선거 결과에 따른 승자-패자 효과 때문에, 김문수, 이준석 투표층은 대통령에 대한 신뢰수준이 포함된 이 요인의 값이 낮게 나타나는 것이 놀랍지 않다. 단순 기술통계를 반영한 그림 2에서 볼 수 있듯이, 대통령의 경우 각 투표층의 신뢰 평균값을 나타내는 점이 동일선(45도 선)에서 좀 더 멀리 떨어져 있고, 행정부는 그보다 가깝다.

　다만 흥미로운 점은, 이 두 기관에 대해서 원내 제4당(국회 의석 3석)이며 대선 득표율 8% 남짓한 이준석 투표층이 김문수 투표층보다 더 낮은 신뢰를 보인다는 점이다. 그 이유를 추측해 보건대, 단순한 승자–패자 효과를 넘어, 국가의 집행 능력과 관료제의 효율성에 대한 회의가 이준석 투표층에서 상대적으로 강할 가능성을 꼽을 수 있다. 이들이 규제 완화·민간 주도·작은 정부를 강조하는 담론에 공명하면서, 공공부문 성과의 구조적 한계를 크게 보는 경향이 있는 집단이라면, 그만큼 행정 수반에 대한 제도적 신뢰뿐 아니라, 정책을 실제로 수행하는 행정 기관 전반에 대한 신뢰가 낮게 나타날 수 있을 것이다. 특히 관료조직의 경직성에 대한 비판적 인식 — 예를 들면 공무원 노조의 이해관계에 따른 저항, 국가고시 중심의 폐쇄적인 선발이 고용보장으로 이어지는 이른바 '철밥통' 문화 — 이 강하다면, 저출산이나 국민연금 등 시급하지만 장기적인 과제를 설계, 수행하는 능력에 대해 불신하게 될 수 있다.

　더구나 이준석 후보가 정치를 주식시장에, 유권자를 주주에 공공연하게 비유해 온 점(이준석 2023)은 시민을 '주인(principal)', 관료를 '대리인(agent)'으로 보는 프레임을 강화하여 행정을 상시 감시 및 통제 대상으로 인식하게 만들 수 있다. 또 정부를 '경영진'으로 보며 정부도 기업과 다를 바 없이 주주의 성과에 따라 평가받아야 한다는 인식도 신뢰의 기본값을 낮추고, 작은 지연이나 시행착오에도 신뢰의 하락 폭을 키우는 방향으로 작동할 가능성이 있다. 정부가 민주적 절차에 따라 신중하게 운영되어야 한다는 믿음에 비해, 정부는 기업처럼 효율성을 극대화하는 방식으로 운영되어야 한다는 믿음이 정치 과정에 대해 더 비판적인 평가와 연관되는 것으로 보고하는 연구가 이러한 가설을 뒷받침한다(Gangl 2009). 나아가 통제되지 않은 변수들 가운데 직업 및 고용 분야 측면에서 이준석 투표층이 그 구성상 민간 부문 경쟁과 플랫폼 경제와의 접점이 높은 이들이라면, 공공서비스 대비 민간 대안의 효율성에 대한 긍정적 기대가 추가 경로로 작동하여 F3(행정·집행 기관 신뢰)를 낮출 가능성도 배제할 수 없다.

인구사회학적 변수로 통제된 성별과 연령대의 효과도 살펴보겠다. 먼저 성별 효과는 신뢰 요인별로 일관되지 않았다. F1(대표성·정당성)과 F3(행정·집행)에서는 여성일수록 신뢰가 낮았지만, F2(치안 처벌)에서는 유의미한 성별 격차가 보이지 않는다. 그 원인으로는 민주적 정치과정에서 여성의 대표성이 낮은 수준에 머무르고 있다는 점과, 여성이 일상적으로 행정 접촉이 잦은 영역(복지, 교육, 보건 등)에서 응답성과 공정성에 대한 기대와 경험의 불일치를 더 크게 체감할 수 있다는 점을 생각해 볼 수 있다. F2의 경우, 남성들만큼 여성들도 개인의 안전에 대한 욕구와 보호 필요성이 큰 반면, 이 영역에서는 현실적으로 국가 외부에서 더 효과적인 대안을 찾기가 어려워 성별 격차가 나타나지 않는다는 해석이 가능하다.

다음으로 연령대 효과를 살펴보면, F1에서는 투표선택 변수를 포함했을 때 연령대 효과가 사라진다(모형 2). 이번 대선에서 연령대별 투표 정렬이 뚜렷했던 만큼, 모형 1의 연령대 효과는 투표선택에 흡수된 것으로 보인다. 그러나 F2와 F3에서는 투표선택과 독립적으로 연령 효과가 유지되고, 특히 F3에서는 투표 선택을 포함했을 때 오히려 효과가 소폭 강화된다. 구체적으로, F2에서는 U자형 패턴(청년 및 고령 〉 중년)이 나타나는데, 청년층과 고령층이 온라인 사기나 일상에서의 안전 문제에 더 민감하거나 범죄에 대한 불안을 더 크게 느껴 이 기관들에 대한 높은 의존도가 신뢰로 이어지는 것으로 해석해 볼 수 있다. 반면 F3에서는 젊을수록 불신이 강한 선형적 패턴이 드러나는데, 주택, 연금, 고용 등, 장기적 과제의 성과에 대한 중년층의

    비상계엄–탄핵 사태와 2025년 대통령 선거

실망과 그보다 한층 더 부정적인 청년층의 평가 때문일 수 있다. 요컨대 동일 진영 내부에서도 세대 간 신뢰 격차가 무시하기 어려운 수준으로 존재한다.

정치적 태도 변수들도 신뢰요인 별로 그 효과와 방향이 대체로 일관되지 않게 나타났다. 우선 정치적 관심이 투표선택을 포함하고도 유효했던 경우는 F2뿐이었으며, 이 경우 낮은 정치적 관심이 높은 신뢰와 상관관계를 보였다. 높은 내적 효능감은 F1과 F3에서만 신뢰를 유의하게 높였고, 외적 효능감은 세 요인에서 모두 유의했으나 F3에서만 그 방향이 양(+)으로 나타났다. 이념의 경우, 스스로 진보라고 생각할수록 F1 신뢰가 높았으며 보수일수록 F2 신뢰가 높았지만, F3과 이념 간에는 유의미한 관계가 보이지 않았다. 선거 당일 까지 한국 사회를 흔들었던 윤석열 전 대통령 탄핵 이슈는 F1에서만 유의미한 효과를 드러냈다. 탄핵에 찬성할수록 민주적 대표성과 정당성 관여 기관 신뢰가 높게 나타난 것이다. 유일하게 세 신뢰 요인에 걸쳐 유의미한 효과를 보인 정치적 태도 변수는 한국 민주주의 운영에 대한 평가였다. 민주주의가 잘 작동한다고 평가할수록 전반적으로 정치 신뢰가 높았다. 이는 민주주의 평가와 정치 신뢰의 관계에 대한 기존 문헌의 주장을 뒷받침한다. 마지막으로, 조직적 선거부정에 대한 믿음이 강할수록 F1은 낮아지고 F3는 높아지는 패턴이 관찰되었다. 투표 선택 변수를 통제한 조건에서도, 선거부정론은 민주적 대표성과 그 절차의 정당성에 관여하는 기관에 대한 신뢰(F1)를 침식하는 한편, 행정 집행에 대한 신뢰(F3)는 오히려 높이는 — 즉 '절차'보다 '성과'에 무게가 실리는 신뢰의 재배치 — 경향을 시사한다.

마지막으로, 〈표 3〉의 기타 통제변수들은 정치 신뢰가 대상 기관들의 영역별로 어떤 배경 위에서 형성되는지를 보완적으로 보여 준다. 먼저 경제 상황에 대한 평가가 긍정적일수록 대체로 신뢰가 높아지는 경향이 있고, 특히 F2(치안, 처벌)에서 뚜렷하게 나타난다. 학력(4년제 대학 재학 이상)은 그보다 효과가 작거나 유의미하지 않으며, 방향도 일관되지 않지만, 고학력자는 F1(민주적 대표성과 정당성 기관 신뢰)이 낮게 나타났다. 교육 수준이 높을수록 이 영역에서의 기대 수준이 높아지는 탓으로 해석할 수 있다. 반면 주관적 계층 인식은 자신을 상위 계층에 가깝게 볼수록 F1 신뢰가 높은 경향이 발견되었는데, 이는 사회경제적 지위와 민주주의 제도에 대한 지지 간의 연관성을 주장하는 근대화이론과도 맥이 닿아있다. 한편 거주 지역 변수에서는 호남이 F1에서 유의미한 양(+)의 효과를 보여, 대표성과 절차적 정당성 관여 기관에 대한 신뢰가 지역 정치사회화와 결을 같이함을 암시한다. 영남의 효과는 크지 않거나 모형 간 일관성이 떨어져 해석에 신중함이 요구된다. 종합하면, 앞서 확인한 투표선택의 강력한 효과에 더하여, 인구사회학적 특성, 정치적 태도, 기타 경제 평가·사회경제적 지위·지역 조건 등이 신뢰의 수준을 미세하게 조정하면서 배경적 층위를 더하는 것으로 나타났다.

5. 결론

본 연구는 2025년 대통령 보궐선거 직후의 시점에서 한국 유권자들의 정치 신뢰가 어떠한 다차원적 구조를 갖는지를 경험적으로 규명하였다. 기존의 연구들이 신뢰를 단일 지표로 종합하는 경향이 있었던 반면, 본 연구는 한국의 정치 신뢰가 단일한 차원이 아니라 민주적 대표성·절차의 정당성(F1: 국회·헌재·선관위·공수처), 치안·처벌(F2: 대법원·검찰·경찰), 행정·집행(F3:

대통령·행정부)의 세 개의 요인으로 분화된 구조임을 확인하였다. 또한 신뢰와 투표 선택의 관계를 검증함으로써, 한국에서 정치 신뢰가 단순히 제도 성과에 대한 평가를 넘어 당파성과 긴밀히 맞물려 있음을 보여 주었다. 투표선택은 정치 신뢰의 세 차원 모두에서 강력하고 일관된 설명변수였다. 구체적으로 민주적 대표성과 절차적 정당성 차원은 이재명 투표층이 높고 김문수 투표층이 가장 낮았으며, 치안·처벌은 김문수·이준석 투표층이 높았고, 행정·집행은 이재명 투표층이 높은 반면 이준석 투표층이 가장 낮았다.

본 연구의 결과는 정치 신뢰가 단일 차원이 아니라 다차원적으로 구조화되어 있다는 점을 한국 사례에서 경험적으로 규명하였으며, 시민들이 정치 제도를 평가할 때 기능적 기준과 가치적 기준을 함께 적용하여 구분하는 경향이 있음을 보여 준다. 특히 민주적 대표성과 절차적 정당성 차원에서 당파적 정렬이 두드러졌다는 점은, 정치 신뢰 연구가 제도적 기능 구분(입법·행정·사법)에만 의존해서는 충분하지 않다는 것을 함의한다.

정책적 함의로는, 우선 국회·헌법재판소·중앙선관위·공수처 등 민주적 대표성과 절차적 정당성을 담보하는 기관들에 대한 신뢰가 가장 첨예하게 정치적으로 분열되어 있는 만큼, 이들 기관의 반응성과 투명성을 제고하고 시민과의 거리를 좁히는 제도적 개선이 필요하다. 한편 대법원·검찰·경찰과 같은 치안·사법 기관에 대한 신뢰가 여야 지지층 간에 뚜렷하게 갈렸다는 사실은, 현재 이재명 정부가 추진하고 있는 사법개혁과 검찰개혁이 정치적 중립성을 확보하지 못할 경우 제도 불신을 더욱 심화시킬 수 있음을 시사한다. 마지막으로, 대통령과 행정부에 대한 신뢰가 특히 이준석 지지층과 청년층에서 낮게 나타난 것은, 국가의 역량, 특히 장기적인 정책의 수립과 집행 능력에 대해 이들이 가진 근본적인 회의를 반영한 것으로 해석될 수 있다. 이 차원의 신뢰 회복을 위해서는 정부 성과를 신속하고 가시적으로 제시하는 동시에, 청년 세대의 경험과 요구를 반영한 제도적 응답성을 강화하는 노력이 필요할 것이다.

본 연구는 횡단면 자료에 기초해 있어 투표선택 및 정치적 태도와 정치 신뢰 사이의 인과 방향을 단정하기 어렵다는 근본적인 한계를 갖는다. 세대, 지역, 이념 등 주요 요인을 통제함으로써 허위적 인과관계(spurious causality)의 위험을 일정 부분 완화하였음에도 불구하고, 정치 신뢰가 오히려 투표 선택에 영향을 미쳤을 가능성이나, 모형에 포함되지 않은 제3의 요인이 양자를 동시에 설명했을 가능성을 완전히 배제하기는 어렵다. 이러한 이유로, 결과 해석에 있어 신중함이 필요하다. 향후 연구에서는 동일 응답자를 선거 전·후로 추적하는 패널 자료 분석이나 실험설문 등의 방법을 통해 인과 경로를 파악하는 연구가 필요하다.

또 다른 한계는, 본 논문에서 제시한 정치 신뢰의 세 차원과 그 설명 요인들이 특정 시점과 특정 선거, 그리고 특정 이슈 환경에서 수집된 자료를 분석한 결과라는 점이다. 특히 대통령의 비상계엄 선포와 국회의 계엄 해제, 헌법재판소의 대통령 탄핵 판결에 이어 치러진 보궐 대선이라는 극도로 특수한 정치적 상황에서 수집된 데이터를 분석한 결과이기에, 해석과 일반화에 주의가 필요하다. 해당 시점의 유권자 태도는 평상시보다 더 극단적으로 양극화되었을 수 있으며, 다른 시점이나 선거 환경에서는 유사한 결과가 재현되지 않을 가능성이 있다. 따라서 후속 연구에서는 다양한 시점의 조사 자료를 비교하거나, 장기간에 걸친 시계열 데이터를 활용함으로써 결과의 견고성과 일반화 가능성을 검증할 필요가 있다.

본 연구의 분석 대상이 중앙정부 기관에 국한되어 있다는 점 역시, 중요한 한계로 지적할 수 있다. 지방정부, 교육청, 지방의회 등과 같은 생활 밀

착형 기관들은 분석에서 제외되어, 실제로 시민들이 일상에서 경험하는 다양한 제도적 접촉과 신뢰 수준을 충분히 반영하지 못했다. 향후 연구에서는 기관 풀을 지방정부 및 준공공기관까지 확대하고, 행정 서비스 만족도, 범죄 경험과 범죄에 대한 불안, 위험 인식, 미디어 이용 행태와 같은 변수를 함께 포함시킴으로써, 투표 선택을 통제한 뒤에도 여전히 관찰되는 연령대 간 신뢰 격차의 메커니즘을 보다 정밀하게 규명할 수 있을 것이다.

참고문헌

김기동, 이재묵. (2023). 한국 유권자의 건강, 정치이념 그리고 정치신뢰.『한국정당학회보』22(3), 71–106.

김병섭, 강혜진. (2015). 신뢰가 정부역할에 대한 국민태도에 미치는 영향에 관한 연구.『한국사회와 행정연구』26(1), 115–137.

김진주. (2016). 한국 유권자의 정치신뢰와 투표참여. [석사학위논문, 명지대학교].

김태심, 조영호. (2021). 코로나19 사태와 정부신뢰.『국가전략』27(1), 39–68.

김혜정. (2022). 정치효능감과 신뢰의 상호작용이 시민참여에 미치는 영향.『한국자치행정학보』36(4), 55–80.

류태건. (2012). 정치참여와 정치신뢰.『21세기정치학회보』22(1), 273–308.

류태건. (2016). 지난 30년간 한국의 정치신뢰 변화.『21세기정치학회보』26(1), 1–28.

박희봉, 신중호, 황윤원. (2013). 정부신뢰의 요인–정부정책인가? 정치태도인가?『한국정책학회보』22(1), 465–493.

성예진, 길정아. (2021). 당파적 유권자는 정부의 국정 운영에 대해 어떻게 문책하는가?: 정부의 국정 운영 평가와 정부 신뢰, 그리고 당파적 책임 귀속.『의정연구』27(1), 79–115.

오하석, 한성민. (2022). 능력주의, 체제 정당화, 그리고 정부신뢰.『현대정치연구』15(3), 139–186.

오현진. (2021). 코로나19 위기 대응과 정부–시민 관계: 정치신뢰를 중심으로.『한국과 국제정치』37(1), 1–35.

윤종빈, 김윤실, 정회옥. (2015). 한국 유권자의 정치신뢰와 정당일체감.『한국정당학회보』14(2), 83-113.

이숙종. (2017). 한국인과 일본인의 기관신뢰와 민주주의 인식.『일본공간』22, 95-131.

이준석. (2023). 이준석의 거부할 수 없는 미래. 21세기 북스.

이재현. (2020). 신뢰는 정치참여를 촉진하는가?: 사회적 신뢰와 정치적 신뢰를 중심으로. 『정치정보연구』23(2), 317-347.

이재현, 김욱. (2020). 지방정치에서 신뢰가 정치효능감에 미치는 영향: 대인 신뢰와 제도 및 정치 신뢰를 중심으로.『동서연구』32(2), 209-234.

정다빈. (2025). 청년 정치인과 한국 유권자의 정치 신뢰.『Asian Development Perspectives』16(1), 66-80.

정한울, 이곤수. (2013). 정치효능감과 정치신뢰의 조합이 정치 참여에 미치는 영향.『의정연구』19(1), 211-244.

정희옥, 윤종빈, 김진주. (2014). 한국 유권자의 정치신뢰를 결정하는 요인.『21세기정치학회보』24(3), 415-430.

Almond, Gabriel A., and Sidney Verba. 1963. *The Civic Culture: Political Attitudes and Democracy in Five Nations.* Princeton: Princeton University Press.

Anderson, Christopher J., and Andrew J. LoTempio. 2002. "Winning, Losing and Political Trust in America." *British Journal of Political Science* 32(2): 335-351.

Anderson, Christopher J., & LoTempio, Andrew J. 2002. "Winning, losing and political trust in America." *British Journal of Political Science* 32(2): 335–351.

Bavel, Jay J. Van, Katherine Baicker, Paulo S. Boggio, Valerio Capraro, Aleksandra Cichocka, Mina Cikara, Molly J. Crockett et al. 2020. "Using social and behavioural science to support COVID-19 pandemic response." *Nature Human Behaviour* 4(5): 460-471.

Bartels, Brandon L., and Eric Kramon. 2020. "Does Public Support for Judicial Power Depend on Who is in Political Power? Testing a Theory of Partisan Alignment in Africa." *American Political Science Review* 114(1): 144-163.

Bélanger, Éric. 2017. "Political Trust and Voting Behaviour." InSonja Zmerli & Tom WG van der Meer(eds.), *Handbook on Political Trust*, 242-255. Cheltenham: Edward Elgar Publishing.

Bélanger, Éric, and Richard Nadeau. 2005. "Political Trust and the Vote in Multiparty Elections: The Canadian Case." *European Journal of Political Research* 44(1): 121-146.

Birch, Sarah. 2011. *Electoral Malpractice.* Oxford: Oxford University Press.

Breustedt, Wiebke. 2018. "Testing the Measurement Invariance of Political Trust across the Globe: A Multiple Group Confirmatory Factor Analysis." *Methods, Data, Analyses* 12(1): 39.

Bollyky, Thomas J., Dieleman, Joseph L., & Hulland, Erica N. 2022. "Covid is less deadly where there is trust." *Wall Street Journal.* (Feb 3). Retrieved from https://www.wsj.com/articles/covid-is-less-deadly-where-there-is-trust-11643906663

Citrin, Jack, and Laura Stoker. 2018. "Political Trust in a Cynical Age." *Annual Review of Political Science* 21(1): 49-70.

Cole, Richard L. 1973. "Toward a Model of Political Trust: A Causal Analysis." *American Political Science Review* 67(4): 1142-1154.

Dalton, Russell J. 2004. *Democratic Challenges, Democratic Choices: The Erosion of Political Support in Advanced Industrial Democracies.* Oxford: Oxford University Press.

Dalton, Russell J. 2005. "The Social Transformation of Trust in Government." *International Review of Sociology* 15(1): 133-154.

Dalton, Russell J. 2017. "Political Trust in North America." InSonja Zmerli & Tom WG van der Meer(eds.), *Handbook on Political Trust,* 375-394. Cheltenham: Edward Elgar Publishing.

Devine, Daniel. 2024. "Does Political Trust Matter? A Meta-Analysis on the Consequences of Trust." *Political Behavior* 46(4): 2241-2262.

Devine, Daniel, Viktor Valgarðsson, Jessica Smith, Will Jennings, Michele Scotto di Vettimo, Hannah Bunting, and Lawrence McKay. 2024. "Political Trust in the First Year of the COVID-19 Pandemic: A Meta-Analysis of 67 Studies." *Journal of European Public Policy* 31(3): 657-679.

Easton, David. 1965. *A Systems Analysis of Political Life.* New York: Wiley.

Easton, David. 1975. "A Re-Assessment of the Concept of Political Support." *British Journal of Political Science* 5(4): 435-457.

Fisher, Justin, Van Heerde, Jennifer, & Tucker, Andrew, 2010. "Does one trust judgement fit all? Linking theory and empirics." *The British Journal of Politics and International Relations* 12(2): 161-188.

Gangl, Amy, 2007. Examining Citizens' Beliefs that Government Should Run Like Business. *Public Opinion Quarterly* 71(4): 661-670,

Haugsgjerd, Atle, and Staffan Kumlin. 2020. "Downbound spiral? Economic grievances, perceived social protection and political distrust." *West European Politics*

43(4): 969-990.

Hetherington, Marc J. 2005. *Why Trust Matters: Declining Political Trust and the Demise of American Liberalism*. Princeton: Princeton University Press.

Hetherington, Marc J., and Jason A. Husser. 2012. "How trust matters: The changing political relevance of political trust." *American Journal of Political Science* 56(2): 312-325.

Hetherington, Marc J., and Thomas J. Rudolph. 2015. *Why Washington Won't Work: Polarization, Political Trust, and the Governing Crisis*. Chicago: University of Chicago Press.

Hetherington, Marc J., and Thomas J. Rudolph. 2018. "Political Trust and Polarization." In Uslaner, Eric M., ed. *The Oxford Handbook of Social and Political Trust*. Oxford: Oxford University Press.

Hirschman, Albert O. 1970. *Exit, Voice, and Loyalty: Responses to Decline in Firms, Organizations, and States*. Cambridge, MA: Harvard University Press.

Hooghe, Marc, and Sofie Marien. 2013. "A Comparative Analysis of the Relation Between Political Trust and Forms of Political Participation in Europe." *European Societies* 13(1): 131-152.

Hooghe, Marc, Sofie Marien, and Teun Pauwels. 2011. "Where Do Distrusting Voters Turn If There Is No Viable Exit or Voice Option? The Impact of Political Trust on Electoral Behaviour in the Belgian Regional Elections of June 2009." *Government and Opposition* 46(2): 245-273.

Hooghe, Marc, and Ruth Dassonneville. 2018. "A Spiral of Distrust: A Panel Study on the Relation Between Political Distrust and Protest Voting in Belgium." *Government and Opposition* 53(1): 104-130.

Jacobs, Alan M., and J. Scott Matthews. 2012. "Why Do Citizens Discount the Future? Public Opinion and the Timing of Policy Consequences." *British Journal of Political Science* 42(4): 903-935.

Jennings, Will, Gerry Stoker, Viktor Valgarðsson, Daniel Devine, and Jennifer Gaskell. 2021. "How Trust, Mistrust and Distrust Shape the Governance of the COVID-19 Crisis." *Journal of European Public Policy* 28(8): 1174-1196.

Kanji, Mebs. 2002. "Political Discontent, Human Capital, and Representative Governance in Canada." In *Value Change and Governance in Canada*, 71-106. Montreal: McGill-Queen's University Press.

Levendusky, Matthew. 2009. *The partisan sort: How liberals became Democrats and con-*

비상계엄-탄핵 사태와 2025년 대통령 선거

servatives became Republicans. Chicago: University of Chicago Press.

Levi, Margaret, and Laura Stoker. 2000. "Political trust and trustworthiness." Annual review of political science 3(1): 475-507.

Lodge, Milton, and Charles S. Taber. 2013. *The rationalizing voter.* New York: Cambridge University Press.

Lühiste, M. 2006. "Explaining trust in political institutions: Some illustrations from the Baltic states." *Political Studies* 54(1): 87-110.

Marien, Sofie, and Marc Hooghe. 2011. "Does Political Trust Matter? An Empirical Investigation into the Relation Between Political Trust and Support for Law Compliance." *European Journal of Political Research* 50(2): 267-291.

Miller, Arthur H. 1974. "Political issues and trust in government: 1964–1970." *American Political Science Review* 68(3): 951-972.

Mishler, W., & Rose, R. 2001. "What are the origins of political trust? Testing institutional and cultural theories in post-communist societies." *Comparative Political Studies* 34(1): 30-62.

Newton, K. 2006. "Political support: Social capital, civil society, and political and economic performance." *Political Studies* 54(4): 846-864.

Norris, Pippa. 2011. *Democratic Deficit: Critical Citizens Revisited.* Cambridge: Cambridge University Press.

Norris, Pippa. 2014. *Why Electoral Integrity Matters.* Cambridge: Cambridge University Press.

Nye, Joseph S., Philip D. Zelikow, and David C. King, eds. 1997. *Why People Don"t Trust Government.* Cambridge: Harvard University Press.

Pattie, Charles, and Ron Johnston. 2001. "Losing the Voters" Trust: Evaluations of the Political System and Voting at the 1997 British General Election." *The British Journal of Politics and International Relations* 3(2): 191-222.

Peterson, David A.M., and John P. Wrighton. 1998. "Expressions of Distrust: Third-Party Voting and Cynicism in Government." *Political Behavior* 20(1): 17-34.

Putnam, Robert D. 2001. *Bowling Alone: The Collapse and Revival of American Community.* New York: Simon & Schuster.

Quaranta, Mario, and Sergio Martini. 2025. "Winning Is the Only Thing: Election Outcomes, Satisfaction with Democracy and Political Trust among Populist Voters in Europe." *European Societies* 27(2): 235-262.

Rich, Timothy S. 2025. "When the Tables Turn: Parties in Power, Losers' Consent, and Institutional Trust in Taiwan." *Asian Journal of Comparative Politics* 10(1): 55-74.

Rooduijn, Matthijs. 2013. *A Populist Zeitgeist? The Impact of Populism on Parties, Media and the Public in Western Europe.* PhD diss., University of Amsterdam.

Rudolph, Thomas J., and John Evans. 2005. "Political Trust, Ideology, and Public Support for Government Spending." *American Journal of Political Science* 49(3): 660-671.

Schneider, Irena. 2017. "Can We Trust Measures of Political Trust? Assessing Measurement Equivalence in Diverse Regime Types." *Social Indicators Research* 133(3): 963-984.

Scholz, John T., and Mark Lubell. 1998. "Trust and Taxpaying: Testing the Heuristic Approach to Collective Action." *American Journal of Political Science* 42(2): 398-417.

Stevenson, Betsey, and Justin Wolfers. 2011. "Trust in Public Institutions over the Business Cycle." *American Economic Review* 101(3): 281-287.

Stoker, Gerry, and Mark Evans. 2019. "Does Political Trust Matter?" In Stephen Elstub and Oliver Escobar, eds. *Handbook of Democratic Innovation and Governance,* 120-134. Cheltenham: Edward Elgar Publishing.

Valgarðsson, Viktor, Will Jennings, Gerry Stoker, Hannah Bunting, Daniel Devine, Lawrence McKay, and Andrew Klassen. 2025. "A Crisis of Political Trust? Global Trends in Institutional Trust from 1958 to 2019." *British Journal of Political Science* 55: 1-22.

Wroe, Andrew. 2016. "Economic Insecurity and Political Trust in the United States." *American Politics Research* 44(1): 131-163.

Zmerli, Sonja, and Kenneth Newton. 2017. "Objects of Political and Social Trust: Scales and Hierarchies." In Sonja Zmerli and Tom Van der Meer, eds. *Handbook on Political Trust.* Cheltenham: Edward Elgar Publishing.

Zmerli, Sonja and Tom Van der Meer, eds. 2017. *Handbook on Political Trust.* Cheltenham: Edward Elgar Publishing.

II. 투표 요인 분석

제6장

이재명 투표자의 이질성:
당파적 투표자와 비당파적 투표자

유재성(계명대학교 정치외교학과)

1. 서론

2025년 제21대 대통령 선거는 한국 민주주의의 중대한 분기점이었다. 비상계엄과 대통령 탄핵이라는 정치 위기 속에서 조기 치러진 이번 선거는 단순한 권력 교체를 넘어, 민주주의의 회복과 위헌 세력에 대한 심판이라는 이중적 성격을 동시에 지니고 있었다. 이러한 특수한 정치환경은 유권자들에게 후보 선택을 강제하거나 유도하는 '구조적 압력'으로 작동하였고, 이는 당파적 정체성을 가진 유권자들에게는 비교적 명확한 선택지를 제공한 반면, 비당파적·탈이념적 유권자들에게는 더 복잡하고 어려운 인지적 결정을 요구하였다.

한국 정치에서 정당에 대한 충성도는 점차 약화되고 있다. 특히 2030세대를 중심으로 정당 일체감은 지속적인 하락 추세이며, 유권자들의 투표 결정은 정당이나 이념보다는 특정 이슈나 후보의 개인적 특성에 따라 이루

어지는 경향이 강화되고 있다. 이러한 맥락에서 '비당파적' 유권자(nonpar-
tisan voters)는 '부동층' 혹은 '정치적 무관심층'일 수 있지만, 이들은 선거 결
과를 좌우하는 핵심 유권자로 간주되어야 한다.

선거 결과에 대한 기존 분석은 주로 정당 간 지지율 변동이나 이념 대립
구조에 초점을 맞추어 왔으나, 동일 후보를 지지한 유권자 집단 내부의 이
질성 혹은 혼종성에 대해서는 충분히 주목하지 않았다. 특히 이번 대선에
서 이재명 후보 지지자 집단 내에서도 '당파적' 유권자와 '비당파적' 유권자
는 서로 다른 판단 기준과 동기를 가지고 투표했을 가능성이 크다.

비당파적 유권자들은 자신들의 선택을 앵커링(anchoring)하기 위해서, 정
당 및 이념적 기준이 아닌, 새로운, 인지적 준거점을 계발해야 하는 선거였
다고 할 수 있다. 물론 비당파적 유권자들이 계엄이나 내란에 대해 우호적
이거나 이에 대해 부정적으로 판단하지 않는다는 것은 아니다. 이들 역시
계엄이나 내란은 근본적 민주적 가치에 대한 심각한 도전과 훼손으로 간주
했을 가능성이 크다. 다만 이러한 평가가 이재명 후보에 대한 지지로 연결
되기 위해서는 계엄과 내란 '세력과 정당'과는 무관하게 '후보 개개인'에 대
한 별도의 판단이 개입될 필요가 있었을 것이다.

그 판단의 핵심에는 현재 경제 상황에 대한 체감과 전망 및 관련된 후보
자 개인의 정책 역량이 자리했을 가능성이 크다. 당파적 정체성을 지니지
않은 유권자에게 있어, 정당의 이념이나 정치 상황에 대한 책임보다는 현
재의 구체적인 삶의 조건 및 가까운 미래에 대한 기대 충족의 가능성이 훨
씬 더 중요한 판단 기준으로 작용했을 수 있다. 계엄 및 내란 세력과 정당(및
그 후보)에 대한 판단 보다 일자리, 소득, 물가, 주거비용 등 일상과 직접적으
로 연관된 경제적 조건이 더 즉각적인 판단 근거가 되었을 수 있으며, 이는
비당파적 유권자일수록 더욱 그러하다.

이런 맥락에서, 경제 상황에 대한 부정적 평가는 이재명 후보 개인에 대한 도덕적 결함이나 법적 논란에도 불구하고 그를 선택하게 만든 동인으로 기능했을 수 있다. 즉, 이재명 후보의 선택은 정당이나 이념의 충성도가 아니라, 윤석열 정부에 대한 불만을 표현할 수 있는 가장 효과적인 수단으로서의 전략적 판단이었을 수 있다.

이에 본 연구는 2025년 대선에서 이재명 후보를 지지한 유권자 집단을 당파적 지지자와 비당파적 지지자로 구분하고, 이들이 어떠한 정치적·경제적 인식을 바탕으로 투표 선택을 했는지 비교·분석한다. 특히 로짓 분석을 통해 양 집단의 결정 요인이 어떻게 상이하게 작동하는지를 검토하고, 이로부터 도출되는 이론적 시사점과 정당의 선거 전략의 방향을 탐색하고자 한다.

본 논문은 다음과 같은 구성으로 이루어진다. 2절에서는 기존 이론과 선행 연구를 바탕으로 당파성과 비당파성 개념의 변화를 검토하고, 비당파 유권자의 결정 요인에 대한 이론적 가설을 도출한다. 3절에서는 분석에 사용된 데이터와 변수 구성, 분석 전략을 소개하며, 4절에서는 실증 분석 결과를 제시한다. 마지막으로 5절에서는 결과를 바탕으로 한국 유권자 지형의 변화와 정당정치의 전략적 대응에 대해 논의하고, 향후 연구 방향을 제언한다.

2. 선행 이론 검토

비당파적 유권자는 정당에 대한 일관된 정체성을 갖지 않으며, 선거에 따라 상이한 혹은 유동적인 태도와 선택을 보이는 집단이다(Dalton, 2013;

Keith et al., 1992). 이들은 당파적 유권자와 달리 정당 소속이나 정당이 대표하는 이념에 대한 일체감보다는 특정 이슈, 후보 특성, 시기적 맥락, 그리고 성과 평가(performance evaluation)에 기반하여 투표를 결정하는 경향이 강하다. 이러한 특성은 특히 정당체계 전반에 대한 신뢰가 약화된 정치 환경에서 더욱 두드러진다.

비당파적 유권자의 정치적 태도는 정치에 대한 단순한 무관심이나 무지가 아니라, 오히려 정당에 대한 조건적 반응과 전략적 고려가 섞인 복합적 판단 구조를 반영한다(Fiorina, 1981; Zaller, 2004). 이들은 장기적 차원에서의 정당일체감보다는 단기적 정부 성과, 경제 상황, 지도자의 이미지, 도덕성, 소통 능력 등 보다 즉각적이고 가시적인 요인에 민감하게 반응하며, 이러한 선택 패턴은 '경제투표(economic voting)'나 '이슈 중심 투표(issue voting)'로 나타난다(Lewis–Beck & Stegmaier, 2000). 특히, 경제상황에 불만이 클수록 기존 정치 엘리트나 기득권 정당에 대한 거리두기 또는 처벌적 투표의 성격을 띠는 경향이 강하다.

이러한 경향은 민주주의의 위기가 명확하게 드러나는 정치적 국면에서도 유사하게 나타날 수 있다. 예컨대, 헌정 질서의 위기, 내란, 비상계엄 등 체제 위협적 사건이 발생했을 때, 비당파적 유권자 역시 해당 사안에 대해 도덕적·정치적으로 비판적인 판단을 내릴 수 있으나, 그 평가가 특정 후보 지지로 곧장 이어지지는 않는다. 이 경우 후보 개인의 자질, 경제에 대한 책임소재, 정치개혁 가능성 등에 대한 독립적 평가 과정이 개입되며, 이는 오히려 당파적 유권자보다 더 복잡하고 맥락 의존적인 판단 과정을 요구한다.

결과적으로, 비당파적 유권자는 정치체제 전반에 대한 구조적 불신을 배경으로 하면서도, 선거 시점의 경제 상황, 정책 이슈, 후보자 개인의 리더십

 비상계엄–탄핵 사태와 2025년 대통령 선거

특성 등 구체적이고 경험적인 요인에 기반한 선택을 한다. 이들은 전통적인 당파적 충성의 논리를 넘어서 민주주의의 반응성(responsiveness)과 책임성(accountability)을 작동시키는 핵심적 집단으로 기능할 수 있으며, 특히 위기 국면에서 '전략적 선택 주체'로서의 역할이 부각된다.

비당파적 유권자, 즉 정당에 대한 강한 동일시 없이 선거마다 후보를 달리 선택할 가능성이 높은 유권자 집단은 한국 대선 정치에서 점차 그 중요성을 확대해 왔다. 전통적으로는 보수와 진보 양당체계 아래에서 정당충성도가 높은 유권자들의 선택이 선거 결과를 좌우하는 듯 보였으나, 2000년대 이후 정당에 대한 제도적 신뢰의 약화, 정당 간 정책 구분의 모호화, 정치인의 잦은 이합집산 등의 요인이 누적되며, 비당파적·부동층 유권자의 선택이 결정적 변수로 부상하였다.

특히 2002년 대선에서 정몽준 후보 지지 세력이 노무현 후보로 결집된 사건은 비당파적 유권자와 전략적 연합이 대선 승패를 좌우할 수 있다는 전환점을 보여 주었다. 2012년 대선에서도 중도적 성향의 유권자와 무당층은 안철수 후보의 지지 기반이었으며, 그의 사퇴 이후 이들이 어떤 방향으로 움직였는가가 박근혜–문재인 간 격차에 큰 영향을 미쳤다. 2017년에 치러진 조기 대선은 탄핵 정국이라는 특수한 정치 환경 속에서 비당파적 유권자의 정의·공정·책임성에 대한 요구가 문재인 후보 지지로 결집된 대표적 사례로 볼 수 있다. 이처럼 정당 소속에 기반하지 않고 사안·후보 중심으로 판단하는 유권자 집단은 한국 대선의 캐스팅보트 역할을 지속적으로 수행해 왔다.

비당파적 유권자의 선택이 중요한 또 다른 이유는 이들이 상대적으로 변화 가능성이 큰 집단이라는 점에 있다. 고정된 당파성 없이 경제 상황, 사회갈등, 정치인의 도덕성 및 소통 태도 등 선거 시점의 변동 요인에 반응하기 때문에, 이들의 선택 방향은 전통적인 여야 지지층과는 달리 예측이 어렵고 선거 결과에 극적인 영향을 미치곤 한다. 또한 이들은 후보 간 차이를 평가할 때 정당이 아니라 개별 이슈와 정책 성과(performance), 이미지 중심으로 판단하기 때문에, 캠페인 전략에 가장 예민하게 반응하는 집단이기도 하다.

역대 한국 대선은 비당파적 유권자의 존재를 단순한 '무당층'이 아니라, 위기의 순간마다 정치적 균형을 조정하고 변화를 추동하는 전략적 유권자 집단으로 기능해 왔다. 이들의 선택은 종종 대선의 방향을 결정지었으며, 한국 민주주의의 반응성과 경쟁성을 유지하는 중요한 정치적 동력으로 평가할 수 있다.

특히, 2017년 대선은 헌정사상 초유의 대통령 탄핵과 조기 선거라는 비상 상황에서 치러졌으며, 이는 전체 유권자층에 강한 도덕적 프레임과 위기 인식을 부여하였다. 다수의 여론조사에서 드러난 바와 같이, 당시 무당파층은 전체 유권자의 약 25~30%에 달했으며, 선거 막판 문재인 후보에게 높은 비율로 결집한 것으로 분석된다. 이는 비당파적 유권자들이 체제의 복원, 법치 회복, 정권 교체라는 제도적 안정과 도덕적 정당성에 기반하여 문재인을 선택했음을 시사한다. 이 과정에서 정당에 대한 충성심이 아니라, 탄핵의 정당성에 대한 판단, 박근혜 정권에 대한 책임 물음, 그리고 후보 간 도덕적 대비가 선택의 기준이 되었으며, 이는 경제 상황보다는 정치적 위기와 책임성에 대한 평가가 비당파적 동원의 핵심 요인이었음을 보여준다.

반면 2022년 대선은 전혀 다른 구도 속에서 전개되었다. 문재인 정부 후반기의 부동산 정책 실패, 청년층 불만, LH 사태, 탈원전 논란 등 다양한 정책 이슈가 누적되었고, 이는 무당파층 확대와 함께 정부 성과에 대한 실망

   비상계엄–탄핵 사태와 2025년 대통령 선거

감으로 표출되었다. 실제로 2022년 선거 당시 무당파층의 비중은 선거 직전까지 25~30% 수준으로 집계되었으며, 이들은 최종 선택을 통해 윤석열 후보로 지지로 상당수 이동한 것으로 분석된다(선거 직후 방송 3사 출구 조사 기준 약 50% 이상이 윤석열 지지로 집계됨). 2022년의 비당파적 유권자의 선택은 2017년처럼 '정당성 회복'이나 '후보에 대한 도덕적 지지'보다는, 현 정부에 대한 비판적 평가와 불만, 대안 후보에 대한 전략적 선택의 성격이 강했다. 윤석열 후보는 '기존 정치인'과는 차별되는 '비정치적' 이미지를 강조했으며, 이는 정당·이념과 거리를 두려는 비당파적 유권자의 유입 경로로 작용했다. 결과적으로 2022년의 비당파적 유권자는 변화에 대한 기대와 더불어 현 정부에 대한 실망으로 윤석열 후보를 선택한 것으로 해석된다.

최근 한국 정치에서 비당파적 유권자의 정치적 영향력은 과거보다 현저히 증대되었으며, 이는 구조적 요인과 세대적 요인의 중첩적 결과로 해석할 수 있다. 첫째, 정당정치에 대한 전반적인 불신과 양극화된 정당 및 그 지지자들의 감정적 대립이 격화되면서 유권자 다수는 특정 정당을 지속적, 안정적으로 지지하기 보다는 스스로를 '중도', '합리적 무당층'으로 규정하려는 경향을 보인다. 이는 한국의 주요 정당이 반복된 공천 파행, 정당 간 이념 중심의 대립으로 스스로 대중적 지지 및 신뢰 기반을 약화시켜 온 결과로 볼 수 있다.

둘째, 세대별 정치사회화 경로의 변화 역시 탈당파화 현상을 증폭하고 있다. 특히 2030세대는 정당일체감 수준이 낮으며, 투표 판단에 있어 이념적 기준보다는 이슈 중심적, 혹은 후보 중심적 기준을 선호하는 경향이 강하다. 예컨대 20대 남성의 경우 약 45%가 무당파로 분류되며, 젠더 갈등, 공정 담론, 병역·노동시장 이슈 등에 민감하게 반응하는 특성을 보인다. 30대 유권자 또한 약 35%가 무당파로 확인되며, 이들은 주거 불안, 실업, 고용 유연성 등 실용적 경제문제에 높은 관심을 보인다. 40대는 교육, 세금, 부동산과 같은 제도적 이슈에 민감하고, 50대는 안보 및 경제 안정, 60대는 복지와 보수적 가치에 상대적으로 반응한다는 연령별 유동성 구도 역시 확인된다.

셋째, 정치혐오가 '비정치적 정치화'라는 방식으로 작동하면서 비당파적 유권자의 유동성을 강화하고 있다. '누가 좋다'기보다는 '싫은 쪽은 찍지 않는다'는 소극적 참여 동기는 선거 초반 이탈과 무관심으로 나타나지만, 선거 막판 '차악' 선택을 통해 실제 투표 행동으로 이어지는 경우가 많다. 이는 비당파적 유권자가 일정한 시점에서 특정 후보에게 전략적으로 결집될 수 있다는 가능성을 내포하며, 이들의 동원이 선거 승패의 핵심 변수로 기능하게 되었음을 의미한다.

이상의 맥락에서 정당 및 캠페인 전략은 기존의 이념 동원 방식에서 벗어나, 비당파적 유권자에게 접근 가능한 정서적·이슈 중심적 메시지를 설계할 필요가 있다. 디지털 기반의 타겟 메시지 전달, 공감적 키워드 활용, 핵심 공약의 이념적, 전략적 모호성 유지, 혐오받지 않는 '중립적 이미지' 구축은 비당파적 유권자의 반감의 대상이 되는 대신, 이들을 흡인하는 데 유효한 전략으로 작용할 수 있다. 요컨대 비당파적 유권자의 정치적 활성화는 한국 정당정치의 위기와 맞물리며, 선거 및 정치커뮤니케이션 전략에서 중심적 과제로 부상하였다.

3. 주요 변인 기술 통계 분석

1) 당파적 지지자와 비당파적 지지자

이재명 후보에게 투표한 유권자 721명 중 당파적 지지자는 더불어민주당 지지자로서, 본연구가 분석한 설문조사 데이터에는 570명(79.06%)의 응답자이고, 비당파적 지지자는 더불어민주당 이외의 정당을 지지하거나 지지하는 정당이 없다는 응답자 151명(20.94%)이다. 김문수 후보에게 투표했다는 응답자는 488명이었는데, 이 중 국민의힘 지지자는 386명(79.1%)이고, 타 정당 지지자나 무당파는 102명(20.9%)이었다.

설문조사 데이터에서의 이재명 투표자와 김문수 투표자의 정당지지도

〈표 1〉 투표 후보별 정당 지지도

지지 정당	투표 후보	
	이재명	김문수
더불어민주당	570 79.06%	10 2.05%
국민의힘	6 0.83	386 79.10
조국혁신당	66 9.15	3 0.61
개혁신당	6 0.83	19 3.89
진보당	8 1.11	0 0.00
다른 정당	7 0.97	11 2.25
무당층	58 8.04	59 12.09
합계	721 100.0%	488 100.0%

는 〈표 1〉과 같다.[1] 이재명 투표자의 79.06%는 더불어민주당 지지자, 조국혁신당 지지자가 9.15%를 차지하고, 무당층은 8.04%를 구성한다. 김문수 투표자의 79.10%는 국민의힘 지지자, 개혁신당 지지자가 3.89%를 차지하고, 무당층은 12.09%를 구성한다. 참고로, 무당층은 이재명 32.4%, 김문수 32.6%, 이준석12.71%, 권영국 3.31%, 기타 후보 1.66, 모름 17.68%으로 투표했다고 응답했다.

다른 한편, 〈표 2〉에서처럼, 민주당 지지자 92.08%가 이재명 후보에게 투표한 반면, 국민의힘 지지자는 87.53%가 김문수 후보에게 투표했다. 민주당 지지자의 결집도가 국민의힘 지지자의 결집도보다 높다.

〈표 2〉 지지 정당별 투표 후보

투표 후보	지지 정당	
	민주	국힘
이재명	570 92.08%	6 1.36%
김문수	10 1.62	386 87.53
이준석	10 1.62	9 2.04
권영국	3 0.48	0 0.00
기타	1 0.16	3 0.68
무응답	5 0.81	8 1.81
투표안함	20 3.23	29 6.58
합계	619 100.0%	441 100.0%

---

1 정당지지도: 더불어민주당 41.27%, 국민의힘 29.4%, 조국혁신당 5.27%, 개혁신당 6.0%, 진보당 0.93%, 기타 정당 2.13%, 무당층(없음/모름) 15.0%

2) 진보, 보수 및 중도 유권자

〈표 3〉이 보여 주듯이, 스스로를 진보로 평가하는 유권자들의 81.87%
가 이재명 후보에게 투표한 반면, 스스로를 보수로 평가하는 유권자들의
62.28%가 김문수 후보에게 투표했다. 스스로를 중도로 평가하는 유권자들
은 47.38%는 이재명, 23.46%는 김문수 후보에게 투표했다고 응답했다. 진
보 유권자들은 이재명 후보에게 결집했지만, 보수 유권자들은 김문수 후보
에게 결집하지 못했다. 중도층의 이재명 후보 지지는 김문수 후보 지지의
두 배 가량이다.

다른 한편, 이재명 투표자가 정치이념적으로 더 이질적 혹은 혼종적이다.
〈표 4〉가 보여 주듯이, 이재명 투표자는 진보 55.76%, 중도 28.85%, 보수

〈표 3〉 주관적 이념 성향별 투표 후보

투표 후보	주관적 이념 성향		
	진보층	중도층	보수층
이재명	402 81.87%	208 47.38%	111 19.47%
김문수	30 6.11	103 23.46	355 62.28
이준석	19 3.87	41 9.34	43 7.54
권영국	13 2.65	8 1.82	4 0.70
기타	3 0.61	1 0.23	3 0.53
무응답	4 0.81	32 7.29	12 2.11
투표안함	20 4.07	46 10.48	42 7.37
합계	491 100.0%	439 100.0%	570 100.0%

〈표 4〉 투표 후보자 별 정치이념

정치이념	이재명 투표자	김문수 투표자
진보층	55.76	6.15
중도층	28.85	21.11
보수층	15.40	72.75
합계	100.00	100.00
	F=712.38, p=.0000	

15.4%로 구성되었고, 김문수 투표자는 보수 72.75%, 중도 21.11%, 진보 6.15%로 구성되었다. 이러한 이재명 투표자의 혼종성은 통계적으로 유의미하다(F=712.38, p=.0000).

3) 스윙 투표자(Swing Voters)

지난 20대 대선에서 국민의힘 윤석열 후보는 48.56%, 21대 대선에서 국민의힘 김문수 후보는 41.15%를 득표해서, 두 선거 간 국민의힘 후보의 득표율은 7.41%p 감소했다. 20대 대선에서 더불어민주당 이재명 후보는 47.83%, 21대 대선에서 더불어민주당 이재명 후보는 49.42%를 득표해서, 두 선거 간 이재명 후보의 득표율은 1.59%p 증가했다. 결국, 집합적으로 보면, 20대 대선과 21대 대선에서의 두 정당 후보의 득표율은 9%p(-7.41%p + 1.59%p) 스윙했다.

〈표 5〉는 정당 간 스윙 투표에 대해 설문조사 데이터를 분석한 결과다. 20대 대선에서 윤석열 후보에게 투표했던 유권자 중 79.53%는 김문수 후보에게, 8.51%는 이준석 후보에게, 9.04%는 이재명 후보에게 투표한 것으로 나타났다. 다른 한편, 20대 대선에서 이재명 후보에게 투표했던 유권자 중 89.75%는 이재명 후보에게, 3.57%는 이준석 후보에게, 2.33%는 김

〈표 5〉 20대 대선 투표 후보별 21대 대선 투표 후보

21대 대선	20대 대선	
	이재명	윤석열
이재명	89.75%	9.04%
김문수	2.33	75.53
이준석	3.57	8.51
권영국	0.78	0.53
기타	0.16	0.35
무응답	0.31	0.71
투표 안함	3.11	5.32
합계	100.0%	100.0%

문수 후보에게 투표한 것으로 나타났다. 따라서 대체로 윤석열 투표자의 24.47%가 국민의힘 후보 지지로부터 이탈한 반면, 20대 대선에서 이재명 투표자의 경우는 10.25%만이 이탈한 것으로 보여, 14.2%p 만큼의 정당 간 표의 스윙에 따른 차이가 나타났다.

4) 부동층(Floaters/Late Deciders)

〈표 6〉에서처럼, 이재명 투표자의 79.89%는 투표 1개월 이상 전에 이미 투표 결정한 반면, 김문수 투표자의 51.43%만이 투표 1개월 이상 전에 투표 결정했다고 응답했다. 투표 1주일 전 이후 투표 결정자로 부동층을 정의하면, 이재명 투표자의 12.9%가 이에 해당하고, 김문수 투표자의 29.91%가 부동층으로 분류된다. 두 후보 투표자 집단 사이의 이러한 투표 결정 시점의 차이는 통계적으로 유의미하다(F=73.39, p<.0000).

〈표 7〉이 보여 주듯이, 이재명 투표자 중 비당파적 지지자 58.8%는 투표 1개월 이상 전에 이미 투표 결정한 반면, 당파적 지지자의 83.7%가 투표 1

〈표 6〉 투표 후보별 투표 결정 시점

	전체 응답자	이재명 투표자	김문수 투표자
투표 1개월 이상 전	63.36%	79.89%	51.43%
투표 2~4주일 전	12.57	7.21	18.05
투표 1주일 전	9.70	4.72	13.11
투표 1~3일 전	7.11	3.88	7.99
투표 당일	7.26	4.30	8.81
합계	100.0%	100.0%	100.0%
		$F=73.39, p<.0000$	

〈표 7〉 비당파적/비당파적 투표자별 투표 결정 시점

	이지명 투표자	
	비당파적 지지자	당파적 지지자
투표 1개월 이상 전	58.8%	83.7%
투표 2~4주일 전	13.6	6.2
투표 1주일 전	7.7	4.6
투표 1~3일 전	6.3	3.7
투표 당일	13.6	1.8
합계	100.0%	100.0%
	$F=55.89, p=.0000$	

개월 이상 전에 투표 결정했다고 응답했다. 비당파적 지지자 중 부동층은 27.6%이고, 당파적 지지자 중 부동층은 10.1%로 나타났다. 이러한 차이는 통계적으로 유의미하다($F=69.818, p<.001$).

5) 전략 투표자(Strategic Voters)

〈표 8〉에서처럼, 이재명 투표자의 60.89%가 진심투표자(sincere voters)인 반면, 김문수 투표자의 27.66%만이 진심투표자로 나타났다. 여기서 진심

 비상계엄-탄핵 사태와 2025년 대통령 선거

〈표 8〉 투표 후보별 투표 이유

	이재명 투표자	김문수 투표자
내가 좋아하는 후보여서 이번 선거에 꼭 당선되기를 바랐다.	60.89%	27.66%
내가 싫어하는 (특정) 후보가 당선되는 것을 막고 싶었다.	29.54	65.16
마음에 드는 마땅한 후보가 없어 누가 당선되어도 별로 상관없었다.	9.57	7.17
합계	100.0%	100.0%
	F=71.38, p=.0000	

〈표 9〉 비당파적/당파적 투표자별 투표 이유

	이재명 투표자	
	비당파적 지지자	당파적 지지자
내가 좋아하는 후보여서 이번 선거에 꼭 당선되기를 바랐다.	36.42	67.37
내가 싫어하는 (특정) 후보가 당선되는 것을 막고 싶었다.	41.06	26.49
마음에 드는 마땅한 후보가 없어 누가 당선되어도 별로 상관없었다.	22.52	6.14
합계	100.0%	100.0%
	F=65.96, p<.0000	

투표자는 "내가 좋아하는 후보여서 이번 선거에 꼭 당선되기를 바랐다"를 선택한 응답자들이다. 김문수 투표자의 경우, 무려 65.16%는 "내가 싫어하는 (특정) 후보가 당선되는 것을 막고 싶(었다)"어서 김문수 후보에게 투표했다고 응답했다. 김문수 투표자의 절대 다수가 전략투표자(strategic voters)로 보인다. 이러한 차이는 통계적으로 유의미하다(F=71.38, p<.0000).

그런데, 〈표 9〉에서처럼, 이재명 후보에 대한 당파적 투표자와 비당파적 투표자는 후보 선택에서 서로 다른 생각을 한 것으로 보인다. 당파적 지지자의 67.37%가 진심투표자인 반면, 비당파적 지지자의 41.06%는 전략투표자로 나타났다. 두 집단 사이의 후보 선택 이유는 통계적으로 유의미하게 상이하다(F=101.03, p<.0000).

6) 경제투표(Economic Voting)

이재명 투표자와 김문수 투표자 모두에서 비당파적 지지자는 당파적 지지자에 비해 일반적인 개인 및 자식 세대의 사회 경제적 지위에 대해 더 부정적으로 인식하는 것으로 나타났다(〈표 10〉 및 〈표 11〉). 더불어 이재명 투표자 중 비당파적 지지자는 당파적 지지자에 비해 향후 5년간 우리나라 경제 상황을 더 부정적으로 평가한다(〈표 13〉). 이하에서는 이재명 후보에 대한 비

〈표 10〉 개인의 사회경제적 지위가 높아질 가능성

	이재명 투표자		김문수 투표자	
	비당파적 지지자	당파적 지지자	비당파적 지지자	당파적 지지자
높다	20.53%	30.0%	25.49%	37.05%
보통이다	41.72	38.60	39.22	33.68
낮다	37.75	31.4	35.29	29.28
합계	100.0%	100.0%	100.0%	100.0%
	F=5.80, p=.0163		F=4.56, p=.0332	

〈표 11〉 자식 세대의 사회 경제적 지위가 높아질 가능성

	이재명 투표자		김문수 투표자	
	비당파적 지지자	당파적 지지자	비당파적 지지자	당파적 지지자
높다	18.54%	25.79%	14.71%	25.13%
보통이다	38.41	37.89	32.35	36.79
낮다	43.05	36.51	52.95	38.08
합계	100.0%	100.0%	100.0%	100.0%
	F=7.81, p=.0053		F=6.99, p=.0085	

〈표 12〉 지난 3년간 우리나라의 경제 상황 평가

	이재명 투표자		김문수 투표자	
	비당파적 지지자	당파적 지지자	비당파적 지지자	당파적 지지자
좋아졌다	3.97%	4.39%	14.71%	17.35%
변화가 없다	8.61	9.65	19.61	27.98
나빠졌다	87.42	85.97	65.69	54.67
합계	100.0%	100.0%	100.0%	100.0%
	F=0.01, p=.9373		F=3.45, p=.0638	

〈표 13〉 향후 5년간 우리나라 경제 상황 전망

	이재명 투표자		김문수 투표자	
	비당파적 지지자	당파적 지지자	비당파적 지지자	당파적 지지자
좋아질 것이다	62.91%	74.73%	15.69%	15.80%
변화가 없을 것이다	15.23	12.98	25.49	22.80
나빠질 것이다	21.85	12.28	58.82	61.40
전체	100.0%	100.0%	100.0	100.0
	F=18.86, p=.0000		F=.08, p=.7713	

당파적 지지자의 이러한 부정적 인식과 평가가, 이들이 더불어민주당을 지지하지 않음에도 불구하고, 이재명 후보에게 투표한 통계적으로 유의미한 변수인가에 대해 분석한다.

4. 회귀 분석

1) 회귀 분석 모형의 구성

본 연구는 2025년 제21대 대통령 선거에서 유권자의 당파적 정체성 및 비당파적 태도가 어떻게 차별적인 투표 선택 효과를 구성하는지를 분석하기 위해 로짓 회귀분석(logistic regression) 모델을 활용하였다. 이를 위해 상이한 종속변수를 가진 다수의 로짓 모형들을 구성하였다. 본 연구는 후보 선택에 그치지 않고, 당파성의 유무에 따른 투표 동기의 차별화와 당파적 정체성 유무에 따른 동일 후보 투표자 내부의 이질성 혹은 혼종성을 파악하고 한다.

구체적으로, 분석은 다음의 다섯 가지 로짓 모형을 구성하였다.

- 모형1(전체 모형): 전체 유권자 표본을 대상으로 이재명(=1)과 김문수(=0) 후보 중 누구를 선택했는지를 종속변수로 설정하였다. 이는 전체적 투표 구조와 결정 요인을 파악하기 위한 기초 모형이다.
- 모형2(당파적 모형): 스스로를 특정 정당 지지자로 밝힌 유권자(당파적 유권자) 집단만을 대상으로 모형 1과 동일한 종속변수를 설정하여 분석하였다.
- 모형3(비당파적 모형): 정당 지지 여부를 밝히지 않았거나 '없다'고 응답한 유권자(무당파층)만을 대상으로 한 하위 분석 모형이다.
- 모형4(이재명 지지자 내부모형): 이재명 후보를 지지한 유권자 중, 당파적 유권자(=1)와 비당파적 유권자(=0)를 종속변수로 설정하여 동일한 지지 선택 내에서도 정치적 성격의 차이를 탐색한다.

이러한 모형 구성은 동일한 독립변수들이 다른 투표자 집단에서 상이하게 작동하는 효과를 비교할 수 있게 해 주며, 특히 동일 후보를 지지한 유권자 내부에서의 당파적/비당파적 정체성의 차이를 설명하는 데 유리하다.

모든 모형은 정치이념(좌-우 성향), 민주주의 제도에 대한 평가(견제와 균형,

법의 지배, 시민의 자유), 정당 및 후보 간 감정적 거리(호오도), 경제적 성과 평가, 투표 결정 시기, 전략투표 여부 등 선행연구에서 유의미한 설명 변수로 검증된 정치적·사회경제적 요인들을 포함하여 구성되었다. 변수의 선택과 코딩 방향은 경제투표, 정당일체감, 가치 및 태도 정향 등 정치행태 연구의 주요 이론 틀에 근거하였다.

본 연구는 분석 전략 수립에 있어 다음과 같은 이론적 가정에 기반을 두었다. 첫째, 당파적 정체성 이론(partisan identification theory)에 따르면 당파적 유권자는 정당에 대한 일관된 심리적 동일시를 가지며, 투표 선택에 있어 이념·정당 충성도를 우선적인 판단 기준으로 삼는다(Campbell et al., 1960). 이에 반해 비당파적 유권자는 이러한 정당 동일시가 약하거나 부재하며, 후보의 이미지, 경제적 성과, 정책 이슈 등에 기초한 비이념적·비정당적 판단 기준을 통해 투표를 결정할 가능성이 크다(Dalton, 2013).

둘째, 경제투표이론은 유권자가 선거 시점의 경제상황이나 정부 성과에 대한 평가를 기반으로 투표 선택을 수행한다고 본다(Key, 1966; Lewis-Beck & Stegmaier, 2000). 특히 비당파적 유권자일수록 경제적 성과 평가(performance evaluation)에 더 민감하게 반응하며, 불만이 클 경우 기존 정치세력에 대한 처벌적 투표(punishment voting)를 수행할 가능성이 높다.

셋째, 정치적 책임성과 반응성에 대한 기대는 민주주의 이론에서 중심적 요소이며, 당파성이 약한 유권자일수록 이러한 요소를 기준으로 후보를 평가하는 경향이 강하다. 즉, 비당파적 유권자는 선거를 통해 체제에 책임을 묻고 반응을 촉구하는 선거의 대의적 기능(representative function)에 민감하게 반응하는 전략적 주체로 작동할 수 있다.

이러한 이론적 배경에 따라 본 연구는 각 유권자 집단(당파적 vs 비당파적)의 투표 선택이 단순히 '누구를 선택했는가'에 그치지 않고, 어떤 동기와 기준에 의해 선택이 형성되었는가를 규명하고자 한다. 특히 같은 후보를 지지했다 하더라도 그 배경에 놓인 정치적 태도, 제도 평가, 경제 인식 등은 상이할 수 있으며, 이 차이를 분석하기 위해 당파성 여부를 종속변수로 설정한 하위 모형을 설계하였다. 결과적으로 본 연구는 유권자 선택의 다층성과 분화 가능성을 드러내는 데 목적을 두며, 투표 선택의 이질성과 맥락 의존성을 고려한 분석틀을 제시하고자 한다.

2) 가설

(1) 모형 1: 전체 유권자 중 이재명 투표자(=1) vs 김문수 투표자(=0)

유권자의 이념 성향은 투표 결정에 있어 가장 지속적이고 강력한 설명 변수로 작용해 왔으며(Campbell et al., 1960), 정치제도에 대한 평가(예: 견제와 균형, 법의 지배 등)는 제도적 민주주의에 대한 태도가 후보 선호에 반영된다는 점에서 중요하다. 경제투표이론에 따르면 유권자는 현 정부에 대한 성과 평가를 투표로 보상하거나 처벌하며, 이재명 후보는 집권 여당 소속이 아닌 관계로 경제 인식과의 방향성이 긍정적일 가능성이 있다. 또한 감정적 거리(호오도) 변수는 후보에 대한 심리적 거리감을 계량화함으로써 정서적 지지의 강도를 파악하는 데 기여한다. 따라서, 다음처럼 가설화한다.

- 가설 1-1. 정치적 이념 성향이 진보적일수록 이재명 후보를 선택할 가능성이 높다.
- 가설 1-2. 민주주의 제도(견제와 균형, 법의 지배, 시민의 자유 등)에 대한 평가가 긍정적일수록 이재명 후보에 대한 지지 가능성이 높다.
- 가설 1-3. 김문수와의 감정적 거리가 클수록, 그리고 민주당과 국민의힘

간 정당 호오도 거리가 작을수록 이재명 지지 가능성이 높다.

- 가설 1-4. 현 정부의 경제 성과와 전망에 대한 긍정적 평가가 클수록 이재명 후보 지지 가능성이 높다.

(2) 모형 2: 당파적 유권자 중 이재명 투표자(=1) vs 김문수 투표자(=0)

여기서는 당파적 유권자들이 일반적으로 정당 정체성을 기준으로 투표하며, 이념적·정서적 동일시가 강하다는 기존의 정치심리학적 설명을 따른다. 이들은 후보의 정책이나 단기적 경제성과보다는 정당 또는 정치적 정체성과 일치하는 후보를 지지하는 경향이 강하며, 따라서 경제변수나 제도에 대한 태도가 투표 결정에 미치는 영향은 상대적으로 낮을 것으로 예측된다. 따라서, 다음처럼 가설화한다.

- 가설 2-1. 당파적 유권자 집단 내에서는 이념 성향이 가장 강력한 결정 요인으로 작동할 것이다.
- 가설 2-2. 민주주의 제도에 대한 평가, 경제 평가 등은 상대적으로 약한 영향을 미칠 것이다.

(3) 모형 3: 비당파적 유권자 중 이재명 투표자(=1) vs 김문수 투표자(=0)

비당파적 유권자의 경우 정당 일체감이 약하거나 부재하기 때문에, 정당이 아닌 이슈 기반 판단, 특히 경제성과 평가(performance voting)에 더욱 민감하게 반응할 것이라는 이론적 기대에서 출발한다. 특히 이들은 감정적 거리나 전략투표 경향 등 비정치적·정치혐오적 행동 양식을 함께 보일 가능성이 있으며, 경제에 대한 불만이 클수록 기존 여권 혹은 정치권 전체에 대한 심판 성격의 투표를 할 수 있다. 이들은 '선호보다는 배제'에 의해 투표한다는 점에서, 제도 평가와 이슈 감정이 결합된 복합적 기준으로 투표를 수행할 것으로 가정한다. 따라서, 다음처럼 가설화한다.

- 가설 3-1. 비당파적 유권자 집단 내에서는 경제 상황 평가가 이념 성향보다 더 강력한 영향을 미칠 것이다.
- 가설 3-2. 민주주의 제도에 대한 만족도 또한 이들의 선택에 긍정적 영향을 줄 것이다.
- 가설 3-3. 감정적 거리와 전략투표 여부는 비당파층의 선택에 결정적일 가능성이 높다.

(4) 모형 4: 이재명 지지자 중 당파적 지지자(=1) vs 비당파적 지지자(=0)

여기서는 이재명을 지지한 유권자 집단 내에서도 그 지지의 정치적 성격이 다를 수 있다는 점에서 출발한다. 당파적 지지자는 민주당이나 진보 진영에 대한 일관된 지지를 바탕으로 후보를 선택했을 가능성이 높고, 제도적 민주주의에 대한 적극적 신뢰(예: 견제와 균형, 법의 지배, 시민의 자유)를 동반할 수 있다. 반면 비당파적 이재명 지지자는 후보 개인에 대한 신뢰, 경제적 불만, 전략적 선택의 결과일 수 있으며, 경제 상황을 더 긍정적으로 평가하면서도 기존 정치권 전반에는 비판적 태도를 보일 가능성이 있다. 따라서, 다음처럼 가설화한다.

- 가설 4-1. 경제 상황에 대해 더 긍정적으로 평가할수록 비당파적 이재명 지지자일 가능성이 높다.
- 가설 4-2. 민주주의 제도에 대한 만족도는 당파적 이재명 지지자일 가능성을 높일 것이다.

• 가설 4-3. 전략투표 경향은 비당파적 지지자에게서 더 강하게 나타날 것
이다.

3) 분석 결과

〈표 14〉 회귀분석 결과

	모형 1 모든 유권자 중 1=이재명 0=김문수	모형 2 당파적 유권자 중 1=이재명 0=김문수	모형 3 비당파적 유권자 중 1=이재명 0=김문수	모형 4 이재명 투표자 중 1=당파적 0=비당파적
	회귀계수 (표준오차)	회귀계수 (표준오차)	회귀계수 (표준오차)	회귀계수 (표준오차)
정치이념(0=진보~10=보수)	1.4703*** (9.1461)	−1.6609*** (.1796)	−1.1139*** (.3049)	.0754 (.1446)
견제와 균형 (0=불만족~10=만족)	.2025* (.0807)	.2041* (.0992)	.3126* (.1613)	−.0461 (.0735)
법의 지배와 평등 (0=불만족~10=만족)	−.1453* (.0699)	−.1220 (.0875)	−.2176 (.1318)	.1439** (.0607)
시민의 자유 (0=불만족~10=만족)	.1940** (.0705)	.2118* (.0883)	.1534 (.1391)	−.1028 (.0671)
이재명-김문수 호오도 거리	−.0177*** (.0048)	−.0127* (.0058)	−.0344*** (.0103)	.0041 (.0050)
민주-국민의힘 호오도 거리	.0113* (.0047)	.0098 (.0059)	.0236* (.0096)	.0305*** (.0055)
사회경제적 지위 상승 가능성-일반 (1=높음~3=보통~5=낮음)	.0415 (.1483)	.0102 (.1755)	.0849 (.3182)	−.0846 (.1388)
사회경제적 지위 상승 가능성-자식 (1=높음~3=보통~5=낮음)	.1717 (.1530)	.1175 (.1860)	.3348 (.3166)	−.1547 (.1363)
3년간 국가경제 평가(1=좋아짐 ~3=변화없음~5=나빠짐)	.5912*** (.1196)	.5767*** (.1433)	.7125** (.2572)	−.3511* (.1475)
5년간 국가경제 전망(1=좋아짐 ~3=변화없음~5=나빠짐)	−1.057*** (.1214)	−1.1428*** (.1511)	−.7884*** (.2414)	−.0286 (.1215)
투표결정시기 (1=1개월전~5=투표당일)	−.2835*** (.0848)	−.2943* (.1174)	−.5256*** (.1603)	−.2713** (.0931)

전략투표 (1=전략투표)	-1.474*** (.2213)	-1.2143*** (.2653)	-1.976 (.4772)	-.4401* (.2204)
여야합의보다 다수결 (1=동의~3=보통~5=부동의)	-.2156 (.1164)	-.3412* (.1480)	-.0330 (.2372)	-.0824 (.1223)
여당의원 대통령 지원 (1=동의~3=보통~5=부동의)	.1955 (.1221)	.1259 (.1501)	.4940 (.2566)	-.0607 (.1182)
정부의 국회견제 제한 (1=동의~3=보통~5=부동의)	.7314*** (.1236)	.9041*** (.1547)	.3198 (.2558)	.0884 (.1190)
대통령 국회반대 정책 (1=동의~3=보통~5=부동의)	-.0485 (.1208)	-.0010 (.1469)	-.2121 (.2538)	.0984 (.1137)
국회 삼권분립 개입 (1=동의~3=보통~5=부동의)	.3155** (.1165)	.2816* (.1404)	.2865 (.2410)	-.0609 (.1048)
법원 판결은 여론반영 (1=동의~3=보통~5=부동의)	-.2270 (.1261)	-.2500 (.1563)	-.2451 (.2454)	.0359 (.1301)
헌법재판소보다 여론 (1=동의~3=보통~5=부동의)	-.0830 (.1178)	.0087 (.1438)	-.2960 (.2358)	.0518 (.1163)
	N=1,209 Log likelihood= -306.149 Pseudo R2 =0.6246	N=956 Log likelihood= -210.322 Pseudo R2 = 0.6738	N=253 Log likelihood= -82.533 Pseudo R2 =0.5162	N=721 Log likelihood= -306.591 Pseudo R2 =0.1714

〈표 14〉의 모형 1~3 분석 결과가 보여 주듯이, 이재명 후보 투표자와 김문수 후보 투표자 사이에는 당파적/비당파적 유권자 모두에서 정치이념, 견제와 균형에 대한 평가, 민주–국힘 간 호오도 차이, 국가경제 회고 평가, 국가경제 전망 평가, 투표 결정 시기 등에서 통계적으로 유의미한 차이가 나타났다. 비당파적 투표자 중 이재명–김문수 후보를 선택한 변인으로는, 당파적 투표자에서 통계적으로 유의미했던 변수 중, 시민의 자유, 전략 투표 여부, 정부의 국회견제 제한, 국회의 삼권분립 개입 등의 변수는 통계적으로 유의미하지 않은 것으로 나타났다.

요컨대, 당파적 유권자의 선택에는 정치이념, 시민의 자유, 국회견제 제한, 삼권분립 등 이념·제도 관련 태도가 강한 설명력을 가진다. 반면, 비당파적 유권자의 선택에는 감정적 거리(호오도)와 투표 결정 시기가 특히 중요하며, 국가경제 평가와 견제와 균형에 대한 평가 변수의 영향이 당파적 유권자보다 상대적으로 크다.

모형 4가 보여 주듯이, 당파적 이재명 지지자를 특징짓는 요인은 '법의 지배·평등에 대한 만족도가 높다', '민주-국힘 간 감정적 거리가 크다(정치적 적대감이 강하다)', '투표를 일찍 결정했다'의 변수이며, 비당파적 이재명 지지자를 특징짓는 요인은 '국가 경제를 긍정적으로 평가한다', '투표결정을 늦게 내렸다', '전략투표를 하는 경향이 있다'로 요약될 수 있다.

법의 지배와 평등에 대한 만족도가 높다는 것은 정치체제와 제도에 대한 신뢰를 의미하며, 이는 정당이라는 제도적 경로를 통한 정치적 일체감 역할을 의미한다. 따라서 이재명을 지지한 유권자 중에서도 법치·평등에 긍정적인 평가를 내린 사람들은 특정 정당(민주당)에 강한 동일시를 형성하며 '당파적 지지자'가 될 가능성이 높다고 해석할 수 있다.

비당파적 이재명 투표자는 민주당에 지속적, 안정적으로 스스로를 일체화하지 않는 유권자 집단이다. 이들 중에서 경제 상황을 부정적으로 평가하는 유권자는 선거 당시 윤석열 정부 또는 기존 정치·경제 상황에 대한 불만이 강한 유권자들이다. 경제 상황에 대해 부정적으로 평가하는 유권자들이 이재명 후보를 지지할 가능성이 높다는 것은, 정당 충성도나 이념적 일체감보다는 국면적 상황에 대한 평가가 투표 결정에 강하게 작용했다는 의미이다.

당파적 유권자는 정당일체감이 강해 경제 상황에 따라 선택을 쉽게 바꾸지 않지만, 비당파적 유권자는 단기적 경제 상황 평가에 민감하게 반응한다. 따라서 경제에 대한 부정적 평가가 강한 비당파적 유권자는, 정당 충성심에 기반하지 않고, 현 정부나 기존 질서에 대한 불만을 투표로 표현하는 경향이 있다. '현재의 경제 상황을 부정적으로 평가한다'는 의미는, 실제로 개인적 경제 상황이 어려움일 수도 있고, 국가 경제 전체에 대한 불만일 수도 있다. 통상적으로는 후자(체감한 국가 경제 전반에 대한 평가)를 묻기 때문에, 반드시 이들이 개인적으로 경제적 하위집단에 속한다고 단정할 수 없다. 그러나, 다른 한편 경제 상황에 불만을 가진 유권자는 기존 정치세력에 대한 처벌적 투표(punishment voting)를 하거나 대안 후보(이재명과 같은 야당 후보)를 선택하는 경향이 나타난다.

경제적 어려움을 느끼거나 국가 경제를 부정적으로 평가하는 비당파적 유권자는, 정당 충성도가 약하기 때문에 이념적 이유가 아니라 경제 성과에 대한 처벌/보상 논리로 이재명을 선택할 가능성이 높다. 이들은 경제적으로 가장 어려운 상황에 놓여 있다는 점에서가 아니라, '경제 상황을 부정적으로 평가한다'는 인식 때문에 기존 정치세력에 대한 처벌을 목적으로 이재명 후보를 지지할 가능성이 높다고 볼 수 있다.

이재명 후보를 지지한 사람들 사이에서 당파적 vs 비당파적 지지자를 구분짓는 가장 두드러진 요인은 경제 상황 평가이며, 법치, 자유, 권력분립 같은 제도·규범적 태도는 두 집단 모두 비슷한 수준을 보였다. 이재명 후보에게 투표한 비당파적 유권자의 제도적·규범적 태도는 이재명 후보를 지지한 사람이라면 어느 정도 공유하고 있기 때문에 당파적 지지자와 비당파적 지지자 집단 간 차이가 나타나지 않았다. 요컨대, 경제 상황에 대한 평가와 같은 단기적 성과 변수는 당파적·비당파적 유권자 집단을 구분짓지만, 법치·자유·권력분립 같은 제도적·규범적 태도는 두 집단 간 차이를 설명하지 못하는 것으로 나타났다. 이는 이재명 지지자라는 공통된 특성 속에서 두 집단 모두 법치, 자유, 권력분립과 같은 민주적 규범을 유사한 수준으로 수용하고 있음을 시사한다.

결과적으로, 이재명 후보에게 투표한 두 집단 사이의 차이는 민주주의적 원칙에 대한 장기적·규범적 태도보다는 경제 상황 평가와 같은 단기적 성과 평가 요인에 의해 더 잘 설명될 수 있음을 보여 준다.

5. 결론 및 함의

본 연구는 2025년 제21대 대통령 선거를 대상으로, 이재명 후보를 지지한 유권자 집단 내부의 이질성(혹은 혼종성)에 주목하였다. 특히 당파적 유권자와 비당파적 유권자를 구분하고, 이들이 투표에 이르게 된 동기의 차이를 로짓 분석을 통해 규명하고자 하였다. 분석 결과를 요약하면 다음과 같다.

첫째, 이재명 지지자 중에서 당파적 유권자와 비당파적 유권자는 상이한 정치적 판단 기준과 투표 동기를 보였다. 당파적 지지자의 경우, 법의 지배나 시민의 자유와 같은 제도적 민주주의 가치에 대한 만족도가 높을수록 이재명 후보에 대한 지지 확률이 유의미하게 증가하였다. 이는 정당에 대한 일체감이 강한 유권자들이 민주주의 제도적 성과를 '자신이 지지하는 정당'의 것으로 해석하고, 이를 통해 후보 선택을 정당화하는 경향이 있음을 보여 준다.

둘째, 경제 상황에 대한 인식은 비당파적 지지자들의 핵심적인 판단 기준이었다. 당파적 지지자에 비해 비당파적 지지자들은 현재의 국가 경제 상황 및 향후 전망에 대해 보다 부정적으로 평가했으며, 이와 같은 인식은 이재명 후보에 대한 지지 확률을 높이는 방향으로 작용하였다. 이는 정당에 대한 충성도 없이도 경제적 불만이나 위기 인식이 정치적 선택을 추동한다는 이론의 타당성을 확인시켜준다.

셋째, 2025년 대선은 전통적 당파적 구도와 더불어 광범위한 비당파 유권자의 선택이 선거 결과를 결정한 선거였다. 정당정치에 대한 구조적 불신과 정치 혐오의 확산 속에서, 비당파적 유권자들은 이념적 정체성보다는 '경제'를 중심으로 후보를 선택하였다. 이들은 단순한 '무관심층'이 아니라 현실 조건에 기반한 전략적 선택 투표자로서의 역할을 한 것으로 보인다.

이러한 분석 결과는 유권자 행태 이론 및 선거 전략 연구에 다음과 같은 몇 가지 시사점을 제공한다. 첫째, 비당파적 유권자의 경제 인식 및 이슈 수용 양식은 선거 결과를 결정짓는 핵심 변수이다. 둘째, 선거 캠페인은 정당 충성층을 넘어 이슈 기반, 감정 기반, 생활 경제 기반 판단을 유도하는 전략이 되어야 한다. 본 연구에서 드러났듯이 비당파적 이재명 지지자들은 경제 상황에 대한 평가를 핵심적 판단 기준으로 삼았으며, 이는 이념적 정체성이 약한 유권자들이 정책 성과와 현실 문제 중심으로 투표 결정을 내린다는 것을 의미한다. 따라서 정당은 선거 전략에서 정체성 기반 동원(identity-based mobilization)을 넘어서, 성과 기반 설득(performance-based persuasion) 전략을 병행해야 한다. 셋째, 정당은 비당파 유권자의 정책 선호가 고정된 이념틀에 따라 배열되지 않음을 인식해야 한다. 이들은 때로는 경제적 진보, 사회적 보수, 또는 그 반대의 결합된 입장을 보이며, 전통적 좌·우 이념 스펙트럼으로 포착되지 않는다. 이러한 특징은 정당이 일관된 이념 정체성을 유지하는 동시에, 전략적으로 모호하거나 유연한 메시지를 선택적으로 조정해야 할 필요성을 제기한다. 특히 공약 수립 시, 특정 이념의 전면화보다는 핵심 의제의 모호성(strategic ambiguity)을 유지하는 것이 광범위한 지지를 확보하는 데 유리할 수 있다.

결론적으로, 본 연구는 2025년 대선 결과를 통해 정당이 정체성 정치

(identity politics)를 넘어서 이슈 중심의 기능적 설득과 감성적 공감을 통합하는 전략을 모색할 필요가 있음을 시사한다. 비당파 유권자들은 정치적 맥락에 따라 충분히 전략적 판단을 내릴 수 있으며, 이들의 이질성을 이해하고 대응할 수 있는 전략적 사고가 선거 결과를 좌우하는 주요 변수이다.

참고문헌

Abramson, Paul R., Aldrich, John H., Paolino, Philip, & Rohde, David W. (1992). "Sophisticated" voting in the 1988 presidential primaries. *American Political Science Review*, 86(1), 55-69.

Campbell, Angus, Converse, Philip E., Miller, Warren E., & Stokes, Donald E. (1960). *The American Voter*. University of Chicago Press.

Dalton, Russell J. (2013). "Citizen Politics: Public Opinion and Political Parties" in *Advanced Industrial Democracies* (6th ed.). CQ Press.

Fiorina, Morris P. (1981). *Retrospective Voting in American National Elections*. Yale University Press.

Green, D. P., Palmquist, B., & Schickler, E. (2002). *Partisan Hearts and Minds: Political Parties and the Social Identities of Voters*. Yale University Press.

Keith, B. E., Magleby, D. B., Nelson, C. J., Orr, E., & Westlye, M. C. (1992). *The Myth of the Independent Voter*. University of California Press.

Key, V. O. (1966). *The Responsible Electorate: Rationality in Presidential Voting 1936-1960*. Harvard University Press.

Klar, Samara, & Krupnikov, Yanna. (2016). *Independent Politics: How American Disdain for Parties Leads to Political Inaction*. Cambridge University Press.

Lewis-Beck, Michael S., & Stegmaier, Mary. (2000). Economic determinants of electoral outcomes. *Annual Review of Political Science*, 3, 183-219.

제7장

이재명 후보 지지와 세대 효과

한정훈(서울대학교 국제대학원)

1. 들어가며

최근 한국 사회 내 MZ세대에 대한 관심이 높다. 호규현 외(2023, 279)에 따르면, 최초의 관심은 2019년 기성세대와 다른 소비행태 때문이었다. 그리고, 점차 개인적 취향을 중심으로 가치관을 형성하고 자신의 의견을 자유롭게 표현하는 세대라는 정치, 사회적 의미를 부여받고 있다(손정희 외 2021).

그러나 이들의 특징을 규명하고 이해를 높이기 위해서는 몇 가지 세대 연구의 한계를 극복하는 것이 절실하다. 첫째, MZ세대에 대한 개념적 합의가 필요하다. MZ세대라는 용어는 서구의 세대 범주화에 해당하는 M세대와 Z세대를 비교학적 편의를 위해 하나로 묶은 것이다. 서구적 범주화에서 M세대는 베이비붐 세대와 그 자식 세대를 구분하기 위한 개념이며, Z세대는 M세대와 차별적인 또 다른 세대의 등장을 규명하기 위한 노력이다(Pew Research Center 2018, Lucas et al. 2024). 반면, 한국 사회는 동일한 개념을 빌려

오면서 이 두 세대를 기성세대와 구분하기 위한 포괄적인 범주로 활용하고 있다. 이로 인해 M세대와 Z세대 간 차이 또는 각 세대 내부의 개인 간, 또는 소집단 간 차이는 간과된다. 더구나 때때로 청년층, 젊은층이라는 용어와 함께 사용되면서 이들이 지닌 독특한 정치적 태도나 행태를 종종 과장한다 (한정훈 2022). 이러한 문제는 한국 사회 내 M세대와 Z세대를 구분할 필요성 및 서구와 다른 범주화를 고안할 필요성을 촉발한다.

둘째, MZ세대의 등장에 따라 기존의 세대 범주화를 개선하기 위한 이론적 근거를 마련할 필요성 역시 높다. 한국 사회 내 기존 세대 연구는 1987년 민주화 과정에 대한 경험을 세대 구분의 분기점으로 삼는다는 공통점을 지닌다. 그러나 민주화 이후 수십 년의 시간이 지나면서 민주화 과정의 경험을 1987년이라는 하나의 분기점만으로 해석할 수 있을지 의문이다. 1990년대 중반까지 계속되었던 노동자, 학생의 분신 및 대학가와 거리에서의 시위, 그리고 1997년 경제위기, 2008년 소고기 수입 파동, 2016년과 2025년 대통령 탄핵 과정에서 발생한 범시민운동과 촛불집회 등 굵직굵직한 한국 민주화의 역사는 1987년 민주화 경험과는 또 다른 역사적 순간이었다. 이러한 한국 역사의 특수성은 서구식의 민주적 풍요를 경험한 부모 세대 이후에 등장한 MZ세대 범주화가 타당한 것인지에 대한 논의를 요구하는 것이다. 특히, 그동안 연구마다 1987년 민주화 과정의 경험을 세대 범주화를 위해 차별적으로 이용했던 현실은 1987년 이후 장기간에 걸친 민주화 경험과 MZ세대의 등장과 함께 더욱 복잡해지고 있다.

셋째, 위와 같은 이론적 세대 범주화 논의의 진전과 더불어 장기간에 걸친 자료의 축적도 필수적이다. 세대 개념의 선구적인 연구에 해당하는 만하임(Mannheim 1952)의 논의에 따르면 세대는 일정한 역사적 경험을 바탕으로 장기간에 걸쳐 집단적 연대감을 쌓고, 그에 근거하여 동질적인 정치적 행태를 발전시킬 수 있어야 한다. 따라서 사회 변동과 세대 간 관계를 검증하기 위해서는 장기간에 걸친 자료가 필수적이다. 예를 들어, 2025년 대통령 선거에서 특정 세대가 이재명 후보를 강력한 지지했다는 사실이 검증되었더라도 그러한 결과가 해당 세대의 정치적 연대감에서 기인한 것인지, 일정한 연령에 도달했기 때문에 나타나는 연령효과 때문인지, 아니면 경쟁 정당의 대통령이 탄핵되었다는 2025년 시기적 맥락 때문인지 명확히 답하기 힘들다. 장기간에 걸쳐 축적된 자료가 없이는 연령(Age)−시기(Period)−세대(Cohort) 간 선형관계로 인해 각각의 독립적인 영향력을 검증하기 어렵다는 문제를 해소할 수 없다.

본 장은 이러한 이해를 바탕으로 2025년 대통령 선거에서 이재명 후보에 대한 지지와 관련하여 하나의 세대로 일컬을 만한 연령집단의 독특한 행태가 관찰되었는지를 검증하고자 한다. 따라서, 위에서 제시된 세대 연구의 한계를 극복하는 것이 최우선의 목표이지만, 2025년 선거 시점의 단편적 자료를 분석한다는 점에서 여전히 기존 연구의 한계를 전적으로 해소하지는 못한다. 다만, 다음과 같은 두 가지 방법론적 측면을 통해 최소한 세대 연구의 후속연구를 진전시키고자 한다. 첫째, 한국 사회 내 세대 범주화의 타당한 기준을 제안하기 위해 세대 범주화에 대한 기존 문헌을 검토하고, 다양한 범주화 노력에서 공통적으로 관찰되는 특징을 도출한다. 그리고 그러한 특징에 근거하여 세대 범주화의 새로운 방안을 제시한다. 둘째, 2025년 대선 사후의 단편적인 자료를 분석한다는 한계로 인해 시기(period) 효과를 통제하지 못하지만 연령과 세대의 독립적 효과를 추정해 보고자 한다. 이를 위해 양과 랜드(Yang and Land 2013)가 제안한 위계모형(hierarchical model)을 활용한다. 또한, 연령 변수의 효과를 세분화하여 연령과 정치적 태도 간 단순한 선형관계(linear relationship)에 대한 가정 이외에 비선형관계

　　　　　비상계엄−탄핵 사태와 2025년 대통령 선거

의 가능성을 동시에 검토함으로써 모형의 타당성을 높인다.

본 장의 구성은 다음과 같다. 다음절에서는 세대와 정치적 태도 간 관계를 연구한 기존 문헌을 검토하고, 세대 범주화의 새로운 틀을 제안한다. 다음으로 새로운 세대 범주화 틀을 활용하여 본 장에서 제시된 세대 범주화의 타당성을 집합적 수준에서 검증한다. 마지막으로 위계모형을 분석함으로써 2025년 대선에서 세대가 이재명 후보 지지에 연령으로부터 독립적인 효과를 지녔는지를 살펴본다.

2. 한국 사회 내 세대 범주화의 가능성과 기준

한국 정치학 연구에서 세대가 지닌 정치적 효과에 대한 문제 제기는 정진민(1992)에 의해 최초로 시도되었다. 그는 해방이후의 한국 사회는 빠른 속도로 변화하는 사회의 대표적인 예로서 사회 내의 각 연령집단이 상이한 상황하에서 성장하게 됨으로써 정치현상을 분석하는데 있어 세대요인의 중요성이 증가할 소지가 충분하다고 보기 때문에 지역주의와 도시화가 당시 한국 정치에 미치는 중요한 요인이라는 점을 인정하면서도 세대 효과의 분석을 강조하고 있다(정진민 1992, 146). 특히 그는 주로 청년기로 간주되는 형성기(formative period)에 동일한 역사적 경험을 하고 그러한 역사적 경험에 기초하여 뚜렷이 구별될 수 있는 정치관을 갖고 있는 연령집단(age cohort)을 '정치세대(political generation)'로 정의하고 있는 린탈라(Rintala 1963)의 세대 정의에 기초하여 한국 사회 내 세대를 3개의 범주로 구분한다. 이 과정에서 그는 1950년 한국전쟁을 세대 구분을 위한 하나의 분기점으로 삼고, 1987년 민주화 선언을 또 하나의 분기점으로 삼고 있다. 특히 세대 연구의 선구자인 만하임(Mannheim 1952)의 논의에 따라 세대 형성기를 17세부터 25세로 간주하고 전후세대 가운데 1987년 민주화 선언 당시 형성기에 해당한 1962년 이후 세대를 '신세대'로 구분하고 있다.

정진민(1992) 이후 세대와 정치에 관한 다수의 후속연구가 이루어졌지만, 논의의 진전에 걸림돌이 되는 몇 가지 한계를 해소하지 못하고 있다. 먼저 범주화(categorization)와 관련된 이론적인 측면에서 정치세대를 구분하는 연령의 기준이 통일되지 않았다. 특히 정치적으로 유의미한 영향력을 지닌 것으로 주장되는 '386세대'의 범주화 방식이 다양하다. '386세대'를 정의하는 가장 일반적인 방법은 1960년부터 1969년 사이 10년 동안 출생한 연령 코호트를 활용한 방식이지만(박명호 2009, 강원택 2009, 이내영 2010), 1987년 민주화 과정을 인격 형성기 초반 또는 후반에 경험하였는지를 중심으로 구분하거나(황아란 2009), 1962년과 1971년 사이 출생자(오세제 2015), 또는 1958년과 1967년 사이 출생자(정한울 2015)로 정의하거나, '386세대'라는 용어 대신 '민주화 세대'라는 용어를 사용하면서 1961년과 1970년 사이 출생자(허석재 2017)로 규정하는 사례도 있다. 결국, 1958년부터 1971년 사이 출생자를 중심으로 연구마다 다양한 연령집단을 '386세대'로 규정한다.

정치세대 범주화에 대한 연령 기준이 통일되지 않았다는 문제는 최근 MZ세대 논의에서도 유사하다. 서구의 세대 범주화 논의에서 발전한 M세대는 밀레니엄에 성인이 된 베이비붐 세대의 자식 세대이다. 이들은 공공성이 높고, 기술적으로 뛰어나며, 자신을 표현하기 위해 인터넷은 물론 다양한 유형의 새로운 통신기술을 활용하는 세대다. 또한, 이들은 정치적 응집력이 약하고 소셜미디어로 연결되었으며, 경제적인 부채를 안고 있으며, 사람들을 믿지 못하며, 결혼을 서두르지 않는다(Fisher 2020. 45). 반면, Z세대는 "Z세대 대학 가다(Seemiller and Grace 2016)"라는 2016년 서적을 통해

　비상계엄−탄핵 사태와 2025년 대통령 선거

세계 경기 후퇴기에 성장하고 고용에 대한 환상이 없는 M세대와 구별되는 세대로 규정되었다. 또한, 이들은 디지털 원주민(digital natives)이며, 동정심이 강하고, 사려 깊고, 열린 자세를 지니며, 책임감이 강하고 결정력이 높다는 특징을 지닌다(Fisher 2020, 45). 이들을 구분하는 연령 기준은 서구에서도 1994년까지 출생자 또는 1996년까지 출생자를 M세대로 규정하며 통일되지 않았으며 Z세대가 M세대로부터 명확히 구분되지는 또한 충분한 논의가 이루어지지 않았다(Fisher 2020, 45). 한국 사회 내에서 MZ세대의 논의가 더욱 문제시되는 것은 세대 구분을 위한 한국 사회적 특수성을 무시한 채 서구적 범주화를 그대로 채용하고 있을 뿐만 아니라 M세대와 Z세대의 연령 범주도 통일되지 않았다는 점이다. 예를 들어 한국 사회 내 M세대에 대한 범주는 1980년부터 1991년 사이 출생자(김진국, 양성철 2021), 1980년부터 1994년 사이 출생자(이홍승, 김준환 2021; 통계청 2022, 이선희 2023), 1981년부터 199년 사이 출생자(한주형, 김진옥 2021) 등 다양하다.

세대 연구의 진전이 어려운 또 하나의 걸림돌은 방법론적으로 세대가 정치에 미치는 독립적인 영향력을 검증하기 위해서 요구되는 장시간에 걸쳐 반복적으로 측정된 횡단면 자료가 충분하지 않다는 점이다. 세대 연구에 장기간의 변화를 추적할 수 있는 자료가 필요한 이유는 한 사람의 생애 속에서 시간이 갖는 의미를 세 가지 측면으로 구분할 수 있기 때문이다. 인간이 살아가면서 맞게 되는 특정 시점은 시점 자체의 의미(Period)를 지니면서 동시에 두 가지 추가적인 의미를 수반한다. 하나는 인간이 출생해서 해당 시간까지 나이가 들고 성숙해진 시간(Age)이며 다른 하나는 과거 일정 시점에서 이루어진 사회, 경제적 사건에 대한 집단경험으로 형성된 성향이 지속하는 순간(Cohort)이다. 따라서 특정 시점이 의미하는 세 가지 측면 각각이 사회 변동에 미치는 독립적인 영향력을 검증하기 위해서 한 시점이 아닌 여러 시점에서 측정된 축적된 자료가 필요하다.

방법론적 측면에서 자료 부족에 더해 연령, 시점, 코호트가 사회 변동에 미치는 독립적 영향력을 검증하지 못하는 한계도 존재한다. 근본적으로 이들 세 요소가 선형 관계에 놓여 다중공선성(multicollinearity)을 지니기 때문에 각각의 독립적인 영향력을 추정하는 것이 매우 어렵기 때문이다. 세 요소 간 선형관계는 다음과 같이 표현된다.

연령=시점−출생년도(세대)

이러한 선형관계는 어느 두 요인의 값을 알게 되면 나머지 한 요인의 값을 자동적으로 알게 된다는 것을 의미한다. 따라서 만일 2025년 대선 시점에서 1970년 출생 세대의 영향력을 검증하고자 할 때 이러한 검증과정은 55세라는 연령의 영향력을 동시에 수반한다. 다시 말해, 방법론적으로 각 요소의 변화가 상호 연관되기 때문에 개별 요소가 특정 현상에 미치는 독립인 영향력을 추정할 수 없는 '식별의 문제(identification problem)'가 발생하는 것이다.

결국, 한국 사회 내 세대가 정치적 변동에 미치는 영향력을 검증하기 위한 오랜 노력에도 불구하고, 세대 범주화의 통일성 및 자료가 부족하다는 문제 그리고 세대가 연령, 시점과 연관되기 때문에 발생하는 식별의 문제 등으로 인해 연구 결과의 축적이 이루어지고 있지 않다. 따라서 2025년 대통령 선거 과정에서 세대가 미친 영향력을 검증하려는 본 연구의 목적을 고려할 때, 이러한 한계를 극복하기 위한 몇 가지 타당한 전략이 필요하다. 우선 2025년 대통령 선거라는 특정 시점을 분석하기 때문에 자료 부족의 문제는 해결하지는 못한다는 점을 인식해야 할 것 같다. 다시 말해 본 연구

          비상계엄−탄핵 사태와 2025년 대통령 선거

역시 종단면 자료 분석이 지니는 시기 효과를 통제하지 못한다. 반면, 본 연구는 다음과 같은 연구 전략을 바탕으로 세대 범주화의 문제와 다중공선성의 문제를 해소해 보고자 한다.

첫째, 세대 범주화의 문제와 관련하여 본 연구는 정치세대 범주화를 위한 한국 사회 내 민주화 경험의 특수성과 서구적 세대 범주화 방안을 통합한 새로운 방안을 제안한다. 이를 위해 본 연구는 2025년 현재까지 정치세대라고 할 수 있는 세대는 1987년 민주화 과정의 경험을 바탕으로 형성된 세대가 유일하다고 주장한다. 세대 연구의 선구자인 만하임(Mannheim 1952)은 세대 개념을 세대위치, 세대실체, 세대단위라는 세 차원으로 구분한다. 세대위치(generation location)란 유사한 출생 시기에 해당하는 집단이 이후 역사적 경험 과정에서 유사한 위치를 차지하는 집단으로 정의된다. 세대실체(generation as actuality)는 같은 세대위치에 속한 집단 가운데 운명 공동체적 참여를 통해 연대감과 동류의식을 갖게 된 집단이며, 세대단위(generation unit)는 세대실체 가운데 참여의 경험을 동질적인 방식으로 소화한 집단이다. 따라서 하나의 중요한 역사적 사건은 세대위치를 구성할 수 있는 배경을 제시하며, 세대위치의 지위를 차지한 일정한 연령집단은 점차 심리적 동질감, 행위적 동질감을 통해 일정한 정치세대를 형성하는 것으로 이해할 수 있다.

이러한 논의에 따라 한국 내 기존의 세대 논의는 1987년 민주화의 경험을 세대위치를 형성할만한 중요 사건으로 간주하는 공통된 특징을 보인다. 그 결과 1987년 민주화 과정의 경험을 배경으로 형성된 연대의식, 그리고 지속적으로 관찰되는 진보적인 정치적 선택을 배경으로 '386세대'라는 정치세대의 규정이 발전하였다. 그러나, 1987년 민주화 이후 수십 년이 지난 현재 1987년 민주화의 경험 이외에도 한국 민주주의에 큰 충격을 가한 역사적 사건은 다수일 것 같다. 1997년 금융위기에 따른 사회 전체적인 경기 침체와 IMF 재정지원, 2008년 소고기 수입 파동, 2014년 전 국민이 지켜보았던 세월호 참사, 그리고 2016년 대통령 탄핵, 2019년 코로나 19 팬데믹 및 2024년 계엄선포와 2025년 대통령 탄핵 등이 대표적인 사건들이다.

위와 같이 다양한 중요 사건들 가운데 '386세대'와 단절된 새로운 세대 위치의 출현을 가능케한 사건은 1997년 경제위기가 아니었나 생각한다. 민주화의 열망 속에서 성장하던 이들이 갑자기 닥친 금융위기 속에 절망을 경험한 시점이기 때문이다. 1987년 이후 민주화 과정이 미래 사회에 대한 희망을 불어넣었다면 1997년 경제위기는 대조적으로 미래에 대한 절망을 안겨준 사건이었다. 이러한 이해에 따르면, 1997년 17세에 이른 1980년 이후 출생자들이 이전 '386세대'와는 다른 새로운 세대위치를 형성했을 가능성을 지니고 있음을 함의한다. 1997년 경제위기 이후 한국 사회 내 중요한 역사적 분기점들은 민주주의의 성쇠와 관련되지 않았나 생각해 볼 수 있다. 민주주의 성쇠에 대한 논의는 기본적으로 민주주의가 작동하고 있는 것을 기반으로 한다. 따라서 1997년 경제위기와 같이 암울한 미래와 직결되지는 않을 것 같다. 특히 민주적 후퇴를 야기한 대부분의 사건은 궁극적으로 민주적 진전의 방향으로 해소되었다는 특징을 보인다. 따라서 인격형성기에 1997년 경제위기를 경험한 세대 이후의 세대는 일정 수준 민주화의 안정기에 도달한 한국 사회를 경험한 이들이며, 그 과정에서 민주주의의 성쇠를 습득한 세대라고 할 수 있다. 이러한 일정 수준 이상의 민주주의 체제 속에서 민주주의 성쇠의 경험은 세대 범주화를 위해 한국적 특수성을 반영한 기준이 더 이상 타당하지 않을 수 있음을 의미한다. 한국의 M세대와 Z세대의 사회, 정치적 경험은 서구의 M세대와 Z세대의 경험과 크게 다르지 않을 가능성이 높다는 의미다.

　　　　　비상계엄–탄핵 사태와 2025년 대통령 선거

　본 연구는 위와 같이 인식에 근거하여 다음과 같은 세 단계에 걸친 한국 사회 내 세대 범주화를 위한 새로운 방안을 제안하고자 한다. 첫 번째 단계에서는 최근 다양한 학문 영역에서 공통적으로 사용되는 M세대에 대한 동의이다. '새 천년의 경험'이라는 서구와 유사한 세대 위치를 지닌 M세대를 중심으로 M세대 이전과 이후를 구분하는 것이다. 아직 1997년의 경제위기 경험이라는 한국적 특수성이 새로운 세대 위치를 형성하는 데 어떤 역할을 하고 있는지에 대해 불확실한 상황에서 다양한 학문 영역에서 이미 광범위하게 활용되는 M세대에 대한 규정과 이전 출생자 간의 세대 구분을 무시할 타당한 근거가 부족하다. M세대의 연령 기준 역시 특별히 한국적 특수성을 반영할 근거는 약하다. 따라서 서구에서 일반적으로 활용하는 1981년부터 1996년 출생집단을 M세대로, 1997년 이후 출생집단을 Z세대로 구분하고자 한다.

　두 번째 단계에서는 기존 문헌을 통해 합의 수준이 높은 '민주화 이전세대'에 대한 범주화이다. 대부분의 기존 연구는 1987년 민주화라는 한국적 특수성을 반영하여 1959년 또는 1958년 이전 출생자를 민주화 이전세대로 규정한다. 본 연구는 이러한 1년 정도의 차이가 세대 규정과 그에 따른 분석결과에 미치는 영향력이 크지 않다고 생각하며, 편의상 1958년을 포함하여 그 이전 출생자를 '민주화 이전세대'로 규정한다. 마지막 세 번째 단계는 1959년부터 1980년 사이 출생자를 구분하는 것이다. 이 부분에 대한 범주화가 기존 문헌에서 가장 차별적인 부분이다. 본 연구에서는 1987년 민주화 과정의 경험 당시 18세였던 1969년 출생자들부터 '민주화 이전세대' 바로 다음 해 출생자인 1959년생까지를 하나의 세대로 규정한다. 이들은 일반적으로 '386세대'로 간주되었으며, 1987년 당시 고등학교 3년으로 사회에 대한 경험이 상대적으로 열려 있었던 연령부터 포함한다. 반면, 본 연구

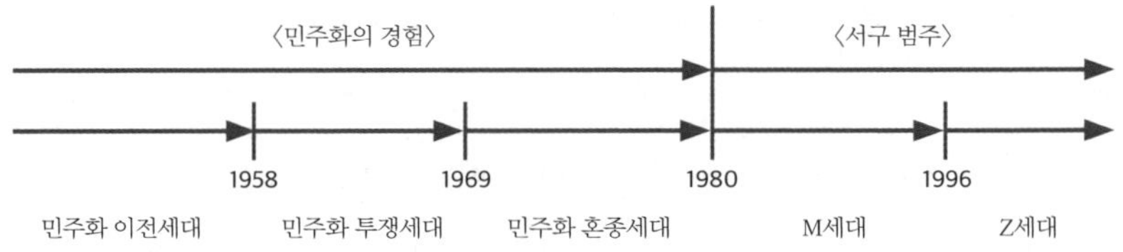

〈그림 1〉 세대 범주화

에서는 1987년 당시 고등학교 2학년으로 여전히 고등학교 교육과정의 제약이 심했던 1970년생부터 이들과 구분한다. 이에 따라 1959년부터 1969년 출생한 집단을 '민주화 투쟁세대'로, 1970년부터 1980년 출생한 집단을 '민주화 혼종세대'로 규정한다. '민주화 혼종세대'라는 표현은 1987년 민주화에 대한 간접적 경험을 공유하면서도 1997년 경제위기 등으로 암울한 미래 전망이 지배했던 역사적 상처를 동시에 경험한 위치에 있다는 점을 상징한다. 〈그림 1〉은 이러한 논의를 바탕으로 한국의 세대 범주화에 대한 새로운 제안을 요약한다.

둘째, 본 연구는 연령, 기간, 코호트 간 선형관계로 인해 독립적인 영향력 식별의 문제를 해결하기 위해 다층모형(multi-level model)을 분석한다. 세 요소 간 공선성이 낳는 식별의 문제를 해결하기 위한 일반적 방법은 일정한 제약조건을 모형에 부과하는 것이다. 대표적인 방법이 인접한 연령, 기간, 혹은 코호트의 효과가 같을 것으로 간주하는 것이다(Mason et al. 1973). 그러나 타당한 제약을 위해서는 부가정보(side information)가 필요하다는 단점이 있으며 식별을 위한 제약을 어떻게 부과하는냐에 따라 추정결과가 민감하게 반응한다는 한계가 지적되고 있다(Converse 1976. Glenn 2005, 12).

다층모형은 임의적인 제약을 부과하면서 발생하는 문제를 해결하기 위해 양과 랜드(Yang and Land 2013, 65)가 제안한 것이다. 다층모형은 개인 수

 비상계엄-탄핵 사태와 2025년 대통령 선거

준의 변이를 설명하는 연령 효과와 집합수준의 변이를 설명하는 시점과 세대의 효과를 구분하고, 개인수준과 집합수준에서의 효과를 동시에 추정할 수 있는 모형이다. 다시 말해, 각 개인의 정치적 행태는 각 개인이 놓인 시점과 각 개인이 속한 세대라는 집단 간 평균적 차이를 의미하는 임의효과(random effect)의 영향을 받으며, 동시에 개인의 연령에 따른 영향을 받는다는 가정을 모형화한 것이다. 다층모형 역시 세 요소의 독립적 영향력을 식별하기 위한 방법론적 한계를 완전히 해소한 것으로 간주되지 않지만(Bell and Jones 2014) 최근 다양한 연구를 통해 활용된다는 점에서 신뢰성은 높은 모형이다.

3. 자료와 변수

한국 사회의 민주화 경험을 중심으로 세대 범주화에 대한 새로운 방안을 제안하고, 정치세대로 규정할 수 있는 세대 범주가 존재하는지를 검증하기 위해 본 연구는 서울대학교 국가미래전략원에서 한국리서치를 통해 수행한 2025년 대통령 선거 사후 국민인식조사 자료를 활용하였다. 먼저 위에서 구분한 세대별 사회, 정치적 인식의 차별성이 존재하는지를 살펴보기 위해 기존의 세대 논의에서 고려되었던 다양한 변수들 가운데 사회적 인식 및 정치적 인식과 관련된 몇 가지 변수와 세대와의 관계를 분석하였다. 사회적 인식과 관련해서는 한국 사회 내 잠재적인 갈등 요소에 대한 유권자의 인식을 측정한 질문과 개인의 노력에 따라 사회적 지위 향상이 가능할 것인지에 대한 인식을 측정한 질문을 활용하였다. 이들 두 변수를 활용한 이유는 세대가 연대감을 지닌 실체로 기능하고 유사한 행동을 표출하는 세대 단위로 발전하기 위해서는 세대의 내적 정체성을 바탕으로 집단 간 갈등 혹은 위협에 대한 인식이 결부되어야 하기 때문이다(Allen and Wilder 1975; 유성진 외 2018). 이와 같은 집단 간 갈등에 대한 인식이 세대적 정체성을 드러낼 수준에 이르고 있는지를 살펴보기 위해 부자와 가난한 자, 젊은 세대와 기성세대, 남성과 여성, 서울과 지방, 영남과 호남, 여당과 야당, 국회와 행정부, 보수와 진보, 노동자와 고용주와 같이 9개 영역에서 대비되는 집단에 대해 "두 집단 간의 관계를 어떻게 생각하는지?"의 질문에 대한 응답을 활용하였다. 각각의 집단 간 관계에 대해 응답자는 '갈등이 매우 심하다', '갈등이 대체로 심하다', '보통이다', '갈등이 별로 심하지 않다', '갈등이 전혀 심하지 않다'는 5점 척도 가운데 어느 하나를 고르게 되었다. 본 연구에서는 이를 3점 척도로 재코딩하여 '갈등이 심하다' '보통이다' '갈등이 약하다'로 구분한 변수를 활용한다. 개인의 노력에 따른 사회적 지위 향상의 가능성에 대한 인식은 "우리 사회에서 열심히 노력한다면 개인의 사회, 경제적 지위가 높아질 가능성이 어떠한지?"를 묻는 질문을 활용하였다. 응답자는 '매우 높다', '다소 높다', '보통이다', '다소 낮다', '매우 낮다'와 같은 5점 척도 가운데 하나를 고르도록 되었다. 본 연구에서는 '매우 높다'와 '다소 높다'는 응답을 '높다', '보통이다'를 '보통', '다소 낮다'와 '매우 낮다'를 '낮다'와 같이 3점 척도로 재코딩한 후 분석하였다.

세대별 정치적 인식의 차별성을 살펴보기 위해서는 정치관심도, 정당일체감 및 한국 사회 내 주요 두 정당의 이념적 위치에 대한 인식을 분석하였다. 정치관심도는 "귀하는 개인적으로 정치에 어느 정도 관심이 있으십니까?"라는 질문을 통해 측정하였다. '매우 관심이 있다'부터 '전혀 관심이 없다'는 5점 척도의 응답을 '관심 있다', '보통이다', '관심 없다'는 3점 척도로 재코딩하여 분석하였다. 정치관심도는 기존 문헌을 통해 세대별 차이가 통계학적으로 검증되기도 하였으나(최유정·최샛별 2013), 연령효과의 통제와 함께 더욱 체계적인 검증이 여전히 필요한 실정이다. 정당일체감은 지지하는 정당이 있는지와 지지하는 정당이 없는 경우 조금이라도 더 호감이 가는 정당이 있는지를 연속적으로 묻고, 호감이 가는 정당이 있는 경우까지를 해당 정당에 대해 정당일체감을 지닌 것으로 측정하였다. 정당일체감의 소유여부는 세대효과가 아닌 연령효과 때문이라는 기존 결과를 고려할 때(허석재 2014), 2025년 대선 과정에서 세대별로 특정 정당에 대한 일체감의 분포 또는 정당일체감의 소유여부 자체의 분포에 일정한 경향이 관찰되는지를 살펴볼 예정이다. 마지막으로 주요 두 정당의 이념적 위치에 대한 인식을 측정하기 위해 "사람들은 보통 정치를 진보와 보수로 구분합니다. 귀하께서는 다음의 정당이 어디에 속한다고 생각하십니까? 0은 매우 진보를 나타내며, 10은 매우 보수를 나타냅니다"라는 질문으로 측정한 정당의 이념적 위치를 활용하였다. 개인적 이념지향은 세대의 영향력이 약하다는 주장은 기존문헌을 통해 빈번히 검증되었으나(박명호 2009; 허석재 2017), 개인이 주요 두 정당에 이념적 위치를 어떻게 평가하는지에 대한 정치적 판단을 통한 세대효과의 검증은 드물다. 이는 한국 사회 내 정당 간 양극화된 경쟁에 대한 평가의 일면을 분석할 수 있다는 유용성을 지닌다.

위와 같은 집합적 수준에서의 기술적 분석을 보완하기 위해 2025년 대선에서 이재명 후보에 대한 지지여부에 개인 수준에서 세대가 영향을 미쳤는지를 검증하였다. 이를 위해 위계모형을 활용하였으며 위의 변수들 이외에 응답자의 인구사회학적 특성을 통제하였다. 여기서는 특히 연령과 세대 간 독립적 효과를 검증하기 위해 연령이 유권자의 정치적 행태에 미치는 선형효과 이외에 비선형효과를 동시에 통제하였다. 연령의 선형효과는 나이가 들면서 일정한 방향의 정치적 행태가 강화되는 것을 가정하는 반면, 연령의 비선형효과는 중장년의 일정한 시점을 분기점으로 정치적 행태가 변화한다는 것을 가정하는 것이다. 예를 들어, 나이가 들면서 지속적으로 보수화되는 것이 아니라 일정한 연령이 지나면서 정치적으로 더욱 자유로워지고 진보적 성향을 갖게될 가능성을 가정하는 것이 연령의 비선형효과에 해당한다.

4. 세대에 따른 사회적, 정치적 태도와 인식의 차별성

사회적, 정치적 태도와 인식이 세대별로 차별적인지를 기술적(descriptive) 수준에서 먼저 살펴보았다. 〈표 1〉은 9개의 잠재적인 갈등 요소에 대하여 해당 요소와 관련하여 '갈등이 있다'는 응답자들의 비율을 나타낸다. 세대별로 '갈등이 있다'는 응답이 가장 높은 5개 갈등유형을 살펴보면, 민주화 이전세대와 민주화 투쟁세대는 여야 갈등, 이념 갈등, 영호남 갈등, 국회행정부 갈등, 노동자사용자 갈등을 공통적으로 가장 문제시한다.

반면, 민주적 혼종세대부터 이전 세대와 약간씩 인식을 달리한다. 민주적 혼종세대는 여야 갈등, 이념 갈등, 영호남 갈등, 노동자사용자 갈등에 대해서는 이전 세대와 심각성을 공감하지만 국회행정부 갈등보다는 세대갈등이 중요하다는 인식을 지니고 있다. M세대는 여야 갈등, 이념 갈등, 세대 갈등, 영호남 갈등에 대해서는 민주적 혼종세대와 인식을 공유하지만 노동자사용자 갈등 보다는 성별 갈등의 중요성을 부각한다. Z세대는 M세대와 이념 갈등, 여야 갈등, 세대 갈등, 성별 갈등에 대해서 유사한 인식을 지니지만, 영호남 갈등에 비해 빈부갈등을 중시한다.

2025년 대선 시점에서 한국 사회 내 갈등요소에 대한 위와 같은 세대별

   비상계엄–탄핵 사태와 2025년 대통령 선거

〈표 1〉 세대와 사회갈등의 유형별 인식 수준

세대구분	민주화 이전세대	민주화 투쟁세대	민주적 혼종세대	M세대	Z세대	전체
출생년도	1958 이전	1959~1969	1970~1980	1981~1996	1997 이후	
2025년 나이	67세 이상	56~66	45~55	29~44	28세 이하	
빈부 갈등	50.7	64.2	68.4	67.8	66.9	63.5
세대 갈등	56.2	64.8	70.9	73.8	77.5	68.1
성별 갈등	29.6	46.5	57.7	69.2	73.0	54.2
서울지방 갈등	53.9	62.9	68.1	64.6	62.9	62.6
영호남 갈등	82.8	75.8	77.0	70.3	57.3	73.9
여야 갈등	91.2	91.8	89.9	84.9	82.6	88.5
국회쟁정부 갈등	76.0	73.0	64.7	56.8	49.4	65.0
이념 갈등	88.3	90.9	86.2	82.2	77.5	85.6
노동자사용자 갈등	67.2	77.4	71.5	63.8	65.2	69.2

인식의 분포는 한국 사회 내 일정한 정치세대가 형성되었다고 간주할 수 있는 분명한 차이가 있다고 보기 어렵다는 점을 함의한다. 주요 갈등 요소에 대한 평가가 연령대마다 약간의 차이가 있을 뿐 특정 세대적 범주가 두드러지게 다른 세대와 차별적인 인식을 지니고 있다고 판단하기 어렵다는 것이다. 다만 Z세대가 과거에 비해 세대 갈등, 성별 갈등, 빈부 갈등이라는 새로운 갈등 유인을 더욱 중시하고 있다는 점에서 집단적 정체성이 강한 것을 알 수 있지만, 이 역시 연령 또는 시점과 연관될 수 있다는 점에서 세대적 특수성으로 해석하기에는 시기상조로 보인다.

사회적 인식과 관련된 두 번째 측면은 개인의 노력을 통해 사회적 지위의 이동이 가능한지에 대한 판단이다. 이 역시 갈등에 대한 인식과 유사하게 부분적으로 세대별 차이를 보인다. 〈그림 2〉에 따르면, 민주화 이전세대(민전세대)는 이동 가능성이 '높다'는 비율이 38.3%로 가장 높고, '보통'과 '낮다'

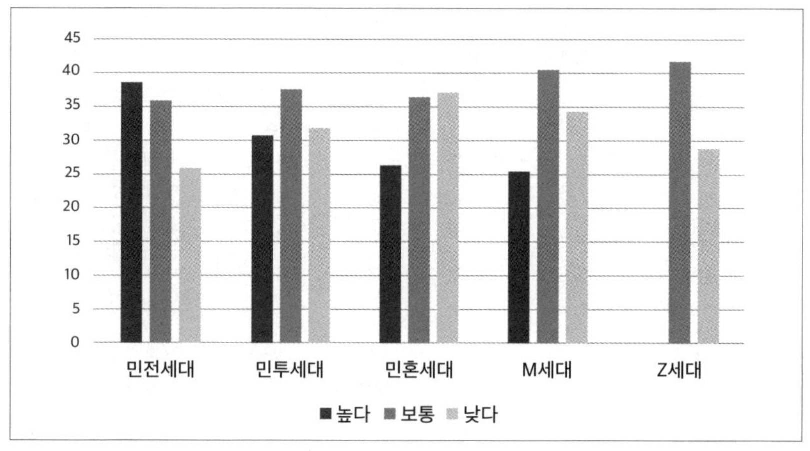

〈그림 2〉 세대와 사회 내 이동 가능성 인식

를 선택한 응답자 비율이 점차 줄어든다.

반면, 민주화 투쟁세대(민투세대) 이후부터는 민주화 이전세대와 확연히 다른 인식을 지닌다. 이들은 이동 가능성이 '보통'이라는 평가가 대체적으로 가장 높고, 이동 가능성이 '높다' 또는 '낮다'는 평가가 그 뒤를 따른다. 특히 다른 세대와 구분되는 특징을 보이는 범주는 민주적 혼종세대(민혼세대)와 Z세대 정도일 것 같다. 민주적 혼종세대는 다른 세대와 달리 노력에 의한 사회 이동 가능성이 '낮다'는 인식이 가장 강하다. 개인적 노력의 가치를 다른 세대보다 저평가하는 집단적 정체성을 관찰할 수 있는 부분이다. Z세대는 다른 세 세대와 비교할 때, 이동 가능성이 '높다'는 비율이 두 번째를 차지하는 특징이 관찰된다. Z세대의 이러한 인식은 젊은층의 희망을 함께 담고 있는 것으로 해석할 수도 있을 것 같다. 이 경우 Z세대의 독특한 인식이라기보다 젊은 나이라는 연령이 인식에 미친 영향력이 클 것 같다.

결국, 개인의 능력을 바탕으로 사회적 지위 이동이 가능할 것인가에 대한 인식은 민주적 혼종세대에서 일부 세대적 정체성이 형성된 것은 아닌지 조

　　　　　　　　비상계엄–탄핵 사태와 2025년 대통령 선거

<표 2> 세대와 정치에 대한 일반적 관심 간 교차 분석

			관심 없음	보통	관심 있음
민주화 이전세대	1958년 이하	67세 이상	5.2	26.3	68.5
민주화 투쟁세대	1959~1969년	56~66세	6.3	28.0	65.7
민주화 혼종세대	1970~1980년	45~55세	7.7	23.9	68.4
M세대	1981~1996년	29~44세	9.7	22.7	67.6
Z세대	1997~2006년	28~19세	10.1	25.3	64.6
전체 평균			7.7	25.1	67.2
통계적 유의성			p=0.31		

심스럽게 추론해 볼 가능성이 있다. 반면, 그 외 세대 범주에서는 세대적 정체성을 논의할 수준의 특징이 관찰되지 않는다.

세대 간 정치적 인식의 차별성을 살펴보기 위해서는 정치관심도, 정당일체감, 주요 양당의 이념적 위치에 대한 인식에 초점을 두었다. 우선 <표 2>는 세대 범주와 정치관심도 간에 유의미한 연관성이 관찰되지 않음을 보여 준다. 이는 최유정과 최샛별(2013)의 주장과는 대비되는 결과이다. 이들은 2011년 조사자료를 바탕으로 당시 50대가 그 이전이나 이후 출생세대에 비해 유독 정치에 관심이 높다고 주장하고 있다. 그러나 14년 가까이 지난 2025년 현재 유사한 연령대인 민주화 혼종세대가 상대적으로 정치에 관심이 높다는 사실은 두 사람의 발견이 세대효과보다는 연령효과와 관련이 높을 가능성을 시사한다. 결국 최유정과 최샛별(2013)의 연구를 함께 고려할 때, 한국 사회 내 정치관심도는 40대 중반과 50대 중반 가량 일정한 사회적 지위를 획득한 연령대에서 가장 높게 나타나는 특징이 있다고 해석할 수 있다.

세대별 정치적 인식의 차별성을 살펴볼 두 번째 측면은 정당일체감이다. <표 3>에서 민주화 혼종세대가 높은 비율로 민주당에 대해 정당일체감을

		민주당	국민의힘	개혁신당	정당일체감
민주화 이전세대	1958년 이하	23.4	57.1	2.9	89.3
민주화 투쟁세대	1959~1969년	44.9	33.2	4.4	91.8
민주화 혼종세대	1970~1980년	56.2	16.5	3.7	87.9
M세대	1981~1996년	47.9	20.7	6.4	80.1
Z세대	1997~2006년	30.8	19.2	18.6	79.2
전체		42.0	29.9	6.1	86.1
통계적 유의성		p<0.01**	p<0.01**	p<0.01**	p<0.01**

지닌다는 점과, 민주화 이전세대가 국민의힘에 대해 정당일체감을 지닌다는 점, 그리고 Z세대가 상대적으로 개혁신당에 대해 높은 정당일체감을 형성하고 있다는 세 측면이 흥미롭다. 이 가운데 국민의힘에 대한 민주화 이전세대의 높은 정당일체감은 나이가 들면서 보수화되기 때문이라는 연령의 영향력에서 기인할 가능성을 배제할 수 없다. 반면, 민주화 혼종세대와 Z세대의 정당일체감 형성은 다른 세대와 구분되는 집단적 정체성에 가깝다고 할 수 있을 것 같다. 민주화 혼종세대의 경우 민주당에 대한 정당일체감은 국민의힘에 대한 정당일체감보다 거의 40%나 높다. 특정 정당에 대해 이와 같이 큰 차이를 보이며 정당일체감을 형성하고 있는 세대는 민주화 혼종세대가 유일하다. Z세대는 민주화 혼종세대와 대조적인 분포라고 할 수 있다. 정당일체감의 형성이 어느 한 정당에 급격히 쏠려 있지 않고, 세 정당 모두에 상당히 유사한 수준의 분포를 보이기 때문이다. 특히 개혁신당에 대해서 18%가 넘는 Z세대 내 인구가 정당일체감을 형성하고 있다. 이는 다른 세대들의 개혁신당에 대한 정당일체감 형성 비율이 7%를 넘지 않는다는 점과 분명한 차이를 보여 준다. 정당별 정당일체감과 달리 정당일체감 소유 여부를 보여 주는 〈표 3〉의 마지막 행의 결과는 허석재(2014)의

연구과 유사하다. 연령효과에 가까운 수준으로 연령이 높은 세대에서 상대적으로 정당일체감의 형성 비율이 높고, 연령이 낮을수록 점차적으로 그 비율이 낮아지고 있음을 알 수 있다.

결국, 세대별 정당일체감 형성이 보여준 특징은 민주적 혼종세대와 Z세대 정도만 한국 사회 내 세대적 정체성을 형성하고 있다는 것을 함의한다.

마지막으로 한국 사회 내 주요 두 정당의 이념적 위치에 대한 세대별 평가가 차별적인지를 살펴보았다. 주요 두 정당의 이념적 위치에 대한 평가는 유권자들의 정치적 양극화 인식의 지표로 종종 활용된다(장승진·한정훈 2021). 한국 사회 내 정치적 양극화에 대한 논의는 비교적 최근 등장했다는 점에서 주요 양당의 이념적 위치에 대한 세대별 평가의 차별성도 시점의 효과를 배제하기는 어렵다. 그럼에도 세대 범주화 가운데 주요 양당의 이념적 위치에 대한 차별적인 평가가 이루어지고 있는지를 살펴보는 것은 세대적 정체성 형성 가능성을 평가하는 데 의의가 있을 것 같다. 〈그림 3〉은 민주당과 국민의힘의 이념적 위치의 차이에 대한 응답자 평가의 평균과

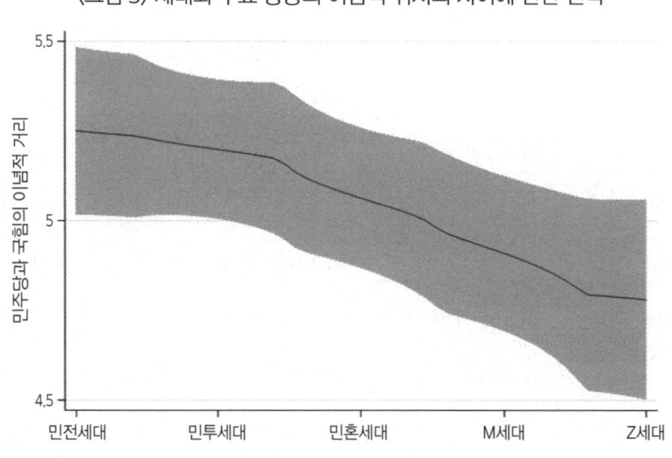

〈그림 3〉 세대와 주요 양당의 이념적 위치의 차이에 관한 인식

95% 신뢰구간을 그림으로 나타낸 것이다. 예를 들어, 민주화 이전세대인 '민전세대'는 평균적으로 5.25 정도의 차이가 있다고 판단하고 있으며 95% 신뢰구간은 5점부터 5.5점에 걸쳐 분포하고 있다.

〈그림 3〉에 따르면, 한국 사회 내 주요 양당의 이념적 위치의 차이는 연령의 효과가 크다는 점을 알 수 있다. 연령이 적은 Z세대는 주요 양당의 이념적 위치의 차이가 크지 않다고 인식하는 반면, 연령이 많은 민주화 이전세대가 주요 양당의 이념적 위치가 크다고 생각한다. 주요 양당의 이념적 위치가 멀수록 한국 사회가 양극화되었다는 것을 의미한다면, 한국 사회의 양극화는 주로 중장년, 노령층이 주도하고 있으며 젊은 연령층은 상대적으로 기성 정당들의 이념적 차이가 크지 않다고 느끼고 있음을 의미한다.

따라서 주요 양당의 이념적 위치의 차이에 대한 세대별 인식의 차별성은 특정 범주의 세대가 세대적 정체성을 형성하고 있다는 판단에 유의미한 근거를 제시하지 못한다. 오히려 나이가 들면서 주요 양당의 이념적 위치의 차이에 크다는 인식이 강화된다는 주장을 뒷받침한다.

5. 2025년 대선에서 세대와 이재명 후보 지지

사회적, 정치적 태도 및 인식의 세대별 차이에 관한 기술적 분석은 민주적 혼종세대(1970년~1980년 출생세대)가 상대적으로 '능력에 따른 사회적 지위 이동 가능성에 대한 부정적 판단', '민주당에 대한 강한 정당일체감의 형성'이라는 측면에서 세대단위로 발전할 가능성이 높다는 것을 보여 주었다. Z세대도 세대단위의 특징을 드러낼 가능성이 일부 존재했음에도 불구하고 상당 부분 연령의 영향력과 겹치는 부분이 많았다. 여기서는 이와 같이 집합적 수준에서 드러났던 특징을 개인수준의 분석을 통해 2025년 이재명 후보 지지행태에서 세대효과가 존재했는지, 특히 민주적 혼종세대 또는 Z세대의 영향력이 있었는지를 검증해 보도록 하겠다. 특히 연령효과를 통제하기 위해 일반적으로 가정되는 연령과 정치적 행태 간 선형관계는 물론, 일정한 연령을 중심으로 연령효과가 차별성을 지닐 수 있는 비선형효과를 추정하기 위해 연령을 제곱한 변수를 통제하였다.

먼저 〈표 4〉는 세대효과를 고려하지 않은 기본모형으로부터 각각의 세대 범주화가 이재명 후보의 지지에 미치는 영향을 검증한 5개 모형과 민주적 혼종세대를 비교기준으로 하고 세대효과를 검증한 통합모형까지 총7개의 로짓모형을 분석한 결과를 제시한다. 먼저 민주화 혼종세대와 M세대 모형의 분석결과를 중심으로 결과를 해석하면 다음과 같다. 민주화 혼종세대 모형의 경우 민주화 혼종세대 변수의 영향력은 통계학적으로 유의미한 양 (+)의 회귀계수로 추정되었다. 이는 민주화 혼종세대는 그 밖의 나머지 4개 범주의 세대와 비교할 때 상대적으로 이재명을 더 지지하는 경향이 있다는 것을 의미한다. 이는 세대 간 비교에서 상대적으로 강한 지지경향을 의미할 뿐, 이재명 후보 지지가 세대마다 차별적인 평균적 영향력을 지닌다는 세대효과를 직접적으로 검증하는 것은 아니다. 또한 이와 같은 민주화 혼종세대의 상대적으로 강한 지지경향은 연령효과를 상쇄하고 관찰된다는 점에서 나머지 4개 범주의 세대와 민주화 혼종세대의 이재명 후보 지지의 강도는 매우 유의미한 차이가 있다는 것을 의미한다.

반면, M세대 모형은 M세대 변수의 음(-)의 회귀계수에 근거할 때, 다른 세대 범주에 비해 M세대는 상대적으로 이재명 후보를 지지하는 경향이 약하다는 것을 알 수 있다. M세대 모형에서 연령 변수 역시 유의미한 영향력을 유지하고 있다는 점에서 M세대가 상대적으로 이재명 후보를 지지하지

〈표 4〉 로짓모형분석

종속변수: 이재명 지지	기본모형	민주화 이전세대	민주화 투쟁세대	민주적 혼종세대	M세대	Z세대	통합모형
연령	0.064 (0.032)**	0.040 (0.041)	0.066 (0.034)*	0.024 (0.038)	0.071 (0.032)**	0.099 (0.048)**	0.008 (0.072)
연령2	−0.001 (0.000)**	−0.000 (0.000)	−0.001 (0.000)**	−0.000 (0.000)	−0.001 (0.000)**	−0.001 (0.000)**	−0.000 (0.00)
소득	0.042 (0.057)	0.037 (0.057)	0.042 (0.057)	0.035 (0.057)	0.031 (0.057)	0.037 (0.057)	0.028 (0.057)
정치관심도	0.207 (0.132)	0.208 (0.132)	0.207 (0.132)	0.213 (0.132)	0.216 (0.132)	0.213 (0.132)	0.217 (0.133)
민주당일체감	3.606 (0.192)**	3.607 (0.192)**	3.606 (0.192)**	3.624 (0.193)**	3.629 (0.193)**	3.618 (0.192)**	3.631 (0.193)**
민주당과 개인 이념거리	−0.320 (0.039)**	−0.318 (0.039)**	−0.320 (0.039)**	−0.316 (0.040)**	−0.318 (0.039)**	−0.320 (0.039)**	−0.314 (0.039)**
노력에 따른 사회지위상승	0.161 (0.084)*	0.160 (0.085)*	0.161 (0.084)*	0.158 (0.085)*	0.164 (0.084)*	0.163 (0.085)*	0.159 (0.085)*
민주화 이전세대		−0.389 (0.401)					−0.798 (0.664)
민주화 투쟁세대			−0.035 (0.221)				−0.426 (0.361)
민주적 혼종세대				0.480 (0.236)**			
M세대					−0.405 (0.228)*		−0.545 (0.426)
Z세대						0.425 (0.431)	−0.414 (0.806)
상수	−3.084 (0.877)**	−2.633 (0.992)**	−3.121 (0.908)**	−2.304 (0.955)**	−2.988 (0.871)**	−4.052 (1.319)**	−1.537 (2.122)
분석개체수	1434	1434	1434	1434	1434	1434	1434
로그우도	−492.0	−491.5	−492.0	−489.9	−490.4	−491.5	−489.2

*p<0.1, ** p<0.05

않는 경향은 연령의 선형적, 비선형적 효과와 동시에 이루어지고 있음을 함의한다. 위에서 설명했듯이 M세대 변수의 유의미한 영향력이 연령효과와 독립적인 세대효과가 있다는 것을 의미하지는 않는다.

비상계엄−탄핵 사태와 2025년 대통령 선거

다음으로 통합모형의 결과를 살펴보면, 민주적 혼종세대를 비교기준으로 할 때, 나머지 4개 범주의 세대 가운데 어떤 세대도 이재명 후보의 지지 결정과 관련하여 민주적 혼종세대와 유의미한 차별성이 있지는 않다는 것을 보여 준다. 아마도 4개의 범주의 효과가 상호 상쇄되면서 민주적 혼종세대와의 차별성 역시 약해지는 것으로 해석할 수 있다. 또한 이들 대부분의 세대변수가 모형에 포함되면서 연령이 이재명 후보 지지에 미치는 영향력도 유의미성을 상실하고 있다. 이는 세대와 연령의 영향력이 공변하는 경향을 간접적으로 시사한다.

결국, 로짓모형의 분석 결과는 상대적으로 다른 모든 세대와 비교할 때, 민주적 혼종세대가 이재명 후보를 더욱 강하게 지지하는 경향이 있다는 것을 보여 준다. 그러나 이러한 상대적 경향성이 민주적 혼종세대의 세대적 효과에서 기인한 것인지, 연령의 영향력인지, 아니면 20025년 대선 시점의 영향력에서 기인한 것인지는 알 수 없다. 로짓모형을 통해 각 세대가 이재명 후보 지지에 미치는 영향력을 검증하는 경우 범주화된 세대 내에서 각 세대가 지닌 상대적 영향력을 검증할 수 있지만 연령과 독립적인 세대의 효과를 검증하는 것은 아니기 때문이다.

2025년 특정 시점의 자료를 활용하기 때문에 시점의 영향력을 통제할 수 없지만 연령과 세대의 독립적 효과를 검증하기 위한 위계모형(hierarchical model) 분석을 시도하였다. 〈표 5〉는 위계모형의 분석 결과와 로짓통합모형의 분석결과를 비교하여 보여 준다. 위계모형의 분석결과는 연령 변수부터 노력에 따른 사회지위 상승 변수까지 7개의 개인수준의 변수가 이재명 후보의 지지여부에 미치는 영향력을 고려하고 있으며, 임의효과 분석 부분에서 코호트 분산값을 통해 세대 범주화라는 집합수준의 변수가 이재명 후보의 지지여부에 미치는 영향력을 고려하고 있다. 특히 임의효과 추정의

<표 5> 위계모형 분석

종속변수: 이재명 후보 지지여부	로짓통합모형	위계모형
연령	0.008(0.072)	0.007(0.003)**
연령2	−0.000(0.00)	−0.000(0.000)**
소득	0.028(0.057)	0.004(0.006)
정치관심도	0.217(0.133)	0.024(0.014)*
민주당일체감	3.631(0.193)**	0.651(0.020)**
민주당과 개인 이념거리	−0.314(0.039)**	−0.035(0.004)**
노력에 따른 사회지위상승	0.159(0.085)*	0.015(0.009)*
민주화 이전세대	−0.798(0.664)	
민주화 투쟁세대	−0.426(0.361)	
민주적 혼종세대		
M세대	−0.545(0.426)	
Z세대	−0.414(0.806)	
상수	−1.537(2.122)	0.030(0.093)
임의효과(random effect)		
코호트분산		0.000(0.000)
코호트내 개인오차분산		0.104(0.004)
코호트내 상관계수(ICC)		0.000
분석개체수	1434	1434

*p<0.1, ** p<0.05

결과는 세대 범주화 간 이재명 후보 지지의 평균적 차이를 추정하는 것으로 '코호트 분산'은 세대 범주화 간 이재명 후보를 지지한 평균의 차이를 추정한 분산값이며, '코호트 내 개인오차 분산'은 각 세대 범주 내 이재명 후보 지지여부에 대한 개인간 변동성을 추정한 값이다. 0에 근접한 '코호트 분산' 값은 연령효과를 통제한 후 이재명 후보 지지에 대한 세대 간 평균적 차이가 거의 0이라는 것을 의미한다. 코호트 내 상관계수는 (코호트 분산) / (코호트 분산 + 코호트 내 개인오차 분산)으로 계산되는 추정값으로 세대 변수에 의해 설명되는 이재명 후보에 대한 지지의 변이 가운데 세대 간 차이로 설명되는 부분을 의미한다. 결국, 0에 근접한 '코호트 내 상관계수' 값은 세대 간 차이로 이재명 후보 지지의 변이가 설명되는 양이 매우 적다는 것을 의미한다.

위계모형 결과는 이재명 후보에 대한 지지를 세대 간 차이로 설명할 수 있는 변이가 매우 적다는 것과 동시에 연령 변수가 유의미한 영향력을 지니고 있음을 보여 준다. 연령 변수의 효과는 연령에 따른 이재명 후보 지지를 선형관계로 가정한 것과 비선형관계로 가정한 두 변수의 종합으로 나타나기 때문에 〈표 5〉를 통해 구체적으로 예상하기 어렵다. 다만 연령이 증가하면서 이재명 후보를 지지하는 선형관계가 비선형적 변수의 효과를 통해 점차 약해지는 것을 의미한다는 점을 고려하면, 중장년의 연령대에서 이재명 후보를 가장 강하게 지지하는 효과를 지니다가 영향력이 연령이 증가하며 다시 낮아지는 역U자형으로 효과일 것을 짐작하게 한다. 이는 중장년의 연령에 놓인 민주적 혼종세대가 이재명 후보를 가장 강력히 지지하는 경향을 의미한다. 따라서 연령의 유의미한 효과가 나타나면서 세대의 효과가 0에 근접하다는 것은 중장년 또는 민주적 혼종세대에게서 관찰되는 이재명 후보에 대한 강한 지지경향은 민주적 혼종세대의 세대적 특성이기보다 중장년의 연령효과에서 기인한다는 것이 더욱 타당한 해석이라고 하겠다.

6. 나가며

본 연구는 한국 사회 내 오랫동안 제기된 세대적 정체성이 정치에 미치는 효과를 검증할 필요성을 재고하였다. 그 과정에서 세대 범주화의 혼란과 합의 부족을 지적하고, 그로 인해 학술적 결과의 축적이 어려운 현 상황을 비판적으로 검토하였다. 특히 한국 사회의 세대 범주화는 1987년의 민주화 과정에 대한 한국적 특수성을 고려해야 할 뿐만 아니라 이후 발전된 한국 민주주의의 역사를 통해 더 이상 서구와 차별적인 특수성을 고려할 필요성이 약하다는 점을 주장하였다. 그리고 이러한 인식을 바탕으로 서구적 세대 범주화인 M세대와 Z세대 범주를 한국에서 사용하는 것이 통일될 필요가 있다는 점과 1987년 민주화 경험을 정점으로 '민주화 이전세대', '민주화 투쟁세대', '민주적 혼종세대'라는 세 세대의 범주화가 가능하다는 점을 논의하였다. 마지막으로 이와 같이 새롭게 제안된 세대 범주화의 타당성 및 세대가 한국 정치에 미치는 효과를 탐색적 수준에서 검증하고자 하였다.

본 연구 결과는 이재명 후보의 지지여부와 같은 정치적 행태에 초점을 맞출 경우 만하임(Mannheim 1952)의 세대단위(generation unit)에 해당하는 세대범주를 구분하기 어렵다는 점을 보여주었다. 그나마 1970년부터 1980년에 출생한 '민주적 혼종세대'는 다른 세대에 비해 상대적으로 '능력에 따른 사회적 지위 변동 가능성'에 대한 인식 및 '민주당에 대한 강한 정당일체감' 등에서 정치적 연대감을 형성한 것을 알 수 있었다. 또한 이들은 고등학교에서 1987년 민주화를 경험하였기 때문에 당시 대학에서 직접적으로 민주화를 경험한 세대와 구분되며, 동시에 1997년 IMF 경제위기와 같은 역경을 경험한 세대라는 특징을 지닌다. 민주화의 열망과 동시에 경제위기가 초래한 민주화 위기를 경험한 세대라는 점에서 이들은 문화적, 인식론적 측면에서 다른 세대와 구분되었다. 그러나 이들이 보인 이재명 후보에 대한 상대적으로 강한 지지행태는 세대적 특성으로 규명되지는 않았다. 이들의 이재명 후보에 대한 지지는 연령효과에서 기인한 측면이 강했던 것이다. 다시 말해 '민주적 혼종세대'가 다른 세대와 구분되는 차별성은 이들이 나이

    비상계엄–탄핵 사태와 2025년 대통령 선거

가 들면서 표출되는 정치적 태도와 행태였을 뿐 세대적 특징이라고 볼 수 없다는 것을 의미한다.

본 연구의 결과에도 불구하고 여전히 세대 연구는 더욱 지속될 필요가 있다. 본 연구 역시 자료 부족으로 인해 탐색적 수준에 머무르며, 시점의 영향력은 아예 통제할 수 없는 상황에서 진행되었다. 사회적으로 새로운 세대의 등장과 이들의 정치적 효과에 대한 기대 및 우려가 많은 상황에서 세대 연구를 더욱 과학적이고 체계적으로 진행할 필요성은 높다. 다만, 본 연구 결과는 1987년 한국 민주화 경험의 특수성에도 불구하고 그러한 특수성이 세대라는 집단적 기억과 연대감, 공유된 정치적 행태로 지속되지 않는 경향이 강하다는 것을 보여 준다. '386세대'의 진보성은 한 때 한국 사회 내 정치적 논의의 중요한 배경이었으나 이제 이들의 진보성은 점차 사라지고, 그 이후 세대가 진보성을 이어받고 있는 것으로 관찰된다. 1987년의 경험의 세대적 지속이 아니라 진보성향의 연령적 대체가 이루어지고 있다. 다른 한편 이념적 진보성이라는 세대적 정체성에 관한 논의의 타당성은 약해지고 있다. M세대, Z세대 등 1987년 민주화 경험이 세대 구분의 주요 역사적 배경이 될 수 없는 세대에 이르러 세대적 정체성은 더 이상 이념적 성향이 주요 배경이 되지 않는다. 이들의 보수화에 대한 최근 논의들은 이와 같은 세대 논의의 근간이 변하는 상황을 간과하는 것으로 생각된다. 최근 등장하는 새로운 세대는 이념과 정당을 중심으로 집단적 정체성을 형성하지는 않는 것 같다. 세대 논의의 필요성은 이와 같이 새롭게 등장하는 세대들의 정치적 태도와 행태의 기준과 방향에 대한 이해를 위해 절실하다.

참고문헌

강원택. 2009. "386세대는 어디로 갔나? 2007년 대선과 2008년 총선에서의 이념과 세대," 김민전·이내영 (공평)『변화하는 한국 유권자 3』EAI.

김진국, 양성철. 2021. "MZ 세대가 인식하는 레저스포츠관광 만족과 지속참여의사에서 관광가치의 매개효과 연구,"『관광진흥연구』제9권 4호, 129-147.

박명호. 2009. "2008 총선에서 나타난 세대효과와 연령효과에 대한 분석: 386세대를 중심 으로,"『한국정당학회보』제8권 1호, 64-86.

손정희·김찬석·이현선. 2021. "MZ세대의 커뮤니케이션 고유 특성에 대한 각 세대별 반 응연구-MZ세대, X세대, 베이비붐세대를 중심으로,"『커뮤니케이션디자인학연구』 제77권, 202-215.

오세제. 2015. "386세대 세대효과의 특징 연구: 세대료과의 조건적 표출을 중심으로,"『21 세기정치학회보』제25집 1호, 133-164.

유성진, 손병권, 정한울, 박경미. 2018. "집단정체성으로서의 세대와 그 정치적 효과,"『한 국정당학회보』제17권 2호, 93-119.

이내영. 2010. "6·2 지방선거와 세대균열의 부활," 이내영·임성학 (공편)『변화하는 한국 유권자 4』EAI

이선희. 2023. "밀레니얼 세대와 Z세대의 여가라이프 스타일과 여가 만족도에 대한 비교 연구,"『관광진흥연구』제11권 1호, 71-96.

이홍승·김준환. 2021. "코로나19로 인한 식품 소비행태 변화분석: MZ세대를 중심으로," 『디지털융복합연구』제19권 3호, 47-54.

장승진·한정훈. 2021. "유튜브는 사용자들은 정치적으로 양극화 시키는가? 주요 정치 및 시사관련 유튜브 채널 구독자에 대한 설문조사 분석,"『현대정치연구』제14권 2호, 5-35.

정한울. 2015. "세대로 본 19대 대선구도 예측요인: 균형인가? 쏠림인가?,"『EAI Opinion Review』7호. 동아시아연구원.

정진민. 1992. "한국선거에서의 세대요인,"『한국정치학회보』제26집 1호, 145-167.

최유정·최샛별. 2013. "연령대별 세대의식과 정치적 태도를 통해 본 세대의 경계: 정치적 세대의 가능성에 관한 시론,"『사회과학연구논총』제29권 2호, 159-201.

한정훈. 2022. "한국 청년층의 보수화? 2012년부터 2022년 대통령 선거의 이념적, 정책적 태도와 투표행태를 중심으로,"『국제지역연구』제31권 2호, 285-315.

한주형·김진옥. 2021. "소셜미디어 여행정부 공유 동기가 행동에 미치는 영향 관계에서 MZ세대의 조절효과 분석,"『관광레저연구』제33권 7호, 181-200.

황아란. 2009. "정치세대와 이념성향: 민주화 성취세대를 중심으로," 『국가전략』 제15권 2호.

허석재. 2014. "한국에서 성당일제감의 변화: 세대교체인가, 생애주기인가," 『한국정당학회보』 제13권 1호, 65-93.

허석재. 2017. "세대와 생애주기에 따른 이념 변화: 세계가치관조사 한국자료 분석(1990-2010)," 『한국정치학회보』 제51집 1호, 181-205.

홍기혜, 민인식. 2024. "성별, 연령 그리고 세대 구성의 동적변화가 선거에 미치는 영향: 22대 국회의원 선거를 중심으로," 『조사연구』 제25권 2호, 1-34.

호규현·심승범·조재희. 2023. "정말 MZ세대 직원은 까다로운 개인주의자일까? 미디어에서 묘사된 MZ세대 조직원 특징에 대한 당사자의 주관적 인식연구," 『한국언론학보』 제67권 1호, 272-315.

Allen, V. L., and D. A. Wilder. 1975. "Categorization, Belief Similarity, and Group Discrimination," *Journal of Personality and Social Psychology* 32(6): 9971-977.

Bell, Andrew and Jones, Kelvyn. 2014. "Another 'Futile Quest'? A Simulation Study of Yand and Land's Hierarchical Age-Peirod-Cohort Model" *Demographic Research* 30(11): 333-360.

Converse, P. E. 1976. *The dynamics of party support: Cohort-analyzing party identification*. California: Sage Publications.

Fisher, Patrick. 2020. "Generational Replacement and the Impending Transformation of the American Electorate" *Politics & Policy* 48(1):38-68

Glenn, N. D. 2005. *Cohort Analysis (2nd ed.)* Thousand Oaks, California: Sage Publications.

Lucas, O,, L. M. Vallgarda, and B. Steen. 2024. Social Watch 2024: Understanding the New Generation of Voters. National Centre for Social Research.

Manheim, K. 1952. "The Problem of Gerations" In P. Kecskemeti (ed.) *Essays on the Sociology of Knowledge.* London: Routledge and Kegan Paul. 276-320.

Mason, K. O,, W. M. Mason, H. H. Winsborough, and W. Kenneth Poole. 1973. "Some Methodological Issues in Cohort Analysis of Archival Data" *American Sociological Review* 38(2): 242-258.

Pew Research Center. 2018. "The Generation Gap in American Politics" Pew Research Center

Rintala, Marvin. 1963. "A Generation in Politics: A Definition" *Review of Politics* 25(4): 509-522.

Seemilller, Corey and Megan Grace. 2016. *Generation Z Goes To College.* Jossey-Bass.

Yang, Y., and Land, K. C. 2013. *Age-Period-Cohort Analysis: New Models, Methods, and Empirical Application.* Boca Raton: CRC Press.

보수후보 지지와 민주주의 인식[1]

유성진(이화여자대학교 스크랜튼학부)

1. 들어가며

예기치 못한 비상계엄 선포와 이에 이은 대통령 탄핵으로 치러진 2025년 대선의 결과는 이재명 후보의 승리, 그리고 보수의 분열과 패배로 요약된다. 선거에서의 핵심적인 쟁점은 당연히 계엄과 탄핵에 대한 유권자들의 평가였다. 여론의 추이가 비상계엄에 대해 부정적이었고 탄핵 찬성 의견이 많았다는 점을 고려하면, 더불어민주당 이재명 후보의 승리는 예상된 결과로 그리 놀랍지 않다. 선거 이전부터 이재명 후보의 압도적인 승리가 점쳐졌고 과반수 득표율을 예측한 출구조사 결과에는 미치지 못했지만, 이 후보는 민주화 이후 두 번째로 높은 득표율을 기록하며 당선되었다.

이보다 흥미로운 것은 부정적인 여론에도 보수진영 후보들이 예상보다

---

[1] 이 글은 『국제·지역연구』 제34권 제3호에 게재된 논문을 재구성한 것임.

높은 득표율을 보였다는 점이다. 계엄과 탄핵을 둘러싼 내부적인 혼란과 후보 경선 과정의 논란에도 불구하고 김문수 후보는 41.2%의 득표율을 기록하며 선전하였다.[2] 유권자의 측면에서 보면, 이번 대선은 지지정당과 이념에 따라 상이한 구도를 만들었다. 보수정당의 대통령이 선포한 계엄으로 촉발된 탄핵과 그에 이은 조기 대선은 진보성향의 유권자들보다 보수성향의 유권자들에게 어려운 선택의 국면을 초래하였다. 보수진영에서 계엄과 탄핵을 둘러싼 논란이 선거가 끝난 지금에도 여전히 지속되고 있다는 점은 선거국면에서 보수성향의 유권자들이 선택의 어려움을 가졌을 것임을 함축적으로 보여 준다. 이러한 국면에도 보수진영의 후보들은 예상을 상회하는 득표율을 기록하였다.[3] 누가 왜 보수후보를 지지했는가?

이 글은 2025년 궐위 대선의 결과를 보수진영 후보들의 득표율을 중심으로 살펴본다. 분석의 초점은 조기 대선의 계기가 된 계엄에 대한 압도적인 반대 여론이라는 상황적으로 불리한 조건에서, 보수진영 후보들의 득표율이 어떠한 기제를 통해 발현되었는지에 둔다. 보수의 선전에 대한 일차적인 설명은 최근 선거에서 정당지지와 이념성향 간의 연계가 강화되는 당파적 정렬(partisan sorting)이 일어났고, 이에 기인한 정파적 양극화의 영향력 증대에 따른 결과라는 해석이 될 것이다(김성연 2023, 2024; 장승진 2025; 정동준 2018). 정파적 양극화와 부정적 당파성의 결합은 선거 국면에서 진영 간의 결집을 더욱 촉진하는 까닭에 이번 선거에서 보수후보들의 선전 역시 그러한 측면에서 설명될 수 있다.

그러나 이번 선거의 경우 탄핵 국면에서 가시화된 극단주의 우파 세력의

준동이 한국 민주주의의 체제적인 위기감을 초래하면서 보수의 분열을 일으켰고, 그것이 한국 정치에서 민주주의 인식과 규범에 대한 재고(再考)를 중요한 과제로 대두시켰다는 점에서 더욱 세밀한 분석의 필요성을 제기한다. 이런 맥락에서 이 글은 보수성향의 유권자들이 선거 구도의 어려움 속에서 스스로의 선택에 대한 정당성을 어떠한 요인에서 찾았는지 파악하려는 시도이다. 이러한 시도는 당파적 정렬에 따라 심화된 정파적 양극화 상황에서 구체적으로 어떠한 요인들이 유권자들을 보수후보에 대한 지지로 이끌었는지 파악하는 것으로, 우리 민주주의의 질적인 평가와 직접적으로 연계된다는 점에서 중요하다. 만일 보수 유권자들의 선택이 정당과 후보에 대한 선호를 넘어 민주주의 규범에 대한 차별적인 인식에서 비롯된 것이라면, 이는 이번 선거의 결과를 우리 민주주의의 질적인 측면에서 세밀히 되짚어야 함을 의미한다.

2. 정파적 양극화와 민주주의 인식

정파적 양극화(partisan polarization)와 이에 기반한 정당정치, 그리고 유권자의 다양한 선택에의 영향은 우리에게도 더이상 낯설지 않다. 정파적 양극화는 유권자들의 투표선택(가상준 2023)뿐만 아니라 다양한 일상생활에서의 선택에도 유의미한 영향을 미치는 요소가 되었고(김기동·이재묵 2021; 이내영 2022; 장승진·장한일 2020), 국민정체성과 이주민들에 대한 태도(하상응 2022), 그리고 새로운 정치적 인물에 대한 인식(장승진 2021) 등 다양한 태도와 인식에도 영향을 미치고 있다. 이에 더해 최근의 연구들은 정파적 양극화의 영향이 민주주의 규범에 대한 태도에도 직접적인 영향을 미침을 경험적으로 보여 주고 있고(장한일 2024), 그 영향이 당파성과 이념적 정체성이 강한 유권자들에게서 더욱 배가되고 있음이 밝혀졌다(김성연 2023; 장승진 2025). 이와 같은 경험적인 발견들은 정파적 양극화를 둘러싼 한국 정치의 변화가 전면적이고 포괄적임을 보여 준다. 한국 정치에서 이념이 유권자 투표행태의 실질적인 영향요인으로 부각된 것이 21세기 초반에야 목격된 현상이고 정파적 양극화에 관한 관심이 그 이후라는 점을 감안하면, 이러한 변화가 주는 의미는 대단히 크다.

사실 정파적 양극화 자체는 그다지 새로운 현상이 아니며 본질적으로 부정적인 영향을 담지하는 것도 아니다. 유권자가 정치적 대상에 대해 차별적인 선호를 갖는 것은 그 자체로 자연스러운 현상이며, 어떤 면에서는 민주주의의 대표성과 책임성을 담보하는 수단이기도 하다. 정당과 후보에 대한 정치적 선호의 차이와 이에 기반한 평가가 유권자의 의사결정에 가장 중요한 요인임은 교과서적인 선거연구에서 공통적으로 발견되는 핵심적인 주장이다(Campbell et al. 1960; Downs 1957; Lazarsfeld et al. 1948). 다만 그것이 과도하게 현실을 왜곡하거나 상대에 대한 부정적인 인식으로 이어질 때 다원성의 인정에 기반한 민주주의의 작동에 부정적인 영향을 발휘하기 쉽다. 정파적 양극화에 관한 관심이 학술적인 차원을 넘어 민주주의의 위기에 대한 우려로 이어지는 것은 바로 이 때문이다(Kingzette et al. 2021; Levitsky and Ziblett 2018, 2024; McCoy et al. 2018; Orhan 2022).

최근 한국 정치에서도 정파적 양극화가 민주주의 규범 인식에 어떠한 영향을 미치고 있는지에 관한 경험적인 연구가 시도되고 있다. 대표적으로 장한일은 킹젯 등의 연구(Kingzette et al. 2021)에 착안하여 제20대 대통령 선거 전후에 실시된 4회의 설문조사 자료를 토대로 정서적 양극화가 민주주의 규범에 대한 태도에 어떠한 영향을 미치는지 검토하였다(장한일 2024). 이에 따르면 정서적 양극화 자체는 민주주의 규범에 대한 태도에 직접적으로 영향을 미치지는 않았지만, 유권자의 지지정당이 여당이냐 야당이냐에 따라 상반된 영향을 보였다. 즉, 지지정당이 여당일 경우에는 정서적 양극화가 응답자의 민주주의 규범에 대한 태도를 약화시킨 데 반해, 야당일 경우 일부 민주주의 규범에 대한 태도가 강화되는 경향이 발견되었다.[4] 이러한 모습은 지지정당이 행정부 운영의 주체인지 아닌지에 따라 유권자들이 민주주의 규범에 대해 선택적인 태도를 가질 수 있음을 시사한다. 대통령 탄핵이라는 유사한 정치적 국면에서 치러진 2017년 대선과 달리, 2025년에 선거공정성과 민주주의 체제 인식, 민주주의 만족도 등에 관한 유권자 인식에서 당파성에 따른 차이가 나타나고 있음을 보고한 연구 결과 역시 같은 맥락에서 의미를 가진다(유성진 2025).

상황적으로 2025년 궐위 대선은 그 과정에서 정파적 양극화가 한국 민주주의에 부정적인 영향을 발휘할 수 있는 배경을 제공하였다. 우선, 전임 대통령의 비상계엄 선포는 민주주의 원칙을 정면으로 위배하는 것이었지만 지지정당에 따라 그 원인에 대해 상반된 인식이 표출되었고(박범섭 2025; 성예진 2025), 민주주의 체제에 관한 인식 역시 당파적으로 차별화된 모습이 목격되었다(유성진 2025). 이러한 모습은 당파성에 따라 민주주의 규범 인식에 대한 차별성이 실제 투표결정에도 영향을 미칠 개연성을 시사한다. 둘째, 대통령 탄핵의 과정에서 극우 세력이 탄핵에 대한 반대를 중심으로 민주주의에 반하는 움직임을 노골화했고(서복경 2025), 일시적이지만 법원이 폭력적으로 점거되는 모습이 나타났다. 이러한 상황은 한국 민주주의의 체제

---

4 야당일 경우 유권자들의 민주주의 규범에 대한 인식 강화는 지지정당이 더불어민주당일 경우에만 나타났다. 국민의힘이 야당일 경우 지지자들의 민주주의 규범에 대한 인식 강화는 확인되지 않았는데 저자는 이를 한국의 보수성향 유권자들이 갖는 특징적인 모습의 결과로 설명하고 있다.

적인 위협인식을 초래함으로써 민주주의 규범에 대한 인식이 유권자의 선택에서 중요하게 부각될 수 있는 개연성을 높였다. 마지막으로 탄핵심판에 처한 대통령은 이를 수용하기보다는 계엄을 적극적으로 옹호하고 지지자들을 선동하는 모습을 보였다. 이에 편승해 국민의힘 일부 국회의원들은 공개적으로 계엄의 정당성과 탄핵의 부당함을 주장함으로써 지지자들에게 분명한 메시지를 던졌다. 이러한 메시지는 유권자들이 갖는 민주주의 규범에 대한 인식에 직접적인 영향을 주었을 가능성이 크다.

앞에서 언급했듯이 정파적 양극화 상황은 보수성향 유권자들을 국민의힘으로 결집시키는 효과를 가져온다. 다만 계엄과 탄핵 과정에서 목도된 극우세력의 준동이 체제 수준에서 민주주의의 직접적인 위협요인이라는 점을 감안하면, 계엄과 탄핵, 그리고 민주주의에 관한 규범 인식이 이들의 선택을 주저하게 만드는 요인이 될 개연성이 크다. 따라서 2025년 궐위 대선에서 이들이 어떠한 선택을 보였는지는 현재 한국 정치의 양극화가 체제적인 수준에서 민주주의를 위협하고 있는지에 대한 판단의 기준을 제공한다. 정파적인 위기상황에서 행해진 이들의 선택이 민주주의의 정당성 인식과 무관하다면 이는 정파적인 이익이 전체 민주주의의 이익에 선행하고 있음을 의미하는 것이기 때문이다. 이러한 문제의식하에 이 글은 지지정당에 따라 그리고 이념성향에 따라 유권자들의 계엄과 탄핵, 그리고 민주주의 규범 인식이 어떻게 형성되어 있는지 살펴보고, 그것이 대선에서의 유권자 후보선택에 어떠한 영향을 미쳤는지는 경험적으로 검토한다. 더불어 이러한 인식이 보수성향 유권자들의 선택에 어떠한 영향을 미쳤는지 살펴본다. 대선과정에 참여한 두 명의 보수후보는 계엄과 탄핵에 있어 상반된 입장을 보였다. 특히 국민의힘의 김문수 후보는 계엄에 대해 부정적으로 평가하면서도 탄핵에 대해서는 모호한 태도를 보였던 데 반해, 개혁신당의 이준석 후보는 계엄 반대와 탄핵 찬성이라는 명확한 입장을 밝혔다. 이러한 대조적인 태도는 보수성향의 유권자들에게 상반된 메시지를 주는바, 다음과 같은 예측이 가능하다.

가설 1. 계엄에 반대하거나 탄핵에 찬성하는 유권자들일수록 김문수 후보보다 이재명 후보와 이준석 후보를 지지할 확률이 높다.

가설 2. 민주주의 체제에 대한 믿음이 강한 유권자들일수록 김문수 후보보다 다른 후보를 선택할 확률이 높다.

가설 3. 보수성향 유권자들의 경우, 계엄에 반대하거나 탄핵에 찬성할수록 김문수 후보보다 이준석 후보 혹은 기권을 선택할 가능성이 크다.

가설 4. 보수성향 유권자들의 경우, 민주주의 체제에 대한 믿음이 강한 이들일수록 김문수 후보보다 이준석 후보 혹은 기권을 선택할 가능성이 크다.

만일 정파적 양극화 속에서 계엄과 탄핵, 그리고 민주주의 규범에 대한 인식이 후보선택에 아무런 영향을 미치지 못한다면 이는 민주주의의 퇴행을 넘어 정치체제 차원에서 우리의 민주주의가 질적인 위기에 처했음을 의미한다. 이와는 달리 이러한 인식이 보수성향 유권자들의 선택에 유의미한 영향을 미친다면 우리의 민주주의는 퇴행의 위기에서 회복할 수 있는 여지가 아직 남아 있음을 보여 준다고 할 수 있다. 2025년 궐위 대선의 국면에서 보수성향 유권자들의 인식과 선택은 어떠하였는가?

3. 2025 대선: 계엄과 탄핵, 민주주의 인식과 투표행태

2025년 대선에서 보수성향 유권자들의 인식과 행태를 살펴보기 위해 본 분석에서는 대선 직후 서울대학교 국가미래전략원이 한국리서치에 의뢰하여 실시한 〈2025년 대통령 선거 직후 국민인식조사〉를 활용하였다.[5] 분석의 순서는 먼저 지지정당과 선택후보에 따라 응답자들의 계엄과 탄핵, 그리고 민주주의에 관한 인식을 살펴보고, 차별화된 모습이 나타나는지 확인한다. 이후 이에 관한 유권자들의 인식이 투표선택에 어떠한 영향을 미쳤는지 통계분석을 통해 앞에서 제시한 가설들을 검증한다.

1) 이원분석

본격적인 분석에 앞서 응답자의 이념분포를 지지정당과 선택후보로 구분하여 살펴보았다. 이는 기존 연구에서 밝혀낸 당파적 배열이 이번 선거에서도 나타나는지 확인하려는 것으로 그 결과는 〈그림 1〉에 제시되어 있다.[6]

그림이 보여 주는 핵심적인 메시지는 분명하다. 전체 응답자들의 이념성향은 중도를 중심으로 고르게 분포되어 있지만, 지지정당과 선택후보에 따른 응답자들의 이념성향은 거의 유사하게 한쪽으로 쏠려 있다. 더불어민주당을 지지하는 응답자들과 이재명 후보를 선택한 응답자들이 국민의힘을

---

5   조사는 대선 직후 웹서베이의 형태로 전국 만 18세 이상 성인 인구를 대상으로 실시되었고, 지역별, 성별, 연령별 비례할당추출을 통해 총 1,500명의 응답자가 참여하였다.

6   그림의 분포도는 응답자의 주관적인 이념성향으로 11점 척도(0(매우 진보)~10(매우 보수))로 측정되었다. 지지정당별 응답자 분포는 편향된 정파성을 가진 이들을 포함한 결과이다.

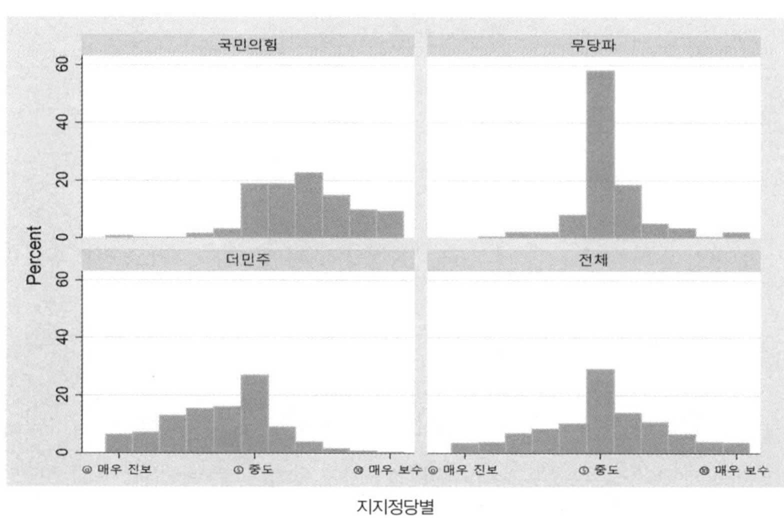

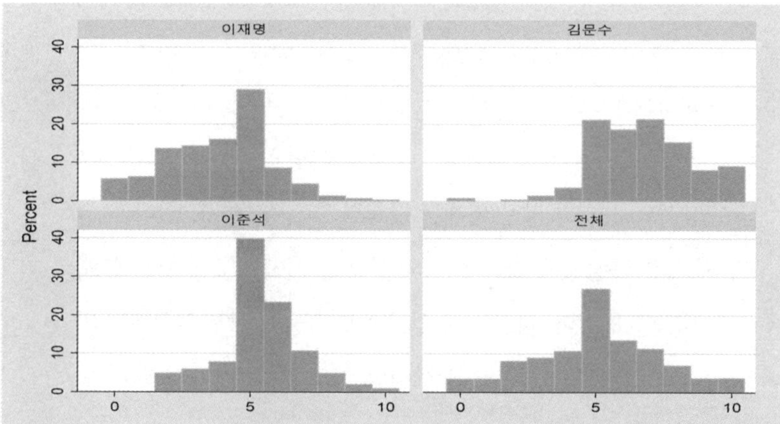

지지하거나 김문수 후보를 선택한 응답자들에 비해 상대적으로 더 넓은 이념분포를 보여 주고 있지만, 응답자의 진보성향과 더불어민주당, 이재명 후보와의 연계, 그리고 보수성향 응답자들과 국민의힘, 김문수 후보와의 연계는 뚜렷하다. 그 내용이 무엇인지는 세밀한 검토가 필요하지만 적어도

응답자가 스스로 밝힌 이념성향과 지지정당 간 강한 연계는 더 이상 새로운 사실이 아니다. 이와는 차별적으로 무당파와 또다른 보수후보인 이준석을 선택한 응답자들은 전체적인 이념성향의 분포와 유사한 스펙트럼을 보였다.

그렇다면 이들의 계엄과 탄핵에 관한 인식은 어떠한가? 〈그림 2〉는 응답자의 계엄과 탄핵에 관한 인식을 지지정당과 이념성향, 그리고 선택후보별로 구분해 보여 주고 있다.[7] 최상단에 위치한 지지정당별 인식을 살펴보면 정파성에 따라 뚜렷한 차별성이 나타난다. 국민의힘을 지지하는 응답자들은 계엄을 부정적으로 보고 있으나 탄핵 역시 부정적으로 평가하고, 야당의 빈번한 탄핵소추는 부정적인 평가가 압도적이다. 반면, 더불어민주당의 지지자들은 계엄에 대해서는 절대적으로 부정적이고 대통령 탄핵에 관해서는 압도적으로 긍정적인 평가를 하고 있다. 또한 야당의 빈번한 탄핵소추에 관해서는 다소간 긍정적으로 평가하였다. 무당파의 경우 상대적으로 넓은 응답분포를 보이는 상황에서 계엄과 야당의 빈번한 탄핵소추에 관해서는 부정적으로, 대통령 탄핵에는 긍정적으로 평가하고 있다.

응답자의 이념성향에 따른 인식의 분포는 지지정당에 따른 분포와 거의 유사한 패턴을 보였다. 다만 보수성향 응답자들이 국민의힘 지지자들에 비해 상대적으로 넓은 인식분포를 보이고 있고, 계엄 반대와 탄핵 찬성에 대한 인식이 다소간 높게 나타났다.

선택후보별 응답자들의 인식분포는 또다른 흥미로운 사실을 보여 준다. 이재명 후보를 선택한 응답자들은 더불어민주당 지지자들과 거의 차이가 없으나, 보수의 두 후보인 김문수와 이준석을 선택한 응답자들의 인식 차

---

7 응답자들은 "윤석열 대통령의 비상계엄선포," "윤석열 대통령 탄핵," 그리고 "야당의 빈번한 탄핵소추" 세 항목을 11점 척도(0(매우 부정적)~10(매우 긍정적))로 평가하였다.

　　　　　　　　비상계엄-탄핵 사태와 2025년 대통령 선거

<그림 2> 계엄과 탄핵에 관한 인식

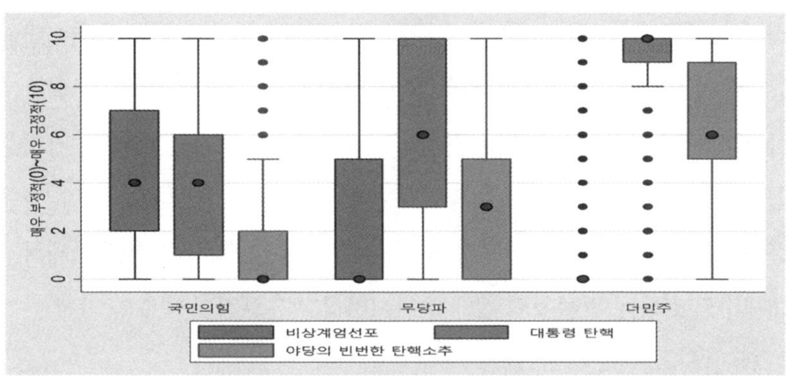

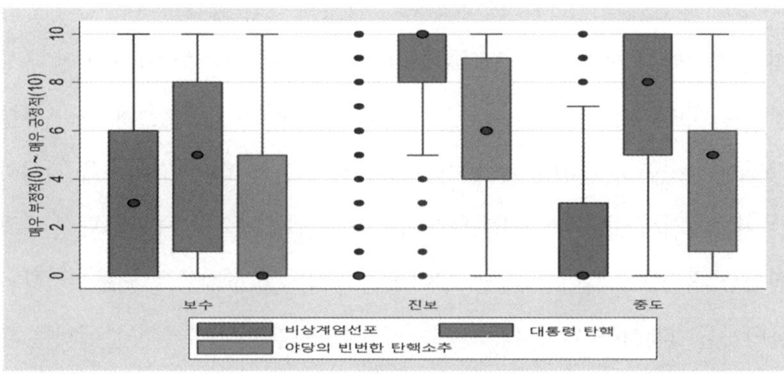

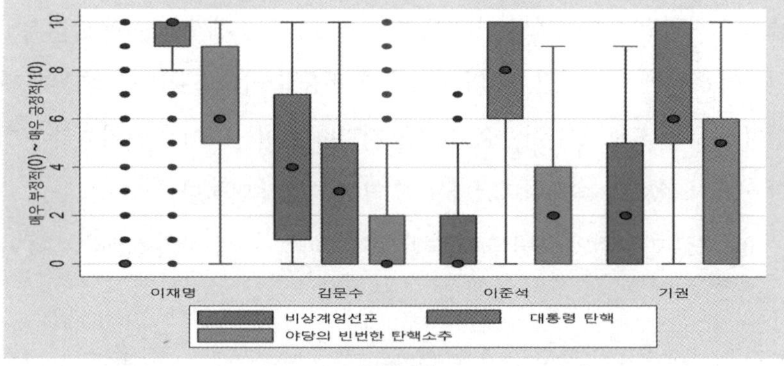

주. 막대그래프 안쪽의 점은 항목별 응답의 중앙값(median)을 의미함.

이는 분명하다. 즉, 김문수 후보를 선택한 이들이 계엄과 탄핵 모두에 부정적인 평가를 하는 데 반해, 이준석 후보를 선택한 응답자들은 계엄에 대한 압도적인 반대와 상당수 탄핵에 찬성하는 이들이었다. 물론 이 두 집단은 야당의 빈번한 탄핵소추에는 공통적으로 부정적인 평가를 하였다. 기권을 선택한 응답자들의 평가 역시 흥미로운데, 이들은 계엄에 대해서는 분명한 반대를 표출하였지만, 대통령 탄핵과 야당의 빈번한 탄핵소추에 관해서는 대체적으로 반대와 찬성의 견해를 보이면서도 유보적인 태도를 가진 이들이 많았다.

〈그림 3〉은 같은 방식으로 민주주의 체제에 관한 응답자들의 인식을 정리한 결과이다. 전체적으로 민주주의 체제에 대한 긍정적인 인식인 우세한 가운데 정파성에 따라, 이념성향에 따라, 그리고 선택후보에 따라 부분적인 차별성이 관찰된다. 더불어민주당 지지자들보다 국민의힘을 지지하는 이들에게서 권위주의 정부에 대한 선택적 선호와 정치체제에 대한 무관심이 상대적으로 높게 나타났고, 이러한 양상은 진보성향보다 보수성향의 응답자들에게서도 유사하게 발견되었다. 선택후보에 따른 구분에서는 계엄과 탄핵에 대한 인식과 조금 상이한 모습이 나타났다. 즉, 김문수, 이준석 등 보수진영의 후보를 선택한 응답자들은 민주주의 체제에 대한 긍정적인 인식이 60%에 이르지만, 그 외 선택에 대한 응답 비율도 40%에 달했다. 더불어 김문수 후보보다 이준석 후보를 지지하는 이들에게서 권위주의에 대한 선택적 선호가 높게 나타났다는 점 역시 특기할 만하다.[8]

다음으로 민주주의 규범에 대한 인식이 당파성, 이념성향, 선택후보에 따

---

[8] 기권을 택한 응답자들이 민주주의 체제에 대한 긍정적인 인식이 가장 낮은 집단이라는 점은 고려가 필요하다. 통상 투표에 참여하지 않는 이들이 정치에 관심이 적고 불만족한 집단임을 감안한다고 하더라도 민주주의 체제에 대한 이들의 낮은 응답비율은 시사하는 바가 크다.

　　　　　비상계엄–탄핵 사태와 2025년 대통령 선거

〈그림 3〉 민주주의 체제에 관한 인식

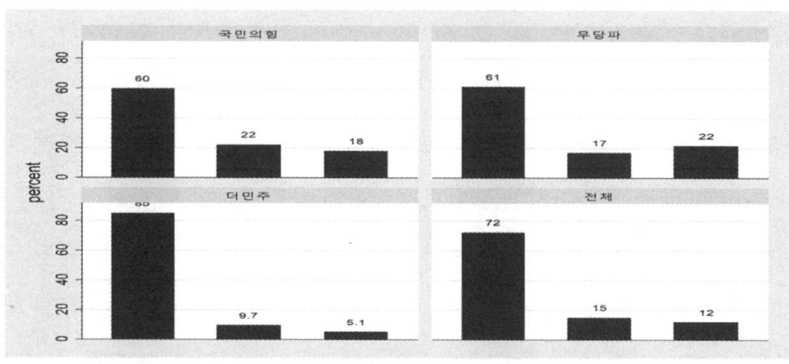

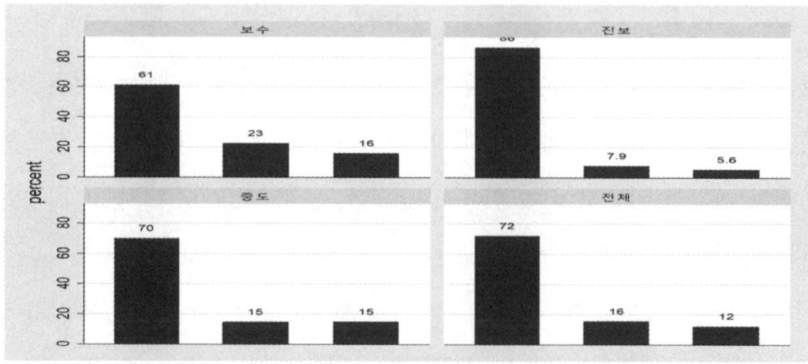

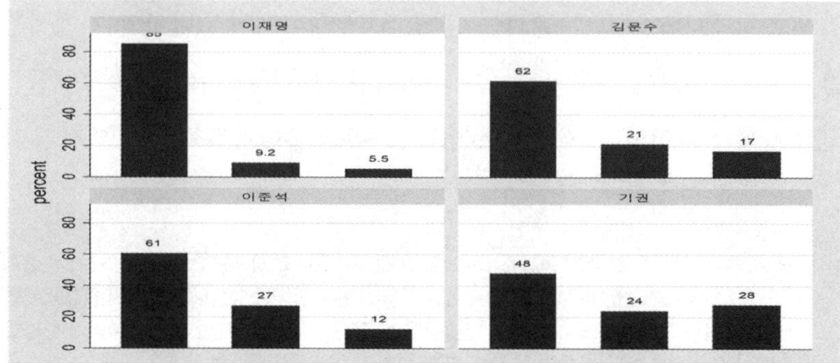

주. "민주주의는 언제나 다른 어떤 형태의 정부보다 낫다," "어떤 상황에서는 권위주의 정부가 민주주의 정부보다 더 낫다," "나 같은 사람에게는 민주주의 정부이든 권위주의 정부이든 상관이 없다"에 대한 응답 비율.

라 어떠한 차이를 보이고 있는지 살펴보았으며 그 결과는 〈그림 4〉에 정리되어 있다.[9] '행정부와 국회 간 견제와 균형'에 초점을 맞춘 민주주의 규범에 관한 인식은 전체적으로 동의와 비동의가 고르게 분포되어 있어 팽팽한 균형을 보였다. 그러나 당파성과 이념성향에 따른 차이 역시 분명하게 나타났는데, 국민의힘 지지자들과 보수성향의 응답자들에게 국회의 견제가 행정부 국정운영의 걸림돌이라는 시각이 더 많았던 반면, 더불어민주당 지지자들과 진보성향의 응답자들은 이에 동의하지 않는다는 의견이 주를 이뤘다. 선택후보에 따른 응답자 인식의 차이도 확인되었다. 김문수 후보를 선택한 응답자의 60% 이상이 해당 문항에 동의하였던 데 반해, 이재명 후보를 선택한 이들에게서 그 비율은 20%가량에 그쳤다. 이준석 후보를 선택한 이들은 해당 진술에 대해 동의하는 의견이 많았지만, 김문수 후보를 선택한 이들과 비교하여 그 비율이 낮아졌고 동의의 강도 역시 크게 약화하였다.

마지막으로 계엄의 한 가지 이유이기도 하고 이번 선거 과정에서 일각에서 지속적으로 제기된 선거 부정에 대한 응답자들의 인식이 어떻게 분포되어 있는지 살펴보았고 그 결과는 〈그림 5〉에 정리되어 있다.[10] 여기에서는 민주주의 인식보다 더욱 뚜렷하게 차별화된 정파성과 이념성향에 따른 인식의 차이가 확인된다. 전체적으로 60%가량의 응답자들이 선거 부정 논란

---

9 응답자들은 "정부가 국회에 의해 지속적으로 견제(즉, 감시 및 감독)를 받는다면, 국가의 중요한 과업을 달성하기 어렵다"라는 진술에 5점 척도(1(매우 동의)~5(전혀 동의하지 않음))로 답하였다. 엄밀히 말해 민주주의 규범은 헌법 존중과 정치적 관용 등 복합적이며, 따라서 다양한 측정방식을 필요로 한다(장한일 20224). 다만 여기에서는 설문자료의 한계로 인해 "견제와 균형"에 관한 인식만을 활용하였다.

10 구체적인 설문문항은 "최근 몇 차례의 선거에서 조직적인 선거 부정이 있었다는 주장이 있습니다. 귀하는 이러한 주장에 대해 어떻게 생각하십니까?"이며, 4점 척도(매우 공감한다=1~전혀 공감하지 않는다=4)로 측정되었다.

<그림 4> 민주주의 규범에 대한 인식: 견제와 균형

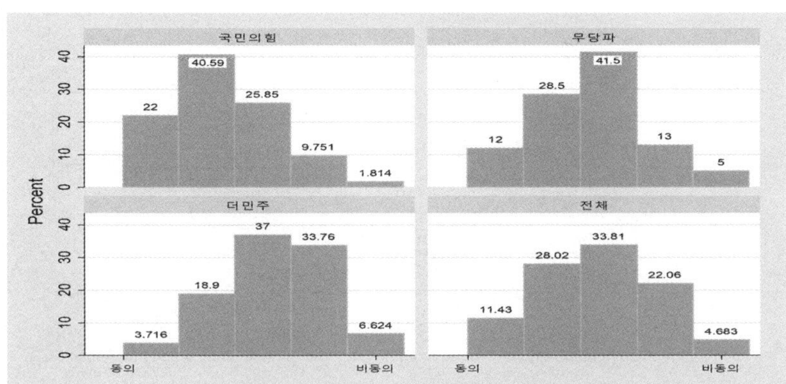

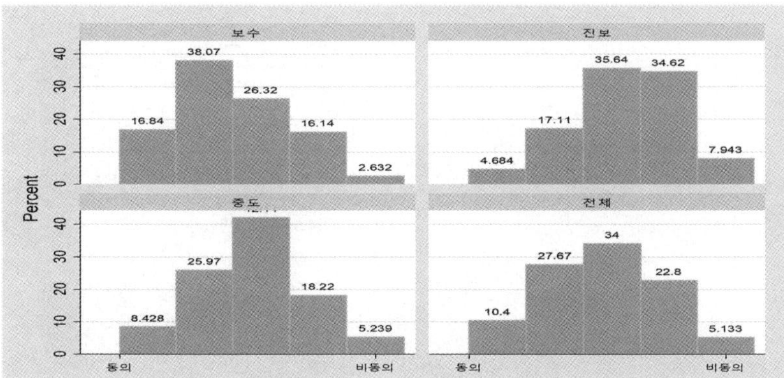

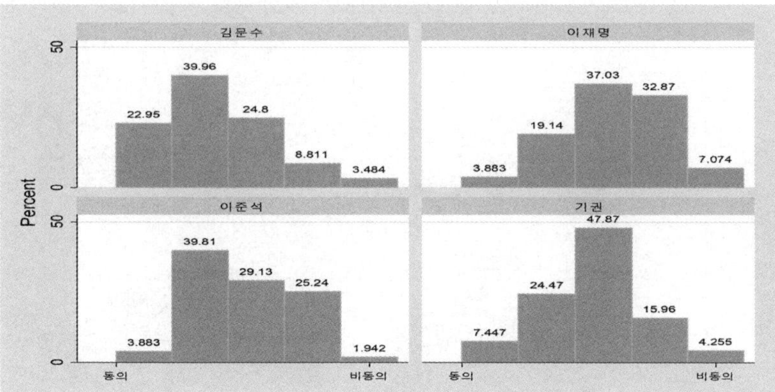

<그림 5> 선거 부정 논란에 대한 공감도

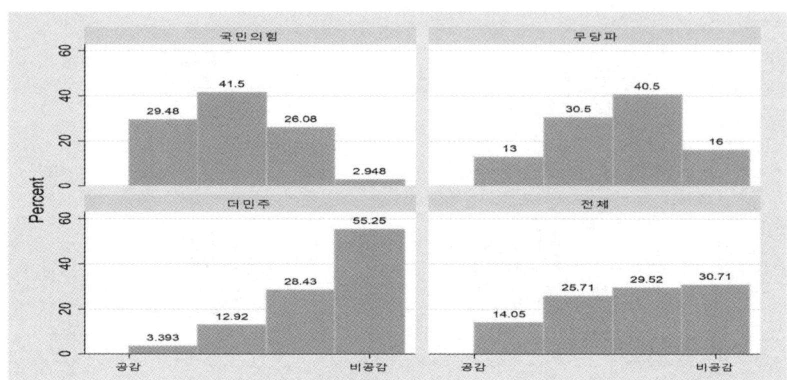

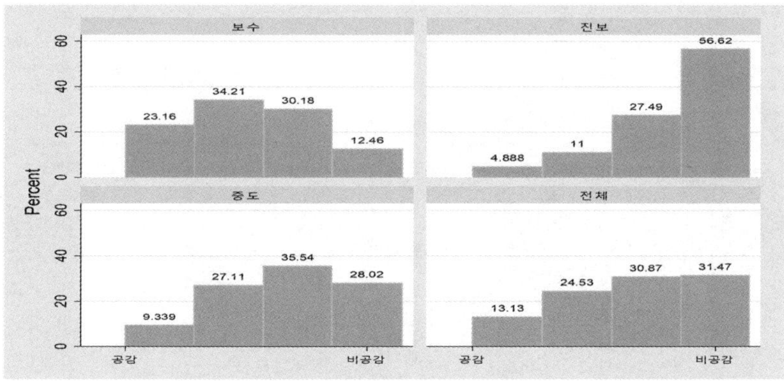

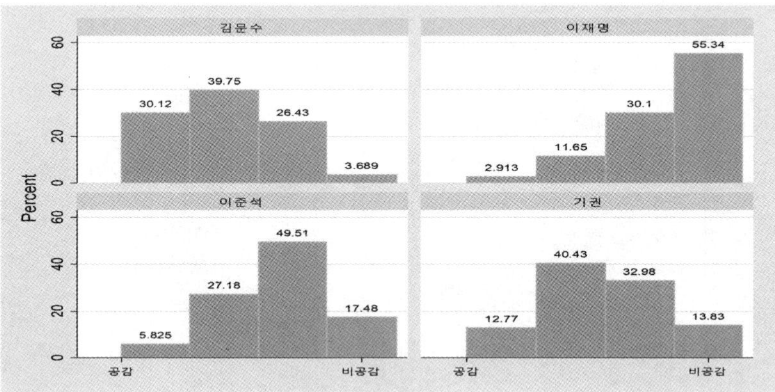

비상계엄–탄핵 사태와 2025년 대통령 선거

에 대해 공감하지 않는 가운데, 국민의힘 지지자들의 70% 이상이 그러한 주장에 공감을 표시하였고 보수성향 응답자들의 거의 60% 정도가 같은 의견을 밝혔다. 이 집단의 10명 중 2~3명 가량이 선거 부정 논란에 "매우 공감한다"라고 응답하였다는 점과 40%가 넘는 무당파 응답자들의 공감 의견은 사실 여부를 떠나서 부정선거를 둘러싼 논란이 실제로 우리 민주주의를 위협하는 요인이 되고 있음을 의미한다.

2) 통계분석

이원분석에서 살펴본 내용을 보다 엄밀히 검증하기 위해 분석모형을 설정하고 통계분석을 실시하였다. 모형의 종속변수는 응답자의 투표선택이며 '김문수 후보'를 선택한 이들을 기준 범주로 하여 이재명, 이준석, 기권을 선택한 이들과의 차이를 통계적으로 분석하였다. 분석방법은 종속변수의 특성을 고려하여 다항로짓을 선택하였다.

모형의 독립변수는 정파성과 이념성향을 나타나는 가변수와 선거의 핵심쟁점이었던 계엄, 탄핵, 야당의 빈번한 탄핵이라는 세 가지 이슈에 대한 평가, 그리고 윤 정부의 국정운영평가를 포함하였다.[11] 민주주의 체제에 대한 설문문항을 활용하여 '권위주의에 대한 선택적 선호'를 기준 범주로 하여 민주주의 인식에 대한 두 개의 가변수(민주주의 긍정 인식, 민주주의/권위주의 상관없음)를 모형에 포함하였고, 민주주의 규범 인식과 선거 부정 비공감도를 추가하였다. 이와 함께 보수성향 응답자들이 계엄과 탄핵, 민주주의 인식에 따라 차별적인 선택을 보이는지 살펴보기 위해 상호작용변수를 더했

---

11 세 가지 이슈에 대한 평가는 0에서 10까지의 11점 척도(매우 부정적~매우 긍정적)로, 윤 정부 국정운영평가 역시 같은 방식으로(매우 잘못했다=0~매우 잘했다=10) 측정되었다.

다.[12]

　분석결과는 하나의 통계모형이지만 그 결과가 상이한 비교와 해석내용을 담고 있는 까닭에 두 개의 표로 구분하여 정리하였고, 독립변수의 주효과 만을 보는 모형에 상호작용변수를 포함한 모형을 별도로 설계하여 분석을 실시하였다. 〈표 1〉은 보수후보와 진보후보인 김문수와 이재명의 선택차이를 분석한 결과를 보여 주고 있으며, 〈표 2〉는 김문수와 이준석 두 보수진영의 후보 간 선택, 그리고 김문수 선택과 기권을 비교한 결과이다.

　먼저 김문수와 이재명 간 응답자 선택의 차이를 정리한 〈표 1〉의 결과를 보면, 정파성의 강한 영향력이 확인되는 가운데 계엄과 탄핵, 야당의 빈번한 탄핵소추 등 세 가지 쟁점에 관한 인식 역시 통계적으로 유의미한 영향력을 보였다. 민주주의 체제와 규범에 관한 인식은 상호작용변수를 포함한 분석결과에서 예상된 방향으로 영향을 주는 것이 확인되었지만 통계적인 유의미성은 제한적으로 발견되었다. 그러나 그러한 인식의 영향이 보수성향 유권자들의 후보선택까지 이어지지는 못했고, 일부 상호작용변수에서는 보수성향 응답자들의 김문수 후보에 대한 선택확률을 높여 당파성에 따른 강한 영향력이 다시금 확인되었다.

　김문수 후보와 이준석/기권 간 응답자 선택의 차이를 정리한 〈표 2〉는 보다 흥미로운 모습을 보여 준다. 우선 국민의힘 지지는 김문수 후보 선택을 통계적으로 유의미하게 높이는 영향을 보여 주었으며, 윤 정부의 국정운영에 대한 긍정적인 평가 역시 응답자를 이준석 후보보다는 김문수 후보 선택으로 이끌었다. 세 가지 쟁점이슈 중 계엄령에 대한 부정평가와 야당의

12　자세히 보고하진 않았지만 분석은 성별, 연령, 교육수준, 가구소득수준, 정치지식수준, 주관적
　　계층의식을 통제변수로 포함하였다. 이들 중 연령과 정치지식수준을 제외하고는 대체로 통계
　　적으로 유의미하지 않았다.

<표 1> 계엄, 탄핵, 민주주의 인식과 투표선택: 김문수 vs. 이재명

	이재명	
더민주	2.5624 (.4411)**	2.7365 (.4457)**
국민의힘	−3.0955 (.5512)**	−3.1498 (.5407)**
진보	.6212 (.4440)	.5859 (.4570)
보수	−.4771 (.3996)	1.1508 (1.5828)
윤 정부 국정평가	−.3336 (.0778)**	−.3164 (.0795)**
계엄령선포 부정평가	.4619 (.2069)*	.5251 (.2442)*
탄핵 부정평가	−.2215 (.1020)*	−.2884 (.1320)*
야당의 탄핵소추 긍정평가	.2392 (.0668)	.2677 (.0703)**
민주주의 인식(가변수)†		
민주주의 긍정 인식	−.1063 (.4385)	.7861 (.6073)
민주주의/권위주의 상관없음	−.1537 (.6091)	1.7065 (.8198)*
민주주의 규범 인식	.4046 (.7107)	.5982 (.9597)
선거 부정 비공감도	.2997 (.2325)	.2966 (.2445)
보수 × 계엄령선포 평가		−.0637 (.3612)
보수 × 탄핵 부정평가		.0860 (.2188)
보수 × 민주주의 긍정 인식		−1.6997 (.8916)
보수 × 민주/권위 상관없음		−4.1314 (1.2067)**
보수 × 민주주의 규범 인식		−.0969 (1.4978)
통제변수	포함	포함
Pseudo R^2	.6307	.6427
N	1,137	

주. 수치는 다항로짓 회귀계수, 괄호 안은 강건표준오차. 기준범주는 김문수 후보 선택.
† 기준 범주는 "어떤 상황에서는 권위주의 정부가 민주주의 정부보다 더 낫다."
*p<.05, **p<.01

<표 2> 계엄, 탄핵, 민주주의 인식과 유권자 선택: 김문수 vs. 이준석/기권

	이준석		기권	
더민주	−.1551 (.6385)	−.1822 (.6472)	.1673 (.5113)	.3044 (.5155)
국민의힘	−2.1521 (.4628)**	−2.2829 (.4859)**	−1.5202 (.3887)**	−1.5686 (.3930)**

진보	.9317 (.6347)	.9360 (.6293)	.3858 (.4382)	.3697 (.4773)
보수	−1.0359 (.4714)*	−4.4970 (2.5681)	−.4700 (.3648)	2.5177 (1.6778)
윤 정부 국정평가	−.2480 (.0884)**	−.2168 (.0990)*	−.1151 (.0709)	−.1219 (.0728)
계엄령 부정평가	.2032 (.2519)	.0707 (.2577)	.6170 (.2306)	.8832 (.3030)**
탄핵 부정평가	−.2239 (.1450)	−.2949 (.1672)	−.0802 (.0997)	−.1992 (.1390)
야당 탄핵소추 긍정평가	−.1213 (.0890)	−.1012 (.0961)	.1583 (.0659)*	.1663 (.0708)*
민주주의 인식(가변수)†				
민주주의 긍정인식	−.4487 (.5106)	−.4358 (.6396)	−.3738 (.4168)	.5301 (.6902)
민주주의/권위주의 상관없음	−1.6012 (.8667)	−.7949 (.9853)	.4806 (.5197)	2.0057 (.8595)*
민주주의 규범 인식	1.0089 (.7398)	1.6219 (1.0536)	1.4117 (.6304)*	1.9845 (.9985)*
선거 부정 비공감도	.3160 (.2555)	.2922 (.2610)	−.0664 (.2278)	−.1017 (.2410)
보수 × 계엄령 평가		1.0462 (.5815)		−.5834 (.3913)
보수 × 탄핵 평가		.0740 (.3449)		.2609 (.2120)
보수 × 민주주의 긍정인식		1.1780 (1.2271)		−1.4967 (.8583)
보수 × 민주/권위 상관없음		−11.3021 (1.4889)**		−2.5101 (1.1325)*
보수 × 민주주의 규범 인식		−1.6461 (1.7780)		−1.2889 (1.2921)
통제변수	포함	포함	포함	포함
Pseudo R^2	.6307	.6427	.6307	.6427
N		1,137		

주. 수치는 다항로짓 회귀계수, 괄호 안은 강건표준오차. 기준범주는 김문수 후보 선택.
† 기준범주는 "어떤 상황에서는 권위주의 정부가 민주주의 정부보다 더 낫다."
*p<.05, **p<.01

빈번한 탄핵소추의 긍정평가는 김문수 후보보다 기권을 선택할 가능성을 높였다. 그리고 국회의 행정부 견제에 동의할수록, 권위주의에 대한 선택적 선호보다 체제에 대한 특별한 선호가 없는 응답자일수록 김문수 후보보다 기권을 선택할 확률이 높았다. 다만 보수성향의 응답자들에게서는 민주주의 체제에 대한 인식과 민주주의 규범 인식이 투표선택에 유의미하게 두드러진 영향을 미치지는 못했고, 민주주의와 권위주의에 대한 선호가 없는 이들은 권위주의에 대해 선택적 선호를 가진 이들에 비해서도 김문수 후보를 더 선택하는 경향이 발견되었다.

통계분석의 결과를 보다 직관적으로 살펴보기 위해서 보수성향의 응답자들을 대상으로 민주주의 체제 인식에 초점을 맞추어 2025년 궐위 대선에서 이들의 투표 선택을 확률로 계산하였다.[13] 〈표 3〉에 정리된 결과를 보면 먼저 보수성향의 응답자 중 권위주의에 대한 선택적 선호를 가진 이들은 이재명 후보를 선택할 확률이 50%가량이며 김문수 후보 약 35%, 기권 15%의 선택확률을 보였다. 민주주의가 항상 낫다고 인식한 보수성향의 응답자들에게서는 이준석 후보를 선택할 확률이 미세하게 높아졌으나 다른 선택에 있어서는 변화가 거의 나타나지 않았다. 민주주의든 권위주의든 상

〈표 3〉 보수성향 유권자들의 투표선택: 민주주의 체제인식

	때로는 권위주의가…	민주주의가 항상…	민주/권위 상관없음
김문수	.3435	.3874	.4001
이재명	.5022	.4880	.3221
이준석	.0040	.0114	.0000
기권	.1502	.1130	.2777

주. 수치는 분석모형의 결과를 토대로 계산된 각 항목의 선택 예측확률

---

[13] 예측확률은 보수 이념성향과 민주주의 체제 인식에 관한 가변수 그리고 관련 상호작용변수를 감안하여 산출되었다.

관이 없다고 응답한 보수성향의 응답자들에게서는 이재명 후보를 선택할 확률이 크게 떨어지고 기권을 택할 확률이 거의 30%에 이를 정도로 높아졌다.

요약적으로 이상과 같은 결과는 가설들의 일부만이 경험적으로 입증됨을 보여 준다. 계엄과 탄핵에 관한 인식은 유권자들의 보수후보에 대한 선택의 가능성에 예측된 바대로 유의미한 영향을 미치고 있었다. 즉, 계엄에 대한 부정적인 인식과 탄핵에 대한 긍정적인 인식은 이재명 후보 선택확률을 높이고 응답자들을 기권으로 이끌었다. 또한 '견제와 균형'에 관한 민주주의 규범 인식은 김문수 후보보다 기권을 선택할 확률을 높였다. 반면 이러한 인식이 보수성향의 응답자들을 김문수 후보 이외의 선택으로 이끌 것이라는 가설은 대부분 경험적으로 뒷받침되지 못하였다. 다만 민주주의와 권위주의에 관한 명확하지 않은 선호가 보수성향 유권자들을 이재명 후보보다는 기권을 선택하도록 만들었다는 점에 관해서는 추가적인 분석이 필요하다. 보수성향 응답자들에게서도 60%가량이 '민주주의가 항상 낫다'는 견해를 보인다는 점에서 이러한 결과가 갖는 의미를 크게 보기는 어렵지만, 민주주의 체제에 대한 명확한 선호의 부재가 선거에의 참여보다는 이탈의 확률을 높인다는 점은 우리 민주주의의 규범적인 문제를 초래함에는 틀림없다.

4. 나오며

이론적인 측면에서 2025년 궐위 대선은 당시 여당에 압도적으로 불리한 선거였다. 윤석열 정부에 대한 국정지지도가 지지부진한 속에서 치러진

2024년 총선은 이미 여당이 열세를 보이고 있던 국회에서 야권의 주도권을 더욱 강화하는 결과로 이어졌고, 그럼에도 대통령의 국정 운영은 대화와 타협보다는 더욱 강경한 방식을 이어갔다. 야권의 입법권력 행사와 대통령의 거부권 행사가 반복적으로 교차하는 가운데 선포된 계엄은 시민들의 압도적인 반대 속에 무력화되었지만, 이후 대통령 탄핵을 둘러싼 정파적인 대결과 극우의 준동은 민주주의 체제에 심각한 위기감을 초래하였다.

이러한 문제의식 하에 이 글은 2025년 궐위 대선이 보수성향 유권자들에게 선택에의 어려움을 초래했을 것이라는 전제에서 출발하였고 이들의 선택에 초점을 맞추어 경험적인 분석을 시도하였다. 분석의 결과 계엄과 탄핵에 대한 인식이 응답자 투표행태에 유의미한 영향을 미쳤지만, 그렇다고 보수성향 응답자들이 이에 차별적으로 반응하지는 않았다. 통계분석에서 행태적인 차이로 이어지지는 않았지만, 정파성과 이념성향에 따라 계엄과 탄핵에 대해서 입장의 차이가 뚜렷하고, 이보다 상대적으로 약하지만 민주주의 체제와 규범 인식, 그리고 선거부정 논란에 대한 인식 차이 역시 분명하게 나타나고 있다는 점은 정파적 양극화가 민주주의의 질적인 인식에도 영향을 미치고 있음을 보여 준다.

정파성과 이념성향의 차별성에 따른 상대적인 차이보다 우려되는 점은 보수성향의 유권자들 사이에서 목격되는 계엄과 탄핵, 민주주의 인식에 대한 내부적인 차이가 선거에서 선택의 차이로 이어지지 않았다는 사실이다. 이슈와 인식의 차이에도 불구하고 보수성향의 유권자들은 김문수 후보가 아닌 이준석 후보를 선택지로 고려하지 않았고 이보다는 기권을 선택할 가능성이 높았다. 국민의힘 지지라는 당파성이 또다른 보수후보인 이준석을 지지할 확률 그리고 기권에의 선택확률을 낮추고 김문수 후보에의 선택 가능성을 높였다는 점은 정파적 양극화가 강하게 작동한 결과로 이해되지만,

체제적인 민주주의의 위기 상황에서 민주주의 인식이 보수성향 유권자들의 선택에 큰 영향을 미치지 못했다는 점은 우리의 민주주의가 이미 심각한 위기 국면으로 접어들었다는 우려를 낳게 한다. 더욱이 민주주의 체제에 대한 인식이 보수성향의 유권자들을 이준석 후보로의 선택보다는 기권으로 이끌었다는 점은 적어도 이번 대선에서 보수성향 유권자들의 선택이 크게 경직되었음을 알려준다. 이준석 후보는 보수를 표방하는 또다른 후보이고 김문수 후보와 달리 탄핵에 분명한 찬성을 줄곧 밝혔음에도 계엄과 탄핵, 그리고 민주주의에 대해 온건한 입장을 가진 보수성향 유권자들의 지지를 받지 못했다. 더군다나 민주주의 정치체제에 냉소적인 태도가 보수성향 유권자들을 이준석 후보로의 선택보다 선거에의 불참으로 이끌었다는 점은 기득권 두 정당을 중심으로 형성된 정파적 양극화의 영향이 유권자의 행태를 실질적으로 강하게 구속하고 있음을 의미한다.

　이번 궐위 대선의 결과를 토대로 확인된 한국 정치의 정파적 양극화는 민주주의의 위기 국면에도 유권자의 정치적 인식과 투표행태에 강한 영향력을 발휘하였다. 당파적 정렬로 그 폭발력이 배가된 정파적 양극화는 정치적인 태도와 인식은 물론 행태에서 유권자들을 분열시켰고 민주주의의 체제적인 위기에도 그러한 분열은 약화되지 않았다. 이러한 상황은 우리의 민주주의가 분열과 갈등 속에 커다란 위기에 처했음을 의미한다. 체제 선동적인 정치인의 확산과 격화된 갈등은 다원성에 기반한 민주주의를 위협할 뿐 아니라 선거를 통한 정치공동체의 반응성과 책임성의 회복을 어렵게 한다는 점에서 큰 우려가 아닐 수 없다. 이러한 상황이 지속된다면 정치를 통한 갈등의 관리와 해소는 더욱 요원한 과제가 되며 종국에는 민주주의의 체제를 무너뜨린다. 이 글의 분석은 정파적 양극화의 부정적인 영향이 우리 민주주의를 파국으로 이끌 가능성을 시사한다. 한국 민주주의의 지속적인 안정을 위해서는 다양한 정치세력이 공존할 수 있는 선거제도의 개혁과 이를 통한 정파적 양극화의 완화와 협치의 제도화는 더 이상 미룰 수 없다.

참고문헌

가상준. 2023. "제20대 대통령선거에서 유권자의 선택." 『한국정치학회보』 57-4. 37-57.

김기동·이재묵. 2021. "한국 유권자의 당파적 정체성과 정서적 양극화." 『한국정치학회보』 55-2. 57-87.

김성연. 2023. "한국 유권자들의 이념적 양극화와 당파적 정렬: 21세기 이후 다섯차례 대통령 선거 분석 결과." 『한국정치연구』 32-3. 123-143.

김성연. 2024. "정체성, 이념 차이, 그리고 정서적 양극화의 기제: 제20대 대선 패널데이터 분석 결과." 『평화연구』 32-1. 39-71.

박범섭. 2025. "누가 계엄을 지지하는가?" 『정치 양극화와 한국 민주주의의 위기』 (강원택·손열 편). 71-92.

서복경. 2025. "'12.3 내란' 이후 한국 극우의 변화: 반체제화, 주류화, 청년 주체의 등장." 『시민과세계』 46. 1-35.

성예진. 2025. "비상계엄의 원인에 대한 인식과 제도 개혁에 대한 태도." 『정치 양극화와 한국 민주주의의 위기』 (강원택·손열 편). 41-70.

유성진. 2025. "2016년과 2024년, 무엇이 어떻게 달라졌을까?" 『정치 양극화와 한국 민주주의의 위기』 (강원택·손열 편). 113-136.

이내영. 2022. "한국 유권자의 정서적 양극화: 주요 원인과 비정치적 효과." 『아세아연구』 65-4. 5-36.

장승진. 2021. "당파적 양극화 속 새로운 정치적 대상에 대한 이념적 인식: 윤석열 현상을 사례로." 『한국정치학회보』 55-4. 71-90.

장승진. 2025. "당파적 배열과 정서적 양극화 사이의 관계 재검토: 이념적 정체성의 역할을 중심으로." 『한국정당학회보』 24-2. 67-91.

장승진·장한일. 2020. "당파적 양극화의 비정치적 효과." 『한국정치학회보』 54-5. 153-175.

장한일. 2024. "정서적 양극화는 민주주의적 규범에 대한 태도에 영향을 끼치는가?: 제20대 대통령 선거 전후 수집된 4회의 설문조사 자료 분석." 『한국정당학회보』 23-1.

81-120.

정동준. 2018. "2018년 지방선거 이후 유권자들의 정치 양극화: 당파적 배열과 부정적 당파성을 중심으로." 『OUGHTOPIA』 33-3. 143-180.

하상응. 2022. "정서 양극화의 집단 정체성 인식." 『아세아연구』 65-4. 37-62.

Campbell, Angus, Philip E. Converse, Warren E. Miller, and Donald Stokes. 1960. *The American Voter*. Chicago: The University of Chicago Press.

Downs, Anthony. 1957. *An Economic Theory of Democracy*. Boston: Addison Wesley.

Kingzette, Jon, James N. Druckman, Samara Klar, Yanna Krupnikov, Matthew Levendusky, and John Barry Ryan. 2021. "How Affective Polarization Undermines Support for Democratic Norms." *Public Opinion Quarterly* 85-2. 663-677.

Lazarsfeld, Paul F., Bernard Berelson, and Hazel Gaudet. 1948. *The People's Choice: How the Voter Makes Up His Mind in a Presidential Campaign* (2nd ed.). New York: Columbia University Press.

Levitsky, Steve and Daniel Ziblett. 2018. *How Democracy Dies*. 『어떻게 민주주의는 무너지는가』 (박세연 역). 서울: 어크로스.

Levitsky, Steve and Daniel Ziblett. 2024. *Tyranny of Minority*. 『어떻게 극단적 소수가 다수를 지배하는가』 (박세연 역). 서울: 어크로스.

Lewis-Beck, Michael S., William G. Jacoby, Helmut Norpoth, and Herbert F. Weisberg. 2008. *The American Voter Revisited*. Ann Arbor: The University of Michigan Press.

McCoy, Jennifer, Tahmina Rahman, and Murat Somer. 2018. "Polarization and the Global Crisis of Democracy: Common Patterns, Dynamics, and Pernicious Consequences for Democratic Polities." *American Behavioral Scientist* 62-1. 16-42.

Orhan, Yunus Emre. 2022. "The Relationship Between Affective Polarization and Democratic Backsliding: Comparative Evidence." *Democratization* 29-4. 714-735.

제9장

민주주의 체제 불신과 보수의 분화[1]

성예진(성균관대학교 좋은민주주의연구센터)

1. 서론

2025년 8월 현재, 한국의 보수 진영 내부에서 분열과 갈등이 벌어지고 있다. 보수 핵심 정당인 국민의힘 내에서는 극단적인 반민주주의 세력과 단절함으로써 보수를 재건하고 당을 개혁해야 한다는 혁신 세력의 요구와, 이를 '분열 행위'나 '계파 이기주의'로 규정하는 세력이 대립하고 있다. 그러나 이러한 대립과 갈등을 단순한 당내 계파 경쟁으로만 치부하기는 어려워 보인다. 무엇보다 이번 갈등의 핵심에는 민주주의의 기본 규칙과 제도적 절차를 신뢰하는 집단과 이를 근본적으로 의심하는 집단 간의 '가치 충돌'이 자리하고 있기 때문이다. 이는 권력 분배나 정치적 이익을 둘러싼 전통적인 계파 갈등과는 본질적으로 다른 성격을 띠며, 궁극적으로는 보수 정

---

[1] 이 글은 『현대정치연구』 제18권 제2호에 게재된 논문을 재구성한 것임.

치의 정체성과 방향성을 둘러싼 노선 투쟁의 양상을 보이고 있다.

이러한 분열이 본격적으로 가시화된 계기는 2024년 12월 3일 윤석열 대통령의 비상계엄 선포였다. 한국 사회가 축적해 온 민주주의의 성취를 근본부터 뒤흔든 이 초헌법적 조치에 대해, 전통적으로 '법과 질서'를 표방해 온 보수 진영은 정작 통일된 반응을 보이지 못했다. 일부는 계엄을 헌정 질서에 대한 명백한 위협으로 규정하며 대통령을 탄핵하고 흐트러진 민주 질서 회복을 위해 반성해야 한다고 주장하였다. 반면 계엄을 '비협조적인 야당'에 맞서는 불가피한 조치이자 '선거 부정의 진실을 밝히는 과정'이었다며 옹호하고 대통령 탄핵에 반대하는 세력이 목소리를 높였다. 이러한 대립 구도는 단순한 계파 갈등을 뛰어넘는 것으로 보인다. 즉, 현재 보수 진영의 위기는 정치인 간의 세력 다툼을 벗어나, 민주주의의 게임 규칙 자체를 수용하는 집단과 이를 불신하고 거부하는 집단 간의 근본적인 세계관 분열로 비화되고 있는 것이다.

본 연구는 이러한 문제의식을 바탕으로 하여, 현재 보수 진영 내부의 대립과 분열을 민주주의 체제에 대한 근본적인 신뢰의 차원에서 나타난 균열로서 실증적으로 분석하고자 한다. 이를 위해 구체적으로 다음의 연구질문을 설정한다.

첫째, 본 연구는 민주주의 체제에 대한 근본적인 신뢰를 유지하는 보수층을 보수이념의 본래적 정의에 기초하여 '체제 수호 보수'로, 체제에 대한 근본적 신뢰가 저하된 보수층을 '체제 불신 보수'로 지칭한다. 그렇다면 이렇게 민주주의의 규칙을 존중하는 '체제 수호 보수'와 그 규칙 자체의 정당성을 의심하는 '체제 불신 보수'는 실제로 보수 유권자 내부에 구분 가능한 집단으로 존재하는가? 다시 말해, 이 두 집단은 현 정치체제에 대한 평가, 법치주의나 견제와 균형과 같은 민주적 규범, 나아가 계엄과 탄핵이라는 중 대한 정치적 사건에 대해 어떻게 그리고 얼마나 실질적으로 다른 태도를 보이는가?

둘째, 무엇이 보수 유권자들을 그렇게 상이한 인식으로 나누는가, 즉, 왜 '체제 불신 보수'가 되는가? 본 연구는 특히 자신의 요구에 정부와 정치인이 반응하지 않는다고 느끼는 낮은 정치적 효능감과 정치에 대한 관심은 높지만 객관적 지식은 부족한 '비대칭적 정교화' 현상이 유권자를 체제 불신으로 향하게 만드는 핵심적인 정치심리학적 기제일 것이라고 보고, 이를 경험적으로 확인한다.

본 연구는 위의 질문에 답하기 위해 '부정선거론에 대한 수용 여부'를 체제 수호 보수와 체제 불신 보수를 가르는 핵심 분류 기준으로 활용한다. '체제 불신'이라는 추상적 개념을 측정할 단일한 지표는 없지만, 선거의 공정성을 부정하는 태도는 다른 정치적 불신과도 질적으로 구별되는 임계점 지표(threshold indicator)로서의 성격을 가지기 때문이다. 선거 무결성(electoral integrity)은 민주주의 정당성의 핵심이며(Norris 2014), 부정선거 음모론은 민주적 제도에 대한 근본적 불신을 반영한다(Uscinski and Butler 2013). 따라서 보수 내부를 선거에 대한 태도를 기준으로 분류할 수 있다면, 이 두 집단은 민주체제에 대한 극명한 인식 차이를 보일 가능성이 있다.

본 연구의 구성은 다음과 같다. 2절에서는 보수 분열의 역사적 맥락과 체제 신뢰의 중요성을 검토하고 정치효능감, 정치관심, 정치지식 변수에 주목하여 체제 불신 보수의 형성을 설명하는 정치심리학적 가설들을 도출한다. 3절에서 자료와 변수를 제시한 뒤, 4절에서는 설문 자료를 활용하여 두 보수 집단의 민주주의 규범에 대한 가치 차이를 분석하고, 로지스틱 회귀분석을 통해 체제 불신 보수의 예측 요인을 검증한다. 5절에서는 연구 결과를 종합하고 학술적·정치적 함의를 논의하며 향후 과제를 제시한다.

2. 이론적 논의

1) 한국 정치에서의 보수 분화

서구와 같은 계급적 기반이 약한 한국에서 진보–보수 이념 구도는 분단과 전쟁, 산업화의 역사적 경험을 배경으로 구축되었다. 그에 따라 한국 정치의 보수주의 이념은 반공주의, 개발지향주의, 그리고 자유주의–권위주의 스펙트럼에서의 권위주의적 질서의 선호라는 가치 체계를 중심으로 형성되었다(강원택 2005; 한관수·장윤수 2012; 홍태영 2020). 이러한 특징은 식민과 전쟁으로 인해 '수호할 전통'이 부재했던 '이념적 진공 상태'에서 안보와 생존이라는 현실적 필요에 따라 구성된 결과이기도 했다. 그에 따라 한국의 보수는 상황 의존적이면서도 이념적 체계성이 없다거나 친미·반북의 틀에 제약되어 있다는 비판을 받고 있다(강정인 2008; 2009; 윤민재 2004; 채장수 2018). 그럼에도 불구하고, 한국 정치의 지배 이데올로기로서 보수주의가 민주화 이후 공동체 발전과 사회 통합, 자유민주주의의 수호를 표방하며 이념 경쟁의 중요한 한 축을 담당해 온 것은 부인하기 어렵다. 보수주의가 추구하는 공동체의 안정과 그에 기초한 발전이라는 목표를 중심으로 볼 때, 외부의 위협을 차단하고(반공주의) 사회적 혼란을 억제하면서(질서지향) 집합적 역량을 결집하여 근대화를 추진하는(개발주의) 보수적 가치들은 서구의 전통적 보수 철학만큼 체계적이지는 않더라도 나름의 일관된 논리를 갖는다고 할 수 있다. 또한 2000년대 중반 등장한 '뉴라이트'는 보수주의를 시장 자유주의를 핵심으로 하는 경제 이념과 권위주의적 과거에 대한 긍정적 재평가를 기초로 보수 담론을 재구성하려고 시도하기도 하였다(이지윤 2019; 전재호 2014).

　비상계엄–탄핵 사태와 2025년 대통령 선거

　이러한 보수적 가치관과 정치적 정체성을 토대로, 민주화 이전부터 2010년대 중반까지 보수 세력은 한국 정치에서 지배적 지위를 유지했다. 그러나 2010년대의 선거 결과에 따르면, 보수 우위의 정치 구도가 점차 '평평해지고' 있거나 오히려 진보 우위로 역전되는 모습이 감지되었다. 세대교체와 보수의 수구화 등이 그 주요 원인으로 지목되고 있으며(고원 2020), 적대적인 대북 정책이나 반공주의, 개발·성장주의로 대표되는 보수 정치 세력의 정책 노선과 가치가 분화되거나 더 이상 예전과 같이 유권자들의 선택에 영향력을 행사하지 못하고 있음이 지적되기도 하였다(송진미 2019; 장승진 2018). 특히 보수층 분화를 촉발한 결정적 전환점은 박근혜 전 대통령의 탄핵 사건이었다. 2017년 탄핵 사태를 기점으로 한국의 보수주의는 이전과는 질적으로 다른 정치적 위기에 직면했고, 그간 상대적 결속을 유지해 온 보수 지지층 내부에 깊은 균열이 발생했다.

　보수층 내부의 이러한 균열은 2017년 대선에서 더욱 가시화되었다. 보수 유권자들은 자유한국당 홍준표, 바른정당 유승민, 국민의당 안철수 후보 간에 분산된 선택지를 마주했으며, 지지하는 후보에 따라 뚜렷한 세대적·이념적 차이가 관찰되었다(강원택 2017; 강원택·성예진 2018). 홍준표 지지층은 고령층을 중심으로 박정희 전 대통령에 대한 향수와 안보, 성장 등 '전통적 보수'의 가치를 고수한 반면, 유승민 지지층은 상대적으로 젊고, 박정희 시대에 비판적이며 복지 등 새로운 의제에 수용적인 '새로운 보수'의 특성을 나타냈다. 2018년 지방선거에서는 무엇보다 보수 지지층의 지역주의적 투표 행태가 완화되는 경향이 확인되었는데(강원택 2019), 보수 정당의 아성이었던 영남의 대구·경북(TK)과 부산·울산·경남(PK) 중에서 TK에서 유지된 자유한국당에 대한 강한 지지와 달리, PK에서는 더불어민주당이 상당한 약진을 보였던 것이다. 이렇게 TK·PK의 연대로 상징되는 보수 결속에 발생한 균열은, 2024년 총선에서도 다시 한번 확인되었다(도묘연 2024).

진보 진영이 상대적으로 결집을 이루어낸 것과 달리, 보수 진영에서는 일부 세력의 급진화로 인한 균열이 두드러졌다. 특히 보수의 분화가 선거상의 균열을 넘어 민주주의 체제에 대한 태도에서 나타나고 있는 것이 주목할 만하다. 전통적 보수 세력은 법치를 강조하며 질서 유지를 통해 체제를 수호하려는 입장을 보였다(박찬표 2017). 그런데 2010년대 후반 이후 보수 진영 일부에서 기존 정치엘리트와 제도 전반을 불신하며 체제에 적대적 태도를 보이고, 정치적 견해를 달리 하는 집단에 대해서는 극도의 배타성을 드러내기 시작했다. 예를 들어, 박근혜 전 대통령의 탄핵에 반대했던 '태극기 집회'에 참가한 이들은 탄핵 주도 세력을 낙인찍으며 적대시했고(이종명 2022; 이항우 2011) 권위주의적 성향과 정파적인 배타성을 노골적으로 드러냈다(양웅석 외. 2018). 도묘연(2021)에 따르면, 극보수 유권자층의 이념 성향이 '반(反)엘리트주의'와 '반(反)다원주의'적 포퓰리즘 성향과 긴밀한 연관성을 보였다(도묘연 2021).

보수 일각에서 확산된 반체제적 성향은 최근의 정치적 격변을 거치며 더욱 선명해지고 있다. 2024년 총선에서만 하더라도 자유통일당이나 우리공화당 등 극우 정당의 득표율은 미미한 수준이었고, 반체제적 성향은 보수 진영 주변부의 소수 현상으로 여겨졌다. 그러나 2024년 12월 비상계엄으로 초래된 헌정 위기 이후 나타난 보수 분열은 다소 다른 양상이다. 2025년 대선 국면에서 국민의힘 주류 세력이 자유통일당이나 극단주의 정치 유튜버 등과 연대하는 모습은, 반체제적 담론에 대한 보수 내부의 방어막이 허물어지고 있음을 보여 주고 있기 때문이다.

이러한 반체제적 흐름에 대조적으로, 헌정의 테두리 내에서 보수 혁신의 필요성을 웅변하는 세력 또한 존재한다. 보수 이념의 극단화를 고착화된 균열로 단정하기는 아직 이르다. 그러나 2025년 현재 보수층 내부에서 전개되는 민주적 규범을 둘러싼 분열은 기존에 정책이나 세대를 기준으로 나타났던 '체제 내' 경쟁과는 본질적으로 다른, 체제에 적대적인 '체제 외적' 세력의 영향력 확산을 보여 주고 있다. 이는 법치를 공권력 강화와 질서 유지를 위한 수단으로 보는 '도구적 법치' 인식이 극단화된 결과로도 볼 수 있으며, 민주적 절차 자체를 불신의 대상으로 삼는다는 점에서 민주화 이후의 보수 일반과는 질적 차이를 보인다. 이러한 맥락에서 본 연구는 보수의 분화를 '체제 불신적' 보수와 '체제 수호적' 보수로 구분하고, 양자의 차별적 속성과 정치적 지향을 체계적으로 분석하고자 한다.

2) 정치체제에 대한 신뢰 붕괴의 지표: 부정선거에 대한 인식

보수 진영의 내부를 가르는 '민주주의 체제에 대한 신뢰(trust in democratic system)'는 특정 정부나 정치인에 대한 특정 지지(specific support)를 넘어서는, 정치체제 자체에 대한 확산적 지지(diffuse support)를 의미한다(Easton 1965). 확산적 지지란 정치체제의 정당성을 내면화한 심층적이고 장기적인 충성심이다. 이러한 민주주의 체제에 대한 견고한 확산적 지지가 있다면 시민들은 정책이나 정부에 불만이 있더라도 체제 자체를 부정하기보다 내부에서 문제를 해결하고자 한다(Norris 1999). 체제 신뢰는 곧 민주주의 역행(Democratic Backsliding)에서 민주주의를 지키는 "지원의 저장고(reservoir of support)"이자(Easton 1975, 125) 최후의 방어막이다(Bermeo 2016).

민주주의 체제를 옹호하는 시민들은 체제의 투입 과정에 대한 공정성과 정당성을 믿기 때문에, 절차적 정당성을 존중한다(Anderson et al. 2005). 또한 정치에 대한 불만이 있더라도 선거나 사법부와 같은 제도를 통해 문제를 해결하고자 한다. 이들 또한 현 정치제도나 정부에 대해 반대할 수 있으나 그들은 '충성스러운 반대파'이기 때문에(Linz 1978), 현 정부에 대한 반대 활동이다음 선거에서의 승리를 위한 그 모든 활동은 헌법과 법률 내에서 수행된다. 반면, 체제를 전면적으로 부정하는 시민들은 제도의 중립성을 불신하며(Mudde 2004; 2017), 그들이 원하는 바와 다른 결과를 맞이했을 때 제도의 절차적 운영부터 의심하기 시작한다. 이들은 선거 결과에 불복하거나 초헌법적 조치를 시도하는 등의 체제 외적(extra-systemic) 해결 방식을 선호하는 경향을 보인다(Levitsky and Ziblatt 2018).

이에 따라, 체제 옹호와 부정을 가르는 핵심적인 변수로 바로 민주주의의 가장 근본적인 절차, 즉 '선거'에 대한 태도를 살펴볼 수 있다. 체제 신뢰의 핵심은 제도 신뢰(institutional trust)이며, 특히 선거 과정의 공정성에 대한 신뢰가 결정적이다. 민주주의 체제의 정당성은 공정한 선거를 통해 구현되며, 선거 공정성에 대한 불신의 심화는 기관이나 정부에 대한 일시적인 불신뿐 아니라 정치체제 정당성 자체에 대한 의심으로 확산될 수 있다(Norris 2014). 선거는 민주주의에서 권력의 정당성을 부여하는 핵심 메커니즘이므로, 선거에 대한 신뢰는 단순한 절차적 만족을 넘어 체제 전반의 정당성을 뒷받침하는 근본적 토대가 된다(Anderson et al. 2005).

그런데 최근 여러 민주주의 국가에서 선거 과정의 공정성을 의심하는 '부정선거론'이 확산되고 있다. 부정선거론은 제도의 부실함을 지적하는 차원이 아니라, 선거 자체가 특정 세력의 이익에 부합하도록 조작된다는 근본적 의혹을 제기한다. 민주주의의 핵심 가정인 '경쟁적 선거를 통한 권력의 평화적 이양'이라는 원칙 자체에 대한 부정인 것이다.

부정선거론이 민주주의 체제를 근본적으로 위험에 빠뜨리는 메커니즘은 부정선거론을 뒷받침하는 음모론적 사고의 고유한 특성 때문이다(Miller et

 비상계엄–탄핵 사태와 2025년 대통령 선거

al. 2016; Uscinski and Parent 2014). 음모론적 사고는 '내재적 일관성'과 '반증 불가능성'을 특징으로 한다. 일단 부정선거가 있었다고 믿게 되면, 반대 증거가 아무리 많이 제시되어도 오히려 부정선거론의 정교함을 증명하는 것으로 해석되거나, 조작 세력의 증거 은폐에 대한 추가적 의혹으로 전환된다(Lewandowsky et al. 2012). 이러한 음모론적 사고는 잘못된 정보의 획득에서 그치지 않고, 공식적 권위와 민주적 제도 전반에 대한 불신을 심화시킨다. 그리하여 부정선거론은 선거의 공정성을 담보하는 모든 제도가 선거 조작에 가담했다는 주장으로 발전하고, 선거관리기관, 사법부, 언론 등에 대한 신뢰를 붕괴시키고, 나아가 민주적 견제와 균형 시스템 전체에 대한 신뢰마저 무너뜨린다(Levitsky and Ziblatt 2018).

민주주의의 절차적 최소주의(procedural minimalism)에서 보면, 시민들은 비록 정책 결과나 정부 성과에 불만이 있더라도, 선거 과정의 공정성에 대한 최소한의 합의를 통해 민주적 경쟁을 지속한다. 그러나 부정선거론은 이 마지막 합의점마저 파괴한다. 이로써 민주적 해결책 대신 체제 외적 수단을 통한 문제 해결을 정당화하는 논리적 근거를 제공하게 된다(Dahl 1989). 따라서 부정선거에 대한 믿음의 형성은 정치체제 자체에 대한 근본적인 신뢰의 붕괴를 나타내는 유효한 경험적 지표로서 간주할 수 있다.

부정선거에 대한 인식을 형성하는 주요 기저 태도 중 하나는 '패자의 불복(loser's dissent)'이다. 주지하듯이, 민주주의는 불확실한 결과를 수용하는 이른바 '불확실성의 제도화'이며(Przeworski 1991), 현재 패자일지라도 다음 기회의 승리를 기약한다는 패자의 승복은 민주적 경쟁의 안정성과 역동성을 유지하는 핵심적 태도이다(Anderson et al. 2005; Crisp et al. 2012). 패자의 결과 수용 이후에야 승자의 권력 행사가 안정되며, 정당한 경쟁을 기반으로 하는 민주주의 체제가 유지될 수 있다(Dahl 1971). 하지만 부정선거론을 신봉하는 이들은 패배를 자신들의 실패나 정치적 역량 부족으로 성찰하기보다는, 외부의 부당한 개입에 의한 것으로 해석해 버린다. 이는 인지부조화를 해소하는 심리적 방어기제이면서도 동시에 외부 요인에 패배의 책임을 전가하는 태도이다(Botvinik-Nezer et al. 2023). 이에 따라 패자들은 승자의 지배를 거부하고, 체제 불신의 극단적 언어를 사용하면서, 때로 폭력과 비합법적 수단이라는 체제 외적 방식까지도 활용할 수 있다.[2,3]

이러한 '패자의 불복' 논리에 따르면, 최근 일련의 보수 진영의 패배는 일부 보수 유권자들에게 인지부조화로 다가왔을 것이며, 부정선거론은 "우리의 가치나 노력이 부족해서 진 것이 아니라, 민주주의 시스템 자체가 이미 부패한 '그들'에게 장악당했기 때문에 어차피 이길 수 없는 싸움이었다"는 매력적인 서사를 제공한다. 이는 패배의 책임을 외부의 거대한 적에게 전가함으로써 스스로의 정체성을 보호하는 방어기제인 동시에, 선거 결과에 승복하고 기존 체제 내에서 재기를 노리는 대신, 체제 자체를 불신하고 전복해야 할 대상으로 여기게 만드는 급진화의 동력이 된다.

---

2 제도와 체제에 대한 불신이 체제 외적 방식에 대한 의존으로 이어질 수 있음은 2021년 미국 대선에서 트럼프 지지자들이 선거 결과에 불복하며 국회의사당을 점거했던 것과 2023년 브라질에서 보우소나루 지지자들이 의회와 대법원 등 정부 기관을 습격했던 사건에서 여실히 드러난다. 이 두 사건 모두 '조작된 선거'라는 부정선거 프레임에 따른 체제 불신을 폭력적으로 해결하고자 하는 시도였다. 2025년 1월 19일, 윤석열 전 대통령의 지지자들이 그에 대한 구속영장 발부에 대한 정당성을 인정하지 못하고 서울서부지방법원을 습격한 사건 또한 민주주의 원리가 아닌 극단적이고 폭력적인 문제 해결 방식을 택한 것이다. 이들 다수는 부정선거 음모론에 동조하고 있다(김정윤 2025).

3 이때 부정선거론의 서사는 다음과 같다. 선거가 조작되었다면, 그 결과에 따른 정부는 불법적 정부이므로 어떠한 방법을 써서라도 저항하는 것이 정당하다는 것이다. 이러한 믿음 체계는 예상과 다른 선거 결과에 직면했을 때 특히 강화되며, 패배자들은 체제 자체의 불공정성으로 결과를 귀인하려는 강한 동기를 갖게 된다(Mongrain 2023). 부정선거론의 주장은 선거에서 승리한 정당의 지지자들에게는 거의 영향을 미치지 못했지만, 패배한 정당 지지자들의 선거 불신을 크게 증폭시키는 비대칭적 효과를 보였다는 경험 연구가 이를 분명히 보여 준다(Kuk et al. 2024).

   비상계엄–탄핵 사태와 2025년 대통령 선거

이에 더해 부정선거론은 엘리트의 동원에 의해 더욱 확산될 수 있다. 선거에서 패배했거나 불리한 정치적 상황에 직면한 경우, 정치엘리트는 유권자들의 불만을 의도적으로 동원하려는 유혹에 빠질 수 있다. 즉, 선거에서 패배한 이후 지지기반의 결속을 위해 부정선거 담론을 전략적으로 활용하는 것이다. 선거과정의 공정성 부정 및 체제 자체에 대한 적대적 감정을 표출하면서 정치적 어려움을 돌파하는 것은 어떠한 정치엘리트에게는 '값 싸고 쉬운 선택'일 수 있다. 복잡한 정책 대안이나 구체적 해결책을 제시하는 것보다, 기존 체제를 적대시하고 파괴적 메시지를 전달하는 것이 정치적으로 더 효과적일 수 있기 때문이다(Mudde and Kaltwasser 2017). 엘리트는 불신의 서사를 통해 지지자들을 동원해 내고, 때때로 과거의 승리 경험마저도 잠식하는 '승자의 역설'을 통해 영향력을 획득하고자 한다. 예컨대, 선거 결과의 조작에 대한 문제 제기를 지속하고 있는 미국의 트럼프 대통령이나 윤석열 대통령은 한때는 '승자'였으나 이후의 정치적 불리함을 극복하기 위한 도구로서 부정선거론을 이용하는 것으로 볼 수 있는 것이다. 이는 2025년 한국정치에서 관찰되는 일부 정치인들의 행태를 설명하는 배경이며, 이러한 엘리트의 전략적 조작에 의해 시민들의 체제 불신은 더욱 증폭된다는 점에서 문제의 심각성이 있다(Levitsky and Ziblatt 2018).

3) '체제 불신 보수'의 정치심리학적 배경: 정치효능감, 정치관심, 정치지식

그럼에도 불구하고, 동일한 정치적 환경에서 모든 유권자가 같은 방식으로 반응하는 것은 아니다. 일부는 체제 불신적 담론을 수용하는 반면, 다른 일부는 이를 거부하거나 비판적으로 평가한다. 이러한 차별적 반응을 이해하기 위해 본 연구는 개별 유권자 수준의 심리적 특성과 인지적 자원의 차이를 고려한다. 정치 심리학 연구에 따르면, 같은 정치적 자극에 대해서도 개인의 성격적 특성, 인지적 능력, 기존의 정치적 성향에 따라 전혀 다른 반응이 나타날 수 있다(Feldman and Johnston 2014; Mason 2018). 본 연구는 특히 '정치적 효능감(political efficacy)'과 '정치적 세련도(political sophistication)'가 보수층의 분화에 영향을 미치는 핵심적인 기제라고 가정한다.

정치적 효능감은 내적 효능감(internal efficacy)과 외적 효능감(external efficacy)으로 구분된다. 전자는 정치적 이슈를 이해하고 정치 참여를 할 수 있는 자신의 능력에 대한 믿음이며, 후자는 정치 시스템이 시민의 요구에 반응할 것이라는 믿음이다(Niemi et al. 1991; Craig et al. 1990). 특히 외적 효능감이 낮은 시민들은 기존 정치체제가 자신들의 요구에 반응하지 않는다고 인식하게 되고, 이러한 정부 반응성 부족에 대한 인식은 정치적 좌절감과 소외감으로 이어져 체제 자체에 대한 불신을 낳을 수 있다(Hetherington and Rudolph 2015). 여기서 중요한 점은 낮은 효능감이 정치에 대한 무관심이나 냉소주의와는 다르다는 것이다. 효능감이 낮은 시민들은 여전히 정치에 대한 관심과 열정을 갖고 있으나, 기존 제도적 경로를 통해서는 자신의 목소리가 반영될 수 없다고 믿게 된다. 이러한 좌절된 참여욕구는 극단적이고 비제도적인 해결책에 대한 선호로 이어진다(Spruyt et al. 2016).

한국의 정치 구도에서 보수 진영은 2017년 대통령 탄핵 이후 총선에서 연이어 대패하였으며 정치적 주변화를 경험했다. 이러한 과정에서 일부 보수층의 정치적 효능감이 크게 저하되었을 수 있다. 자신들이 지지하는 정치 세력이 지속적으로 패배하고 정치적 영향력이 축소되는 상황에서, 일부 보수층은 기존의 정치체제 자체가 자신들에게 불리하게 작동하고 있다고 인식할 수 있다. 이러한 인식은 선거와 같은 체제의 기초적인 절차에 대한 의심으로 이어질 수 있으며, 나아가 민주적 절차와 체제 전반에 대한 불신으로 확산될 수 있다. 즉, 낮은 정치적 효능감이 체제에 대한 불신을 낳는 중요한 심리적 통로가 되는 것이다.

가설 1: 정치적 효능감이 낮을수록 체제 불신 보수가 될 가능성이 높아질 것이다.

체제 불신을 심화하는 또 다른 요인은 정치적 세련도이다. 합리적이고 정치 과정을 잘 이해하면서 비판적 시각을 견지하는 시민들은 민주주의의 자산이다. 하지만 정치적 세련도와 민주적 태도의 관계는 생각보다 복잡하다. 정치적 세련도는 정치적 관심, 정치 지식, 정치적 개념화 능력 등을 포괄하는 개념인데, 이러한 구성 요소들이 항상 같은 방향으로 작동하지는 않기 때문이다(Luskin 1990; Prior 2007).

전통적으로 정치학에서는 정치지식이 높을수록 민주적 규범을 더 잘 수용한다고 가정해 왔다(Bartels 2016; Delli Carpini and Keeter 1996). 이는 정확한 정치 정보를 많이 아는 사람일수록 더 합리적이고 관용적인 정치적 판단을 할 것이라는 기대를 반영한다. 그러나 최근 연구들은 이러한 가정에 의문을 제기한다. 정치에 대한 높은 관심과 낮은 지식이 결합될 때 오히려 극단적 태도가 강화될 수 있다는 것이다(Kahan 2013; Taber and Lodge 2006). 정치적 세련도의 어두운 면에 주목하는 연구들은 높은 정치적 관심이 오히려 편향을 증폭시킬 수 있다는 점을 지적한다. 정치에 관심이 많은 사람일수록 자신의 정치적 정체성에 더 강하게 애착을 갖게 된다. 이는 객관적 정보 처리보다는 정체성을 보호하려는 동기를 우선시하게 만든다(하상응·길정아 2020; Huddy 2001; Iyengar et al. 2012). 이는 곧 '동기화된 추론(motivated reasoning)'이다. 사람들은 자신의 신념과 일치하는 정보는 쉽게 받아들이지만 반대되는 정보는 엄격히 반박하는 경향을 보이는데, 이러한 동기화된 추론은 정치 관심이 높을수록 더욱 강해진다(Nyhan and Reifler 2010). 정치에 대한 관심은 높지만 객관적 지식이 부족한 시민들은 자신의 기존 신념을 뒷받침하는 정보는 선택적으로 수용하고, 반대되는 정보는 거부하는 경향을 보인다(Kunda 1990; Leeper and Slothuus 2014; Taber and Lodge 2006).

특히 부정선거론과 같은 음모론적 담론은 복잡한 정치 현실에 대한 단순하고 일관된 설명을 제공한다. 이는 높은 정치적 관심을 가지고 있지만 충분한 지식이 없는 시민들에게 매력적인 인지적 틀이 될 수 있다. 즉, 불확실하고 복잡한 정치적 현실에 대해 명확하고 확정적인 설명을 원하는 사람들에게 음모론은 인지적 안정감을 제공한다(Douglas et al. 2017; Imhoff and Lamberty 2020; Kruglanski and Webster 1996). 특히 정치적 위기나 변화의 시기에 이러한 욕구는 더욱 강해진다(Uscinski and Parent 2014). 정치에 대한 높은 관심이 오히려 객관적 사실을 거부하고 기존의 편향을 강화하는 쪽으로 작동하는 이러한 '비대칭적 정교화(asymmetric elaboration)'는 체제 불신 보수의 형성에 중요한 역할을 할 수 있다. 정치에 대한 높은 관심을 가진 시민들이 객관적 정치지식이 부족할 때, 엘리트가 제공하는 체제 불신적 담론을 자신의 정치적 정체성과 일치하는 방향으로 해석하고 수용할 가능성이 높아진다는 것이다. 그에 따라 다음의 가설을 세울 수 있다.

가설 2: 정치에 대한 관심이 높을수록 체제 불신 보수가 될 가능성이 높아질 것이다.

가설 3: 정치지식이 낮을수록 체제 불신 보수가 될 가능성이 높아질 것이다.

　　　　비상계엄–탄핵 사태와 2025년 대통령 선거

3. 자료 및 변수 설정

본 연구는 2022년 대선, 2024년 총선, 2025년 대선 직후 수집된 설문조사 자료를 활용하여 분석을 수행한다.[4] 본 연구는 2025년 시점에서의 보수 유권자층의 분화를 검토하는 것이 핵심 목표이며, 이전 시기와의 비교에 기초하여 문제를 제기한 후 2025년 자료에 대한 심층 분석을 실시한다.

본 연구의 핵심 변수이자 종속변수는 체제 불신 보수의 측정으로, 상술한 이론적 논의에 기초하여 '부정선거론에 대한 동의 여부'를 체제에 대한 근본적 신뢰의 측정 변수로 사용하고자 한다. 부정선거론의 수용은 개별적인 정치적 의견을 넘어 민주주의의 가장 기본적인 규칙인 선거의 공정성을 부정함으로써 체제 전체의 정당성을 의문시하는 근본적인 태도를 반영하고 있기 때문에, 현 정치체제에 대한 신뢰 수준을 명확히 보여 주는 지표이다.

부정선거론에 대한 수용을 체제 불신의 지표로 사용하는 것은 다음의 이론적·방법론적 장점을 갖는다. 첫째, 부정선거론은 임계점 지표(threshold indicator)로서의 성격을 갖는다. 일반적인 정치 불신은 정도의 차이를 보이지만, 부정선거론에 대한 믿음은 민주적 규범 수용과 거부 사이의 명확한 경계선을 제공한다. 이는 체제 내적 비판과 체제 외적 거부를 구분하는 분석적 도구로서 유용하다. 둘째, 부정선거론은 행동적 함의를 갖는 태도이다. 일반적인 정치적 태도와 달리, 부정선거를 믿는 사람들은 실제로 선거

4　첫 번째 자료로서 2022년 4월 한국정치학회·리서치앤리서치에 의해 실시된 대선 사후 설문조사의 총 응답자는 1,046명이다. 두 번째 자료는 동아시아연구원·한국리서치에 의해 2024년 4월 실시된 총선 사후 설문조사로 총 응답자는 1,528명이다. 마지막으로, 2025년 대선 사후 설문조사는 서울대 국가미래전략원 주관으로 한국리서치에 의해 2025년 6월 진행되었고 총 응답자는 1,500이다. 세 조사 모두 지역별, 성별, 연령별 비례할당추출을 적용하였으며 95% 신뢰 수준에서 최대 허용 표집오차는 ±2.5%이다.

결과를 거부하고, 비제도적 정치 참여의 정당화 등 구체적인 행동으로 이어질 가능성이 높다. 따라서 이는 민주적 안정성에 대한 직접적 위험 요소를 측정하는 지표가 된다.

구체적으로, 체제 불신·체제 수호 보수는 다음의 방식으로 분류하였다. 2025년의 조사에서 주관적 이념 성향에 대한 질문에서 자신을 보수라고 답한 응답자에 한하여, 부정선거 주장에 동의한다고 답한 경우 '체제 불신 보수'로 분류하고, 부정선거 주장에 동의하지 않는다고 답한 경우 '체제 수호 보수'로 분류하였다. 2025년 대선 사후 설문 조사의 경우, 부정선거에 대한 인식에 대해 "최근 몇 차례의 조직적인 선거 부정이 있었다는 주장이 있습니다. 귀하는 이러한 주장에 대해 어떻게 생각하십니까?"라고 질문하였다. 보기는 "① 매우 공감한다 ② 대체로 공감한다 ③ 별로 공감하지 않는다 ④ 전혀 공감하지 않는다"로 구성되어 있는데, 강도와 관계없이 이 질문에 '공감한다'라고 답한 경우는 체제 불신 집단으로 분류하였고 공감하지 않는다고 답한 경우는 체제 수호 집단으로 분류하였다. 그리하여 종속변수는 '체제 불신 보수'에 속하는 경우를 1, '체제 수호 보수'에 속하는 경우를 0으로 둔 이항 변수이다.[5, 6]

---

5 2022년 자료에서는 다음과 같이 질문하였다. "우리나라 선거와 관련된 다음 각 견해들에 대해 얼마나 동의하십니까─이번 선거는 공정하고 자유로웠다." 2024년 총선 자료의 경우, "2020년 실시된 21대 국회의원 선거 때 조직적인 선거 부정이 있었다는 주장이 있습니다. 귀하는 이러한 주장에 얼마나 공감하십니까?"라고 질문하였다. 2025년 대선 자료의 경우, "최근 몇 차례의 조직적인 선거 부정이 있었다는 주장이 있습니다. 귀하는 이러한 주장에 대해 어떻게 생각하십니까?"라고 질문하였다. 질문의 문장은 서로 다르지만 동일한 내용에 대한 질문이라고 간주하였다.

6 본 연구의 핵심 변수인 '부정선거론 수용 여부'의 타당성을 재확인하기 위해, 주요 기관 신뢰도(국회, 대통령, 헌법재판소, 대법원, 중앙선관위)를 합산한 기관 신뢰도를 만들어 부정선거론 설문에 대한 응답과 상관관계분석을 실시하였다. 분석 결과, 두 변수는 0.45라는 높은 상관관계를 보이고 있었다. '간이 지수'를 종속변수로 사용한 OLS 회귀분석은 본문의 결과와 일부 차이를 보였다. 이러한 기관 신뢰도 변수는 현재 한국 제도에 대한 전반적인 불만의 정도를 측정

     비상계엄─탄핵 사태와 2025년 대통령 선거

본 연구의 독립변수는 정치심리학적 변수 세 가지이다. 첫 번째 변수는 정치 관심으로, "귀하는 개인적으로 정치에 어느 정도 관심이 있으십니까?"라는 질문에 대한 5점 척도 응답이다. 두 번째 변수는 정치 효능감으로, 네 가지 변수이다. '정치적 영향력' 변수는 "나 같은 사람은 정부가 하는 일에 어떤 영향을 주기 어렵다"는 질문에 대한 5점 척도의 답을 역코딩하였으며, '주관적 정치이해도' 변수는 "나는 우리 사회의 중요한 정치적 문제가 무엇인지 잘 알고 있다"라는 질문에 대한 응답이다. '정부 반응성 변수'는 "정부는 나 같은 사람의 생각이나 의견에 관심이 없다"라는 질문에 대한 답변을 역코딩하였으며, '정치적 자신감' 변수는 "대부분의 사람이 정치적 문제에 대해 나보다 더 잘 알고 있다"라는 질문에 대한 응답의 역코딩 변수이다. 마지막으로 정치지식은 네 개의 정치적 사안에 대해 옳은 보기를 고른 개수로 측정하여, 정답 개수가 0부터 4까지 5점 척도이다.[7]

본 연구는 2022년부터 2025년까지 '체제 불신 보수'의 규모가 얼마나 확장되었는지 살펴보기 위해 세 시기에 각각 조사된 설문 조사 자료의 체제 불신 보수의 규모를 측정한다. 다음으로, 현재 체제 불신 보수와 체제 수호 보수의 민주주의 관련 인식이 어떻게 차이를 보이는지 비교하기 위해, 현 정치체제에 대한 평가부터 윤석열 대통령의 비상계엄에 이르기까지 민주주의 인식에 관한 다양한 질문에 대한 답변을 분석한다. 종속변수가 이항

한다고 볼 수 있으나, 본 연구가 검증하고자 하는 '체제 신뢰'의 경우, '선거가 조작되었다'는 구체적이고 극단적인 믿음을 보여 주는 부정선거론 변수가 민주주의에 대한 근본적 신뢰 붕괴에서의 질적 분기점을 더 명확히 포착한다고 보인다. 따라서 본 연구의 질문에는 체제 신뢰의 부정선거론 수용 여부를 사용하는 것이 더 적합하다고 판단하였다.

7   정치지식을 측정하기 위한 네 가지 질문은 다음과 같다. "다음 중 국회에서 탄핵 소추를 당하지 않은 대통령은 누구입니까?" "현재 우리나라 지역구 국회의원 정수는 몇 명이라고 알고 계십니까?" "다음 중 대통령이 임명하는 직책이 아닌 것은 무엇입니까?" "현재 우리나라 대법원장의 이름은 무엇입니까?"

<표 1> 변수의 조작화 방법(2025년 설문조사 자료)

구분	변수 이름	조작화 방법
종속 변수	체제 불신 보수	이항 변수로서, 주관적 이념 성향을 매우 진보(0)–매우 보수(10)로 측정한 11점 척도 답변 중 6 이상이라고 답한 '보수 층' 중에서 "최근 몇 차례의 선거에서 조직적인 선거 부정이 있었다는 주장이 있습니다. 귀하는 이러한 주장에 대해 어떻게 생각하십니까" 라는 질문에 매우 공감한다/대체로 공감한다고 답한 경우를 분류 =1/별로 공감하지 않는다/전혀 공감하지 않는다고 답한 경우를 분류=0
독립 변수	정치 관심	전혀 관심이 없다=1, 별로 관심이 없다=2, 다소 관심이 있다=3, 상당히 관심이 있다=4, 매우 관심이 있다=5
	정치 효능감 　정치적 영향력 　주관적 정치이해도 　정부 반응성 인식 　정치적 자신감	효능감 수준 최소=1, 최대 5 숫자가 커질수록 효능감도 강해지는 방향으로 필요한 경우 역코딩
	정치 지식	네 개의 정치적 현안에 대한 질문에 대한 정답의 개수: 최소 0, 최대 4
통제 변수	지지 정당	더불어민주당, 국민의힘, 무당파 3개의 가변수
	성별(남성)	남성=1, 여성=0
	연령	최소 19세, 최대 92세
	교육수준	최종 학력을 기준으로 초등학교 졸업 또는 이하=1, 중학교 졸업=2, 고등학교 졸업=3, 전문대(2–3년제) 재학 또는 졸업=4, 대학(4년제) 재학 또는 졸업=5, 대학원 재학 또는 졸업=6
	가구소득	월평균 가구소득을 기준으로 최소 200만 원 미만=1에서부터 최대 2,000만 원 이상=7
	가구자산	가구의 총 재산액을 기준으로 최소 5천만원 미만=1에서부터 최대 11억 이상=12
	거주지역	서울, 인천/경기, 대전/세종/충청, 광주/전라, 대구/경북, 부산/울산/경남, 강원/제주 7개의 가변수

변수인 것을 고려하여, 최종 분석으로서 로지스틱 회귀분석(logistic regression)을 활용하며, 로버스트 표준오차를 보고하였다. 통제변수는 지지하는 정당, 성별, 연령, 최종학력, 월평균 가구소득, 가구자산, 거주지역을 포함하였다. 구체적인 변수 조작화는 <표 1>에 정리하였으며, <표 2>에 각 변수의 기술통계량을 보고하였다.

 　　　비상계엄–탄핵 사태와 2025년 대통령 선거

〈표 2〉 변수들의 기술통계량(2025년 설문조사 자료)

	변수	n	평균 (혹은 비율)	표준편차	최솟값	최댓값
종속 변수	보수 집단 분류	570	(100.00)			
	체제 불신 보수	327	(57.37)	–		
	체제 수호 보수	243	(42.63)			
참고 집단	진보	491				
	중도	439				
독립 변수	정치 관심	570	3.89	0.85	1	5
	정치 효능감					
	정치적 영향력	570	2.50	1.12	1	5
	주관적 정치이해도	570	3.84	0.87	1	5
	정부 반응성 인식	570	2.34	1.05	1	5
	정치적 자신감	570	2.97	0.97	1	5
	정치 지식	570	2.64	1.19	0	4
통제 변수	지지 정당	490	(100)			
	무당파	63	(12.86)			
	더불어민주당	95	(19.39)			
	국민의힘	332	(67.76)	–		
	성별	570	(100)			
	남성	325	(57.02)			
	여성	245	(42.98)			
	연령	570	53.59	17.19	19	85
	교육수준	570	4.52	1.06	1	6
	가구소득	570	3.09	1.50	1	7
	가구자산	570	5.17	3.64	1	12
	거주지역	570	(100)			
	서울	128	(22.46)			
	인천/경기	172	(30.18)			
	대전/세종/충청	52	(9.12)			
	광주/전라	28	(4.91)	–		
	대구/경북	77	(13.51)			
	부산/울산/경남	89	(15.61)			
	강원/제주	24	(4.21)			

4. 자료 분석

1) 부정선거 인식을 둘러싼 체제 불신·체제수호 보수의 분화

본격적인 원인 분석에 앞서, 본 절에서는 먼저 연구의 핵심 분류 기준인 '체제 불신'과 '체제 수호'로 나뉜 두 보수 집단이, 실제로 민주주의의 기본 원칙과 규범에 대해 얼마나 질적으로 다른 인식을 보이는지를 기술적으로 분석하고자 한다. 이는 이 두 집단의 구분이 얼마나 실질적이고 중요한 의미를 갖는지를 확인하는 과정이다. 이를 위해, 2022년부터 2025년까지 세 차례 조사된 시기별 횡단면 설문 데이터를 활용하여 경험적 분석을 진행한다. 분석의 핵심은 '체제 불신'의 주요 지표인 '부정선거에 대한 인식'이 한국 정치 지형, 특히 보수 진영 내부에서 어떻게 분화되고 있는지를 밝히는 것이다.

먼저, '체제 불신' 현상이 특정 이념 집단에서 비대칭적으로 나타나고 있는지를 살펴봄으로써 보수에서 체제 신뢰를 기준으로 분화가 일어나고 있다는 본 연구의 전제를 확인하였다. 〈그림 1〉은 2022년 대선, 2024년 총선, 2025년 대선의 시기에 진보·중도·보수의 주관적 이념 성향별로 체제 불신 응답자(선거 공정성을 불신하거나 부정선거론에 공감하는 경우)의 비율이 어떻게 변화해 왔는지를 보여 준다. 서로 다른 시기의 설문자료 비교는 표본이 다르다는 한계가 있지만, 유권자 태도 변화의 경향성을 보여 주고 있다.

〈그림 1〉에 따르면, 이념 성향에 따라 현재의 선거 제도에 대한 신뢰가 다르게 나타나며, 특히 보수성향을 가진 유권자 중에서 체제 불신파의 비중이 증가하는 경향이 뚜렷하다. 주목할 점은, 진보층과 중도층의 체제 불신 응답 비율은 큰 변화가 없거나 오히려 낮아진 반면, 보수층의 체제 불신

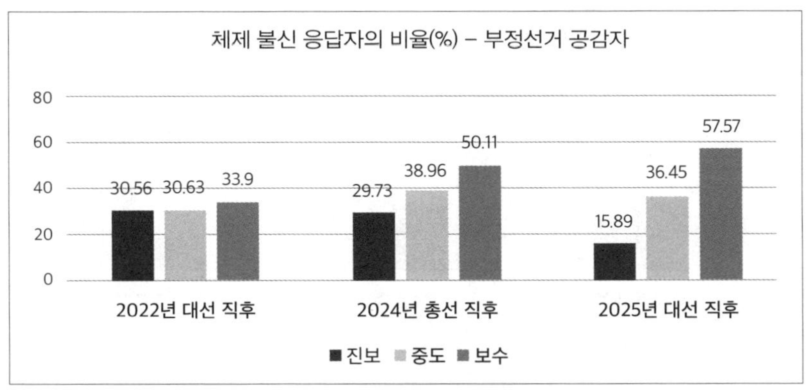

비율은 2022년 33.9%에서 2025년 57.57%로 그 증가가 극적이었다는 점이다. 2025년 해당 자료에 따르면, 보수 중 체제 불신 보수는 58%, 체제 수호 보수가 약 42%로 나뉘어 있다. 이러한 비대칭적 변화 패턴은 체제 불신이 이념적으로 중립적인 현상이 아니라 특정한 정치적 맥락과 집단 경험에 의해 추동되어, 유독 보수층 내부에서 민주주의 체제의 근간에 대한 신뢰가 잠식되고 있음을 보여 준다. 그리고 체제 불신 여부를 기준으로, 진보층에 비해 보수층 내부에서 가치가 서로 다른 집단 간 분화가 두드러지고 있음을 보여 준다.

본 연구에서 사용하는 자료들이 선거 직후 조사되었기 때문에, 선거 과정에 대한 승자와 패자의 인식 차이를 생생하게 포착할 수 있다는 장점이 있다. 〈그림 2〉는 각 선거의 승자와 패자 집단 간 체제 불신 태도를 보여 준다. 여기서 승자는 2022년 대선의 윤석열 투표자, 2024년 총선의 더불어민주당 지지자, 그리고 2025년 대선의 이재명 투표자로 정의된다. 〈그림 2〉에 따르면, 2022년에 비해 2024년과 2025년에 선거 부정에 대한 승자와 패자의 인식 차이가 극적으로 나타나고 있다. 2022의 경우 승자와 패자 사이

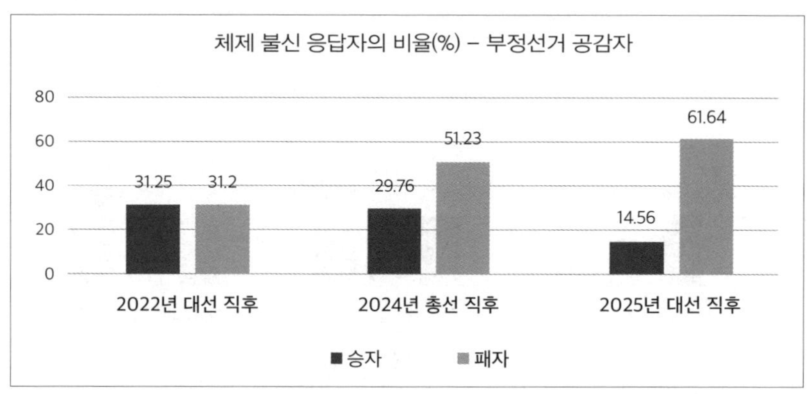

에 차이가 없었다. 그러나 2024년, 체제 불신 태도에서 승자와 패자의 부정선거 공감 비율이 20%p 이상 차이나고 있었고, 2025년 이재명 투표자 중에서는 14.56%의 응답자만이 조직적인 부정선거가 있었다고 답한 것에 비해 나머지 후보에 대한 투표자의 경우 무려 61.64%의 응답자가 선거 과정에 부정이 있을 것이라고 답하고 있었다. 이러한 47%p에 달하는 극단적인 격차는 한국 민주주의에서 '승자와 패자 간의 합의(winner–loser consent)'라는 기본적인 민주적 규범이 심각하게 훼손되고 있음을 보여 준다. 이는 선거 패배의 상황에서 선거 결과를 온전히 수용하지 못하는 집단이 상당수가 존재하고 있음과 보수층의 체제 불신에 선거 패배에 대한 불만이 영향을 미쳤을 가능성을 시사한다. 적어도 2025년의 국면에서 민주주의 공고화의 핵심인 '패자의 승복' 원칙이 불안정적이라는 점이 나타나는 것이다.

문제적인 지점은, 선거 공정성에 대한 의심이 단지 '패자'로서의 지위에서만 나오는 것이 아닐 수 있다는 점이다. 〈그림 3〉은 2022년 대선의 투표자들이 선거 과정에 대해 어떻게 평가하고 있는지 보여 준다. 2022년 당시 윤석열 후보에게 투표했다고 답한 응답자들은 2024년의 국면에서 48.49%

     비상계엄–탄핵 사태와 2025년 대통령 선거

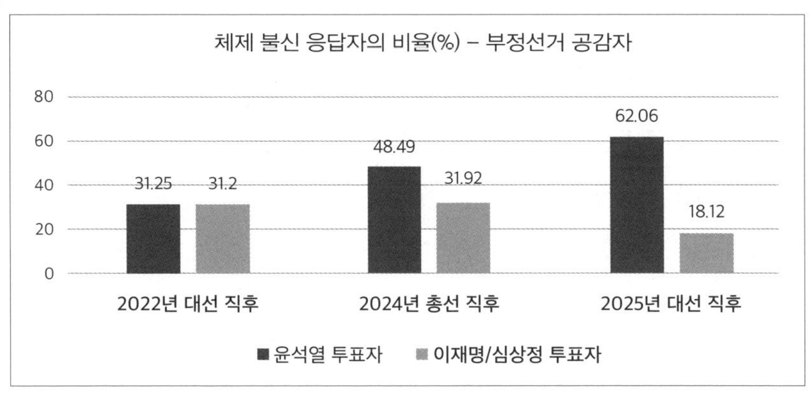

〈그림 3〉 2022년 대선 투표자별 체제 불신 응답자 비율 변화(2022~2025)

가 부정선거론에 공감한다고 답하였다. 2025년에는 22년 대선의 윤석열 투표자들 중 무려 62.05%가 최근의 선거에 조직적인 결과 조작의 움직임이 존재한다는 의견에 공감을 표하고 있었다. 윤석열 투표자 중 체제 불신 집단의 비중 변화는, 2022년 이후 보수 진영에서 정치 엘리트나 특정 미디어가 부정선거론을 지속적으로 공급하고 동원하면서 과거의 승리 경험마저 현재의 불신 프레임으로 재해석할 가능성마저 보여 주고 있다.

지금까지의 시기별 분석은 부정선거론에 대한 태도가 현재 보수층 내부에서 상당한 규모로 공유되고 있으며, 보수층의 가치체계를 가르는 중요한 '단층선'일 가능성을 보여 준다. 민주주의 게임의 규칙 자체를 다르게 인식하는 두 집단이 보수라는 동일한 이념의 레이블 아래에서 불안하게 공존하고 있는 것이다.[8]

---

[8] 2025년 유권자를 진보·중도·체제 불신 보수·체제 수호 보수로 나누었을 때 이들의 인구사회학적·경제적 특성을 비교해 보았다(Appendix의 〈표 A-1〉 참고). 우선, 한국정치의 핵심적 균열인 '지역' 차원에서는 크게 차이가 없었다. 이는 체제 불신과 체제 수호의 분화가 전통적인 지역주의 균열과는 독립적으로 작동하고 있으며, 새로운 형태의 정치적 분화 축으로서 부상하는 현상임을 보여 주는 바이다. 체제 불신 보수는 진보층에 비해 영남과 대구/경북이라는 '보수

2) 체제 불신·체제 수호 보수의 민주주의 인식 차이 분석

다음은 2025년 설문조사 자료의 분석 결과로, '체제 불신 보수'와 '체제 수호 보수'는 민주주의의 기본 원칙, 규범, 핵심적인 정치적 사건에 대한 평가에서 일관적이고 체계적인 차이가 있음을 보여 준다. 이를 확인하기 위해, 본 절에서는 민주주의에 대한 전반적 평가부터 세부 원칙 만족도, 핵심 규범에 대한 태도, 기관 신뢰, 그리고 결정적 정치 사건에 대한 평가에 이르기까지 다각적으로 두 집단의 차이를 분석한다.

〈표 3〉은 체제 불신 보수·체제 수호 보수·진보·중도 네 집단의 민주주의에 대한 전반적인 평가와 만족도를 보여 준다. 가장 먼저, 한국 정치 체제를 권위주의(0점)와 민주주의(10점) 사이에서 평가하게 한 질문에서, 체제 불신 보수는 평균 3.79점을 부여하여 다른 집단에 비해 한국의 현 정치 체제가 권위주의에 가깝다고 인식하고 있었다. 반면 체제 수호 보수는 5.06점으로 중도층(4.73점)보다도 오히려 민주주의 정치체제에 긍정적인 평가를 내리고 있었다(t=6.29, p<0.001). 이러한 체제 불신 보수의 민주주의에 대한 부정적 평가는 이들이 실제로 권위주의를 선호해서라기보다, 현재의 민주주

텃밭'에 많이 거주하고 있기는 하였으나, TK·PK 지역에서 체제 불신·체제 수호 보수의 거주 지역이 뚜렷이 구별된다고 보기는 어려웠다. 체제 불신 보수의 연령층은 가장 높고 월평균 가구소득은 가장 낮았으며 순자산이나 주관적 계층의식에서는 체제 수호 보수와 뚜렷한 차이를 보이지 않았다. 반면 체제 수호 보수의 경우 남성 비율이 높았고 최종 학력과 순자산에서 상대적으로 사회경제적 지위가 높은 특성을 보였다.
실제로 이들은 선거에서의 투표 선택에서도 분명한 차이를 보이고 있었다(Appendix의 〈표 A-2〉 참고). 21대 대선에서 국민의힘의 김문수 후보에게 투표한 경우가 체제 불신 보수 중에서는 81.82%에 달했으나, 체제 수호 보수의 경우 현재 보수 정당으로 분류되는 국민의힘과 개혁신당의 후보에게 가장 많은 총투표를 하였음에도 불구하고 이재명 후보에게 투표한 비율도 37.93%에 달해 보수 후보에 대한 선택의 결집 정도가 체제 불신 보수에 비해 약한 것을 알 수 있었다. 이러한 체제 불신 보수의 강한 결속력은 그들의 선택이 배타적 성향을 바탕으로 한 '정체성 투표'의 경향을 가질 수 있음을 보여 주고 있기도 하다.

　　　　　　　　　　비상계엄-탄핵 사태와 2025년 대통령 선거

〈표 3〉 정치 집단별 민주주의 평가 및 규범에 대한 태도

	진보	중도	체제 불신 보수	체제 수호 보수	전체 평균	F-value
정치체제 평가						
권위주의(0)– 민주주의(10)	5.47 (2.20)	4.73 (2.05)	3.79 (2.50)	5.06 (2.21)	4.82 (2.31)	38.22***
민주주의 만족도						
견제와 균형	4.52 (2.24)	4.23 (2.03)	2.89 (2.33)	3.95 (2.23)	3.99 (2.28)	38.30***
법치주의	3.51 (2.41)	3.73 (2.27)	2.68 (2.52)	3.63 (2.27)	3.44 (2.41)	14.74***
시민적 자유	5.53 (2.25)	5.08 (2.06)	4.45 (2.44)	5.53 (1.94)	5.17 (2.23)	18.69***
민주주의 규범에 대한 태도						
국회의 행정부 견제 반대	2.76 (0.98)	3.14 (0.99)	3.68 (1.02)	3.27 (1.01)	3.16 (1.05)	57.01***
대통령의 일방적 통치 찬성	2.96 (1.01)	3.05 (0.95)	3.45 (1.06)	3.24 (0.99)	3.14 (1.02)	18.16***
법원 판결에 대한 불수용	2.68 (1.06)	2.63 (0.98)	2.78 (1.17)	2.35 (1.05)	2.53 (1.07)	8.05***

2025년 대선 사후 조사 분석임.

정치체제 평가와 민주주의 만족도의 경우 사례 수(n)=1,500

괄호 안 숫자는 표준편차

- 정치체제 평가: 한국 정치 체제를 민주주의적이지 않다고 생각하면(권위주의) 0점, 매우 민주주의 적이라고 생각하면 10점
- 민주주의 만족도: 각 항목에 대해 매우 불만족 0점, 매우 만족 10점
- 민주주의 규범에 대한 태도는 다음 질문에 동의하는 정도의 각 집단별 평균(높을수록 동의 정도 높음, 1~5점)
  - 국회의 행정부 견제 반대: "정부가 국회에 의해 지속적으로 견제(즉, 감시 및 감독)를 받는다면, 국가의 중요한 과업을 달성하기 어렵다"
  - 대통령의 일방적 통치 찬성: "대통령은 국회가 반대하더라도 국가에 필요하다고 생각되는 정책은 그대로 밀고 나가야 한다."
  - 법원 판결에 대한 불수용: "대다수 국민들이 동의하지 않는 법원이나 헌법재판소의 결정은 따르지 않아도 된다."

의가 특정 세력에게 유리하게 편향적으로 작동되고 있다는 불공정성에 대한 인식에서 비롯된 것으로 보인다.

보수 집단 내부의 차이는 민주주의의 세부 원칙에 대한 만족도에서 더 구체적으로 나타난다. 체제 불신 보수는 특히 한국 민주주의의 요소 중 법치주의(2.68점)와 견제와 균형(2.89점)에 대해 모든 집단 중 가장 낮은 만족도를 보였다. 이는 이들이 민주주의의 절차적 정당성을 보장하는 핵심적인 두 기둥이 자신들에게 불리하게, 혹은 불공정하게 작동하고 있다고 느끼고 있음을 보여 준다. 반면 체제 수호 보수는 견제와 균형에서는 만족도가 진보와 중도보다 낮았으나 법치주의의 경우 오히려 진보보다 현 체제에 대해 더 만족하고 있는 모습을 보여 준다. 물론 체제 불신·체제수호 보수의 각 태도는 통계적으로 유의미하게 달랐으며, 그 차이가 꽤 큰 수준이었다(견제와 균형 t=5.44, 법치주의 t=4.64, 시민적 자유 t=5.70, 모두 p<0.001).

민주주의 규범에 대한 태도는 두 보수 집단을 가르는 가장 선명한 단층선을 보여 준다. 〈표 3〉과 〈그림 4〉에서 확인되듯이, 체제 불신 보수는 권력분립의 핵심인 국회의 행정부 견제에 가장 비판적이었으며(평균 3.68점), 이는 체제 수호 보수(3.27점)와 통계적으로 유의미한 차이를 보였다(t=-4.79, p<0.001). 대통령의 일방적 통치에 대한 지지에서도 체제 불신 보수가 가장 강하게 지지했으며(3.45점), 이 또한 체제 수호 보수와 유의미한 차이를 나타냈다(t=-2.46, p≤0.014). 이러한 결과는 체제 불신 보수가 제도적 견제보다 강력한 행정부 중심의 통치를 선호하는 경향성을 뚜렷이 보여 준다.

물론 체제 수호 보수 역시 '대통령의 권한'과 같은 정치적 쟁점에서는 다른 보수층과 유사한 당파성을 드러냈다. 하지만 민주주의의 근본 규칙이라 할 수 있는 '사법부 판결 존중'이라는 규범 앞에서는 당파성을 초월한 원칙적 태도를 보였다는 점에서 질적 차이가 드러난다. 이들은 "법원 판결 불수

   비상계엄–탄핵 사태와 2025년 대통령 선거

<표 4> 정치 집단별 주요 국가기관 신뢰도

	진보	중도	체제 불신 보수	체제 수호 보수	전체 평	F-value
국회	4.96 (2.57)	3.64 (2.43)	2.14 (2.48)	3.22 (2.56)	3.68 (2.71)	86.28***
대통령	5.08 (2.50)	4.17 (2.26)	4.03 (2.47)	4.22 (2.21)	4.45 (2.42)	17.51***
헌법재판소	5.92 (2.55)	4.77 (2.52)	3.24 (2.83)	5.28 (2.36)	4.90 (2.76)	73.30***
대법원	4.30 (2.55)	4.25 (2.32)	4.48 (2.81)	5.04 (2.42)	4.44 (2.54)	6.00***
중앙선관위	5.71 (2.54)	4.29 (2.60)	2.02 (2.50)	4.28 (2.37)	4.26 (2.85)	140.10***

*** p<0.001 사례 수(n)=1,500
2025년 대선 사후 조사 분석임.
표 안의 숫자는 각 기관에 대한 각 집단별 신뢰의 평균(0-10, 높을수록 신뢰 수준 높음)
괄호 안의 숫자는 표준편차

<그림 4> 이념집단별 민주주의 규범에 대한 태도

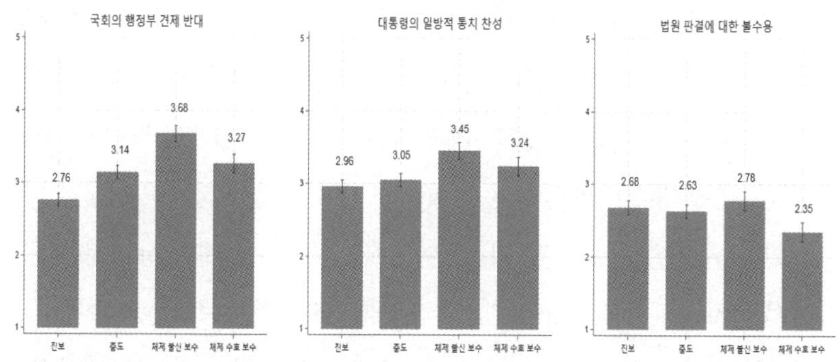

용" 주장에 모든 집단 중 가장 낮은 동의 수준(2.35점)을 보이며 법치주의 원칙을 굳건히 옹호했으며, 이는 가장 높은 동의 수준을 보인 체제 불신 보수(2.78점)와 극명한 대조를 이룬다(t=-4.50, p<0.001).

이러한 체제 수호 보수의 원칙적 태도는, 사법부 권위를 조건부로 수용하는 진보 진영의 태도와 비교할 때 더욱 분명해진다. 진보 진영은 법치주의에 대한 조건부적 동의 수준이 체제 수호 보수보다 높았을 뿐만 아니라(2.68점), 대법원에 대한 신뢰도는 체제 수호 보수(5.04점)나 체제 불신 보수(4.48점)보다도 낮은, 모든 집단 중 최저 수준(4.30점)을 기록했다. 이는 진보 진영 역시 정치적 유불리에 따라 사법부의 권위를 흔드는 또 다른 형태의 규범 침식 위험을 안고 있음을 시사한다. 결국 체제 수호 보수는 정치적 입장을 떠나 민주주의 게임의 규칙 자체를 수호하려는 '제도주의적 보수'로서, 진보 진영과도 구별되는 집단으로 평가할 수 있다.

또한 체제 불신 보수는 또한 전반적으로 다른 집단에 비해 기관 신뢰가 낮았는데, 체제 불신 보수는 국회(2.14점), 헌법재판소(3.24점), 그리고 특히 중앙선거관리위원회(2.02점)에 대해 굉장히 높은 수준의 불신을 보이고 있다. 이는 부정선거론과 직접적으로 연결되는 결과이며, 민주적 경쟁의 공정성 자체의 의심을 그대로 반영한다. 헌법재판소에 대해서도 불신이 높은 것은 윤 대통령의 탄핵 심판을 인용한 상황에 대한 평가를 반영한 결과일 것이다. 헌법재판소에 대한 낮은 신뢰는 현재의 헌정 체제 자체에 대한 회의를 그대로 보여 준다. 반면, 체제 수호 보수는 헌법재판소(5.28점)와 대법원(5.04점)에 대해 비교적 높은 신뢰를 보이며, 이들이 정치적 입장을 떠나 제도의 권위를 존중하고 있음을 보여 준다. 사법부에 대한 상대적 신뢰는 이들이 정치적 갈등의 제도적·법적 해결을 선호하는 보수임을 의미한다.

이러한 태도의 차이는 〈표 5〉와 〈그림 4〉의 정치적 사건 평가에서 정점에 달한다. 윤석열 대통령의 비상계엄 선포라는 초헌법적 조치에 대해 체제 수호 보수는 상당히 부정적인 평가를 내리고 있었다(평균 1.59점). 반면 체제 불신 보수는 평균 4.90점을 주어, 다른 집단에 비해 상당히 높은 수준으로 비상계엄을 긍정적으로 평가하고 있었고 이러한 평가는 체제 수호 보수와 상당한 차이였다(t=−13.41, p<0.001). 구체적으로 계엄에 대한 태도를 본다

　　비상계엄−탄핵 사태와 2025년 대통령 선거

〈표 5〉 정치 집단별 주요 정치 사건에 대한 평가

	진보	중도	체제 불신 보수	체제 수호 보수	전체 평균	F-value
계엄	0.65 (1.80)	1.65 (2.50)	4.90 (3.10)	1.59 (2.61)	2.01 (2.92) (n=1,487)	201.96***
탄핵	8.47 (2.88)	7.18 (3.12)	3.31 (3.09)	6.85 (3.34)	6.64 (3.63) (n=1,414)	183.59***
야당의 탄핵 소추	6.18 (3.08)	4.23 (3.10)	1.53 (2.50)	3.10 (3.26)	4.08 (3.47) (n=1,466)	165.04***

*** $p < 0.001$

2025년 대선 사후 조사 분석임.

- 정치적 사건에 대한 평가: 각 사건에 대해 매우 부정적으로 평가하면 0점, 매우 긍정적으로 평가하면 10점
- 정치적 사건에 대한 평가의 경우, '무응답/모름'은 제외

〈그림 5〉 12.3 계엄 선포에 대한 정치 집단별 평가

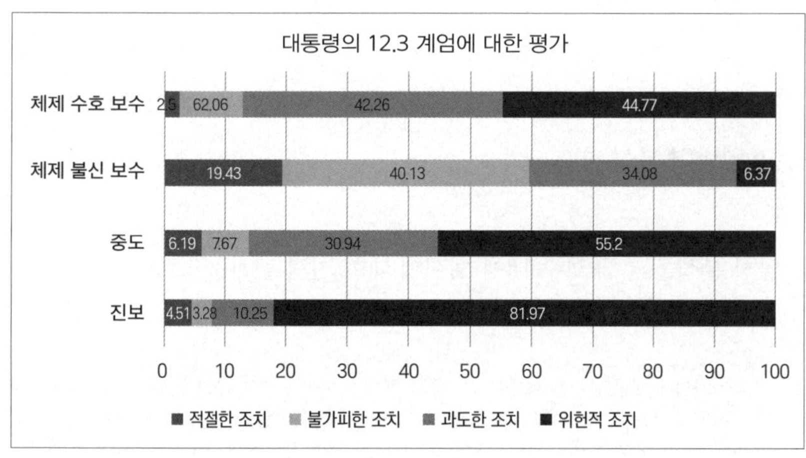

면(〈그림 5〉) 이들 중 약 60%가 계엄을 적절한 조치 또는 불가피한 조치로 본 반면, 다른 세 집단에서는 이 비율이 20%를 넘지 않는다. 이러한 극명한 차

이는 체제 불신 보수가 위기 상황에서 권위주의적 해결책을 수용할 의향이 높을 수 있음을 우려하게 한다. 반대로 대통령 탄핵에 대해서는 체제 수호 보수가 비교적 긍정 평가(6.85점)를 내린 것과 달리, 체제 불신 보수는 매우 부정적인 평가(3.31점)를 내리고 있어 대비가 극명했다(t=12.84, p<0.001). 체제 수호 보수의 탄핵에 대한 긍정적 평가는 헌법적 절차를 통한 문제 해결을 지지함을 보여 주며, 이들이 정치적 선호보다는 제도적 원칙을 우선시함을 의미한다. 반면 체제 불신 보수의 부정적 평가는 탄핵 절차 자체의 정당성을 인정하지 않으려는 태도를 반영한다고 볼 수 있다.[9]

결론적으로, 체제 불신 보수와 체제 수호 보수는 민주주의의 기본 원칙, 규범, 그리고 핵심적 사건에 대한 평가에서 일관되고 체계적인 방향의 차이를 보이고 있다. 이는 현 상황에서 두 집단이 마치 별개의 집단처럼 서로 다른 민주주의의 규칙과 현실 속에서 살아가고 있는 '두 개의 보수'가 존재함을 명확히 보여 준다.

3) 최종 분석: 체제 불신·체제 수호 보수를 나누는 정치심리학적 변수의 영향력 분석

앞선 분석을 통해 보수 내에 체제에 대한 신뢰를 기준으로 서로 다른 두

---

9 정치적 사건에 대한 갈리는 평가는 민주주의 체제와 여러 규범에 대한 인식과 높은 상관관계를 보이고 있었는데, 특히 체제 불신 보수 사이에서 탄핵에 대한 평가와 야당의 탄핵 소추에 대한 평가가 민주주의 체제의 인식과 민주주의 규범에 대한 만족도에 0.3~0.5 수준의 통계적으로 유의미한 상관관계를 보여 주고 있었다. 반면 체제 수호 보수 사이에서는 야당의 탄핵 소추에 대한 평가가 체제 인식과 규범 만족도와 가지는 연관성이 0.16~0.37 정도로 상대적으로 낮았고, 특히 법치주의에 대한 만족도와의 상관관계는 통계적으로 유의미하지 않거나 낮게 나타나고 있었다. 이는 체제 수호 보수에 비해 체제 불신 보수의 규범 인식이 상대적으로 더 정치적 사건에 따른 조건적 지지와 연관되어 있을 수 있을 가능성을 보여 준다.

집단이 존재함을 확인하였다. 그렇다면 무엇이 동일한 보수 유권자들을 이 토록 다르게 만드는가? 본 절에서는 로지스틱 회귀분석을 통해 체제 불신 보수가 될 확률에 영향을 미치는 예측 요인들을 탐색한다.

분석 결과는 〈표 6〉에 제시되어 있다. Model 1은 인구사회경제적 변수 및 정당지지 변수만을 투입한 기본 모델이며, Model 2는 여기에 본 연구의 핵심 가설 변수인 정치심리 변수(정치적 효능감, 정치 관심, 정치지식)를 추가한 최종 모델이다.

가설 1(정치적 효능감)과 관련된 정치적 소외감을 측정하기 위해 네 가지 하위 차원의 정치효능감 변수(정치적 영향력, 주관적 정치이해도, 정부 반응성 인식, 정치적 자신감)를 투입했다. 분석 결과, 이 중 '정부 반응성 인식' 변수만이 95% 신뢰수준에서 통계적으로 유의미한 것으로 나타났다. 이는 정부가 자신의 요구에 제대로 반응하지 않는다고 인식할수록, 즉 외적 정치 효능감(external political efficacy)이 낮을수록 체제 불신 보수가 될 확률이 유의미하게 높아짐을 의미한다. 이는 보수 유권자들 사이에서 다른 차원의 효능감보다, 정치 시스템이 자신을 대변하지 않는다는 무력감이 체제 불신을 예측하는 핵심적인 심리 기제임을 보여 준다.

다음으로, 가설 2와 가설 3으로 구성된 '비대칭적 정교화' 가설 역시 데이터로 강력하게 뒷받침되었다. 객관적 정치지식 변수는 99.9% 신뢰수준에서 통계적으로 유의미했다(p<0.001). 이는 정치 일반에 대한 정보가 적을수록 체제 불신 보수가 될 확률이 상당히 높아질 수 있다는 것이다. 정치관심 변수의 경우도 통계적으로 유의미한 양(+)의 값을 보였다(p<0.05). 두 결과를 종합하면, 정치에 대한 관심과 참여 동기는 높지만 이를 비판적으로 처리할 객관적 지식은 부족한, 이른바 '불안한 고관여층'의 경우, 부정선거와 같은 민주주의 정치체제를 근본으로 흔드는 '음모론적' 서사에 취약해짐으

<표 6> '체제 불신 보수' 예측 요인에 대한 로지스틱 회귀분석 결과

	model 1	model 2
정치적 효능감		
정치적 영향력		0.209 (0.125)
주관적 정치이해도		0.088 (0.135)
정부 반응성 인식		**−0.289*** **(0.123)**
정치적 자신감		−0.116 (0.118)
정치관심		**0.288*** **(0.145)**
정치지식		**−0.364***** **(0.113)**
더불어민주당 지지	−1.701*** (0.387)	−1.870*** (0.406)
국민의힘 지지	0.868** (0.307)	0.739* (0.305)
남성	−0.606** (0.215)	−0.468* (0.225)
연령	−0.004 (0.007)	0.003 (0.007)
최종 학력	−0.227* (0.109)	−0.234* (0.112)
소득	−0.227* (0.109)	−0.140 (0.082)
자산	0.021 (0.033)	0.002 (0.035)
지역 변수 생략		
상수	2.290*** (0.700)	1.848* (0.874)
n	490	490
Prob > chi^2	0.0000	0.0000
Pseudo R^2	0.1641	0.1940

*** p≤0.001, ** p≤0.01, * p≤0.05
2025년 대선 사후 조사 분석임.
괄호 안은 Robust Standard Error.
정당 선호 기준범주: 무당파
지역 기준범주: 서울

비상계엄−탄핵 사태와 2025년 대통령 선거

〈표 7〉 독립변수 조합과 체제 불신 보수 예측확률

정치 효능감(정부 반응성)	정치 관심	정치 지식	'체제 불신 보수'가 될 확률
5점	5점	4점	41.70%
1점	5점	0점	85.0%

로써 체제 불신이 강해질 수 있음을 보여 준다.

이러한 회귀분석의 결과를 더 직관적으로 이해하기 위해, 주요 정치심리 변수들이 체제 불신 보수가 될 확률에 미치는 실질적인 효과를 예측 확률 그래프로 시각화하면 〈그림 6〉, 〈그림 7〉, 〈그림 8〉과 같다. 정부가 자신에게 전혀 반응하지 않는다고 느끼는 사람(1점)의 체제 불신 확률이 약 68%에 달하는 반면, 정부가 반응한다고 느끼는 사람(5점)의 확률은 약 44%까지 크게 감소했다(〈그림 6〉). 정치관심이 높아질수록 체제 불신 확률은 약 45%에서 65%까지 꾸준히 증가했다(〈그림 7〉). 〈그림 8〉에서 나타나는 정치 지식의 영향력은 특히 극적이다. 정치 지식이 전혀 없는 보수 유권자(0개 정답)가 체제 불신파가 될 확률은 약 76%라는 압도적인 수치를 기록하지만, 4개의 문항을 모두 맞힌 경우에는 그 확률이 52%까지 24%p가량 뚜렷하게 감소한다. 이는 다른 변수들의 효과를 모두 고려하더라도, 객관적인 정치 지식이 체제 불신에 대한 가장 강력한 '방어기제' 역할을 하고 있음을 보여 주는 것이다. 결론적으로, 이 세 가지 그래프는 낮은 정치적 효능감, 높은 정치 관심, 낮은 정치 지식이 체제 불신 보수라는 정치적 정체성을 형성할 수 있음을 시사하고 있다.

이러한 회귀분석의 결과에서 가장 주목할 점은, 민주 시민의 미덕으로 여겨졌던 높은 정치적 관심의 역설적인 효과일 것이다. 규범적으로 정치 관심은 성숙한 민주시민이 되는 중요한 조건으로 간주되었으나, 본 연구는 그것이 항상 긍정적으로만 작동하지는 않음을 보여 준다. 정치 관심이 높

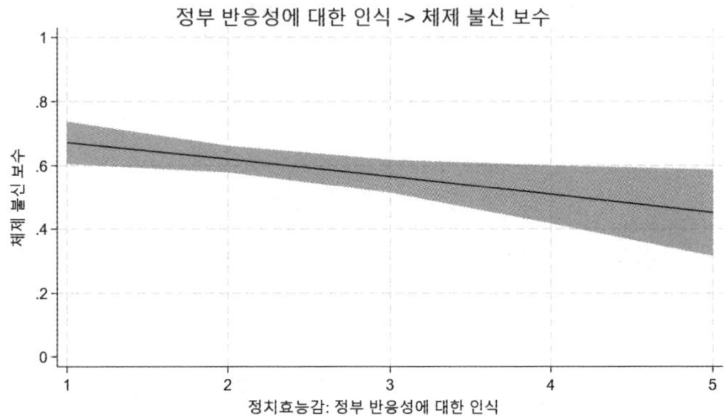

〈그림 6〉 정부 반응성 수준별(효능감) '체제 불신 보수' 예측확률

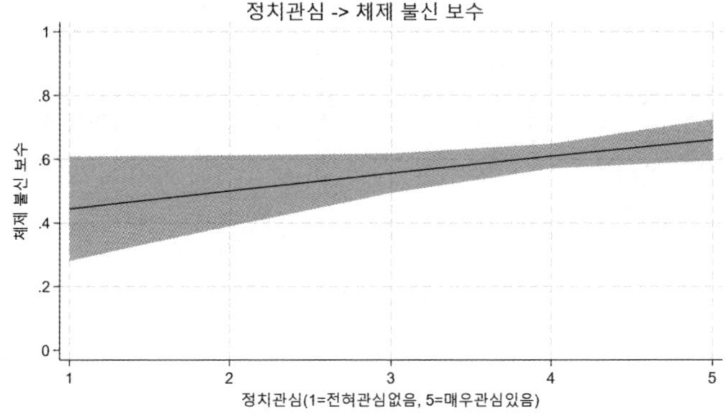

〈그림 7〉 정치관심 수준별(효능감) '체제 불신 보수' 예측확률

다고 하더라도, 그것이 어떤 다른 정치적 자원과 결합하는지에 따라 오히려 민주주의에 대한 신뢰를 침식하는 방향으로 작동할 수 있는 것이다.

이러한 변수들의 결합효과는 두 가지 이상적 유형의 비교를 통해 극명히 드러난다. 정치에 대한 관심이 매우 높은(5점) 보수 유권자 중, 정치 지식이 높고(4점) 정부가 자신에게 반응한다고 느끼는(효능감 5점) 집단의 경우에

     비상계엄-탄핵 사태와 2025년 대통령 선거

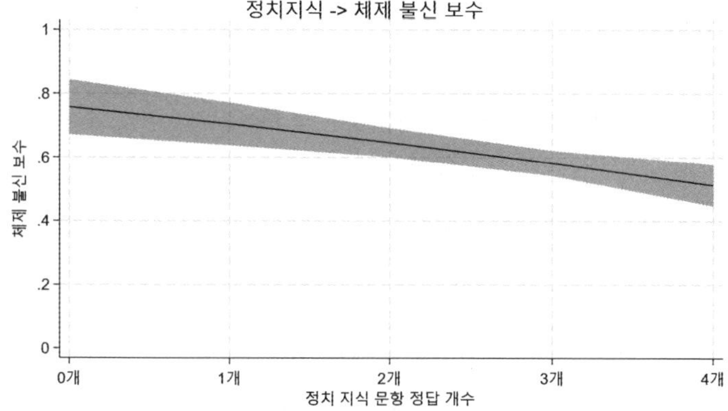

〈그림 8〉 정치지식 수준별(효능감) '체제 불신 보수' 예측확률

는 체제 불신 집단에 속할 확률은 41.7%였다. 반면, 정치 지식은 전무하고 (0개 정답) 정부에 의해 철저히 무시당한다고 느끼는(효능감 1점) '소외된 열성 지지자'의 체제 불신 확률은 85%에 육박했다. 이는 정치에 깊이 관여하는 정도가 유사하더라도, 비판적 사고의 기반이 되는 정치 지식과 체제로부터 소속감을 부여받는 정치 효능감을 갖추었는지에 따라 정치적 태도가 상당히 극단적으로 달라질 수 있음을 보여 주는 결과이다.

통제변수 중에서는 여성이거나 학력이 낮을수록 체제 불신 보수가 될 확률이 높게 나타났다. 마지막으로, 지지 정당 변수는 체제 불신 집단을 나누는 기준으로 당파적 논리가 강하게 작용하고 있음을 보여 준다. Model 2에서 국민의힘 지지자는 기준범주(무당파)에 비해 체제 불신 보수가 될 확률이 유의미하게 높았으나, 반대로 더불어민주당 지지자는 체제 불신 보수가 될 확률이 낮아졌다. 특히 국민의힘 지지자들이 무당파에 비해서도 체제 불신 보수가 될 확률이 높다는 것은, 주류 보수 정당의 지지 기반 내에 체제 불신 태도가 상당한 수준으로 공유되고 있음을 다시 한번 확인해 준다.

5. 결론

본 연구는 2024년 12월 비상계엄 사태 이후 드러난 보수 유권자 진영 내부의 정치적 균열을 실증적으로 탐구하고자 하는 시도이다. 2025년 조기대선 사후 유권자 인식 자료의 분석 결과, 한국의 보수층 내부에 민주주의 체제와 규범을 둘러싼 균열이 실질적으로 존재한다고 볼 수 있었다. 현재 한국 보수층은 민주주의의 기본 규칙을 신뢰하는 '체제 수호 보수'와 이를 근본적으로 불신하는 '체제 불신 보수'라는, 민주주의에 대한 극심하게 대비되는 가치를 가진 두 개의 집단으로 나뉘어 있다.

이와 관련한 본 연구의 핵심적인 발견은 세 가지로 요약될 수 있다. 첫째, 체제 불신 보수와 체제 수호 보수는 민주주의의 작동 원리, 핵심 규범, 그리고 결정적 정치 사건에 대해 질적으로 다른 인식을 보였다. 체제 불신 보수는 현 정치체제를 민주주의보다 권위주의에 더 가깝다고 규정하고, 법치주의와 견제와 균형에 대한 만족도가 낮으며, 주요 헌정 기관을 불신했다. 이들은 계엄이라는 초헌법적 조치를 옹호하고, 탄핵이라는 헌법적 절차 또한 부정적으로 인식하는 태도로 이어졌다. 반면, 체제 수호 보수는 민주주의의 절차와 제도의 권위를 존중하면서 뚜렷이 구분되고 있었다.

둘째, 체제 불신 보수가 될 확률은 개인의 정치심리적 요인에 의해 예측되었는데, 구체적으로, 정치체제가 자신에게 반응하지 않는다고 느끼면서 정치적 효능감이 낮을수록, 정치에 대한 관심은 높지만 객관적 지식은 부족한 '비대칭적 정교화' 특성을 가질수록, 보수 유권자가 체제 불신으로 향할 가능성이 유의미하게 높아졌다.

셋째, 한편으로 2025년 현재 이러한 체제 불신 현상이 보수 진영 전체에 광범위하게 퍼져있는 구조적 문제일 수 있음이 확인되었다. 예측 확률 분

　　　　　　　　비상계엄–탄핵 사태와 2025년 대통령 선거

석 결과, 가장 이상적인 조건(높은 지식, 높은 효능감)을 갖춘 보수 유권자조차도 '체제 불신파'가 될 확률이 40%를 상회했다. 이는 이 문제가 소수 극단주의자들의 일탈을 넘어, 보수 진영 전체가 공유하는 정치적 트라우마와 엘리트 담론의 영향력 속에서 형성된 위기일 수 있음을 시사한다. 그에 더해, 높은 정치 관심과 낮은 효능감, 낮은 지식이 결합할 경우, 체제 불신 보수가 될 확률은 85%에 달했다.

본 연구는 '체제 불신'이라는 추상적 개념을 부정선거론에 대한 수용 여부로서 측정하고 분석하였다. 체제 불신을 단일 문항으로 측정하였음에도 불구하고, 부정선거론에 대한 태도는 정치체제 평가, 민주주의 원칙 만족도, 기관 신뢰 등 다른 민주주의 인식을 일관적으로 가르는 기준으로 나타났다. 이는 부정선거론이 현재 한국의 정치적 맥락에서, 민주주의 게임의 규칙에 대한 근본적인 신뢰를 측정하는 타당하고 강력한 '리트머스 시험지' 역할을 할 수 있음을 보여 준다. 이번 연구에서 체제를 둘러싼 균열의 존재를 확인한 바, 후속 연구에서는 '체제 불신'을 보다 다차원적으로 포착하기 위해 정치제도 신뢰, 언론 신뢰, 사법부 신뢰 등 복수 문항으로 구성된 신뢰 척도의 개발을 시도할 수 있을 것이다.

본 연구의 발견은 현재 한국 보수 진영의 미래에 대한 우려로 이어진다. '체제 불신 보수'의 등장은 보수 진영이 법치주의와 같은 보수 본연의 가치로부터 이탈하여, 스스로의 정체성을 허물고 반체제적인 극단주의 세력으로서 주변화되는 선택을 하고 있는 것은 아닌지 문제제기로 이어진다. 이를 '주변부의 주류화'와 '합리적 보수'의 소외로 본다면, 이러한 현상은 민주주의의 발전에 기여하는 정치세력으로서의 보수를 쇠퇴시키고, 중도층 유권자의 이탈을 가속화할 것이다. 체제를 근본적으로 불신하는 세력이 진영의 주류가 될 경우, 합리적 성찰과 자기혁신을 요구하는 목소리는 오히려

'분열의 기제'로서 낙인찍히고 내부로부터의 개혁 동력은 구조적으로 무력화될 위험이 크다. 2025년 7월 현재, 국민의힘의 지지율은 20% 수준으로 매우 낮게 형성되어 있다. 그럼에도 불구하고, 단기적인 지지 결집을 위해 극단적 성향의 인사와 외부 반체제적 주장에 동조하는 당내 세력이 오히려 부상하는 상황은 본 연구가 분석한 보수 분열의 심각성을 그대로 보여주는 듯하다. 이러한 보수 진영의 위기가 만성화될 경우, 합리적 유권자들은 소외되고 정책 경쟁과 타협이라는 민주주의의 정상적 기능이 장기간 마비될 우려가 있다.

본 연구의 결과에 따르면, 보수 진영의 체제 불신을 극복하기 위하여 첫째, "내 삶의 문제에 정치권이 응답하지 않는다"라는 낮은 정치적 효능감의 문제를 해결해야 한다. 정부, 정치인, 정당은 유권자들의 현실적 고민과 요구에 보다 적극적으로 응답하고, 일상적이고 지속적인 소통 채널을 구축하여 유권자들이 정치 과정에 실질적으로 참여하고 있다는 체감을 제공해야 할 것이다. 무엇보다 정치적 엘리트의 역할이 중요하다. 보수 세력의 정치적 효능감은 진영의 변화와 그에 따른 '승리'에서 발생하게 될 것인바, 당장의 분열된 유권자 지형에 타협하기보다 이를 극복하면서 개혁적 입장을 취하여, 보수에서 지지를 거둔 유권자들을 동원해 낼 수 있어야 할 것이다.

둘째, 명확한 보수 정체성의 재정립을 통해 지식의 공백을 메워야 하는 것 또한 중요하다. 본 연구에서 높은 정치적 관심도와 낮은 지식의 결합이 음모론적 서사에 대한 취약성을 높이는 것으로 확인된 만큼, 의식 있는 정치리더십이 선거제도에 대한 신뢰와 승자의 관용과 패자의 승복, 권력 행사의 자제와 건전한 견제, 사법부 독립 등 민주주의 제도가 곧 공동체의 안정과 자유라는 보수 고유의 가치를 실현하는 필수 토대임을 적극 설득해야 한다. 이러한 노력은 유권자들에게 바람직한 정치 지식을 제공하고, 공동

　　　　비상계엄–탄핵 사태와 2025년 대통령 선거

체의 질서를 수호하는 보수에 대한 안정감과 소속감을 회복시키는 이념적 구심점이 될 것이다.

참고문헌

강원택. 2005. "한국의 이념 갈등과 진보·보수의 경계."『한국정당학회보』4권 2호, 193-217.

강원택. 2017. "2017년 대통령 선거에서의 보수 정치: 몰락 혹은 분화?"『한국정당학회보』16권 2호, 5-33.

강원택. 2019. "정당 지지의 재편성과 지역주의의 변화: 영남 지역의 2018 년 지방선거 결과를 중심으로."『한국정당학회보』18권 2호, 5-27.

강원택·성예진. 2018. "2017 년 대통령 선거에서 이념과 세대: 보수 성향 유권자를 중심으로."『한국정치연구』27권 1호, 205-240.

강정인. 2008. "개혁적 민주정부 출범 이후(1998~) 한국의 보수주의: 보수주의의 자기쇄신?"『사회과학연구』16권 2호, 6-40.

강정인. 2009.『한국 정치의 이념과 사상: 보수주의 자유주의 민족주의 급진주의』. 후마니타스.

고원. 2020. "'기울어진 운동장' 시대의 종언과 새로운 정치 레짐."『정치와 평론』26권, 31-51.

김정윤. 2025. "서부지법 폭동, 미국과 판박이?…'부정선거'가 불쏘시개." SBS NEWS. 2025.01.19. https://news.sbs.co.kr/news/endPage.do?news_id=N1007953920 (검색일: 2025.06.30.)

도묘연. 2021. "한국 대중의 이념 정향이 포퓰리즘 성향에 미치는 영향."『의정연구』27권 1호, 117-155.

도묘연. 2024. "영남 지역주의 투표의 분화와 지속: 22대 총선의 사례."『한국정당학회보』23권 4호, 115-151.

박찬표. 2017. "한국의 보수파와 진보파의 법치개념 비교 연구."『의정연구』23권 3호, 115-145.

송진미. 2019. "보수정당 지지층의 균열과 이탈: 2012-2017년 대선 패널 데이터 분석."『한국정치연구』28권 1호, 109-146.

양웅석·황선영·강성식·강원택. 2018. "'태극기 집회', 박정희와 한국 보수주의."『한국과 국제정치』 34권 3호, 1-31.

윤민재. 2004. "한국 보수세력의 이념과 활동에 대한 정치사회학적 연구." 『사회이론』 26권, 242-274.

이종명. 2022. "태극기 집회에 나타난 반공과 국가 동일시: 2019년 태극기 집회 및 관련 유튜브에서 유통되는 서사를 중심으로." 『의정연구』 28권 3호, 149-183.

이지윤. 2019. "2000년대 이후 한국 보수주의의 변화: 에드먼드 버크와 뉴라이트의 역사적 서사를 중심으로." 『정치사상연구』 25권 1호, 95-124.

이항우. 2011. "이념의 과잉 – 한국 보수세력의 사회정치 담론 전략(2005~2006년, 2008~2009년)." 『경제와 사회』 89권, 217-268.

장승진. 2018. "2012-2017년 보수 유권자의 분화: 과연 운동장은 (거꾸로) 기울었는가?" 『의정연구』 24권 3호, 29-54.

전재호. 2014. "2000년대 한국 보수주의의 이념적 특성에 관한 연구: 뉴라이트를 중심으로." 『현대정치연구』 7권 1호, 165-193.

채장수. 2018. "한국 보수진영의 위기와 보수주의의 특성." 『정치·정보연구』 21권 2호, 37-62.

하상응·길정아. 2020. "유권자의 정치 관심은 언제나 바람직한가?: 정부 신뢰의 이념 편향을 중심으로. 『한국정당학회보』 54권 2호, 31-57.

한관수·장윤수. 2012. "한국의 보수와 진보의 대북관에 대한 연구." 『한국정치학회보』 46권 1호, 63-88.

홍태영. 2020. "남한에서 국민국가 형성과 보수세력 및 보수주의의 구성: 보수혁명으로서의 민족주의." 『한국정치학회보』 54권 1호, 111-135.

Anderson, Christopher J., André Blais, Shaun Bowler, Todd Donovan, and Ola Listhaug. 2005. *Losers' Consent: Elections and Democratic Legitimacy.* Oxford: Oxford University Press.

Bartels, Larry M. 2016. *Unequal Democracy: The Political Economy of the New Gilded Age.* Princeton: Princeton University Press.

Bermeo, Nancy. 2016. "On Democratic Backsliding." *Journal of Democracy* 27(1): 5-19.

Botvinik-Nezer, Rotem, Matt Jones, and Tor D. Wager. 2023. "A Belief Systems Analysis Of Fraud Beliefs Following The 2020 US Election." *Nature Human Behaviour* 7(7): 1106-1119.

Craig, Stephen C., Richard G. Niemi, and Glenn E. Silver. 1990. "Political Efficacy And Trust: A Report On The NES Pilot Study Items." *Political Behavior* 12(3): 289-314.

Crisp, Brian F., Santiago Olivella, Joshua D. Potter, and William Mishler. 2012. *Elections as Instruments of Democracy: Majoritarian and Proportional Visions.* New Haven: Yale University Press.

Dahl, Robert A. 1971. *Polyarchy: Participation and Opposition.* New Haven: Yale University

Press.

Dahl, Robert A. 1989. *Democracy and Its Critics.* New Haven: Yale University Press.

Delli Carpini, Michael X., and Scott Keeter. 1996. *What Americans Know about Politics and Why It Matters.* New Haven: Yale University Press.

Douglas, Karen M., Robbie M. Sutton, and Aleksandra Cichocka. 2017. "The Psychology Of Conspiracy Theories." *Current Directions in Psychological Science* 26(6): 538-542.

Easton, David. 1965. *A Systems Analysis of Political Life.* New York: Wiley.

Easton, David. 1975. "A Re-Assessment Of The Concept Of Political Support." *British Journal of Political Science* 5(4): 435-457.

Feldman, Stanley, and Christopher Johnston. 2014. "Understanding The Determinants Of Political Ideology: Implications Of Structural Complexity." *Political Psychology* 35(3): 337-358.

Hetherington, Marc J., and Thomas J. Rudolph. 2015. *Why Washington Won't Work: Polarization, Political Trust, and the Governing Crisis.* Chicago: University of Chicago Press.

Huddy, Leonie. 2001. "From Social To Political Identity: A Critical Examination Of Social Identity Theory." *Political Psychology* 22(1): 127-156.

Imhoff, Roland, and Pia Lamberty. 2020. "A Bioweapon Or A Hoax? The Link Between Distinct Conspiracy Beliefs About The Coronavirus Disease (COVID-19) Outbreak And Pandemic Behavior.". *Social Psychological and Personality Science* 11(8): 1110-1118.

Iyengar, Shanto, Gaurav Sood, and Yphtach Lelkes. 2012. "Affect, Not Ideology: A Social Identity Perspective On Polarization." *Public Opinion Quarterly* 76(3): 405-431.

Kahan, Dan M. 2013. "Ideology, Motivated Reasoning, And Cognitive Reflection." *Judgment and Decision Making* 8(4): 407-424.

Kruglanski, Arie W., and Donna M. Webster. 1996. "Motivated Closing Of The Mind: 'Seizing' And 'Freezing'." *Psychological Review* 103(2): 263-283.

Kuk, John S., Don S. Lee, and Inbok Rhee. 2024. "Does Exposure to Election Fraud Research Undermine Confidence in Elections?." *Public Opinion Quarterly* 88, 656-680.

Kunda, Ziva. 1990. "The Case For Motivated Reasoning." *Psychological Bulletin* 108(3): 480-498.

Leeper, Thomas J., and Rune Slothuus. 2014. "Political Parties, Motivated Reasoning, And Public Opinion Formation." *Political Psychology* 35: 129-156.

Levitsky, Steven, and Daniel Ziblatt. 2018. *How Democracies Die.* New York: Crown.

Lewandowsky, Stephan, Ullrich K. H. Ecker, Colleen M. Seifert, Norbert Schwarz, and John Cook. 2012. "Misinformation And Its Correction: Continued Influence And Successful Debiasing." *Psychological Science in the Public Interest* 13(3): 106-131.

Linz, Juan J. 1978. *The Breakdown of Democratic Regimes: Crisis, Breakdown, and Reequilibration.* Baltimore: Johns Hopkins University Press.

Luskin, Robert C. 1990. "Explaining Political Sophistication." *Political Behavior* 12(4): 331-361.

Mason, Lilliana. 2018. *Uncivil Agreement: How Politics Became Our Identity.* Chicago: University of Chicago Press.

Miller, Joanne M., Kyle L. Saunders, and Christina E. Farhart. 2016. "Conspiracy Endorsement As Motivated Reasoning: The Moderating Roles Of Political Knowledge And Trust." *American Journal of Political Science* 60(4): 824-844.

Mongrain, Philippe. 2023. "Suspicious Minds: Unexpected Election Outcomes, Perceived Electoral Integrity And Satisfaction With Democracy In American Presidential Elections." 76(4): 1589-1603.

Mudde, Cas. 2004. "The Populist Zeitgeist." *Government and Opposition* 39(4): 541-563.

Mudde, Cas, and Cristóbal Rovira Kaltwasser. 2017. *Populism: A Very Short Introduction.* Oxford: Oxford University Press.

Niemi, Richard G., Stephen C. Craig, and Franco Mattei. 1991. "Measuring Internal Political Efficacy In The 1988 National Election Study." *American Political Science Review* 85(4): 1407-1413.

Norris, Pippa. 1999. *Critical Citizens: Global Support for Democratic Government.* Oxford: Oxford University Press.

Norris, Pippa. 2014. *Why Electoral Integrity Matters.* Cambridge: Cambridge University Press.

Nyhan, Brendan, and Jason Reifler. 2010. "When Corrections Fail: The Persistence Of Political Misperceptions." *Political Behavior* 32(2): 303-330.

Prior, Markus. 2007. *Post-Broadcast Democracy: How Media Choice Increases Inequality in Political Involvement and Polarizes Elections.* Cambridge: Cambridge University Press.

Przeworski, Adam. 1991. *Democracy and the Market: Political and Economic Reforms in Eastern Europe and Latin America.* Cambridge: Cambridge University Press.

Spruyt, Bram, Gil Keppens, and Filip Van Droogenbroeck. 2016. "Who Supports Populism And What Attracts People To It?" *Political Research Quarterly* 69(2): 335-346.

Taber, Charles S., and Milton Lodge. 2006. "Motivated Skepticism In The Evaluation Of Political Beliefs." *American Journal of Political Science* 50(3): 755-769.

Uscinski, Joseph. E., & Butler, Ryden. W. 2013. The Epistemology of Fact Checking. *Critical Review*, 25(2): 162-180.

Uscinski, Joseph E., and Joseph M. Parent. 2014. *American Conspiracy Theories.* Oxford: Oxford University Press.

⟨Appendix⟩

<표 A-1⟩ 정치 집단별 인구사회경제적 특성

	진보	중도	체제 불신 보수	체제 수호 보수	전체 평균/ 전체 비율	F-value
남성(%)	43.79	47.15	51.07	65.02	49.8	
연령(세)	49.90 (14.98)	48.31 (16.27)	55.2 (17.70)	51.42 (16.27)	50.84 (16.37)	12.13***
최종학력	4.5 (1.03)	4.36 (1.02)	4.41(1.05)	4.68(1.05)	4.47 (1.04)	5.46**
월평균 가구소득	3.04 (1.44)	2.95 (1.50)	2.94 (1.47)	3.29 (1.52)	3.03 (1.48)	3.31*
순자산	4.27 (3.19)	4.11 (3.40)	5.04 (3.64)	5.35 (3.63)	4.57 (3.46)	10.15***
거주지역(%)						
서울	15.27	18.00	22.63	22.22	18.80	
인천/경기	35.44	31.89	32.42	27.16	32.40	
대전/세종/충청	10.59	12.07	8.87	9.47	10.47	
광주/전라	16.70	8.20	3.06	7.41	9.73	
대구/경북	6.72	8.43	13.15	13.99	9.80	
부산/울산/경남	11.00	17.08	16.21	14.81	14.53	
강원/제주	4.28	4.33	3.67	4.94	4.27	
	100(491)	100(439)	100(327)	100(243)	100(1,500)	

2025년 대선 사후 조사 분석임.
거주지역 Pearson chi2(18)=76.00***
괄호 안 숫자는 표준편차
연령, 가구소득, 순자산은 평균, 성별, 거주지역은 비율

<표 A-2> 정치 집단별 정당 지지 및 대선 후보 투표(2025년)

	진보	중도	체제 불신 보수	체제 수호 보수	전체 비율
정당지지(%)					
더불어민주당	76.28	38.93	5.48	31.09	42.57(619)
국민의힘	5.56	19.35	75.24	38.66	30.33(441)
조국혁신당	9.19	4.90	0.63	5.46	5.43(79)
개혁신당	2.99	5.59	6.58	13.03	6.19(90)
지지 정당 없음	5.98	31.24	10.97	11.76	15.47(225)
	100(468)	100(429)	100(319)	100(238)	100(1,454)
투표 후보(%)					
이재명	85.35	52.26	7.21	37.93	50.77(721)
김문수	6.37	25.88	81.82	40.52	34.37(488)
이준석	4.03	10.30	3.45	13.79	7.25(103)
투표 안함	4.25	11.56	7.52	7.76	7.61(108)
	100(471)	100(398)	100(319)	100(232)	100(1,420)

정당지지 Pearson chi2(12)=714.34***
투표 후보 Pearson chi2(9)=612.22***

비상계엄-탄핵 사태와 2025년 대통령 선거

제10장

보궐 대통령 선거에서 전략 투표 분석

장한일(국민대학교 정치외교학과)

1. 들어가며

일반적으로 유권자들은 자신이 가장 선호하는 후보자의 당선 가능성을 높이기 위하여 그 후보자에게 투표를 한다. 그러나 일부 유권자들의 경우 최악의 상황을 막기 위하여 가장 선호하는 후보자에게 투표하는 대신 차선적으로 상대적으로 덜 선호하는 후보자에 투표하기도 한다는 것이 일찍부터 관찰되어 왔다. 이 두 가지 대립적인 투표 방식은 각각 소신 투표(sincere voting)와 전략 투표(strategic voting)로 칭해졌으며, 관련된 연구는 이미 상당할 정도로 축적되어 있다(Abramson et al. 2010; Alvarez and Nagler 2000; Cain 1978; Myatt 2007).

그럼에도 불구하고 이러한 투표 방식이 제21대 대통령 선거와 같이 현직 대통령에 의한 계엄령 선포와 그것의 반헌법적 비민주성으로 인하여 그 대통령의 탄핵 이후 실시된 보궐 선거에서 어떻게 나타나는지에 대한 연구는 찾아보기 어렵다. 이는 해당 정치적 사건이 갖고 있는 특수성에서 기인된 것이라는 점에서 당연한 결과일 수 있으나, 보궐 선거에서의 전략 투표에 대해서 분석하는 것은 일반적 상황에서의 전략 투표를 이해하는 데 도움이 될 수 있다.

게다가 다음과 같은 두 가지 이유는 제21대 대통령 선거에서의 전략 투표에 대하여 살펴볼 필요성을 더욱 강하게 제기한다. 첫째, 한국의 정치적 양극화가 민주주의 수호에 끼치는 영향력을 가늠할 수 있게 한다. 윤석열 전 대통령은 국민의힘이 배출한 대통령이었을 뿐만 아니라, 국민의힘은 그의 계엄령 선포 이후 헌재의 탄핵 결정이 내려지는 기간 동안 그를 적극적으로 비호하면서 계엄령 선포를 정당화하고 탄핵을 반대하였다. 따라서 만약 국민의힘 지지자들이 국민의힘보다 민주주의 체제를 중요시했다면, 국민의힘의 대통령 후보자였던 김문수에 대하여 투표하기보다는 다른 정당의 후보자에게 투표를 했었을 것이다. 그리고 만약 역으로 국민의힘 지지자들이 여전히 김문수 후보자에게 투표했다면 민주주의 체제보다 지지하는 정당의 승리를 우선시하는 태도임을 의미할 것이다.

둘째, 제21대 대통령 선거 이후 각 정당이 어떤 모습으로 변모하게 될 것인지 예측하는 데 도움이 된다. 선행연구에서 일반적으로 전제되었던 바와 달리, 유권자가 가장 선호하는 정치인이 꼭 지지하는 정당의 대통령 후보자일 필요는 없다. 가장 선호하는 정치인은 지지하는 정당의 내부경선에서 져서 대통령 후보자가 되지 못했을 가능성도 존재하며, 이러한 선호를 가진 유권자가 많을 경우 이는 정당의 대통령 후보자가 선거 이후 당내 정치에 끼칠 수 있는 영향력에 상당한 영향을 끼칠 가능성이 높다.

　비상계엄–탄핵 사태와 2025년 대통령 선거

2. 데이터 설명

분석에는 2025년 대통령 선거 직후 서울대와 한국리서치가 실시한 "정치에 대한 인식조사"를 통하여 수집된 자료가 활용된다. 이 조사에 따르면 응답자 1500명 중 1392명이 투표에 참여했다고 응답했으며, 이들에 대해서만 한정적으로 전략 투표 여부 측정을 위한 문항이 물어졌다. 그리고 제21대 대통령 선거에서 누구에게 투표했는지도 물었는데, 1392명 중 48명이 "모르겠다"를 선택하여 투표선택에 관한 정보는 오직 1344명에게서만 수집되었다. 아래의 분석에서 사용되는 응답자의 수는 분석 내용에 따라서 종종 상이함을 미리 밝힌다. 이는 전략 투표 측정에 사용되는 문항과 함께 추가적으로 분석에 사용되는 문항에 대한 결측치의 수가 달라지는 것에서 비롯된다.

3. 기술적 분석

이번 절에서는 설문조사 자료에 대한 기술적 분포 결과를 보고한다. 이때 전략 투표를 측정하는 핵심문항뿐만 아니라, 그 문항에 대한 응답에 영향을 줄 수 있을 것으로 고려되는 요인들을 측정하기 위한 문항들에 대한 응답들도 함께 분석된다. 각 문항들에 응답을 위하여 참가자들에게 주어진 보기들도 함께 기술될 것이다.

제일 먼저 제21대 대통령 선거에서 후보자를 선택한 이유에 대한 응답의 분포는 〈그림 1〉을 통해서 확인할 수 있다. 참가자들에게 "선생님께서 후보를 선택하실 때 다음 중 어떤 생각에 가까우셨습니까?"라고 물었으며, 보

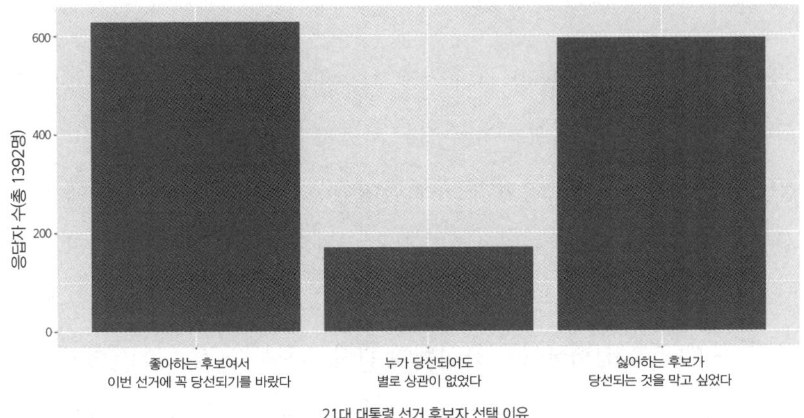

기는 ⑴ "내가 좋아하는 후보여서 이번 선거에 꼭 당선되기를 바랐다", ⑵ "마음에 드는 마땅한 후보가 없어 누가 당선되어도 별로 상관이 없었다", ⑶ "내가 싫어하는 (특정) 후보가 당선되는 것을 막고 싶었다". 이 보기 중 첫 번째 보기는 소신 투표(sincere voting)에 해당되며, 마지막 보기는 전략 투표 (strategic voting)에 해당된다. 그리고 두 번째 보기는 소신 투표나 전략 투표 어느 것에도 해당되지 않는 제 3의 투표 유형으로 간주한다.

분석 결과는 제21대 대통령 선거에 참여했다고 응답한 1392명 중, 45% 정도에 해당하는 628명이 소신투표를 했음을 보여 준다. 그리고 그보다는 적지만 그에 비슷한 수준에 해당하는 43% 정도의 투표자(594명)가 전략 투표를 한 것으로 나타난다. 끝으로, 이 두 집단을 제외하고 약 12% 정도의 투표자(170명)가 누가 당선되어도 별로 상관없이 즉흥적으로 투표했다.

다음으로 〈그림 2〉는 성별에 따른 후보자 선택 이유의 분포를 살펴본다. 691명의 남성 중 342명(49%)과 280명(41%)이 각각 소신 투표와 전략 투표를 했다. 그리고 701명의 여성 중 286명(41%)과 314명(45%)이 각각 소신

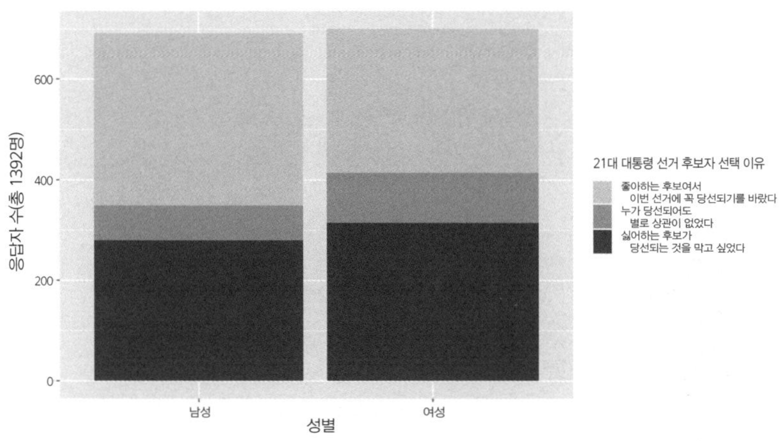

투표와 전략 투표를 한 것으로 나타난다. 이러한 결과는 소신투표를 한 비율이 여성에 비해서 남성에게서 미약하게나마 더 높으며, 여성의 경우 상대적으로 전략 투표를 했음을 보여 준다. 그리고 chi-squared 검정 결과는 유의수준 5%에서 두 성별 간 투표 선택의 분포가 다른 것으로 나타난다 (p=0.002).

〈그림 3〉은 연령대에 따른 후보자 선택 이유의 분포를 나타낸다. 18세부터 29세까지 응답자의 수는 200명이었으며, 이들 중 거의 반에 해당하는 102명(51%)이 전략 투표를 했으며, 다음으로 59명(30%)이 소신 투표를 한 것으로 나타난다. 다음으로 30세부터 39세 사이의 응답자의 수는 200명이었으며, 이들의 경우 18세부터 29세 사이의 응답자들에 비하여 소신 투표와 전략 투표의 수(79 대 83)와 비율(40% 대 42%)이 대체로 비슷하게 나타난다. 그리고 40대(235명), 50대(283명), 60대(265명)의 경우 공통적으로 소신 투표의 비율이 전략 투표의 비율보다 높아진다. 각 연령대에서 소신 투표와 전략 투표한 응답자의 수가 각각 114명(49%)과 96명(41%), 170명(60%)과

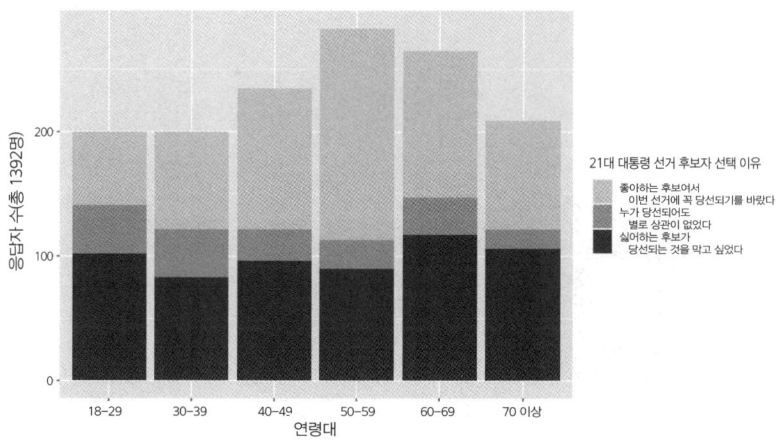

90명(32%), 118명(45%)과 117명(44%)이다. 70대(209명)의 경우에만 소신 투표한 응답자의 수(88명)와 비율(42%)이 전략 투표한 응답자의 수(106명)와 비율(51%)에 비하여 낮았다. 그리고 chi-squared 검정 결과는 각 연령대 간 응답자의 분포가 상이함을 유의수준 5%에서 지지하는 것으로 나타난다 ($p < 0.001$).

다음으로 교육수준에 따른 투표 선택 이유를 살펴본다. 〈그림 4〉는 교육수준별 선택 이유의 분포를 시각적으로 보고하고 있는데, 이 보고에 사용된 문항은 "학교는 어디까지 마치셨습니까?"라고 응답자들에게 물었다. 이들은 "초등학교 졸업 또는 이하", "중학교 졸업", "고등학교 졸업", "전문대 (2-3년제) 재학 또는 졸업", "대학(4년제) 재학 또는 졸업", 그리고 "대학원 재학 또는 졸업"이라는 여섯 가지 보기 중 하나를 선택했다. 〈그림 4〉에서는 처음 두 개의 보기를 선택한 응답자의 수가 매우 적은 관계로 이 두 보기를 선택한 이들을 합쳐서 보고한다.

가장 낮은 교육 수준에 해당하는 중학교 졸업 이하 학력을 가진 응답자들

비상계엄-탄핵 사태와 2025년 대통령 선거

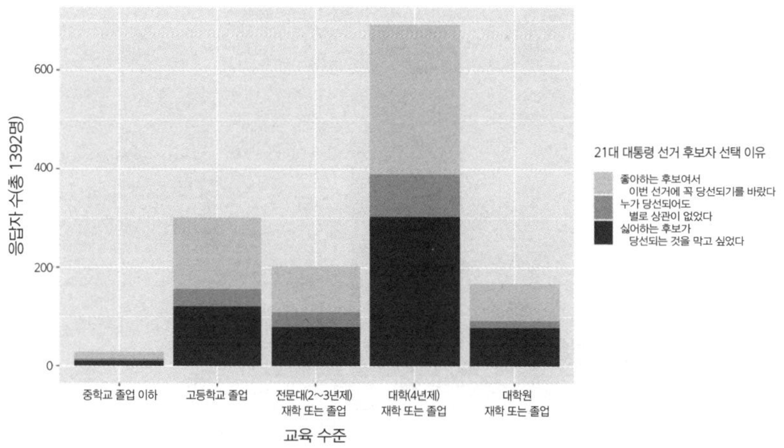

는 모두 28명이었으며, 각각 13명(46%)과 11명(39%)이 소신 투표와 전략 투표를 한 것으로 나타난다. 다음으로 낮은 교육 수준에 해당하는 고등학교 졸업 학력을 가진 응답자들은 총 301명이었으며, 각각 144명(48%)과 121명(40%)이 소신 투표와 전략 투표를 했다고 응답하였다. 그리고 전문대 재학 혹은 졸업을 한 응답자들은 모두 202명이었으며, 이들 중 92명(46%)과 80명(40%)이 소신 투표와 전략 투표를 하였다. 다음으로, 전체 응답자들 중 가장 많은 수(694명)의 응답자가 선택한 4년제 대학 재학 또는 졸업 학력의 경우, 소신 투표와 전략 투표를 한 응답자의 수가 304명(44%)으로 동일하였다. 끝으로, 총 167명의 응답자가 대학원 재학 또는 졸업의 학력을 갖고 있었는데, 이들의 경우 소신 투표와 전략 투표를 한 응답자의 수는 각각 75명(45%)과 78명(47%)이었다. 종합적으로, 교육 수준에 따른 응답자의 수는 상당한 차이를 보이지만, 각 교육 수준 내에서의 후보자 선택 이유 분포는 대체로 비슷하며 chi-squared 검정 결과는 교육 수준 간 선택 이유 분포가 상이하다는 가설을 기각할 수 없는 것으로 나타난다(p=0.671).

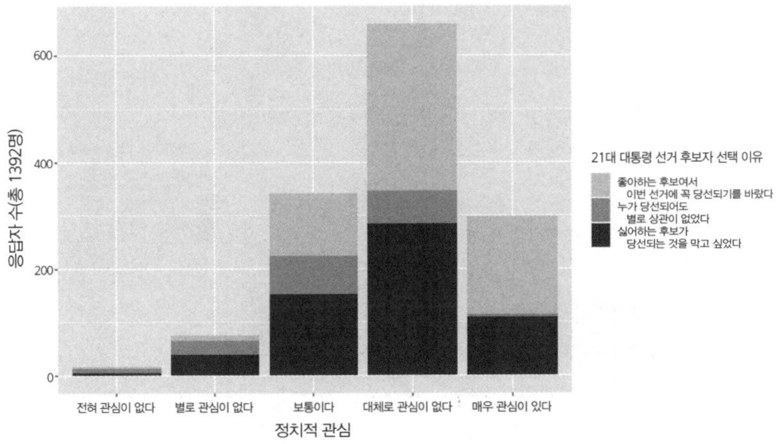

다음의 〈그림 5〉는 정치적 관심에 따른 후보자 선택 이유의 분포를 보고한다. 정치적 관심 측정에 사용된 문항은 응답자들에게 "귀하는 개인적으로 정치에 어느 정도 관심이 있으십니까?"라고 물어봤으며, 응답자들은 "전혀 관심이 없다", "별로 관심이 없다", "보통이다", "대체로 관심이 있다", 그리고 "매우 관심이 있다"라는 다섯 가지 보기 중 하나를 선택하였다.

먼저, 전혀 관심이 없다고 응답하거나 별로 관심이 없다고 응답한 이들의 수는 각각 17명과 76명이었으며 이들 중 각각 4명(24%)과 6명(35%), 그리고 10명(13%)과 40명(53%)이 소신 투표와 전략 투표를 했다고 응답하였다. 보통의 관심을 가진 342명의 응답자들에서도 전략 투표의 비율이 높게 나타났다. 소신 투표와 전략 투표를 선택한 응답자의 수는 각각 118명과 153명이었으며, 전략 투표를 한 응답자의 비율이 45%로서 소신 투표를 한 응답자의 비율인 35%보다 높다. 그런데, 상대적으로 높은 정치적 관심을 가진 두 집단, 즉 대체로 관심이 있다와 매우 관심이 있다를 선택한 660명과 297명의 응답자들에게서는 소신 투표를 한 경우가 더 많았다. 이 두 집단에서

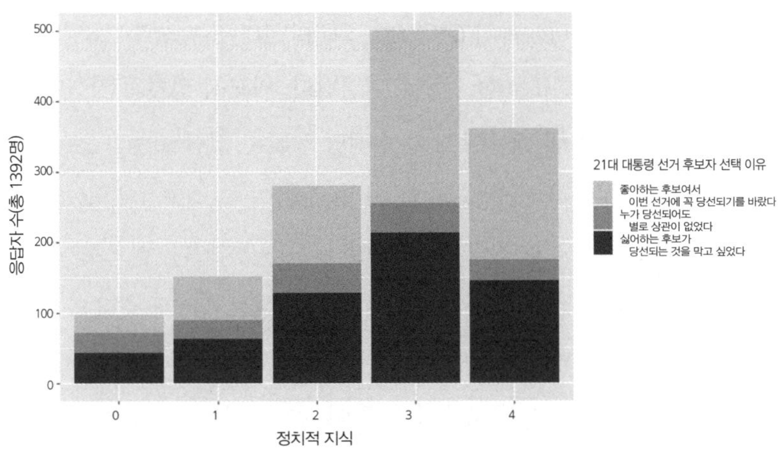

소신 투표와 전략 투표를 한 응답자의 수는 각각 313명(47%)과 285명(43%), 그리고 183명(62%)과 110명(37%)이었다. 유의수준 5%에서 chi-squared 검정 결과는 정치적 관심 정도에 따라서 후보자 선택 이유의 분포가 통계적으로 상이하다는 가설을 지지한다($p < 0.001$).

〈그림 6〉은 정치적 지식 정도에 따른 후보자 선택 이유의 분포에 관한 것이다. 정치적 지식 정도는 다음과 같은 네 가지 질문에 대하여 올바른 보기를 선택한 횟수로 측정하였다: "다음 중 국회에서 탄핵 소추를 당하지 않은 대통령은 누구입니까?"(정답: 이명박), "현재 우리나라 지역구 국회의원 정수는 몇 명이라고 알고 계십니까?"(정답: 254명), "다음 중 대통령이 임명하는 직책이 아닌 것은 무엇입니까?"(정답: 국회의장), "현재 우리나라 대법원장의 이름은 무엇입니까?"(정답: 조희대).

먼저 가장 정치적 지식이 낮은 응답자들, 즉 네 질문 모두에 대하여 정답을 선택하지 않은 이들의 수는 총 98명이었으며, 이들 중 각각 26명(27%)과 43명(44%)이 소신 투표와 전략 투표를 하였다. 그리고 한 가지 그리고 두 가지 질문에 대해서만 정답을 맞춘 응답자들은 각각 152명과 280명이었으며, 각 집단 내에서 62명(41%)과 63명(41%), 그리고 109명(39%)과 128명(46%)이 소신 투표와 전략 투표를 한 것으로 나타난다. 비교적 정치적 지식이 높은 집단—세 질문과 네 질문에 대하여 정답을 맞춘 집단(501명과 361명)—의 경우 각 집단 내에서 245명(49%)과 214명(43%)이, 그리고 186명(52%)과 146명(40%)이 소신 투표와 전략 투표를 했다고 응답하였다. 끝으로, chi-squared 검정 결과는 정치적 관심 정도에 따라서 후보자 선택 이유의 분포가 통계적으로 상이하다는 가설을 유의수준 5%에서 지지한다(p<0.001).

민주주의 선호도에 따라 후보자의 선택 이유가 달라지는지도 살펴본다. 이를 위하여 "귀하는 다음의 의견 중에서 어느 쪽에 가까우십니까?"라고 물어본 후 다음과 같은 세 가지 보기를 제시한 문항에 대한 응답을 활용한다. "어떤 상황에서는 권위주의 정부가 민주주의 정부보다 더 낫다", "나 같은 사람에게는 민주주의 정부이든 권위주의 정부이든 상관이 없다", "민주주의는 언제나 다른 어떤 형태의 정부보다 낫다". 각 보기를 선택한 응답자

〈그림 7〉 민주주의 선호도에 따른 후보자 선택 이유

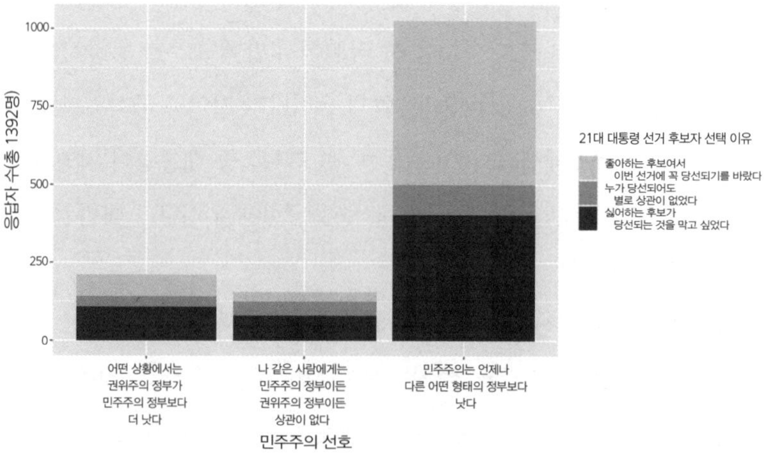

     비상계엄–탄핵 사태와 2025년 대통령 선거

들 사이에서 후보자 선택 이유의 분포는 〈그림 7〉에 보고된다.

〈그림 7〉에 보고되고 있는 것처럼, 가장 많은 응답자들이 선택한 보기는 마지막 보기였는데, 총 1027명이 선택하였고 이들 중 527명(51%)과 404명(39%)이 각각 소신 투표와 전략 투표를 한 것으로 조사되었다. 두 번째로 많은 수의 응답자가 선택한 보기는 첫 번째 보기이며, 총 234명이 이 보기를 선택하였다. 이들 중 70명(33%)이 소신 투표를 하였고 109명(52%)은 전략 투표를 했던 것으로 나타난다. 민주주의 정부와 권위주의 정부 모두에 대하여 양가적인 태도를 취하고 있는 이들은 모두 184명이었고, 이들 중 과반수 이상이 전략적 투표를 한 것(81명, 52%)에 비하여 적은 수의 응답자들이 소신 투표를 하였다(31명, 20%). 유의수준 5%에서 chi-squared를 검정한 결과는 각 보기를 선택한 이들의 후보자 선택 이유 분포가 보기 간에 상이하다는 가설을 지지한다(p<0.001).

다음으로 〈그림 8〉은 부정선거 믿음에 따른 후보자 선택 이유의 분포를 시각적으로 묘사하고 있다. 부정선거 믿음은 다음과 같은 질문에 대한 응

〈그림 8〉 부정선거 믿음에 따른 후보자 선택 이유

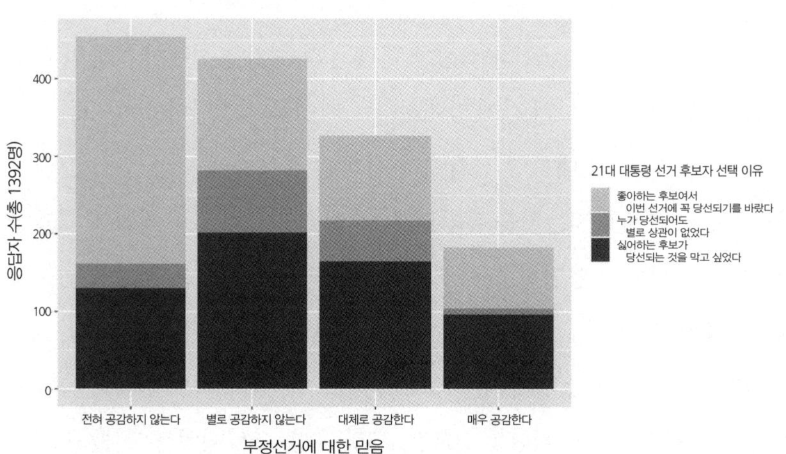

답을 활용하여 측정하였다. "최근 몇 차례의 선거에서 조직적인 선거 부정이 있었다는 주장이 있습니다. 귀하는 이러한 주장에 대해 어떻게 생각하십니까?" 응답자들은 다음과 같은 네 개의 보기 중 하나를 선택했다: "전혀 공감하지 않는다", "별로 공감하지 않는다", "대체로 공감한다", "매우 공감한다". 전혀 공감하지 않는다는 보기부터 시작하여, 각 보기를 선택한 응답자의 수는 455명, 427명, 327명, 183명으로 점차적으로 감소하는 것으로 나타난다.

눈에 띄는 점은 부정선거 주장에 대한 공감이 가장 낮은 집단에서 소신 투표의 비율이 상당히 높은데 비하여 전략 투표의 비율이 매우 낮다는 점이다. 각각 294명(65%)과 130명(29%)이 소신 투표와 전략 투표를 하였다. 그런데 다른 세 보기를 선택한 응답자들의 경우 전략 투표를 한 비율이 소신 투표를 한 비율보다 높았다. "별로 공감하지 않는다"는 보기를 선택한 응답자들 중 145명(34%)과 202명(47%)이 각각 소신 투표와 전략 투표를 하였다. 그리고 "대체로 공감한다"나 "매우 공감한다"를 선택한 응답자들의 경우 각각 110명(34%)과 79명(43%)이 소신 투표를 한 것에 비하여 165명(50%)과 97명(53%)이 전략 투표를 한 것으로 나타난다. 이번에도 마찬가지로, 유의수준 5%에서 chi-squared를 검정한 결과는 각 보기를 선택한 이들의 후보자 선택 이유 분포가 보기 간에 상이하다는 가설을 지지한다(p<0.001).

다음으로, 제21대 대통령 선거에서 선택한 후보자에 따라서 소신/전략 투표의 분포가 달라지는지를 살펴본다. 이 분석을 위해서는 제21대 대통령 선거에 참여했다고 응답한 1344명에게 추가적으로 물어본 후보자 선택에 대한 응답이 활용된다. 보기는 "이재명", "김문수", "이준석", "권영국", "그 외 기타 후보", "모르겠다"의 순서로 주어졌으며, 각 보기를 선택한 응답자들의 수는 각각 721명, 488명, 103명, 25명, 7명, 48명이었다. 이들 중, "모

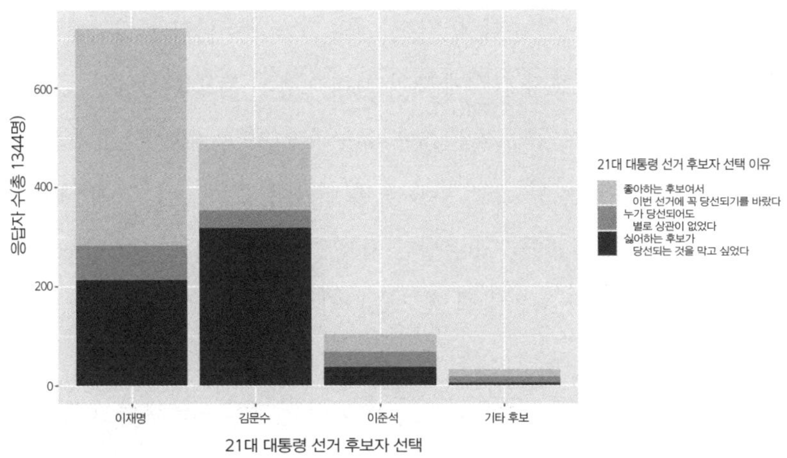

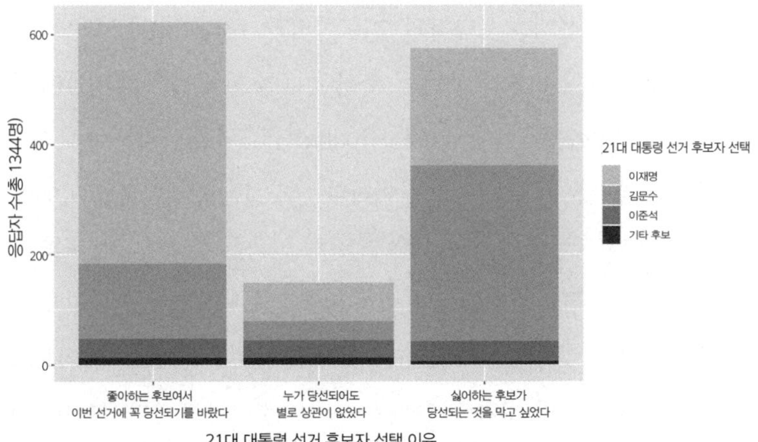

르겠다"를 선택한 응답자를 제외하고 분석되며, 유효한 보기 중 비교적 적은 수의 응답자들이 선택한 "권영국"과 "그 외 기타 후보"는 하나로 묶어서 보고한다.

〈그림 9〉는 후보자 선택과 소신/전략 투표의 관계를 두 가지 방식으로 시각화하고 있다. 구체적으로, 상단의 그림은 각 후보자 내에서 후보자 선택

이유의 분포를 보여 주며, 하단의 그림은 각 후보자 선택 이유 내에서 선택된 후보자의 분포를 보여 준다. 먼저, 상단의 그림에서 나타난 것처럼 이재명, 김문수, 이준석 후보자 각각에 대한 선택 이유의 분포는 상당할 정도로 상이하다. 이재명 후보자의 경우 439명(61%)과 213명(30%)이 각각 소신 투표와 전략 투표를 하는 등, 소신 투표를 한 비율이 매우 높다. 그에 비하여 김문수 후보자에게 투표했다고 응답한 이들 중 135명(28%)과 318명(65%)이 각각 소신 투표와 전략 투표를 한 것으로 나타나는 등, 전략 투표를 한 응답자의 비율이 소신 투표를 한 응답자의 비율보다 훨씬 높다. 그런데 이준석 후보자를 선택한 응답자들의 경우 소신 투표와 전략 투표를 했다고 응답한 이들의 수가 각각 35명(34%)과 37명(36%)으로 그 비율이 대체로 비슷하다. 끝으로 기타 후보를 선택한 응답자의 수는 적지만, 13명(41%)과 6명(19%)이 각각 소신 투표와 전략 투표를 하는 등 소신 투표를 한 응답자의 비율이 상대적으로 크다. 유의수준 5%에서 chi-squared를 검정한 결과는 후보자에 대한 선택 이유의 분포는 후보자 간 상이하다는 가설을 지지한다 (p<0.001).

〈그림 9〉의 하단 그림은 후보자 선택 이유 별 선택한 후보자의 분포를 보여 준다. 먼저, 소신 투표를 했다고 응답한 622명 중 이재명을 선택한 응답자의 수가 가장 많은 것으로 나타나며(439명, 71%), 김문수(135명, 22%), 이준석(35명, 6%), 기타 후보(13명, 2%)가 그 뒤를 순차적으로 따르고 있다. 그런데 전략 투표를 했다고 응답한 574명 중에서는 김문수를 선택한 응답자의 수가 가장 많은 것으로 나타난다(318명, 55%). 그 다음으로 213명(37%), 37명(6%), 6명(1%)이 각각 이재명, 이준석, 기타 후보를 선택한 것으로 나타난다. 이번에도 마찬가지로 유의수준 5%에서 chi-squared를 검정한 결과는 후보자 선택 분포는 후보자 선택 이유 간 상이하다는 가설을 지지한다(p<0.001).

다음으로 제20대 대통령 선거에서의 후보자 선택과 제21대 대통령 선거

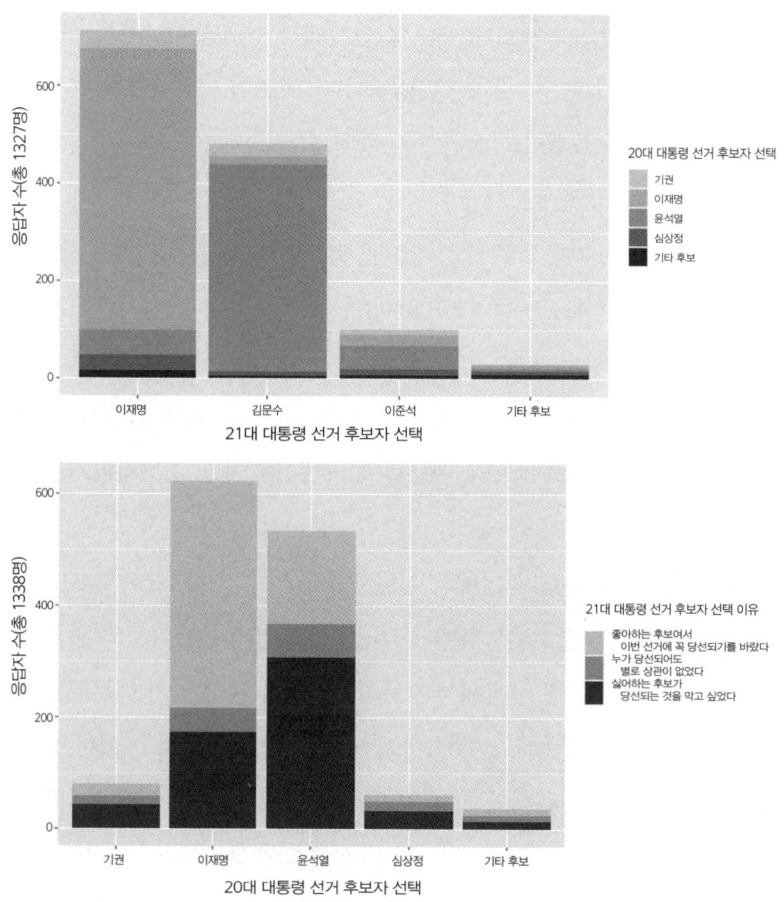

후보자 선택 이유를 살펴본다. 이를 살펴보기에 앞서 제21대 대통령 선거에서 특정 후보자를 선택한 응답자들이 제20대 대통령 선거에서는 어떤 후보자 선택을 했는지 살펴본다. 〈그림 10〉의 상단이 이에 관한 것으로서, 두 선거에서의 후보자 선택 간에 상당한 상관관계가 있음을 보여 준다. 먼저 제21대 대통령 선거에서 이재명 후보자를 선택했다고 응답한 714명 중 대략 81%에 해당하는 574명이 제20대 대통령 선거에서도 마찬가지로 이재명 후보자를 선택했다. 제20대 대통령 선거에서 윤석열 후보자나 심상정 후보자에게 투표했으나 제21대 대통령 선거에서 이재명 후보자를 선택한 응답자의 수는 각각 51명(7%)과 32명(4%)이다. 제20대 대통령 선거에서 윤석열 후보자에게 투표했다고 응답한 이들의 수가 총 530명이라는 점을 감안하면 대략 10% 정도가 제21대 대통령 선거에서 이재명 후보자에게 투표했음을 알 수 있다. 다음으로 제21대 대통령 선거에서 김문수 후보자에게 투표했다고 응답한 481명 중 426명(89%)이 제20대 대통령 선거에서는 윤석열을 지지했던 것으로 나타난다. 제20대 대통령 선거에서 이재명 후보자나 심상정 후보자에게 투표했다고 밝힌 응답자의 수는 각각 15명(3%)과 9명(2%)에 불과하다. 특히 제20대 대통령 선거에서 이재명 후보자에게 투표했다고 밝힌 이들의 수가 총 622명이었다는 점에서 볼 때, 이들 중 오직 2% 정도만이 제21대 대통령 선거에서 이탈했음을 알 수 있다. 끝으로 제21대 대통령 선거에서 이준석 후보자에게 투표한 101명의 응답자들의 경우 그 후보자가 제20대 대통령 선거에서 후보자로 출마하지 않았기 때문에 당시 선거에서의 후보자 선택에 있어서 비교적 높은 다양성을 갖고 있다. 그럼에도 불구하고 당시 이준석이 속해 있었던 국민의힘 후보자였던 윤석열을 지지하는 이들의 수가 가장 많으며(48명, 48%), 이재명(23명, 23%), 심상정(12명, 12%) 후보자에게 투표했던 응답자의 수는 상대적으로 적은 것으로 나타난다.

〈그림 10〉의 하단에 있는 그래프는 제20대 대통령 선거에서 각 후보자들을 선택했던 이들이 제21대 대통령 선거에서는 어떤 이유로 후보자를 선택했는지를 보여 준다. 이 그래프에서 가장 눈에 띄는 것은 제20대 대통령 선거에서 이재명 후보자와 윤석열 후보자에게 투표했던 유권자들에서 관찰되는 소신/전략 투표의 비율의 대조성이다. 당시 선거에서 624명이 이재명

　비상계엄-탄핵 사태와 2025년 대통령 선거

후보자에게 투표했는데, 이들 중 407명(65%)이 제21대 대통령 선거에서 소신 투표를 한 것으로 나타나며 그보다 훨씬 적은 174명(28%)만이 같은 선거에서 전략 투표를 했다고 밝혔다. 그런데 제20대 대통령 선거에서 윤석열 후보자에게 투표했던 534명의 경우, 제21대 대통령 선거에서는 높은 비율로 전략 투표를 한 것으로 나타난다. 구체적으로, 각각 167명(31%)과 307명(57%)이 소신 투표와 전략 투표를 했다고 응답했다. 이밖에도 제20대 대통령 선거에서 기권했던 80명의 응답자들의 경우, 44명(55%)이 전략 투표를 했으며 21명(26%)만이 소신 투표를 한 것으로 나타난다. 유의수준 5%에서 chi-squared를 검정한 결과는 후보자 선택 이유의 분포가 제20대 대통령 선거에서 투표한 후보자 간에 상이하다는 가설을 지지한다(p<0.001).

다음으로 정당정체성에 따른 소신/전략 투표에 대해 살펴본다. 정당정체성 측정에는 "귀하는 다음 중 어느 정당을 지지하십니까?"라는 문항과 이 문항에 대하여 "지지하는 정당이 없다"라는 보기나 "모르겠다"는 보기를 선택한 이들에게만 추가적으로 노출된 "그럼, 어느 정당에게 조금이라도 더 호감이 가는 편인가요?"라는 문항이 사용되었다. 이 두 문항에는 공통적으로 "더불어민주당", "국민의힘", "조국혁신당", "개혁신당", "진보당", "기타 정당"이라는 보기가 추가적으로 제공되었으며, 이 두 문항 중 어느 한 개의 문항에 대하여 이상의 보기 중 하나를 선택할 경우 그 보기에 해당하는 정당에 대하여 정당정체성을 갖고 있는 것으로 측정한다. 다만 "진보당"과 "기타 정당"을 선택한 이들의 수가 매우 적기 때문에 아래의 분석에서는 이 두 정당을 하나로 묶어 "기타 정당"으로 분류한다.

먼저 〈그림 11〉의 상단 그래프를 이용하여 정당정체성에 따라 제21대 대통령 선거에서 어떤 후보자를 선택했는지를 시각적으로 보고한다. 이 그래프는 정당후보자를 갖고 있지 않았던 조국혁신당을 제외하고, 더불어민주

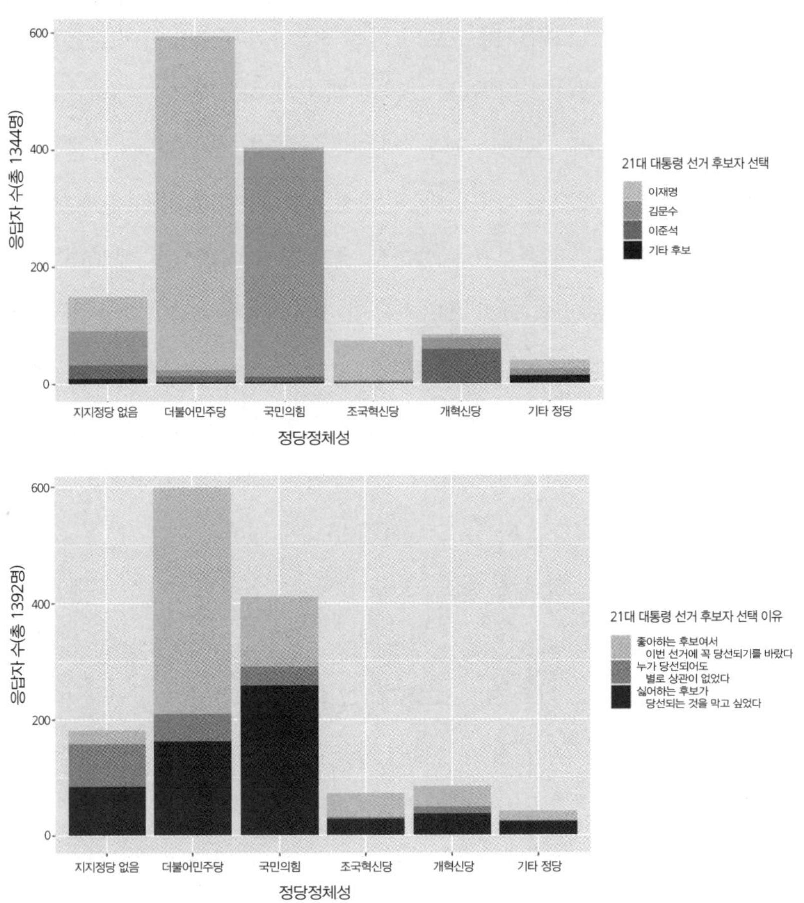

당, 국민의힘, 개혁신당에 소속감을 갖고 있는 594명, 404명, 84명의 응답자들이 압도적으로 자기 정당의 후보자들에게 투표했음을 보여 준다. 그리고 조국혁신당에 소속감을 갖고 있는 73명의 유권자들의 경우 거의 모두가 이재명 후보자에게 투표한 것으로 나타난다. 측정에서 사용된 두 가지 문항 모두에 대하여 "지지하는 정당이 없다" 혹은 "모르겠다"를 선택한 149명 중에서는 오직 58명(39%)만이 이재명 후보자에게 투표했으며, 59명(40%)과

비상계엄–탄핵 사태와 2025년 대통령 선거

23명(15%)이 보수 정당 후보자였던 김문수 후보자나 이준석 후보자에게 투표하였다.

〈그림 11〉의 하단 그래프는 각 정당에 대한 소속감을 가진 응답자들이 밝힌 제21대 대통령 선거 후보자 선택 이유의 분포를 보여 준다. 더불어민주당에 대한 정당정체성을 갖고 있는 599명의 응답자들 중 65%에 해당하는 390명이 소신 투표를 했다고 밝힌 데 비하여, 27%에 해당하는 162명만이 전략 투표를 했다고 밝혔다. 소신 투표의 우세성이 국민의힘에 대해 정당정체성을 갖고 있는 412명의 응답자들에게서는 발견되지 않는다. 이들 중 각각 122명(30%)과 258명(63%)이 소신 투표와 전략 투표를 했다고 응답하였다. 그리고 개혁신당에 대한 정당소속감을 갖고 있다고 응답한 85명의 응답자들 중 36명(42%)과 38명(45%)이 각각 소신 투표와 전략 투표를 하였다. 끝으로 자기 정당 후보자를 갖고 있지 않았던 조국혁신당 지지자들의 경우 총 73명 중 41명(56%)과 28명(39%)이 소신 투표와 전략 투표를 한 것으로 나타난다. 유의수준 5%에서 chi-squared를 검정한 결과는 후보자 선택 이유의 분포가 특정 정당에 대한 정당정체성을 갖고 있는 응답자들 간에 다르다는 가설을 지지한다(p<0.001).

다음으로 당내 경선 시 선호 후보별 제21대 대통령 선거 후보자 선택 이유를 살펴본다. 조사에 참석한 모든 응답자들은 제21대 대통령 선거 참가 유무나 정당정체성에 상관없이 "귀하는 이번 대선의 더불어민주당 대통령 후보 경선 과정에서 어느 후보를 가장 선호하셨습니까?"라는 질문과 "귀하는 이번 대선의 국민의힘 대통령 후보 경선 과정(경선 후 최종 단일화 과정 포함)에서 어느 후보를 가장 선호하셨습니까"라는 질문에 노출되었다. 첫 번째 질문에 대한 보기로는 "이재명", "김동연", "김경수", "기타", "없다", "모르겠다"가 주어졌으며, 두 번째 질문에 대한 보기로는 "김문수", "홍준표", "한

〈그림 12〉 당내 경선 시 선호 후보별 제21대 대통령 선거 후보자 선택 이유(더불어민주당)

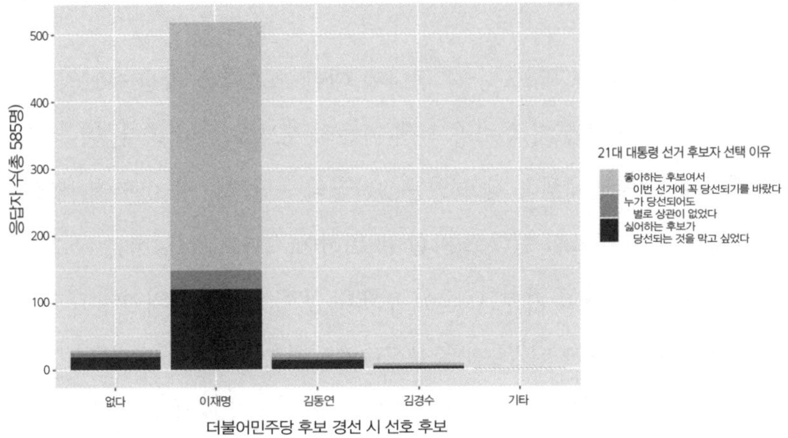

덕수", "안철수", "기타", "없다", "모르겠다"가 주어졌다. 아래의 분석에서는 "모르겠다"를 선택한 응답자들을 결측치로 처리한 후 보고한다. 아울러, 정당 내부 경선이라는 점을 감안하여 더불어민주당 내부 경선 후보 선호에 대한 분석은 더불어민주당 지지자들에 국한하여, 마찬가지로 국민의힘 내부 경선 후보 선호에 대한 분석은 국민의힘 지지자들에 국한하여 진행함을 밝힌다.

〈그림 12〉는 더불어민주당 지지자들이 밝힌 당내 경선 후보자 선호와 제21대 대통령 선거 후보자 선택 이유에 관한 그래프이다. 먼저 이재명 후보자를 선호했다고 밝힌 519명 중 각각 71%와 23%에 해당하는 370명과 120명이 소신 투표와 전략 투표를 하였다. 김동연 후보자나 김경수 후보자를 선호했다고 밝힌 이들은 25명과 9명에 불과하며, 전략 투표 비율이 소신 투표 비율에 비하여 높거나 같다. 그리고 당내 경선 참가 후보 중 선호했던 후보가 없었다고 밝힌 30명 중에서도 대략 67%에 해당하는 20명이 전략 투표를 한 것으로 나타난다. 유의수준 5%에서 chi-squared를 검정한 결과는

 비상계엄–탄핵 사태와 2025년 대통령 선거

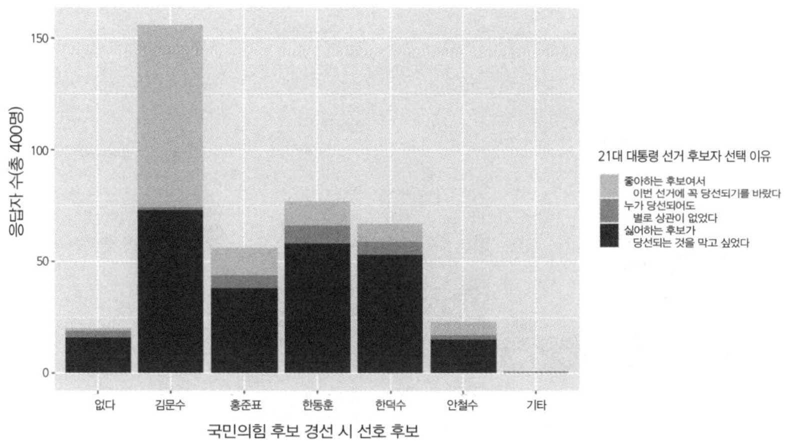

〈그림 13〉 당내 경선 시 선호 후보별 제21대 대통령 선거 후보자 선택 이유(국민의힘)

후보자 선택 이유의 분포가 당내 경선에서 선호한 후보자들 간에 다르다는 가설을 지지한다(p<0.001).

다음으로 국민의힘 지지자들을 대상으로 한 분석을 〈그림 13〉과 함께 보고한다. 가장 눈에 띄는 것은 더불어민주당의 경우와 비교했을 때, 당내 경선에 출마했던 후보자들에 대한 선호가 상대적으로 높다는 것이며, 김문수를 선호했다고 밝힌 156명 중 제21대 대통령 선거에서 전략 투표를 했다고 밝힌 이들의 비율이 상대적으로 높다는 점이다. 소신 투표와 전략 투표를 한 이들의 수는 각각 82명(53%)과 73명(47%)이다. 그리고 당내 경선에 참여했던 다른 후보자들을 선호했던 이들에게서도 높은 전략 투표 비율이 관찰된다. 홍준표, 한동훈, 한덕수, 안철수를 선호했던 56명, 77명, 67명, 23명 중 전략 투표를 했다고 밝힌 이들의 수는 각각 38명(68%), 58명(75%), 53명(79%), 15명(65%)에 이른다. 그에 비하여 소신 투표를 한 이들의 수는 각각 12명(21%), 11명(14%), 8명(12%), 6명(26%)에 불과하다. 이번에도 더불어민주당 경우와 마찬가지로, 유의수준 5%에서 chi-squared를 검정한 결과는

〈그림 14〉 계엄령 지지 및 탄핵반대와 제21대 대통령 선거 후보자 선택 이유

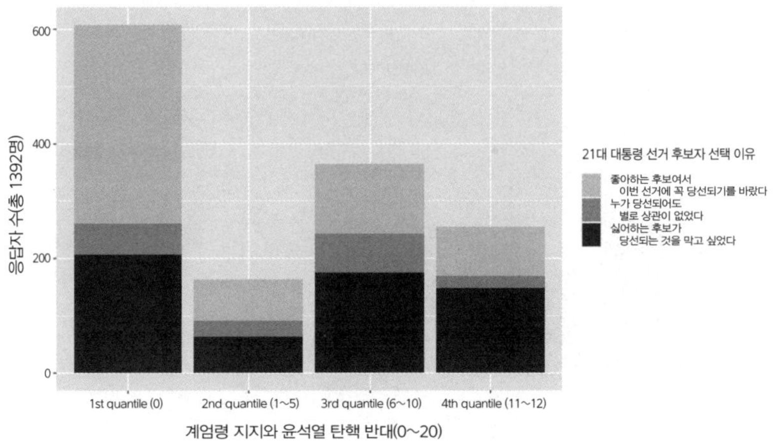

후보자 선택 이유의 분포가 당내 경선에서 선호한 후보자들 간에 다르다는 가설을 지지한다(p<0.001).

마지막으로 계엄령 지지 및 탄핵 반대에 대한 태도에 따라 제21대 대통령 후보자 선택 이유가 달라지는지를 살펴본다. 이 두 가지 사안에 대한 태도는 "윤석열 대통령의 비상계엄선포"와 "윤석열 대통령 탄핵" 각각에 대해 "귀하는 다음의 사건들에 대해 어떻게 평가하십니까"라는 질문에 대한 응답을 통하여 측정한다. 응답자들은 0부터 10 사이의 숫자를 통해서 자신의 평가를 밝힐 수 있었으며 "모르겠다"는 보기를 선택할 수도 있었다. 이때 "모르겠다"는 보기를 선택한 이들은 분석에서 제외한 후, 변수값이 클수록 비상계엄 지지와 윤석열 대통령 탄핵에 대한 반대가 강하도록 코딩한다. 그 다음 두 변수값을 합친 후 사분위로 나누어 계엄령 지지 및 탄핵 반대의 강도를 측정한다.

〈그림 14〉는 그 강도에 따라 제21대 대통령 선거 후보자 선택 이유의 분포 양상을 시작적으로 보여 준다. 먼저 1사분위에 속하는 608명의 경우 각

　　　　　　　비상계엄-탄핵 사태와 2025년 대통령 선거

각 347명(57%)과 207명(34%)이 소신 투표와 전략 투표를 했던 것으로 나타난다. 그리고 2사분위와 3사분위에 속하는 164명과 365명 중에서는 각각 73명(45%)과 63명(38%), 그리고 123명(34%)과 175명(48%)이 소신 투표와 전략 투표를 하였다. 끝으로 가장 계엄령 지지와 탄핵 반대 강도가 가장 높은 집단에 해당하는 4사분위에는 총 255명 중 각각 85명(33%)과 149명(58%)이 소신 투표와 전략 투표를 하였다. 이러한 결과는 계엄령 지지와 탄핵 반대 강도가 강해질수록 전략 투표의 비율이 점진적으로 상승함을 보여 준다. 유의수준 5%에서 chi-squared를 검정한 결과는 후보자 선택 이유의 분포가 계엄령 지지와 탄핵 반대 강도에 따라 다르다는 가설을 지지한다 (p<0.001).

4. 회귀분석 결과

지금까지는 제21대 대통령 선거 후보자 선택 이유와 관련이 있을 것 같은 변수들에 따라서 그 이유의 분포를 살펴봤고, 많은 변수들이 분포와 관련되어 있음을 chi-squared 검정을 통하여 살펴보았다. 그러나 그 변수들이 제 3의 변수들에 의하여 영향을 받았을 가능성을 감안한다면 보다 종합적인 분석이 필요하며, 아울러 앞선 분석의 결과가 추출된 표본에 의한 우연적 결과일 가능성도 존재한다. 따라서, 표본 추출의 확률을 감안한 상태에서 다양한 변수들의 영향력을 종합적으로 살펴보는 회귀분석을 실시한다.

종속변수에 해당하는 전략 투표에 관한 변수값은 세 가지이다. 먼저, 소신 투표를 의미하는 변수값은 0으로 설정되며, 전략 투표에 해당하는 변수값은 2로 설정한다. 그리고 누가 당선되어도 상관없다는 보기를 선택했을 경우에는 1로 설정한다. 종속변수의 변수값이 세 종류이고 변수값이 증가함에 따라서 소신의 영향력이 약해지면서 전략적 고려의 중요성이 강해지므로 ordered logistic 모델을 사용하여 회귀분석을 실시하는 것도 가능하다. 그러나 그 결과가 OLS 모델에서의 결과와 통상적으로 비슷하며, OLS 모델의 결과가 해석에 있어서 보다 직관적이다는 점 때문에 아래의 분석에서는 OLS 모델의 결과를 보고한다. 글에서는 따로 보고되지 않으나 or-

<표 1> 회귀분석에 사용되는 응답자들에 관한 기술통계표

	N	평균	표준편차	최소값	최대값
전략 투표	1,302	0.985	0.935	0	2
여성	1,302	0.499	0.500	0	1
연령대 (2030)	1,302	0.297	0.457	0	1
연령대 (4050)	1,302	0.362	0.481	0	1
연령대 (6070)	1,302	0.341	0.474	0	1
교육수준	1,302	2.470	1.026	0	4
소득	1,302	5.545	2.910	1	13
자산	1,302	4.605	3.466	1	12
거주지역 (서울)	1,302	0.214	0.410	0	1
거주지역 (경기인천)	1,302	0.322	0.467	0	1
거주지역 (충청대전세종)	1,302	0.104	0.305	0	1
거주지역 (경상부산대구울산)	1,302	0.245	0.430	0	1
거주지역 (전라광주)	1,302	0.073	0.260	0	1
거주지역 (강원)	1,302	0.029	0.168	0	1
거주지역 (제주)	1,302	0.014	0.117	0	1
정당정체성 (더불어민주당)	1,302	0.419	0.494	0	1
정당정체성 (국민의힘)	1,302	0.307	0.462	0	1
정당정체성 (조국혁신당)	1,302	0.051	0.219	0	1
정당정체성 (개혁신당)	1,302	0.063	0.243	0	1
정당정체성 (기타 정당)	1,302	0.029	0.168	0	1
정당정체성 (무당파)	1,302	0.131	0.338	0	1

　　　　비상계엄-탄핵 사태와 2025년 대통령 선거

정치적 관심	1,302	2.805	0.873	0	4
정치적 지식	1,302	2.621	1.184	0	4
이념적 보수성	1,302	5.077	2.259	0	10
계엄령 지지 및 윤석열 탄핵 반대	1,302	5.377	5.950	0	20
민주주의 선호도	1,302	1.578	0.743	0	2
부정선거에 대한 믿음	1,302	1.206	1.027	0	3
민주당 내부경선 후보자 선호 (없음)	1,302	0.343	0.475	0	1
민주당 내부경선 후보자 선호 (김동연/김경수/기타)	1,302	0.209	0.407	0	1
민주당 내부경선 후보자 선호 (이재명)	1,302	0.449	0.498	0	1
국민의힘 내부경선 후보자 선호 (없음)	1,302	0.388	0.487	0	1
국민의힘 내부경선 후보자 선호 (홍준표/한동훈/안철수/기타)	1,302	0.386	0.487	0	1
국민의힘 내부경선 후보자 선호 (한덕수)	1,302	0.065	0.246	0	1
국민의힘 내부경선 후보자 선호 (김문수)	1,302	0.162	0.369	0	1

dered logistic 모델의 결과와 큰 차이가 없음을 함께 밝힌다. 그리고 통계적 유의미성은 통상적인 5% 수준에서 판정한다.

〈표 1〉은 회귀분석에 사용되는 응답자들에 관한 기술통계를 보고하고 있다. 많은 변수들이 모델에 포함되는 관계로 각 변수에 대한 결측치들이 누적되어 총 198명이 제외되며 1,302명이 분석된다. 연령대의 경우 20/30대, 40/50대, 60/70대로 분류했으며, 20/30대가 비교집단이 된다. 그리고 각 정당의 내부 경선에 참여한 후보자들을 대상으로 한 선호의 경우, 앞선 기술적 분석에서와는 달리 모든 지지정당 상관없이 분석에 반영하였다.

다음으로 회귀분석 결과를 〈표 2〉와 함께 보고한다. 먼저 모델 1의 결과를 살펴본다. 첫째, 여성의 경우 남성에 비하여 전략 투표를 했었을 가능성

<표 2> 회귀분석 결과

종속 변수	전략 투표	
여성	0.139** (0.049)	0.274** (0.090)
연령대 (4050)	−0.117 (0.061)	−0.018 (0.084)
연령대 (6070)	−0.131 (0.071)	−0.047 (0.092)
교육수준	0.035 (0.025)	0.030 (0.025)
소득	−0.018 (0.010)	−0.018 (0.010)
자산	0.006 (0.008)	0.007 (0.008)
거주지역 (경기인천)	−0.094 (0.065)	−0.094 (0.065)
거주지역 (충청대전세종)	−0.008 (0.088)	−0.008 (0.088)
거주지역 (경상부산대구울산)	−0.137 (0.070)	−0.139* (0.070)
거주지역 (전라광주)	−0.168 (0.102)	−0.165 (0.102)
거주지역 (강원)	−0.261 (0.145)	−0.264 (0.145)
거주지역 (제주)	−0.130 (0.204)	−0.131 (0.204)
정치적 관심	−0.097** (0.030)	−0.094** (0.030)
정치적 지식	−0.009 (0.023)	−0.010 (0.023)
이념적 보수성	0.041** (0.013)	0.041** (0.013)
계엄령 지지 및 윤석열 탄핵 반대	−0.014* (0.006)	−0.013* (0.006)
정당정체성 (무당파)	−0.100 (0.087)	−0.098 (0.087)
정당정체성 (더불어민주당)	−0.344** (0.097)	−0.349** (0.097)

정당정체성 (조국혁신당)	−0.325* (0.134)	−0.333* (0.134)
정당정체성 (개혁신당)	−0.417** (0.110)	−0.408** (0.110)
정당정체성 (기타 정당)	−0.014 (0.151)	−0.030 (0.152)
민주주의 선호도	−0.067* (0.034)	−0.073* (0.034)
부정선거에 대한 믿음	0.014 (0.033)	0.012 (0.033)
민주당 내부경선 후보자 선호 (김동연/김경수/기타)	0.116 (0.068)	0.112 (0.068)
민주당 내부경선 후보자 선호 (이재명)	−0.442** (0.082)	−0.438** (0.082)
국민의힘 내부경선 후보자 선호 (홍준표/한동훈/안철수/기타)	0.069 (0.058)	0.081 (0.059)
국민의힘 내부경선 후보자 선호 (한덕수)	0.262* (0.112)	0.273* (0.112)
국민의힘 내부경선 후보자 선호 (김문수)	−0.342** (0.087)	−0.338** (0.087)
여성 X 연령대 (4050)		−0.202 (0.117)
여성 X 연령대 (6070)		−0.174 (0.120)
상수	1.708** (0.177)	1.653** (0.179)
Observations	1,302	1,302

이 증가한다. 둘째, 2030세대에 비하여 4050세대의 경우 소신 투표를 했었을 가능성이 더 높다. 그런데 6070세대의 경우 2030세대와 통계적으로 유의미할 정도로 투표 이유가 상이하지 않다. 셋째, 교육수준의 상승은 전략적 투표 가능성의 증가로 이어지지 않는다. 넷째, 경상도와 부울경 지역 그리고 강원도 지역에 거주하는 유권자들의 경우 서울에 거주하는 유권자들에 비하여 소신 투표를 했었을 가능성이 높다. 여타 지역에 거주하는 유권

자들은 서울 거주 유권자 대비 전략 투표 가능성에 있어서 통계적으로 유의미할 정도의 차이는 존재하지 않았다. 다섯째, 정치적 관심이 높을수록 소신 투표를 했었을 가능성이 높았다. 다만 정치적 지식의 경우 통계적으로 유의미할 정도의 상관 관계는 나타나지 않았다. 여섯째, 이념적으로 보수적일수록 전략 투표를 했었을 가능성이 높다. 일곱째, 계엄령을 지지하고 윤석열의 탄핵을 반대할수록 소신 투표를 했었을 가능성이 높다. 보수적일수록 계엄령 지지와 윤석열 탄핵 반대 가능성이 높았을 것이라고 전제할 때, 이 결과와 앞선 결과는 보수층 유권자들이 두 집단으로 나눠졌을 가능성을 시사한다. 여덟째, 국민의힘 정당정체성을 가진 응답자들 대비, 더불어민주당, 조국혁신당, 개혁신당에 대해 정당정체성을 가진 응답자들이 전략 투표를 했을 가능성은 상대적으로 낮은 것으로 나타난다. 아홉째, 민주주의 선호도나 부정선거에 대한 믿음은 투표 선택 이유와 상관관계가 없다. 끝으로, 정당 내부 경선에서 이재명 후보자와 김문수 후보자를 선호했던 응답자들은 소신 투표를 했었을 가능성이 높은데 비하여, 한덕수 후보를 선호했던 이들은 전략 투표를 했었을 가능성이 높다.

다음으로, 모델 2는 모델 1에 두 개의 변수—여성과 연령대—를 상호작용한 결과를 보고하고 있다. 이 결과는 각 연령대에서 남성과 여성 간이 전략적 투표의 차이가 존재하는지에 관한 것이며, 오직 2030대에서만 두 성별 간의 차이가 통계적으로 유의미함을 보여 준다. 상호작용항을 포함시킨 상태에서의 변수 여성의 계수가 바로 2030대에서의 성별 차이에 관한 것이며, 그 계수는 양수이고 유의미하다. 즉, 2030대의 경우 남성에 비해서 여성이 전략 투표할 가능성이 높음을 의미한다. 다음으로 상호작용항 여성 X 연령대(4050)의 계수는 음수이며 통계적으로 유의미하지 않다. 이는 2030대에 비하여 남녀 간 차이는 감소하지만, 그 정도는 통계적으로 유의

　비상계엄–탄핵 사태와 2025년 대통령 선거

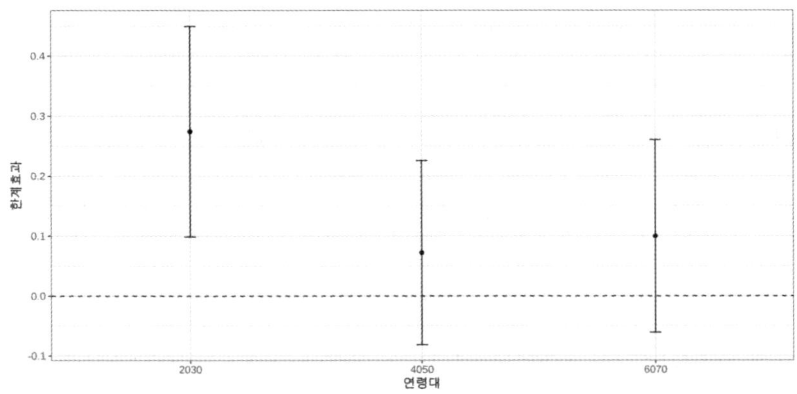

주. 점들은 추정된 한계효과를 의미하며 그 점들을 관통하는 수직선은 95% 신뢰구간을 의미한다.

미하지 않음을 의미한다. 상호작용항 여성 X 연령대(6070)의 경우도 마찬가지로, 2030대에 비하여 남녀 간 차이는 통계적으로 유의미하지 않을 정도로 감소함을 나타난다.

그러나 이러한 결과는 연령대 간의 성별 효과의 변화를 의미하며, 특정 연령대 내부에서의 성별 효과 그 자체를 보여 주지 않는다. 이를 위하여 여성의 한계효과를 추가적으로 계산하고 〈그림 15〉에 보고한다. 그림은 성별의 영향력이 오직 2030대에서만 존재함을 드러낸다. 즉, 2030대에서는 여성이 남성에 비하여 전략 투표를 했었을 가능성이 높으며 이는 통계적으로 유의미하다. 그러나 4050대와 6070대의 경우, 미약한 정도로 여성이 남성에 비하여 전략투표했을 가능성이 높지만 그 정도는 통계적으로 유의미하지 않다.

5. 논의 및 결론

지금까지 다양한 변수들과 소신/전략 투표의 관계에 대하여 기술적 분석과 회귀 분석을 활용하여 살펴보았다. 종합적으로 볼 때, 다음과 같은 점들이 드러난다. 첫째, 〈그림 11〉에서 확인할 수 있는 것처럼 평소 지지하던 정당이 아닌 다른 정당의 후보자들에게 투표하는 형태의 전략적 투표보다는 매우 미약했다. 평소 지지하던 정당에서 가장 선호하던 정치인이 그 정당의 후보자가 되지 못한 상황에서 기권하기 보다는 지지하던 정당과 경쟁 관계에 있는 정당의 대통령 후보자가 당선되는 것을 막기 위한 투표가 강했다.

물론 자신의 정당정체성을 솔직하게 드러내지 않았을 가능성을 배제하기 어렵다. 그리고 이러한 가능성은 제21대 대통령 선거가 이루어진 배경(윤석열 전 대통령의 계엄령 선포)과 선거과정 중 발생한 사건들(대선 후보 결정 과정에서 국민의힘의 내홍이나 대선 후보 토론회에서의 이준석 후보자의 혐오발언)을 감안할 때, 국민의힘 지지자들이거나 개혁신당일 가능성이 높다. 즉, 평소에는 국민의힘이나 개혁신당을 지지했음에도 불구하고 지지하는 정당이 없다고 응답했을 수도 있다. 그런데 〈그림 11〉의 결과에 따르면 지지정당이 없다고 응답한 이들의 40%와 15%가 각각 김문수 후보자와 이준석 후보자에게 지지한 것으로 나타난다. 따라서 이들 모두가 평소에는 국민의힘이나 개혁신당에 대한 정당정체성을 갖고 있었다고 감안하더라도, 평소 지지하던 정당 정치인 중 차선적으로 선호하는 후보자에게 투표하는 방식으로 전략 투표가 이루어졌다는 분석은 타당한 것으로 보인다.

둘째, 모든 주요 대통령후보자들에 대한 투표에 있어서 전략적 투표의 비율이 상당함에도 불구하고, 보수 정당의 후보자들에 대한 투표의 경우 이재명 후보자에 대한 투표에 비하여 전략 투표의 비율이 상대적으로 더 높았다. 이는 〈그림 11〉에 보고된 결과가 잘 보여 준다. 조국혁신당에 대한 정당정체성을 갖고 있는 응답자들의 경우 거의 모두가 이재명 후보자에게 투표했다고 밝힌 상황에서 56%와 39%가 각각 소신 투표와 전략 투표를 했고, 더불어민주당에 대한 정체성을 갖고 있는 응답자들의 경우 마찬가지로 이재명 후보자에게 대한 투표가 압도적인 상황에서 65%와 27%가 각각 소신 투표와 전략 투표를 했던 것으로 나타난다. 이에 반하여 개혁신당에 대해 정당정체성을 갖고 있는 응답자들의 경우 42%와 45%가 각각 소신 투표와 전략 투표를 했다고 응답하였고, 국민의힘에 대해 정당정체성을 갖고 있는 응답자들의 경우 전략 투표 비율이 훨씬 더 높게, 즉 30%와 63%가 각각 소신 투표와 전략 투표를 한 것으로 나타난다.

그리고 〈표 2〉에 보고된 회귀분석 결과는 이상의 관찰을 재확인해 준다. 이념적 보수성의 계수는 양수이며 통계적으로 유의미하다. 즉 이념적 보수성이 높을수록 전략 투표를 했을 가능성이 상승한다. 정당정체성(더불어민주당), 정당정체성(조국혁신당), 정당정체성(개혁신당)의 계수는 모두 음수이며 통계적으로 유의미하다. 이는 국민의힘에 대한 정당소속감을 갖고 있는 유권자들이 더불어민주당, 조국혁신당, 개혁신당에 대한 정당소속감을 갖고 있는 유권자들에 비하여 전략 투표를 했을 가능성이 높음을 나타낸다.

셋째, 남성에 비해서 여성이 전략 투표를 했을 가능성이 높다. 이러한 결과는 〈그림 2〉에서도 나타났는데, 남성에 비해서 여성이 전략 투표 비율이 4% 정도 높다. 〈표 2〉에서 보고된 회귀분석 결과도 변수 여성의 계수는 양수이며 통계적으로 유의미하다. 특히 이 계수의 크기(0.348)는 더불어민주당 지지자들과 국민의힘 지지자들 간의 전략 투표 가능성의 격차(0.742)의 반에 가까울 정도로 크다. 아울러, 이 남녀 간 차이가 오직 2030대에서만 관찰된다. 4050대에서는 전략 투표의 가능성이 남녀 간 차이가 없으니, 2030대에서만 여성이 남성에 비하여 전략 투표를 할 가능성이 높다. 달리 표현하면, 같은 세대의 여성에 비하여 남성의 소신 투표 가능성이 높은 집단은 오직 2030대이다.

넷째, 정치적 관심이 높을수록 소신 투표를 했었을 가능성이 높다. 〈그림 5〉에서 확인한 것처럼 전혀 혹은 별로 관심없다고 응답한 이들 중 소신 투표를 했다고 응답한 비율은 24%와 13%에 불과했다. 그러나 보통 정도의 관심이 있거나 대체로 관심이 있을 경우에는 45%와 47%의 응답자가 소신 투표를 했으며, 특히 매우 관심이 있다고 응답한 이들의 경우 62%가 소신 투표를 했다. 정치적 관심도 높은 이들을 중심으로 한 높은 소신 투표 비율은 표 1에서 보고된 회귀분석 결과에서도 확인되었다.

다음으로 계엄령에 대한 지지와 윤석열 전 대통령 탄핵에 대한 반대가 강할수록 전략 투표를 했었을 가능성은 낮고 대신 소신 투표를 했었을 가능성이 상승하였다. 먼저 그〈림 14〉에서 확인했던 것처럼, 계엄령 지지와 윤석열 탄핵 반대가 가장 약한 집단에서는 소신 투표와 전략 투표를 한 응답자의 비율이 각각 57%와 34%였다. 그런데 계엄령 지지와 윤석열 탄핵 반대의 정도가 강해질수록 소신 투표 비율은 감소한 데 반하여 전략 투표 비율은 증가하였고, 가장 강도가 강한 집단에서의 소신 투표 비율과 전략 투표 비율은 각각 39%와 58%가 되었다. 〈표 2〉에서의 회귀분석 결과도 계엄령 지지와 윤석열 탄핵 반대 태도의 영향력을 보여 준다. 해당 계수는 음수였으며 통계적으로 유의미했다. 이러한 결과는 이념적으로 보수성이 전략 투표 가능성을 상승시킨다는 앞선 결과와 배치되지 않는다. 국민의힘을 지지하는 보수적 응답자들 가운데에서 계엄령을 지지하고 윤석열 탄핵을 반대하는 이들의 경우 김문수에 대하여 소신 투표를 했지만, 그렇지 않은 이

 비상계엄–탄핵 사태와 2025년 대통령 선거

들의 경우 전략 투표를 한 것으로 해석할 수 있기 때문이다.

민주주의 선호도 역시 소신 투표를 했었는지 아니면 전략 투표를 했었는지에 영향을 끼쳤다. 〈그림 7〉에서 권위주의를 조건부로 용납하는 이들이나 혹은 권위주의와 민주주의 그 어떤 것에 대해서도 선호를 갖지 않는 이들에 비하여 민주주의를 절대적으로 선호하는 이들 사이에서 소신 투표 비율이 높았다. 아울러 〈표 2〉에서 보고된 것처럼, 민주주의 선호도 계수는 음수이며 통계적으로 유의미하였다.

한 가지 특징적인 점은 부정선거에 대한 믿음의 영향력은 회귀분석에서 확인되지 못했다는 것이다. 그것의 계수는 양수이므로 부정선거에 대한 믿음이 강할수록 전략 투표의 가능성을 높았음을 시사하지만, 이는 통계적으로 유의미하지 않다. 이러한 결과는 부정선거에 대한 믿음이 정당정체성이나 이념적 성향, 정치적 관심 등 다른 요인들과 밀접하고 관련되어 있기 때문에, 이러한 요인들의 영향력이 통제된 상태에서는 부정선거에 대한 믿음이 사실상 효과가 없게 되기 때문일 것으로 짐작된다.

전략 투표에 대한 분석 결과는 종합적으로 다음과 같은 점들을 시사한다. 첫째, 12·3 계엄령 선포와 같은 반민주적 반헌법적 사태를 경험했음에도 불구하고 보수적 유권자들은 여전히 양극화된 정당 대립 속에서 투표 선택을 하였다. 김문수 후보자는 계엄령 선포 이후 계엄령에 대한 동조적 태도를 보였으며, 국민의힘의 대통령 후보자가 된 이후에도 그 태도는 크게 변하지 않았다. 이런 후보자에 대하여, 계엄령에 대해 지지하는 유권자들은 소신 투표를 하였으며, 그렇지 않은 유권자들은 더불어민주당 후보자의 당선을 막기 위하여 전략 투표를 하였다. 이러한 양상은 민주주의 정치제제보다 정당의 승리를 우선시하는 단적인 예라고 할 수 있으며, 향후 한국 민주주의 발전에 상당한 영향력을 끼칠 것으로 예상된다.

둘째, 국민의힘 내부에서 윤석열 전 대통령을 둘러싼 논쟁이 향후 그 정당에 상당한 영향을 끼칠 가능성이 높다. 비롯 더불어민주당이나 다른 정당을 지지하는 이들에 비하여 국민의힘을 지지하는 이들에게서 소신 투표를 한 비율(30%)이 낮지만, 그 정당에 대한 소속감을 갖고 있는 시민들의 수는 결코 적지 않다. 이러한 상황에서 더불어민주당 후보자였던 이재명의 당선을 막기 위해 김문수 후보자를 전략적으로 선택한 이들의 비율(63%)이 상당한다. 다만, 〈그림 13〉에서 보고된 것처럼, 국민의힘 내부 경선에서 패배한 후보자들에 대한 지지도가 고르게 분산되어 있으며 김문수를 선호한 이들에 비하여 적다는 점은 그 후보자들이 향후 국민의힘 내에서 얼마나 큰 영향력을 가질 수 있을 것인지에 대하여 의문을 갖게 만든다.

끝으로, 적어도 한동안은 이재명 대통령에 대한 비판적 목소리가 더불어민주당에서 나올 가능성은 약해 보인다. 〈그림 9〉에서 보고된 것처럼, 김문수 후보자나 이준석 후보자에 비하여 이재명 후보자에 대한 소신 투표 비율은 압도적으로 높다. 그리고 〈그림 12〉에 나온 것처럼, 당내 내부 경선에 출마했던 김동연 후보자나 김경수 후보자 등에 대한 지지도는 이재명 후보자에 대한 지지도보다 훨씬 낮다. 따라서 더불어민주당 정치인 중 대통령이 된 이재명에 대한 비판적 목소리를 내는 것은 더불어민주당 지지자들로부터 상당한 비판을 감수해야할 가능성이 높다.

참고문헌

Abramson, Paul R., John H. Aldrich, André Blais, Matthew Diamond, Abraham Diskin, Indridi H. Indridason, Daniel J. Lee, and Renan Levine. 2010. "Comparing strategic voting under FPTP and PR." *Comparative Political Studies* 43(1): 61-90.
Alvarez, R. Michael, and Jonathan Nagler. 2000. "A new approach for modelling stra-

 비상계엄–탄핵 사태와 2025년 대통령 선거

tegic voting in multiparty elections."*British Journal of Political Science* 30(1): 57-75.

Cain, Bruce E. "Strategic voting in Britain. 1978." *American Journal of Political Science* 22(3): 639-655.

Myatt, David P. 2007. "On the theory of strategic voting." *The Review of Economic Studies* 74(1): 255-281.

제11장

계엄-탄핵 정국 선거에서의 투표 선택: 자산과 주관적 계층의식

김수인(서울대학교 정치외교학부 박사과정)

1. 서론

한국의 선거에서 계층과 관련된 사회경제적 변수가 주요 분석 대상이 된 것은 비교적 최근의 일이다. 민주화 이후 한국 정치에서 유권자의 정치적 태도나 투표 행태는 지역, 세대, 이념과 같은 변수들에 의해 주로 설명되어 왔으며(정진민, 황아란 1999; 강원택 2003; 김주찬·윤성이 2003), 직업이나 소득 등 전통적인 계층적 지표가 투표 선택에 미치는 영향을 분석한 연구들이 꾸준히 시도되어 왔지만, 경험적으로 그 영향력은 크지 않거나 일관되지 않은 결과를 보여 왔다(전병유, 신진욱 2014; 오수진·박상훈·이재묵 2017).

그러나 지난 10여 년간 한국 사회는 정치·사회·경제적으로 중대한 변화를 겪었다. 특히, 경제적 양극화가 심화되면서 소득, 자산, 고용, 교육, 주거 등 사회 전반에 걸친 불평등 구조가 고착화되고 있다. 특히, 서울과 수도권을 중심으로 한 주택 가격의 급등은 자산 격차를 심화시켰으며, 무자산층과 자산층, 청년층과 중장년층 등 다양한 집단 간의 이해관계가 명확하게 구분되고 있다. 이러한 변화는 사회경제적 지위(socioeconomic status, SES)가 유권자의 정치적 태도와 선택에 미치는 영향에 주목해야 할 필요성을 제기한다. 2025년 대선은 윤석열 전 대통령의 탄핵으로 인한 조기 선거라는 특수한 맥락하에서 치러졌다. 그럼에도 불구하고 최근 선거들에서 관찰되어 온 이른바 '부동산 투표' 경향은 여전히 확인되었다. 이러한 현상은 한국 정치에서 유권자의 사회경제적 지위가 정치적 선택의 핵심 변수로 부상했음을 보여 줄 뿐 아니라, 그에 기반한 계층 균열이 구조화될 가능성을 시사한다.

그러나, 사회경제적 지위(SES)와 투표 선택 간의 관계를 살펴보는 것만으로는 유권자의 정치적 행태를 충분히 설명하기 어렵다. SES를 구성하는 자산, 소득, 학력, 직업 등 다양한 요소들은 서로 교차하며 작용하거나, 각각 다른 정치적 영향력을 미칠 수 있으며, 객관적으로 동일한 조건을 공유하는 집단 내에서도 정치적 행태가 다르게 관찰되는 경우가 적지 않기 때문이다. 예컨대, 고소득·고자산에 속하는 유권자들 중에도 재분배를 선호하고 진보 정당을 지지하는 '강남좌파'나, '브라만 좌파(Brahmin Left)' 현상(Piketty 2020), 상대적으로 낮은 소득과 자산 수준에도 불구하고 보수 정당을 지지하는 한국의 이른바 '이대남(20대 남성)' 집단은 이러한 복합적인 양상을 단적으로 보여 준다.

이러한 간극을 메우기 위해 일부 연구들은 유권자가 스스로 인식하는 주관적 계층의식(subjective class identification)의 중요성을 강조했다(Manstead 2018; 서복경·한영빈 2014). 사람들은 객관적인 경제적 조건이 아니라 타인과의 상대적 비교를 통해 스스로의 계층적 위치를 인식하며, 이로부터 형성되는 우월감이나 박탈감 등 심리적 인식 구조가 정치적 선택의 동인이 된다는 것이다(Evans & Tilley, 2017; Manza & Brooks, 1999). 그러나 주관적 계층의식 설명 역시 몇 가지 한계를 지닌다. 첫째, 인식은 개인이 처한 생애 주기적 상황에 따라 변할 수 있어 안정적인 설명 변수가 되기 어렵다. 둘째, 동일한 주관적 계층의식을 가진 집단 내에서도 실제 자산이나 소득 수준, 고용 안정성, 교육 수준 등 객관적인 조건에 따라 정치적 선택이 달라질 수 있다.

이에 본 연구는 자산, 소득, 학력 등 객관적인 사회경제적 조건과 주관적 계층의식을 독립적으로 분석해 온 기존 연구의 한계를 보완하고, 이들의 직·간접 효과와 상호작용을 종합적으로 규명하고자 한다. 즉, 객관적인 사회경제적 조건과 주관적 계층의식이 어떻게 결합하거나 분리되면서 유권자의 정치적 정향과 투표 선택에 영향을 미치는지 실증적으로 규명함으로써, 한국 정치에서 계층 균열과 계급 투표의 가능성을 보다 체계적으로 설명하고자 한다.

2. 이론적 배경

계층은 사회 내에서 개인과 집단을 구분하는 개념으로, 크게 생산관계에 입각한 '막스주의적 시각'과 소득, 직업, 교육 수준 등 사회경제적 시장 자원의 보유 수준을 강조하는 '베버주의적 시각'으로 구분된다. 대규모의 노동계급이 사실상 존재하지 않은 한국의 경우, 베버의 지위집단으로서의 개념이 더 적실성 있는 접근법이라고 할 수 있다(강원택, 2014).[1] 기존 정치사회

---

1 본 글에서는 계급과 계층의 용어를 구별하기보다는 이를 "동일한 또는 비슷한 정도의 사회적 희소가치를 향유하는 사람들, 또는 그에 따라 비슷한 평가를 받는 사람들로 구획된 집단"(김채

　　　　　　비상계엄–탄핵 사태와 2025년 대통령 선거

학 연구들은 계층적 요인이 유권자의 정치적 정향이나 행태에 미치는 영향을 객관적인 사회경제적 지위와 주관적 계층의식이라는 두 가지 차원에서 설명해 왔다(Lipset and Rokkan, 1967; Evans and Tilley, 2017). 전자는 소득, 자산, 교육 수준, 직업 등 측정 가능한 경제적 수준이나 노동 시장 내 지위를 기준으로 계층을 정의하는 구조적인 접근을, 후자는 개인이 사회적 비교 과정을 통해 스스로 자신의 계층을 인식하는 인지적 접근을 의미한다.

1) 사회경제적 지위(SES)와 계급투표(class voting)

사회경제적 지위는 유권자의 정치적 태도와 투표 선택을 설명해 온 핵심 변수이다. 립셋과 록칸(Lipset and Rokkan 1967)은 산업화 과정에서 형성된 사회경제적 균열(cleavage)이 장기적으로 정당 체계를 형성한다고 보았다. 노동자 계급이 좌파 정당을, 중산층 이상은 우파 정당을 지지하는 이러한 계층-정당 연합 구조가 장기간에 걸쳐 제도화되어, 유권자의 정당 일체감과 이념적 위치를 안정적으로 유지시킨다는 계급투표(class voting) 모형은 산업혁명 이후 서구 국가의 정당 체계와 유권자의 투표 선택을 설명하는 핵심 틀로 자리 잡았다(Evans 1993). 소득이 낮은 집단은 분배 평등을 표방하는 좌파 정당을 지지하는 반면, 소득이 높은 집단은 그들의 경제적인 이득을 유지하기 위해 보수 정당을 지지한다는 이 단순한 가설은 1960년대 이후 선거 후 자료가 본격적으로 축적되면서 많은 연구자들에 의해 규명되었으며, 대부분의 발견은 계급이 투표 선택에 강한 영향을 미치고 있다는 것

윤, 1993: 150), "각 사회 계층의 구성원은 다른 계층의 구성원과는 지위상의 차이가 나도록 사회 성원 전체가 사회적 신분 계층으로 분할된 것"(Schiffman and Kanuk, 1991)정도로 정의한다.

이었다(Alford 1963, Rose 1974; Bartolini and Mair 1990)

그러나, 후기 산업사회로의 이행과 함께 그 영향력은 점차 약화되었다. 잉글하트(Inglehart 1977)는 세대 교체를 통해 자아실현, 환경, 성 평등 등 탈물질적인 가치가 확산되면서, 경제적 이해관계보다 추상적이고 관념적인 이슈가 정치적 선택에 더 큰 영향을 미친다고 주장했다. 서유럽 국가를 비교 분석한 넛센과 스카브로우(Knutsen and Scarbrough 1995) 역시 교육 수준의 향상과 가치·정체성 균열의 부상이 계급투표를 약화시키는 주요 요인임을 지적했다.

이와 관련하여 최근 정치사회학 논의에서는 동일한 사회경제적 계층 내부에서도 정치적 성향이 다르게 나타나는 현상에 주목한다. 피케티(Piketty 2020)는 '브라만 좌파(Brahmin Left)'와 '상인 우파(Merchant Right)'로 개념화했는데, 두 집단 모두 경제적 상층에 속하지만, 전자는 주로 고학력 전문직 종사자로, 환경 보호, 다문화, 성평등 등 사회 문화적 이슈에 대해 진보적 성향을 보이며 좌파 정당을 지지하는 반면 후자는 고소득·고자산층 중에서 문화적으로 보수성향을 지니며, 세금 완화, 규제 축소, 재산권 보호 등 경제적 자유주의 의제를 중시해 우파 정당을 지지하는 경향을 보였다. 또한, Zacher(2022)는 미국의 일부 고소득층이 세금 감면 등 경제적 이해보다 환경 보호, 공공재 투자와 같은 가치에 우선순위를 두고 민주당을 지지한다는 사실을 지적하였다. 이러한 논의는 계층 균열이 단순히 상층과 하층 간의 대립이 아니라 계층 내부의 분화를 통해서도 정치적 양극화에 영향을 미칠 수 있음을 시사한다.

한편, 국내 정치학계에서 계층의 정치적 함의에 대한 연구는 서구의 전통적 계급투표(class-based voting)론을 참조하면서도, 한국의 독특한 정치·사회적 맥락을 반영해 발전해 왔다. 초기의 연구들에서는 서구에서 관찰된 전통적 의미의 계급투표를 확인할 뚜렷한 경험적 증거가 제시되지 않았으며, 민주화 이후 한국 유권자의 투표 선택을 설명해 온 주요 변수인 지역, 세대, 이념이 소득, 자산 등 계층적 요인의 영향력을 압도했다(박찬욱 1993; 한귀영 2013; 강준만 2017). 강원택(2013)은 한국 사회에서 저소득층 유권자가 진보 정당보다 보수 정당에 투표하는 현상을 계급배반적(class betrayal voting)행태로 분석하며, 이러한 경향이 한국의 독특한 사회문화적 맥락 — 특히 분단, 냉전, 강한 안보의식 및 반공 이데올로기 — 에서 기인한다고 보았다. 이후 연구들은 계급투표의 부재를 설명하기 위해 유권자 개인의 정치지식(political sophistication), 즉 정책적 차이를 분별하고 인지할 수 있는 능력의 차이를 주목하기 시작했다. 계급의식은 분명히 존재하지만 유권자들이 자신들의 계급적 이해관계를 반영한 정당 선택을 하지 못한다는 것이다(이갑윤 외, 2013; 장승진, 2013).

그러나, 최근에는 계급투표 논의를 자산 불평등, 세대, 지역 등의 맥락으로 확장하여 이해하려는 시도가 진행되고 있다. 일부 연구는 주택 소유 등 자산 요인이 정치적 선택에 미치는 영향을 분석하며, 전통적인 소득 기반 계층 분석에서 벗어나, 보다 복합적인 사회경제적 요인을 고려했다(손낙구 2010). 특히, 부동산 가격의 급등과 자산 불평등의 심화는 계층 변수가 정치적 균열의 새로운 축으로 부상할 가능성을 제기한다.(이현경·권혁용 2016; 김수인·강원택 2022). 특히, 주택 소유 여부와 자산의 규모가 유권자의 정치적 태도와 투표 선택에 영향을 미친다는 경험적 연구들이 제시되고 있는데(신정섭 2022; 김도균·최종호 2018), 이러한 논의는 전통적인 계급투표 이론을 계승하면서도, 기존 연구가 주로 주목한 소득이나 직업이 아니라 자산에 초점을 둔다는 점에서 차별성을 갖는다. 특히 '자산투표(patrimonial voting)' 가설은 보유 주택 가치나 자산 규모가 정치적 선택에 미치는 영향을 국내외 선거 연구에서 실증적으로 확인되고 있으며(Ansell 2014; Persson and Martins-son 2018), 이는 자산 규모를 기준으로 한 새로운 형태의 계급투표 가능성을 보여 준다.

2) 주관적 계층의식과 투표 선택

주관적 계층의식(subjective class consciousness)은 사회 구성원이 자신의 사회경제적 지위의 위계적 서열에 대한 인지적으로 판단(cognitive judgement)하고 이를 특정 계층·계급에 귀속시키는 과정을 의미한다(Davis 1956; Jackman and Jackman 1973). 이는 단순한 자기평가를 넘어, 자신의 이해관계에 대한 자각과 집단 정체성(collective identity)의 형성, 그리고 정치적 행동으로의 발전 가능성까지 포괄한다. 즉, 개인이 속한다고 여기는 계층이 공유하는 생활양식, 태도, 행동 등으로 발현될 수 있는 인식이라는 점에서, 정치행태 분석에서 중요한 이론적 기반이 된다. 장승진(2013)은 2012년 양대 선거 분석을 통해 주관적 계층의식이 정치적 귀속과 투표 행태를 설명하는 독립적 변수임을 보여 주었다. 특히 특정 세대와 정치적 맥락에서 그 영향이 강화되는 경향이 나타났으며, 이는 계층 균열 구조가 고정된 것이 아니라 정치 환경에 따라 재구성될 수 있음을 시사한다.

주관적 계층의식의 형성 요인은 크게 두 가지로 나눌 수 있다. 첫째, 객관적 요인(직업, 소득, 자산, 교육 수준 등) 시장 자원의 보유 수준이다. 잭맨과 잭맨(Jackman and Jackman 1973)은 직업, 소득, 교육 수준의 순서로 계층의식에 영향을 미친다고 보았으며, 국내 연구에서도 영향력의 순서에는 차이가 있으나 이들 요인이 중요한 결정 변수임이 확인되었다(김병조 2000; 김경동·최태룡 1983; 이왕원 외 2016; 장상수 1996). 둘째, 경험·문화적 요인으로, 생활양식,

소비 패턴, 건강 상태, 사회적 네트워크, 여가 활동 등 개인이 일상에서 겪는 경험으로, 삶의 만족도와 결합해 계층 인식을 강화하거나 변화시키기도 한다(Lundberg and Kristenson 2008; 조동기 2006; 이희정 2018). 생활 여건과 사회관계 만족도가 높을수록, 그리고 사회를 공정하게 인식할수록 계층인식 수준이 높아지는 경향이 확인되었다(김지경 2017; 송한나 외 2013).

이처럼 주관적 계층 인식은 가족적인 배경, 생활 양식, 준거 집단과의 사회적 비교를 통해 형성되는 인지적·문화적 산물이며, 사람들은 절대적인 지표보다 상대적인 위치를 통해 자신이 계층을 인식하기 때문에, 이 과정에서 발생하는 상대적 우월감 또는 박탈감이 정치적 태도와 행동에 중요한 영향을 미친다(Evans and Tilley 2017). 즉 동일한 소득이나 자산을 가진 유권자라도 자신이 어느 계층에 속한다고 인식하는지에 따라 정치적 성향과 투표 선택이 달라질 수 있으며, 사회적 불평등이 심화될수록 계층 인식의 양극화도 심화되는 경향이 있는 것으로 나타났다(Andersen et al. 2012). 한편, 국내 연구에서도 주관적 계층의식과 객관적 지표의 불일치가 보고되었는데, 고소득층이더라도 자신을 중산층이나 하층으로 인식하는 경우 재분배 정책이나 정당 지지가 달라질 수 있는 것으로 나타났다(이연경·이승종 2017). 이러한 점에서 주관적 계층의식은 객관적 계층 위치를 보정하거나, 때로는 정치적 균열을 재구성하는 역할을 수행할 수 있다. 요약하면, 주관적 계층의식은 경제적 자원 보유 수준이라는 객관적 조건 위에 사회·심리적 경험이 결합되어 형성되며, 정치적 태도와 투표 선택에 독립적인 영향을 미칠 수 있다. 특히 객관적 사회경제적 지위와의 상호작용을 통해 정치적 동원과 균열 구조 형성에 중요한 역할을 할 수 있는 중요한 변수이다. 따라서 본 연구는 계급 투표에 있어 사회경제적 지위 지표들이 투표 미치는 영향과 주관적 계층의식의 매개효과를 함께 검증하고자 한다. 다시 말해 비슷한 수준의 자산을 가진 유권자들의 정당 선호가 반드시 일치하지 않을 수 있으며, 자신을 어떤 계층으로 인지하는지에 따라 그들의 정당 선호가 차별적으로 나타날 수 있기 때문이다. 이상의 이론적 논의에 따라 본 연구는 다음과 같은 가설을 설정한다.

[가설 1] 사회경제적 지위(SES) 지표(소득, 자산, 직업, 교육 수준) 중 자산이 주관적 계층의식에 미치는 영향이 다른 지표보다 클 것이다.

[가설 2-1] 사회경제적 지위(SES) 지표들은 주관적 계층의식을 매개로 투표 선택에 간접효과를 가질 것이다. (전통 계급투표 가설)

[가설 2-2] 자산은 주관적 계층인식을 매개하지 않고 투표 선택에 독자적인 영향력을 가질 것이다. (대안가설 – 자산투표 가설)

[가설 3] 동일한 주관적 계층 의식을 가진 유권자라 하더라도, 자산 수준에 따라 투표 선택이 달라질 것이다. (상호작용 가설)

3. 변수와 자료

본 연구는 2025년 대선에서 계층적 요소가 투표 선택에 미친 영향을 분석하기 위해 대선 직후인 6월 4일부터 7일까지 실시된 설문조사 자료를 활용하였다. 설문조사는 웹조사 방식으로 진행되었으며, 표본은 전국에 거주하는 만 18세 이상 남녀를 대상으로 지역, 성별, 연령별 비례할당을 통해 추출된 1,500명이다. 이 조사는 사회경제적 지위(소득·자산·직업·교육 수준), 주관적 계층의식, 정치적 태도(이념, 정당 지지, 정책 찬반)뿐 아니라 본인 및 자녀 세대의 계층 이동성 인식 문항 등을 포함하고 있어, 단기적인 투표 선택과 장기적이고 구조적인 계층 균열 가능성을 함께 분석할 수 있다는 점에서 적절한 자료를 제공한다.

　주요 변수의 조작화 방식은 다음과 같다. 먼저, 본 연구의 관심 변수인 주관적 계층의식은 설문항 "귀하는 우리 사회에서 어느 계층에 속한다고 생각하십니까?"에 대한 응답을 활용하였다. 자료에서는 ① 최상층 ~ ⑤ 최하층의 5점 척도로 측정되었으나, 분석의 편의상 상층, 중층, 하층의 3개의 가변수로 변환하였다. 또한, 자산의 규모는 하위(1억 미만), 중하위(1~3억 미만), 중위(3~5억 미만), 중상위(5~9억 미만), 상위(9억 이상) 집단 각각 5개의 가변수로 조작화하였다. 일반적으로 자산의 분포는 오른쪽으로 긴 꼬리를 갖는 형태를 띠기 때문에 이 연구에서는 평균값이 아닌 자산의 중위값(median)을 기준으로 5개 집단을 분류하였다.[2] 2024년 통계청이 발간한 '가계금융복지조사'에 따르면 자산 규모 중위값은 전국 30,645만 원, 경기 42,036만 원, 서울 36,440만 원이었으며, 각 집단의 범주도 같은 자료를 참고하였다. 종속변수는 유권자들의 대통령 후보 선택이다. 진보 정당인 더불어민주당 이재명 투표를 "1"으로, 보수 정당인 국민의힘 후보인 김문수 투표를 "0"으로 처리하였다. 이 외에도 사회경제적 지위 요소인 소득, 직업, 학력, 보유주택 여부와 일반적으로 정치적 태도에 영향을 미치는 것으로 알려진 성별, 연령, 거주지역도 통제변수로 이항로지스틱 분석모형에 포함하였다. 각 변수를 조작화 한 방식은 〈표 1〉에 정리하였다.

2　2024년 기준, 가구 당 평균 순자산은 4억 4,894만원이다. (통계청, 가계금융복지조사 2024)

<표 1> 주요 변수의 조직화

주요 변수	조작화
종속변수	
투표 선택	더불어민주당 이재명=1, 국민의힘 김문수=0
독립변수	
주관적 계층의식	하층, 중층, 상층 (기준변수: 중층)
자산	하위, 중하위, 중위, 중상위, 상위 5개의 가변수 (기준변수: 중위)
소득	하위, 중하위, 중위, 중상위, 상위 5개의 가변수 (기준변수: 중위)
연령	20대, 30대, 40대, 50대, 60대, 70대 이상 6개의 가변수 (기준변수: 20대)
성별	남성=1, 여성=0
거주 지역	서울, 인천/경기, 대전/충청, 광주/전라, 대구/경북, 부산/울산/경남, 강원/제주, 7개의 가변수 (기준변수: 서울)
직업	자영업, 판매/영업/서비스, 생산/기술/운송, 사무/전문/관리직, 주부, 학생, 기타, 무직/퇴직/노동불가 8개의 가변수 (기준변수: 무직/퇴직/노동불가)
학력	대학원 이상, 대재이상, 고졸이하 3개의 가변수 (기준변수: 대재이상)
주택 소유	자가 보유=1, 자가 없음=0

4. 분석 결과

1) 주관적 계층의식과 정치적 정향[3]

2025년 대선에서의 계층투표 가설을 본격적으로 검증하기에 앞서, 유권자들을 주관적 계층의식 집단으로 구분하고 각 집단의 정치적 정향(political orientation)을 살펴보았다. <표 2>는 유권자의 주관적 계층 인식에 따른 주

---

3 알몬드와 버바(1972)는 '정치적 정향(political orientation)'을 "정치 체제와 그 체제 내의 여러 대상에 대한 태도와 구성원의 역할에 대한 태도"로 정의한 바 있다. 이 연구에서는 투표 행태에 중요하게 영향을 미치는 요인으로 한국 선거 연구에서 자주 채택하고 있는 일부 변수들만 사용했다.

　비상계엄–탄핵 사태와 2025년 대통령 선거

〈표 2〉 주관적 계층 집단별 주관적 이념

주관적 계층인식	이념 평균
상위 계층	5.94
중위 계층	4.91
하위 계층	5.01
N	1,500
분산분석/ 교차분석	F=3.59 p<0.001

* 11점 척도로 측정(0-매우 진보, 5-중도, 10-매우 보수)

관적 이념의 차이를 보여 주는 것으로, 자신을 상위 계층으로 인식하는 유권자 집단이 가장 보수적인 것으로 나타났으며, 하층, 중층이 그 뒤를 잇는 패턴이 발견되고, 집단별 차이도 통계적으로 유의미하게 확인된다. 이는 주관적 계층 의식이 단순한 자기 위치 평가를 넘어, 정치적 태도 형성의 핵심 준거틀 역할을 한다는 선행연구의 주장과도 부합한다. Evans(1999)는 비교정치 분석을 통해, 계층적 인식이 유권자의 이념 형성에 독자적이면서 지속적인 영향을 미친다고 지적하였다. 한편, 국내의 기존 연구는 한국의 이념 갈등이 계층적 요소와는 별개로 형성된 복합적 구조이며, 오히려 가치·이념·문화적 차원이나 세대, 반공이데올로기, 지역주의적 변수차원에서 해석하는 것이 타당하다고 보았다(성경륭 2015; 박경미 2021). 그러나 본 분석은 계층 인식이 독자적으로 이념 성향과 밀접하게 연관되어 있음을 보여 주었다는 점에서 기존 논의와 차별성을 갖는다.

〈표 3〉은 유권자의 주관적 계층 인식 집단별 정당 지지도 분포를 보여 준다. 분석 결과, 상위 계층일수록 국민의힘을 지지하는 비율이 가장 높았고 (43.3%), 더불어민주당 지지율은 상대적으로 낮았다(27.61%). 반면, 하위 계층일수록 더불어민주당에 대한 지지율이 상대적으로 높게 나타났으며(43.1%),

〈표 3〉 주관적 계층 집단별 지지 정당(%)

	더불어 민주당	국민의힘	조국 혁신당	개혁신당	없음/모름	합계(n)
상위 계층	27.61	43.28	8.96	5.97	14.18	134
중위 계층	45.36	29.85	5.39	6.24	13.15	593
하위 계층	43.05	28.34	5.36	5.64	17.61	727
N	619	441	79	90	225	1,454

교차분석 χ^2=23.02
p<0.01

중위 계층은 두 정당 간 지지율 차이가 비교적 작은 것으로 나타났으나, 더불어민주당이 다소 우세한 양상을 보였다. 이는 자신을 낮은 계층으로 인식할수록 복지 확대나 재분배를 표방하는 정당에 대한 지지를 강화한다는 전통적인 계급정치 논의와 일맥상통하는 결과이다(Lipset 1981; Manza and Brooks 1999). 또한, 조국혁신당, 개혁신당, 무당층의 분포도 통계적으로 유의미한 차이를 보였는데(p<0.01), 주목할 점은 제 3정당과 무당층 응답의 분포 차이이다. 무당층(지지정당 없음/모름)응답은 하위 계층(17.61%)에서 가장 높게 나타났는데, 이는 단순한 정치적 무관심이라기보다, 제도 정치에 대한 불신과 낮은 정치 효능감이 사회경제적 지위와 결합하여 나타나는 전형적인 패턴으로, 사회경제적 격차와 정치참여 간 관계를 분석한 국내외 선행연구들의 결과와 그 맥을 같이한다(Verba et al. 1995; 장승진·장한솔 2020). 한편, 조국혁신당 지지의 경우, 하위(5.36%), 중위(5.39%) 계층에 비해 상위 계층(8.96%)의 지지가 높게 나타났는데, 이는 세대효과(generation effect)와 교차하여 설명될 수 있다. 2002년 제16대 대선에서 노무현 대통령의 당선을 경험한 당시의 20대 유권자들은 성년 초기에 '정권교체'와 '정치 개혁'이라는 정치적 사건을 공유하며 정치사회화 되었고, 이로 인해 진보적 이념 성

향과 민주당에 대한 강한 정당일체감을 형성하였다(Mannheim 1952; 전상진 2012; 김정훈·한상익 2016). 조국혁신당의 창당과 조국 전 장관의 정치적 행보는 오늘날 40~50대가 된 이 세대에게 노무현–문재인 정부로 이어지는 정치적·상징적 연속선상에 있는 사건으로 받아들여졌을 가능성이 크다.

〈표 4〉는 2025년 대선에서의 투표 선택을 주관적 계층 인식 별로 교차 분석한 결과이다. 분석 결과, 김문수(국민의힘)에 대한 투표 비율은 상위 계층(47.86%)에서 가장 높았으며, 더불어민주당 후보에 대한 투표는 하위 계층(56.60%)에서 가장 높게 나타났다. 이는 앞서 살펴본 〈표 3〉의 분석과 마찬가지로, 주관적 계층 인식이 투표 행태에서도 일관된 패턴을 보이며, 상위 계층일수록 보수 정당 후보를 선택하는 전통적인 계급투표 경향이 재확인하는 결과이다. 한편, 제 3정당 후보인 이준석(개혁신당)에 대한 지지는 전 계층에서 10% 미만으로 나타난 가운데, 상위 계층(10.26%)에서 상대적으로 높게 나타났다. 이는 이념 스펙트럼에서 중도 또는 중도보수적 성향을 표방하거나 기존 양당 체제에 대한 불만을 반영한 투표 선택으로 해석할 수 있으며, 윤석열 정부의 국정 운영 방식과 계엄 사태 등 이번 선거의 정치적 맥락이 보수 진영 내부의 분화를 촉발하면서, 일부 상층 유권자들이 일시적으로 대안을 선택한 것으로도 해석할 수 있다(Hirschman 1970).[4]

〈표 5〉에서 주관적 계층 인식에 따른 정책 태도의 차이를 분석한 결과, 다음의 흥미로운 시사점이 나타났다. 특히 고소득자 과세 강화, 비정규직 문제의 국가 개입 여부, 사형제 존속에 대해 통계적으로 유의미한 계층 간 차이가 확인되었다. 이러한 결과는 서구 문헌에서 제기되어 온 계층 기반

---

[4] Hirschman(1970)의 'Exit' 개념은 기존 조직이나 체제에 대한 불만이 누적될 경우, 내부에서 변화(voice)를 시도하는 대신, 일시적 또는 영구적으로 이탈(exit)하는 행동을 설명한다. 본 사례에서 상층 보수 유권자의 개혁신당 지지는 기존 보수 정당으로부터의 '영구적 이탈'이 아니라, 특정 정치적 사건에 대한 불만을 표출하기 위한 일시적인 것으로 볼 수 있다.

<表 4> 주관적 계층 인식에 따른 유권자들의 2025년 대선 투표 선택(%)

투표 정당	이재명 (더불어민주당)	김문수 (국민의힘)	이준석 (개혁신당)	합계(n)	교차분석
상위 계층	41.88	47.86	10.26	117	
중위 계층	55.80	36.10	8.10	543	χ^2=9.21 p=0.056
하위 계층	56.60	36.20	7.21	652	
N	721	488	103	1,312	

<표 5> 주관적 계층 인식에 따른 주요 정책 찬성 비율(%)

	고소득자 과세 강화	한미동맹 강화	남북협력 및 화해	비정규직 기업 자율 에 맡겨야	표현의 자유 보장 해야	사형제 존 속되어야	합계 (n)
상위 계층	62.86	92.14	60	52.86	28.57	72.14	140
중위 계층	74.67	91.12	68.91	41.94	27.96	83.72	608
하위 계층	81.38	91.62	66.22	38.3	30.32	82.18	752
교차 분석	p<**0.001**	p=0.905	p=0.119	p<**0.01**	p=0.627	p<**0.01**	

의 정책 선호 구조와 부분적으로 접점을 갖는다. 우선, 고소득자에 대한 과세 강화에 대해 하위 계층이 찬성하는 비율이 81.38%로 다른 계층들에 비해 현저하게 높은 것으로 나타났다. 이는 유권자들이 자신의 경제적 이해관계(economic self-interest)에 따라 정책을 지지한다는 '개인경제투표(pock-etbook voting)' 가설을 전형적으로 보여 주는 결과이며, 2008년 미국 대선 분석을 통해 자산의 규모가 클수록 증세를 통한 재분배를 지지할 확률이 낮다고 주장한 루이스벡과 네이도(Lewis-Beck and Nadeau 2011)의 연구와도 방향을 같이한다.

주목할 점은, 사형제 존속, 비정규직 문제 기업 자율 주장, 사형제 존속

 비상계엄–탄핵 사태와 2025년 대통령 선거

등 가치 문화적 이슈에 대해서도 계층 간 의미 있는 차이가 나타났다는 점이다. 잉글하트(Inglehart 1977, 1997)는 후기산업사회에서 유권자들이 자유, 인권, 평등, 환경 등 탈물질주의적 가치(post-materialist values)를 중시한다고 주장했으며, 고학력, 고소득일수록 이러한 경향성이 더욱 뚜렷해진다고 주장하였다. 특히, 상위 계층이 사형제 존속 문제에 대해 하위 계층보다 반대 입장을 보인 점은, 인권 중심적 사고가 상층 계층에 더 강하게 자리잡고 있음을 시사하며, 이는 Flanagan(1987)의 주장에서처럼, 계층 간 가치 충돌이 물질주의-탈물질주의 균열을 통해 정치적으로 조직될 수 있음을 암시한다.

반면, 한미동맹 강화나 남북 협력 정책 찬성에 대해서는 계층 간 차이가 통계적으로 유의미하지 않게 나타난 점도 주목할 만하다. 이는 한국 정치에서 전통적으로 핵심적인 갈등 축을 형성해 온 안보나 북한 이슈가 더 이상 뚜렷한 균열선을 형성하지 않는다는 것을 의미하며, 비교적 광범위한 사회적 합의가 형성된 합의의제(valence issue)로 전환되고 있다는 것을 시사한다(Stokes 1963). 이러한 변화는 전통적인 한국적 맥락의 이념 균열이 약화되는 대신, 경제적, 문화적 가치 균열이 부상하는 구조적인 재편이 진행되고 있음을 보여 주는 것이다.

2) 주관적 계층의식 결정 요인

앞 절에서의 교차분석 결과, 주관적 계층 인식은 유권자의 정치적 정향을 보여 주는 여러 변수 전반에서 일관된 패턴을 보였다. 이러한 결과가 나타나는 구조적인 설명과 주관적 계층 인식의 형성 요인을 규명하기 위해, 주관적 계층 인식을 종속변수로 설정한 다항로지스틱 회귀분석을 실시하였

<표 6> 주관적 계층 인식 결정 요인에 대한 다항로지스틱 회귀분석(기준: 중층)

설명변인	하층	상층
자산 하위	1.023***	−0.358
자산 중하위	0.530**	−0.341
자산 중상위	−0.016	0.148
자산 상위	−0.979**	**1.685***
소득 하위	2.131***	0.84
소득 중하위	0.578***	0.117
소득 중상위	−0.282	0.258
소득 상위	−0.633**	**0.775**
고졸 이하	0.674***	−0.013
대학원 재학 이상	−0.291	**1.138***
자영업	−0.228	0.648
판매/영업/서비스업	0.053	0.399
생산/	0.126	−0.873
사무/관리/전문직	−0.253	0.442
주부	−0.005	0.176
학생	−0.28	1.391*
무직/퇴직	−0.394	0.373
30−39세	0.416	−0.077
40−49세	1.123***	−0.522
50−59세	0.811**	−0.479
60−69세	0.798**	−0.37
70세 이상	0.376	−0.482
주택 소유(있음=1)	−0.578**	0.73
cons	−0.638	−3.515***
N	1,457	
Pseudo R-squared	0.233	

*** p<0.001, **p<0.01, *p<0.05*

다. 분석에는 자산·소득 수준, 학력, 직업, 연령, 주택 소유 여부 등을 독립
변수로 포함하였다.

　<표 6>의 분석 결과, 주관적 계층 인식 형성에는 자산의 영향력이 매우

　　　　비상계엄−탄핵 사태와 2025년 대통령 선거

높은 것으로 나타났다. 자신을 상층으로 인식하는 집단에서는 '자산 상위' 집단의 영향력이 p<0.001 수준에서 통계적으로 유의하게 나타났다. 기존 연구들이 주관적 계층의식에 유의미한 영향을 미친다고 주장한 소득, 직업 등을 통제한 이후에도 자산의 독자적인 영향력이 나타난 것이다. 특히, 상층 계층인식과 상위 자산 간의 관계뿐 아니라, 하층 인식과 하위 자산 간의 관계 역시 통계적으로 유의미하게 확인되었다. 이는 유권자들이 자신을 상층으로 인식하는 것뿐 아니라, 하층으로 인식하는 경우에도 사회경제적 지표들 가운데 자산 규모를 핵심적인 기준으로 삼고 있음을 시사하며, 푸코와 그의 동료들이 제시한 '유권자가 소유한 자산의 규모에 따라 사회경제적 구조 내에서 자신이 차지하는 계층적 위치를 인식하고, 그에 따른 정책적 입장을 가지고 있다'는 가설을 지지한다(Foucault et al. 2013). 반면, '소득 상위' 변수 역시 상층 인식에 유의미한 영향을 미쳤다(p<0.01). 일부 선행연구들이 주관적 계층 의식에 소득이 미치는 영향력을 제한적이거나 유의하지 않은 것으로 보고한 것과는 상이한 결과인데(서광민 2009, 김수인·강원택 2022), 이는 소득 격차가 심화되고 있는 사회적 맥락에서 소득도 주관적 계층 인식에 영향을 미치는 주요 요인 중 하나가 된 것으로 분석할 수 있다. 흥미로운 점은 '대학원 재학 이상' 변수가 상층 인식에 미치는 영향이 p<0.001 수준에서 통계적으로 유의하게 나타났다는 것이다. 이는 교육이 경제적 조건과 무관하게 상층 정체성을 형성하는 상징적인 근거로 작용함을 시사한다. 피에르 부르디외(Bourdieu 1977)가 강조했듯, 교육은 문화적·상징적 자본을 축적하는 수단이며, 이러한 사회적 자본은 자신의 주관적 계층 지위를 적어도 중산층 이상으로 인식하게 하는 중요한 요인이 되는 것이다(황수경·이창근 2024).

이러한 결과는 자산, 소득 등 경제적 조건이 주관적 계층 인식 형성에 중요한 영향을 미친다는 본 연구의 [가설 1]을 지지한다. 특히, 자산은 상·하층 인식 모두에서 강한 영향력을 보이며, 이는 경제적 기반이 주관적 계층 인식의 핵심적 형성 요인이라는 가설의 핵심 명제를 뒷받침한다. 또한, 소득의 영향력 역시 기존 연구와 달리 유의하게 나타난 점은 가설 1의 예측과 일치하면서도, 최근의 소득 격차 확대라는 사회경제적 맥락을 반영하는 새로운 발견이라 할 수 있다.

3) 주관적 계층의식과 투표 선택

앞선 분석에서는 사회경제적 지위(SES) 지표 중 자산, 교육 수준, 소득 순으로 주관적 계층 인식 형성에 영향을 미친다는 점을 확인하였다. 이하에서는 이렇게 형성된 주관적 계층 인식이 실제 유권자의 투표 선택에 어떠한 방식으로 영향을 미치는지, 가설 2-1(전통 계급투표 가설)에서 제시하듯, 객관적 사회경제적 위치가 주관적 계층 인식을 매개로 하여 정당 선택에 영향을 미치는지를 실증적으로 확인하고자 한다. 분석에는 구조방정식 모형을 활용하였으며, 자산, 소득, 교육, 직업, 연령, 주택 소유 여부를 독립변수로, 주관적 계층 인식을 매개변수로, 투표 선택(진보=1, 보수=0)을 종속변수로 설정하였다.

분석 결과, 앞 절에서의 결과와 마찬가지로 자산과 소득은 주관적 계층의식에 유의한 영향을 미치는 것으로 나타났으나(자산 상위: β=1.726, p<.001, 소득 상위: β=0.780, p<.01), 이러한 효과가 투표 선택으로 이어지는 간접효과는 통계적으로 유의하지 않은 것으로 나타났다. 자산의 경우, 주관적 계층 인식을 매개하는 간접효과는 통계적으로 유의하지 않은 반면, 상위 자산 집단(9억 원 이상)에서 투표 선택에 직접효과가 통계적으로 유의하게 나타

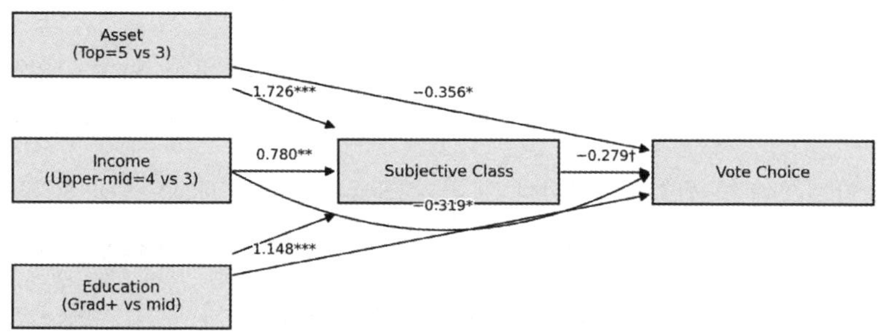

났다(β= −0.356, p<.05). 이는 전통적인 계급투표 모형인 가설 2−1이 전제한 '사회경제적 지위 → 주관적 계층 인식 → 투표 선택'이라는 매개 경로가 작동하지 않고, 오히려 자산이 주관적 계층 인식과 무관하게 투표 선택에 독자적인 영향을 미치는 '자산투표' 경향을 보여 준다. 한국 유권자의 정치 행태에서 자산은 독자적인 영향력을 가진 변수로 기능한다는 것을 시사하며, 이는 대안 가설 2−2를 채택하는 결과이다. 반면 소득의 경우, 상위 소득 집단은 주관적 계층 인식에 통계적으로 유의한 영향을 미쳤으나(p<.01), 이는 투표 선택으로 이어지는 간접효과로 나타나지 않았으며, 직접효과 또한 통계적으로 유의하지 않았다. 즉, 소득 수준은 주관적 계층 인식의 형성 단계에는 일정 부분 기여하지만, 최종적인 투표 선택 단계에서는 그 영향력이 소거되거나 다른 요인에 의해 상쇄되는 것으로 해석할 수 있다.

종합하면, 2025년 대선에서 한국 유권자들의 주관적 계층 인식은 사회경제적 지위 요인들과 투표 선택을 매개하는 경로로 작동하지 않았다. 특히 자산이 주관적 계층 인식과 무관하게 투표 선택에 직접적인 영향을 미쳤다는 점에서, 자산투표 경향을 뚜렷하게 보여 준다. 이는 한국 사회의 자산 구조와 복지, 세금, 금융 등의 정책 환경이라는 특수한 맥락 속에서 해석할 필요가 있다. 우선 한국의 가계 자산은 약 75%가 부동산에 집중되어 있다(2024년 가계금융복지조사). 반면, 미국과 일본의 경우, 가계 자산 중 금융자산이 60~70%, 부동산은 30~40% 수준에 그친다. 다시 말해, 한국 사회에서 주택 소유의 여부나 그 주택의 가격은 곧바로 가계의 사회적 지위와 재정 안정성에 직결됨을 의미한다. 또한, 한국은 부동산 정책과 조세 정책도 긴밀하게 맞물려 있다. 보유세, 종합부동산세, 양도소득세, 상속세 등의 과세 정책은 자산의 보유 여부와 규모에 따라 첨예한 이해관계를 발생시키며, 이는 유권자에게 강력한 정치적 유인으로 작용한다. 자산이 많은 유권자 혹은 잠재적인 주택 구매자, 상속을 기대할 수 있는 청년 등은 세금 인상과 재분배 정책을 위협으로 인식하는 것이다. 이 과정에서 한국 유권자들은 '나는 특정 계층에 속한다'는 추상적인 정체성에 따라 투표하기보다 '내 집값이 오르거나 떨어질 것인가', '내가 집을 구매할 수 있는가', '내가 낼 세금이 많아지는가'와 같은 구체적이고 직접적인 이해관계를 우선적으로 고려하는 것이다. 이러한 결과는 한국 사회와 정치에서 자산을 중심의 균열이 재편될 수 있음을 시사하며, 향후 계급정치 연구에서 자산을 독립된 분석 차원으로 다룰 필요성을 제기한다.

〈표 7〉은 주관적 계층인식의 매개효과가 나타나지 않았던 구조방정식 분석 결과를 보완하기 위해, 더불어민주당 이재명(=1)과 국민의힘 김문수(=0) 후보 선택을 종속변수로 한 이항 로지스틱 회귀분석을 실시한 결과이다.

'모형 1'은 자산과 주관적 계층 인식을 제외한 통제변수만을 포함하였고, '모형 2'는 여기에 자산 변수를, '모형 3'은 주관적 계층 인식 변수를 추가로 포함하였다. 세 모형 전반에 걸쳐 성별, 연령, 거주지역 변수가 통계적으로 유의한 것으로 나타났는데, 남성은 여성에 비해 국민의힘 투표 가능성

　　비상계엄–탄핵 사태와 2025년 대통령 선거

<표 7> 이항 로지스틱 모델: 대선 투표 선택 – 국민의힘 김문수(0), 더불어민주당 이재명(1)

설명변인	모형 1	모형 2	모형 3
주관적 계층인식–하위			−0.105
주관적 계층인식–상위			−0.524*
자산 하위		−0.065	−0.047
자산 중하위		−0.137	−0.119
자산 중상위		0.041	0.055
자산 상위		−0.729**	−0.595*
소득 하위	0.262	0.21	0.246
소득 중하위	−0.223	−0.281	−0.262
소득 중상위	−0.587**	−0.597**	−0.594**
소득 상위	−0.218	−0.17	−0.122
성별 (남자=1)	−0.382*	−0.360*	−0.353*
30대	0.305	0.261	0.271
40대	0.708*	0.680*	0.699*
50대	0.726*	0.751**	0.758**
60대	−0.851**	−0.843**	−0.833**
70대 이상	−1.815***	−1.789***	−1.783***
인천/경기	0.338	0.299	0.308
대전/충청	0.650*	0.589*	0.586*
전라/광주	2.585***	2.529***	2.528***
대구/경북	−0.776**	−0.854**	−0.876***
부산/울산/경남	0.419	0.34	0.343
강원/제주	0.899*	0.848*	0.842*
고졸 이하	−0.055	−0.099	−0.097
대학원 재학 이상	−0.094	−0.11	−0.072
자영업	0.195	0.135	0.143
판매/영업/서비스	−0.046	−0.064	−0.059
생산/기술/운송	−0.186	−0.261	−0.261
사무/전문/관리직	−0.224	−0.266	−0.259
주부	−0.211	−0.214	−0.21
학생	−0.269	−0.339	−0.241
기타	−0.388	−0.413	−0.416
주택 보유 (1채 이상=1)	−0.225	−0.184	−0.18

상수	0.923*	1.117**	1.140**
N			
Pseudo R-squared			

*** p<0.001, **p<0.01, *p<0.05

이 높았으며, 60대 이상 연령에서도 일관된 국민의힘 투표가 나타났다. 이는 세대 변수가 여전히 한국 정치의 핵심 균열 축임을 의미한다. 거주 지역도 통계적으로 높은 유의성이 나타났는데, 호남 거주 유권자는 이재명에, 영남 거주 유권자는 김문수에 투표하는 경향은 일관되었다. 이는 유권자의 정치적 태도가 출신 지역뿐 아니라, 현재 거주하고 있는 지역적 환경에 의해 형성될 수 있음을 주장한 기존 연구들과 맥락을 같이한다(김학량 2021; 장은영·엄기홍 2017). 한편, 소득 중상위 집단에서 더불어민주당 후보 투표 가능성이 통계적으로 유의하게 낮게 나타난 것은, 한국에서 소득이 투표 선택에 미치는 영향이 제한적이라는 기존 연구들과는 상이한 결과이다. 이는 최근 심화되는 경제적 불평등과 자산·소득 격차의 확대라는 사회경제적 맥락에서, 향후 소득과 자산이 상호작용하는 계층적 지표가 투표 선택에 미치는 영향력이 증대될 가능성을 시사한다는 점에서 의의가 있다. 또한, 주관적 계층 인식이 상층인 집단은 더불어민주당 후보에 투표할 가능성이 낮은 것으로 나타났다. 이는 앞 절에서 사회경제적 지위 요인이 주관적 계층 인식을 매개하여 투표 선택에 이르는 경로가 통계적으로 확인되지 않았음에도 불구하고, 주관적 계층 인식이 다양한 사회경제적 변수를 통제한 이후에도 독자적인 설명력을 가진다는 점을 의미한다. 이러한 결과는 본 연구의 가설 2-1이 제시한 전통적인 계급투표 경향이 일정 부분 존재함을 뒷받침한다. 또한, 자산 상위 집단(9억 원 이상)에서도 국민의힘 투표 가능성이 높은 것으로 나타나(p<.05), 자산이 주관적 계층 인식과 무관하게 투표

선택에 독자적으로 영향을 미치는 '자산투표' 경향이 다시 한번 확인되었
다. 따라서, 이러한 결과는 가설 2-1을 부분적으로 수정하고, 자산의 독자
적 영향력을 전제로 한 대안 가설 2-2를 채택하는 근거로 해석될 수 있다.

한편, 부모로부터 자산을 상속받은 경우를 제외하면 일반적으로 상위 자
산 집단에는 상대적으로 고연령층이 더 많을 것으로 생각해 볼 수 있다. 따
라서 자산투표 경향이 연령효과에 따른 현상인지 여부를 확인하기 위해,
자산과 연령 간 상호작용항을 포함한 이항 로지스틱 회귀분석을 별도로 실
시한 결과, 청년층 내부의 자산 격차가 투표 선택에 미치는 상이한 영향력
을 확인했다.[5] 이는 향후 세대별·계층별 균열과 정당 지지의 재편 가능성
을 이해하는 데 중요한 실증적 근거를 제공한다.

4) 주관적 계층의식과 자산의 상호작용

기존의 계급투표 연구는 유권자의 사회경제적 지위 요소(소득, 직업, 자
산 등)들이 정당 선호를 구조화한다는 고전적 가설과 그 효과가 주관적 계
층 인식과 같은 인지적 요인에 의해 매개된다는 관점을 함께 제시해 왔다
(Manza and Brooks 1999; Evans and Tilley 2017). 최근 저성장의 장기화와 부동
산 가격의 급등, 이에 따른 자산 격차와 불평등의 심화는 투표 선택을 설명
하는 핵심 변수로 자산을 부각시켰다. 그러나, '브라만좌파', '강남좌파'와
같이 경제적으로 상층에 속하면서도 진보적 이념 성향을 가지며 좌파 정당
을 지지하는 유권자들의 존재는, 자산 수준과 투표 선택 간의 관계가 단선

---

5   상호작용항(자산×연령)을 포함한 이항 로지스틱 회귀분석 결과, 중상위 자산 집단에서는 30
대와 50대에서 나산이 보수 후보 선택에 미치는 효과가 기준 연령대(20대)에 비해 높은 것으로
나타났으며, 통계적으로도 유의했다(p<0.05).

〈표 8〉 이재명 후보에 투표할 확률에 대한 예측확률과 한계효과

주관적 계층 인식	예측확률 (중위 자산)	예측확률 (상위 자산)	AME (평균 한계효과)
상층	0.771	0.362	−0.409***
중층	0.590	0.551	−0.039
하층	0.591	0.279	−0.312*

*** p<0.001, **p<0.01, *p<0.05*

〈그림 2〉 자산 상위 집단의 주관적 계층 인식별 평균 한계효과

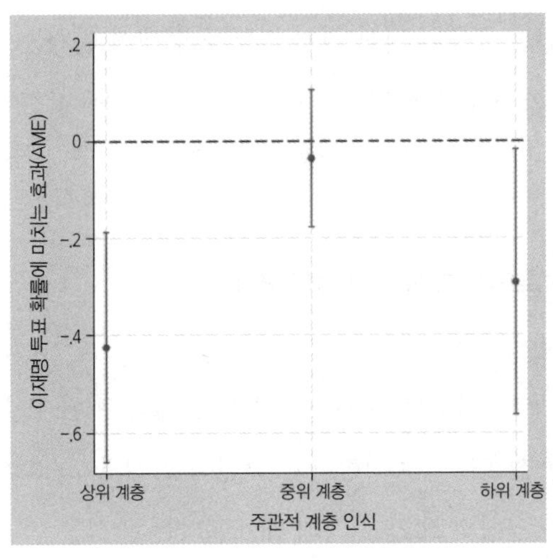

적이지 않다는 것을 의미한다. 따라서 동일한 주관적 계층 인식 집단 내부에서 객관적인 자산이 어떻게 상호작용하여 투표 선택에 영향을 미치는지 살펴볼 필요가 있다. 이를 검증하기 위해, 본 연구는 probit 모형에 주관적 계층의식x자산 상호작용항을 포함하고 소득, 교육 수준, 직업, 연령, 주택 보유 변수를 통제한 결과를 예측확률과 평균한계효과(AME)로 제시한다. 〈표 8〉과 〈그림 2〉의 분석 결과, 동일한 주관적 계층 인식 집단 내부에서도 자산 수준 변화가 투표 선택에 유의한 차이를 가져오는 것으로 나타났다.

　　　　　　　　　비상계엄−탄핵 사태와 2025년 대통령 선거

자신을 상위 계층이라고 인식하는 집단의 경우, 자산이 중위 수준일 때 이 재명 투표 확률이 0.771로 가장 높았으나, 자산이 상위 수준으로 상승하면, 0.362로 급락하였다. 이는 상위 계층 집단에서 자산 수준이 중위(3분위)에 서 상위(5분위)로 변화할 경우 이재명 투표 확률이 약 40.9%p 감소함을 의 미하며, 이 차이는 통계적으로도 유의한 것으로 나타났다(p<.001). 하위 계 층 인식 집단 역시 자산 중위에서의 투표 확률이 0.591이었으나 상위에서 는 0.279로 낮아졌으며, p<0.01 수준에서 유의하게 나타났다. 반면, 자신 을 중위 계층이라고 인식하는 집단에서는 자산의 전 구간에서 예측확률이 0.551~0.635 범위를 유지하며, 자산 변화의 효과는 매우 작고 통계적으로 도 유의하지 않은 것으로 나타났다.

요약하면, 2025년 대선에서 같은 '상위'(혹은 '하위') 계층으로 스스로 인식 하는 유권자 내부에서도 자산 수준 차이만으로 투표 선택이 상이하게 나타 났다. 이러한 결과는 상·하위 계층 인식 집단 모두에서 자산의 규모가 커 질수록 보수 후보를 선택할 가능성도 커지는 경향이 뚜렷하다는 점을 시 사하며, 자산이 독립적인 정치적 함의를 가지는 동시에 주관적 계층 인식 이 그 효과의 크기와 방향을 조정하는 조절 변수(moderator)로 작동할 수 있 음을 보여 준다. 이는 최근 한국 선거에서 자산을 중심으로 한 계급투표가 구조화되고 있다는 기존 연구의 관찰과도 부합하며(김수인, 2024), 본 연구의 [가설 3]이 제시한 "동일한 주관적 계층의식을 가진 유권자라 하더라도, 자 산 수준에 따라 투표 선택이 달라질 것이다"를 부분적으로 지지하는 결과 이다.

5. 결론

본 연구는 2025년 제22대 대통령 선거 후 설문 데이터를 활용하여 한국 유권자의 사회경제적 지위(특히 자산)와 주관적 계층의식이 유권자의 투표 행태에 어떠한 영향을 미치는지 경험적으로 검토하였다.

분석 결과, 첫째, 주관적 계층의식은 정치적 이념 성향, 정당 지지, 그리고 실제 투표 선택 전반에서 일관된 차이를 설명하는 핵심 변수로 나타났다. 자신을 상층으로 인식하는 집단은 보수 정당 지지 비율이 높았으며, 반대로 하층 인식 집단은 진보 정당 지지가 높았다. 이는 전통적 계급투표론의 기본적인 전제와 일치하는 결과이다.

둘째, 주관적 계층의식의 형성에는 자산의 영향력이 가장 큰 것으로 나타났다. 자산은 상층 인식뿐 아니라 하층 인식에도 유의한 영향을 주었으며, 소득, 교육 수준, 직업, 보유주택 여부 등 다른 SES 지표를 통제한 후에도 독자적인 영향력이 나타났다. 이는 한국 유권자들이 자신의 사회적 위치를 평가할 때 자산을 핵심 기준으로 삼고 있음을 시사한다.

셋째, 구조방정식 모형 분석에서는 '사회경제적 지위 → 주관적 계층의식 → 투표 선택'이라는 경로가 뚜렷하게 작동하지 않았다. 특히 자산은 주관적 계층의식과 관계없이 투표 선택에 직접적인 영향을 미쳤으며, 이는 '자산투표(patrimonial voting)' 가설을 뒷받침한다. 반면, 소득은 계층 인식 형성에는 영향을 주었지만 투표 선택으로 이어지는 간접 효과는 나타나지 않았다.

넷째, 동일한 주관적 계층 인식 집단 내에서도 자산 수준에 따라 투표 선택이 크게 달라졌다. 상층과 하층 인식 집단 모두에서 자산이 상위 수준일수록 보수 후보를 선택할 가능성이 높아졌으나, 중층 인식 집단에서는 자산 변화의 효과가 거의 관찰되지 않았다. 이는 자산이 독립적 정치 변인일 뿐 아니라, 주관적 계층 인식이 그 효과를 조정하는 조절 변수로 기능할 수 있음을 보여 준다.

이번 2025년 대선은 윤석열 전 대통령 탄핵으로 인한 조기 보궐선거라는 점에서 정권 심판 요인이 크게 작동할 수 있는 특수한 맥락에 놓여 있었다. 실제로 선거 결과는 이재명 후보가 역대 최다 득표 수를 기록했을 뿐 아니라 2022년 대선에서 국민의힘이 우세했던 일부 지역에서 민주당으로의 이탈이 두드러졌으며, 나아가 전통적으로 보수 정당의 지지 기반인 대구·경북 지역에서도 민주당 계열 후보로는 역대 최대 득표율(각각 23.2%, 25.6%)을 기록했다. 그러나 동시에 최근 선거들에서 꾸준히 관찰되어 온 자산투표 경향은 여전히, 그리고 일부 지역에서는 오히려 더 뚜렷하게 나타났다. 서울 강남·서초·송파·용산구 등 고가 주택 밀집 지역에서 보수 정당 후보가 압도적 지지를 얻었을 뿐만 아니라, 전통적인 민주당의 텃밭인 광주광역시에서도 고가 아파트가 밀집한 특정 지역에서 국민의힘 후보와 보수성향의 제3당인 개혁신당 이준석 후보가 상대적으로 높은 득표율을 기록했다.[6] 이는 계엄 및 대통령 탄핵이라는 단기적 정치 위기 속에서도 자산이라는 경제적 요인이 유권자들의 투표선택에 유의미한 영향을 미쳤다는 것을 의미하고, 나아가 한국 정치에서 자산 중심의 계급 균열이 구조적으로 고착될 가능성을 제시한다. 과거에는 지역·세대·이념이 한국 정치의 주요 균

---

6 2025년 제22대 대통령 선거에서 광주광역시 남구 봉선2동의 국민의힘 후보 득표율은 13.38% 로, 2022년 제20대 대통령 선거의 21.86%에 비해 8.48%p 감소하였다. 그러나 개혁신당 이준 석 후보의 득표율(7.77%)을 합산하면 보수성향 후보의 총 득표율은 전 대선과 유사한 수준을 유지하였으며, 이는 광주광역시 전체 평균 득표율(국민의힘 8.02%, 개혁신당 6.23%)의 두 배 이상 높은 수치이다. (출처: 연합뉴스, "윤석열 22% 지지했던 광주 봉선2동서 김문수 득표율 13%로 하락", 2025/6/4)

열 축이었다면, 최근에는 자산 격차와 부동산 불평등이 정치적 선택의 중요한 설명 요인으로 부상하고 있는 것이다. 특히 주관적 계층 인식과 자산의 상호작용은 단순한 경제 이해관계를 넘어 계층 정체성과 정치 행위 간의 복합적 연결을 드러낸다. 최근 서구 민주주의 국가의 선거들을 통해 자산을 기반으로 한 격차와 불평등이 정치에 미치는 영향을 분석하는 연구가 활발히 이루어지고 있다. 본 연구는 이러한 학문적 흐름 속에서 한국 정치의 특수성과 보편성을 동시에 조명했다는 점에서 비교정치적 함의를 갖는다.

마지막으로 본 연구는 한국 거대 양당의 미래에도 중요한 시사점을 갖는다. 자산투표 경향은 보수 정당인 국민의힘이 '가진 자의 정당'으로 인식되고 있음을 나타내며, 경제적 양극화가 심화되는 상황에서 이러한 이미지 고착은 국민의힘의 외연 확장에 중대한 제약이 될 수 있다. 더불어민주당의 경우, 젊은 세대 중에서도 자산의 규모가 상대적으로 작을수록 지지 성향이 높게 나타났다. 더 이상 '젊은 세대는 진보'라는 도식적 공식이 더 이상 작동하지 않는다는 의미이며, 지난 20여년 간 형성되어 온 견고한 지지 기반과 정당 체계가 재편될 가능성을 시사한다. 오랜 기간에 걸쳐 소유해 온 민주화, 개혁을 넘어서는 새로운 이슈를 개발하고 선점해 중도층 및 부동층과의 접점을 확대하는 전략이 필수적이다.

참고문헌

강원택. 2000. "지역주의 투표와 합리적 선택: 비판적 고찰."『한국정치학회보』34, no. 2: 51-67.

강원택. 2003.『한국의 선거정치: 이념, 지역, 세대와 미디어』. 서울: 푸른길.

강원택. 2008. "지역주의는 변화했을까: 2007년 대통령 선거와 지역주의." 이현우, 권혁용 편.『변화하는 한국 유권자 3: 패널조사를 통해 본 2007 대선』. 동아시아연구원, 67-93.

강원택. 2013. "한국 선거에서의 '계급 배반 투표'와 사회계층."『한국정당학회보』12, no. 3: 5-28.

강준만. 2017.『강남 좌파: 민주화 이후의 엘리트주의』. 인물과사상사.

김경동, 최태룡. 1983. "직업의 사회경제적 속성과 계급구분."『사회과학과 정책연구』5, no. 3: 1-30.

김도균, 최종호. 2018. "주택소유와 자산기반 투표: 17대 ~ 19대 대통령 선거 분석."『한국정치학회보』52, no. 5: 57-86.

김병조. 2000. "한국인 주관적 계층의식의 특성과 결정요인."『한국사회학』34, no. 2: 241-268.

김수인, 강원택. 2022. "자산과 투표 선택: 수도권 지역 유권자를 중심으로."『한국정치학회보』56, no. 1: 187-215.

김정훈, 한상익. 2016. "신화의 붕괴, 그리고 희망의 정치?: 20대 총선에서 나타난 유권자 지형의 변화."『경제와 사회』110: 12-37.

김주찬, 윤성이. 2003. "2002년 대통령 선거에서 이념성향이 투표에 미친 영향."『21세기 정치학회보』13, no. 2: 87-103.

김지경. 2017. "청년세대 이행기 삶의 자신감 수준과 영향요인."『KLIPS 한국노동패널』: 1-22.

김학량. 2021. "유권자의 정치성향 형성에 영향을 미친 인구통계학적 변수."『인문사회 21』12, no. 1: 1165-1178.

박경미. 2021. "한국사회의 이념갈등 구도 변화와 계급갈등."『국제.지역연구』30, no. 1: 239-265.

박상훈, 이재묵, 오수진. 2016. "유권자의 계급배반과 정치지식: 제20대 총선에서 나타난 투표행태를 중심으로."『한국정치학회보』50, no. 3: 153-176.

박찬욱. 1993. "제 14 대 국회의원 총선거에서의 정당지지 분석."『한국의 선거』1: 67-115.

서복경, 한영빈. 2014. "계층의식이 정책 선호 및 투표 선택에 미치는 영향." 이갑윤, 이현우 편.『한국의 정치균열 구조: 지역, 계층, 세대 및 이념』, 139-170. 서울: 오름.

성경륭. 2015. "이중균열구조의 등장과 투표기제의 변화: 18대 대통령 선거를 중심으로."『한국사회학』49, no. 2: 193-231.

손낙구. 2010.『대한민국 정치사회 지도: 수도권 편』. 서울: 후마니타스.

송한나, 이명진, 최샛별. 2013. "한국사회의 객관적 계급위치와 주관적 계층인식과의 격차 결정요인에 관한 연구."『한국인구학』36, no. 3: 97–119.

신정섭. 2022. "제20대 대통령 선거에서 나타난 주택소유와 투표선택: 회고투표 vs. 자산투표."『현대정치연구』15, no. 3: 5–33.

오수진, 박상훈, 이재묵. 2017. "유권자의 계급배반과 정치지식: 제20대 총선에서 나타난 투표행태를 중심으로."『한국정치학회보』51, no. 1: 153–180.

이갑윤, 이지호, 김세걸. 2013. "재산이 계급의식과 투표에 미치는 영향."『한국정치연구』2, no. 2: 2–25.

이갑윤. 2014. "재산이 계급의식과 투표에 미치는 영향." 이갑윤, 이현우 편.『한국의 정치 균열 구조: 지역, 계층, 세대 및 이념』, 109–139. 서울: 오름.

이왕원, 김문조, 최율. 2016. "한국사회의 계층귀속감과 상향이동의식 변화: 연령, 기간 및 코호트 효과를 중심으로."『한국사회학』50, no. 5: 247–284.

이연경, 이승종. 2017. "사회계층이 행복에 미치는 영향에 관한 연구: 객관적 계층과 주관적 계층인식을 중심으로."『행정논총』55, no. 1: 1–39.

이현경, 권혁용. 2016. "한국의 불평등과 정치선호의 계층화."『한국정치학회보』50, no. 5: 89–108.

이희정. 2018. "청년층 계층인식 변화가 공정성 인식에 미치는 영향분석."『한국사회학』52, no. 3: 119–164.

장은영, 엄기홍. 2017. "한국 지역주의 투표행태에 대한 경험적 분석: 민주화 이후 대통령 선거를 중심으로."『21세기정치학회보』27, no. 1: 1–20.

장상수. 1996. "한국 사회에서의 주관적 계층위치."『사회와 역사』49: 180–212.

장승진. 2013. "2012년 양대 선거에서 나타난 계층균열의 가능성과 한계."『한국정치학회보』47, no. 4: 51–70.

장승진, 장한솔. 2020. "경제적 양극화 시대의 정치참여: 계층이동성 인식에 따른 참여 양식의 차이를 중심으로."『한국정치연구』29, no. 3: 245–266.

전병유, 신진욱. 2014. "저소득층일수록 보수정당을 지지하는가? 한국에서 계층별 정당지지와 정책 태도, 2003~2012."『동향과 전망』91: 9–51.

전상진. 2012. "2040이 보수를 혐오하게 된 이유."『철학과 현실』: 30–40.

정진민, 황아란. 1999. "민주화 이후 한국의 선거정치."『한국정치학회보』33, no. 2: 115–134.

조동기. 2006. "중산층의 사회인구학적 특성과 주관적 계층의식."『한국인구학』29, no. 3: 89–109.

한국통계청. 2024. 『2024 가계금융복지조사』.

한귀영. 2013. 2012년 대선, 가난한 이들은 왜 보수정당을 지지했는가?. 『동향과 전망』, 9-40.

황수경, 이창근. 2024. "한국의 중산층은 누구인가?" 세종: 한국개발연구원.

Alford, R. R. 1963. "The Role of Social Class in American Voting Behavior." *Western Political Quarterly* 16, no. 1: 180-194.

Andersen, Robert, and Josh Curtis. 2012. "The Polarizing Effect of Economic Inequality on Class Identification: Evidence from 44 Countries." *Research in Social Stratification and Mobility* 30, no. 1: 129-41.

Ansell, Ben W. 2014. "The Political Economy of Ownership: Housing Markets and the Welfare State." *American Political Science Review* 108, no. 2: 383-402.

Bartolini, S., and P. Mair. 1990. "Policy Competition, Spatial Distance and Electoral Instability." *West European Politics* 13, no. 4: 1-16.

Bourdieu, P. 1984. *Distinction: A social critique of the judgement of taste.* Cambridge, MA: Harvard University Press.

Davis, J. A. 1956. "Status Symbols and the Measurement of Status Perception." *Sociometry* 19, no. 3: 154-165.

Evans, Geoffrey. 1993. "Class, Prospects and the Life-Cycle: Explaining the Association between Class Position and Political Preferences." *Acta Sociologica* 36: 263-276.

Evans, G., and J. Tilley. 2017. *The new politics of class: The political exclusion of the British working class.* Oxford: Oxford University Press.

Foucault, M., R. Nadeau, and M. S. Lewis-Beck. 2013. "Patrimonial voting: Refining the measures." *Electoral Studies* 32, no. 3: 557-562.

Hirschman, Albert O. 1970. *Exit, Voice, and Loyalty: Responses to Decline in Firms, Organizations, and States.* Cambridge, MA: Harvard University Press.

Inglehart, R. 1977. "Values, objective needs, and subjective satisfaction among western publics." *Comparative Political Studies* 9, no. 4: 429-458.

Inglehart, R. 1997. "Modernization, postmodernization and changing perceptions of risk." *International Review of Sociology* 7, no. 3: 449-459.

Jackman, M. R., and R. W. Jackman. 1973. "An interpretation of the relation between objective and subjective social status." *American Sociological Review*: 569-582.

Knutsen, O., and E. Scarbrough. 1995. "Cleavage politics." *The impact of values*: 492-523.

Lewis-Beck, M. S., and R. Nadeau. 2011. "Economic voting theory: Testing new dimensions." *Electoral Studies* 30, no. 2: 288-294.

Lipset, S. M. 1981. *Political man: The social bases of politics*. Baltimore, MD: Johns Hopkins University Press.

Lipset, S. M., and S. Rokkan. 1967. "Cleavage structures, party systems, and voter alignments: An introduction." New York: Free Press.

Lundberg, J., and M. Kristenson. 2008. "Is subjective status influenced by psychosocial factors?" *Social indicators research* 89, no. 3: 375-390.

Mannheim, K. 1952. "The sociological problem of generations." *Essays on the Sociology of Knowledge* 306: 163-195.

Manza, J., and C. Brooks. 1999. *Social cleavages and political change: Voter alignments and US party coalitions*. Oxford: OUP Oxford.

Marx, K., and F. Engels. 1848. *Manifesto of the Communist Party*. Progress Publishers.

Persson, M., and J. Martinsson. 2018. "Patrimonial economic voting and asset value-new evidence from taxation register data." *British Journal of Political Science* 48, no. 3: 825-842.

Piketty, T. 2020. *Capital and ideology*. Cambridge, MA: Harvard University Press.

Stokes, D. E. 1963. "Spatial models of party competition." *American political science review* 57, no. 2: 368-377.

Verba, S., K. L. Schlozman, and H. E. Brady. 1995. *Voice and equality: Civic voluntarism in American politics*. Cambridge, MA: Harvard University Press.

Weber, M. 1922. *Economy and society: An outline of interpretive sociology*. Berkeley: University of California Press.

Zacher, Sam. 2024. "Polarization of the Rich: The New Democratic Allegiance of Affluent Americans and the Politics of Redistribution." *Perspectives on Politics* 22, no. 2: 338-56.

Zaller, J. 1992. *The nature and origins of mass opinion*. Cambridge: Cambridge University Press.

 비상계엄–탄핵 사태와 2025년 대통령 선거

비상계엄-탄핵 사태와 2025년 대통령 선거

초판 1쇄 발행 2026년 2월 2일
지은이 강원택 외

펴낸이 김선기
펴낸곳 (주)푸른길
출판등록 1996년 4월 12일 제16-1292호
주소 (08377) 서울시 구로구 디지털로 33길 48 대륭포스트타워 7차 1008호
전화 02-523-2907, 6942-9570-2
팩스 02-523-2951
이메일 purungilbook@naver.com
홈페이지 www.purungil.com

ISBN 979-11-7267-077-1 93340

© 강원택 외, 2026